国家文化产业资金支持媒体融合重大项目
高等教育教学改革融合创新型教材
国家级线上一流课程配套教材



# 中国税制 (第二版)

ZHONGGUO SHUIZHI

薛 钢 主 编
王宝顺 副主编

东北财经大学出版社
Dongbei University of Finance & Economics Press
大连

**图书在版编目（CIP）数据**

中国税制 / 薛钢主编．—2版．—大连：东北财经大学出版社，2024.1
（高等教育教学改革融合创新型教材）
ISBN 978-7-5654-5009-9

Ⅰ.中…　Ⅱ.薛…　Ⅲ.税收制度-中国-高等学校-教材　Ⅳ.F812.422

中国国家版本馆CIP数据核字（2023）第200711号

东北财经大学出版社出版
（大连市黑石礁尖山街217号　邮政编码　116025）
网　　址：http://www.dufep.cn
读者信箱：dufep@dufe.edu.cn

大连图腾彩色印刷有限公司印刷　东北财经大学出版社发行

幅面尺寸：185mm×260mm　字数：474千字　印张：21.75　插页：1
2024年1月第2版　2024年1月第1次印刷

责任编辑：张旭凤　责任校对：李　莉
封面设计：原　皓　版式设计：原　皓

定价：58.00元

教学支持　售后服务　联系电话：（0411）84710309

如有印装质量问题，请联系营销部：（0411）84710711

# 第二版前言

税收制度是现代财政制度的重要组成部分，作为政府收入的基本形式，它既是国家治理体系与能力的基础，也是实施宏观调控、调节收入分配、稳定经济发展的重要工具。一方面，在现代国家治理体系中，税收制度不仅为现代国家履行提供公共产品和公共服务的职责提供支撑，而且是现代国家治理有效运行的基石，尤其在决定和加强国家与公民的关系上发挥着关键作用。只有通过规范的税收制度，国家才能达到优良的治理水平。另一方面，国家治理体系和治理能力的现代化水平也决定着一个国家能否合理、有效地利用税收方式行使收入和财富的管辖权，国家治理思维在税收制度方面可以得到集中体现。我们坚信，要完成党的二十大报告中提出的“团结带领全国各族人民全面建成社会主义现代化强国、实现第二个百年奋斗目标，以中国式现代化全面推进中华民族伟大复兴”的中心任务，税收制度必将是不可或缺的重要内容。

为了反映国家治理的不同需要，政府对税收制度的设计应该是细密而复杂的。正因为如此，税收与国家、公民的关系是如此的密切，税收已经渗透到社会经济活动和人们日常生活的方方面面，以至于几乎没有什么社会主体能脱离税收而存在。无怪乎在西方国家流行着这样一句富有哲理的名言：人生只有两件事是任何人都无法逃避的——死亡和纳税。但是，无论是从维护国家实现有效治理的角度，还是从维护纳税主体切身利益的角度，征税主体与纳税主体都应该及时对改革中的税收制度与政策进行学习，只有这样才能在现有税收法律规定的范围内实现国家依法治税的目标。

自党的十八届三中全会以来，我国新一轮的税收制度改革不断深化。2016年的全面“营改增”改革，2018年环境保护税正式征收，2019年《中华人民共和国个人所得税法》的修订与实施，2019年减税降费改革的全面持续推进，以及2021年进一步深化税收征管改革等一系列重大改革，都充分反映出政府通过税收现代化改革完善国家治理体系与治理能力的意愿，这也极大地影响着纳税人的切身利益，更是极大地激发了纳税人对于中国税制改革的学习热情。中南财经政法大学财政税务学院、收入分配与现代财政学科创新引智基地的薛钢教授领衔的税收专家团队集最新研究成果，于2018年成功开发出“中国税制”慕课课程，从税制改革的视角通过深入浅出的语言表述，说明和解释了人们日常生活中常见的丰富多彩的税收现象及其原理，帮助学员熟悉中国税制的基本内容，在有限的时间内高效、高质地了解税收，走近税收，运用税收。该课程于2018年成功入选教育部国家精品在线开放课程（https://www.icourse163.org/course/ZUEL-1002080015），并于2019年入选中宣部“学习强国”网络学习平台

（https：//www.xuexi.cn/fb28d508203dd3635aea5defbe33f9f0/9b0f04ec6509904be734f5f609a3604a.html）。

本教材作为国家级一流本科课程“中国税制”的配套教材，试图在教材编写中体现出我们的特色。首先，教学内容的及时性。税收制度作为国家治理的重要手段，在实践中调整与优化的频度比较高，教材立足于税收制度原理，依据最新的税收制度加以编写，力求做到与时俱进，并通过课后电子资源进行教学内容的适时更新。其次，教学形式的多样性。本教材既保留了建设国家精品在线开放课程中适合在教材中呈现的部分创新做法，又结合当前混合式教学的新需求特点作了调整和更新，开设有“思政引航”“税收史话”“知识链接”“税收趣闻”等小模块进行教学内容指引，并通过二维码等技术实现纸质教材与视频内容的无缝对接。最后，教学练习的丰富性。税收知识具有很强的实践性，在介绍税收制度与政策的同时，通过案例引入、习题分析等方式，引导学生思考，可以增强其理解与运用能力。

本教材所引用的税收法律制度截止到2023年9月底，实际运用时应以新规定为准。全书力求在税收制度改革发展的背景下，及时反映中国税制的最新变化，重在税收原理与基本方法的介绍，并配以相应的典型案例分析，实现研究性与操作性的相对统一，既可以满足财政学类专业学生对中国税收制度基本内容的学习需求，也可以作为经济类、管理类、法学类学生了解和学习税收制度课程的辅助资料。

本教材由中南财经政法大学财政税务学院薛钢教授担任主编，并负责大纲拟定、组织编写与总纂工作，王宝顺副教授担任副主编。分工执笔情况具体如下：薛钢，第一章、第四章、第五章、第六章；王宝顺，第二章、第七章；陈思霞，第三章；刘冰熙，第八章；薛钢、刘彦龙，第九章。

由于编者时间和水平有限，书中疏漏和不足之处在所难免，敬请读者批评指正。

编　者

2023年10月

课程思政
教学指导

# 目录

## 第一章　税收导论



## 第二章　增值税

## 第六章 企业所得税

6



7

## 第七章 个人所得税



## 第八章 资源税与环境保护税

8

9

## 第九章 其他税种

# 微课目录

| 教材章节 | 微课名称 | 教材章节 | 微课名称 |
|---|---|---|---|
| **第三章　消费税** | | **第四章　关税** | |
| 第一节　消费税概述 | 3-1　消费税的定义、特点及纳税义务人/103 | 第一节　关税概述 | 4-1　关税的概念与特点/124 |
| 第二节　纳税义务人、征税范围与税率 | 3-2　消费税税目、税率和计税依据/107 | 第二节　纳税义务人、征税对象与税率 | 4-2　关税的基本要素/129 |
| 第三节　消费税应纳税额的计算 | 3-3　应税消费品的特殊计算（上）/113 | 第三节　关税完税价格与应纳税额的计算 | 4-3　关税的计算/135 |
| | 3-4　应税消费品的特殊计算（下）/114 | 第五节　征收管理 | 4-4　关税的管理/139 |
| 第四节　消费税的征收与缴纳 | 3-5　纳税义务发生时间与地点/117 | | |
| **第五章　土地增值税** | | **第六章　企业所得税** | |
| 第一节　纳税义务人、征税范围与税率 | 5-1　土地增值税概述及征税范围/145 | 第一节　企业所得税概述 | 6-1　企业所得税概述/165 |
| 第二节　应税收入与扣除项目 | 5-2　土地增值税的税率、应税收入与扣除项目/149 | 第二节　纳税义务人、征税对象与税率 | 6-2　企业所得税的基本要素/168 |
| 第三节　土地增值税应纳税额的计算 | 5-3　土地增值税：例题计算/156 | 第三节　应纳税所得额的计算 | 6-3　应纳税所得额的计算——收入/172 |
| 第六节　征收管理 | 5-4　土地增值税清算、税收优惠和征收管理/160 | | 6-4　应纳税所得额的计算——扣除项目/181 |
| | | 第五节　税收优惠 | 6-5　税收优惠政策/197 |
| | | 第六节　企业所得税应纳税额的计算 | 6-6　企业所得税的计算/204 |
| | | | 6-7　企业所得税：例题计算/204 |
| | | 第八节　征收管理 | 6-8　企业所得税征收管理/213 |

# 第一章
# 税收导论

**学习目标**

在现代社会中，国家征税涉及社会经济活动的各个方面，它与每个人的日常生活紧密相连。然而，税收并非一个现代概念，它在人类社会已有数千年的历史，经历了漫长的发展过程。本章会揭示税收的基本内涵与主要特征，介绍国家征收税收的理论依据，分析税收的基本职能与基本要素，阐述税制建设中应该遵循的基本原则，并最终展示我国目前税收制度的基本框架。通过本章学习，学员们可以对税收制度的基本概念、特征、要素、原则、体系等重点内容形成初步的认识，为后面章节的学习提供基础。

## 教学引例

崇祯十二年（1639年）春，明朝在全国范围内加派730万两白银，作为练兵费用，叫作练饷。这是崇祯即位之后的第四次大规模加税，全国人民的纳税总额至此几乎翻了一番。但是，一晃练饷征了五年，原来企图解决的问题不但没有解决，反而加重了。崇祯十七年，一位叫光时亨的给事中（近似办公室负责监察工作的秘书）给皇上写了份奏疏，他认为，加征练饷的政策是祸国殃民的政策，应该追究倡议者的责任。按照规矩，这份奏疏先由内阁大学士过目，替皇上草拟一份处理意见，再交皇上最后定夺。于是内阁大学士蒋德璟就替皇上草拟了一段话，大意是有小人倡议征收练饷，搜刮百姓，导致为人民贫穷种下了祸根……皇上看到这段话很不高兴，这练饷明明是他拍板征收的，于是为自己辩护道：朕不是聚敛，只想练兵。

蒋德璟回家后便给皇上写了一份奏疏，进一步解释自己的思想。奏疏的大意是：现在地方官以各种名义征税，追讨拷打闹得百姓困苦，遇到叛贼反而欢迎，甚至叛贼没有到就先去欢迎了，因此我想追究倡议练饷者的责任。但是蒋德璟觉得这样做很冒昧，随后引罪辞职。

崇祯容许蒋德璟辞了官，不久又取消了练饷。清朝的史学家赵翼推测崇祯罢练饷的心理，说了一句很简明的话："盖帝亦知民穷财尽，困于催科，益起而为盗贼，故罢之也。"

我们可以想象在一个U形的山谷里，从侧面看，崇祯领着官府的大队人马一路压将下去，挤压出更多的钱粮和兵员，镇压各地的叛乱，并且取得了一些成绩。不过越往后越费劲，最后他"撞"到了谷底。这时候，他的努力却造成了完全相反的后果，沉重的赋税压垮了农民，逼出了更多的反叛者。崇祯和明朝就是被这个U形弯"勒死"的，这个U形弯被称为"崇祯死弯"。

请思考：

通过"崇祯死弯"，我们可以看出税收与国家稳定之间存在什么关系？

问题参考

## 第一节 税收与国家

### 一、税收的起源

在现代社会中，税收涉及社会经济活动的各个方面，它在人类社会已有数千年的历史，经历了漫长的发展过程。

我国自夏代进入奴隶制社会以后，夏、商、周三代的土地均归王室所有，国王对其所拥有的土地，除了部分由王室直接管理外，大部分分封给诸侯，也有一小部分授给平民耕种，在这样的土地所有制度下，夏代出现了国家凭借政权力量进行强制课征的形式——贡。一般认为，贡是夏代王室对其所属部落或平民根据若干年土地收获的平均数按一定比例征收的农产物。到了商代，贡逐渐演变为助法。助法是指借助农户的力役共同耕种公田，公田的收获物全部归王室所有，它实际上是一种力役税。到周代，助法又演变为彻法。所谓彻法，就是每个耕种王室土地的农户，要将一定数量的土地收获物交纳给王室，即所谓“民耗百亩者，彻取十亩以为赋”。因此，夏、商、周三代的贡、助、彻，都是对土地收获物的强制课征形式，在当时的土地所有制下，都具有地租和赋税的双重特征，但从税收起源的角度看，它们无疑都是税，是税收产生的原始形式，处于税收发展的雏形阶段。鲁宣公十五年（公元前594年），宣布对私田按亩征税，“履亩十取一也”。“初税亩”开按田亩征收田赋之先河，首次承认土地私有制的合法性，是中国历史上一项重要的财政经济改革举措，它标志着我国税收从雏形阶段进入了成熟时期。

欧洲在古希腊和古罗马时期，就出现了土地和奴隶的私有制，形成了城邦经济、奴隶主大庄园经济、教会地产经济，以及家庭奴隶制等私有经济形式。与之相适应，国家对私有经济实行征税制度，大体上可以分为四个阶段：

（1）自由纳贡阶段。在奴隶制时期，国家的赋税主要来自诸侯、藩属自由贡献的物品和劳力。这时的税收更多地采取一种没有统一标准的自愿捐赠形式，因此还不能称作严格意义上的税收。

（2）承诺纳税阶段。随着国家发展与君权扩大，财政开支和王室费用都随之增加，单靠自由纳贡已难以维持，于是封建君主设法增加新税，但课征新税或开征临时税，需要得到由封建贵族、教士及上层市民组成的民会组织的承诺，税收开始初步摆脱贡赋不分的状况，开始具有契约式的约束性和固定性。

（3）专制课征阶段。随着社会经济的逐步发展，封建国家开始实行中央集权制度和常备军制度，君权扩张和政费膨胀使得国君不得不实行专制课征，废除往日的民会承诺制度，不受约束地任意增加税收，税收的专制色彩日益增强，这时的税收已经具有政治权力和私有财产权力对抗的意义。

（4）立宪课税阶段。资产阶级夺取政权以后，废除了封建专制制度和教会的神权统治，实行资产阶级民主制和选举制。现代资本主义国家，不论是采取君主立宪制，还是采取议会共和制，一般都要制定宪法和法律，规定国家征收任何税收，都必须经过立法程序，由选举产生的议会确定。君主、国家元首或行政首脑不得擅自决定征税。

由世界范围内税收的起源和演进分析可见，税收是社会生产力发展到一定阶段，尤其是产生了一个凌驾于社会之上的阶级统治机关——国家之后，才出现的一个财政范畴。从税收和国家的关系看，国家与税收的产生存在一定的本质联系。它的产生取决于两个相互影响的前提条件：一是社会条件，即国家公共权力的产生；二是经济条件，即私有财产制度的存在，税收是私有财产制度和国家政权力量相互作用的产物。

**税收史话1-1　　东西方的什一税**

什一税最早源于我国西周时期，当时奴隶制的国家土地都是奴隶主的“公田（井田）”，奴隶们种出的粮食就是奴隶主的东西。后来有了自由农民，在井田以外的耕地上种出的粮食就得按照十分之一的比例缴纳田税，这就是所谓的什一税。这项税制到战国时期就通行了，延续到汉代才取消。在欧洲，什一税是欧洲基督教会向居民征收的宗教捐。公元6世纪，教会利用《圣经》中农牧产品的十分之一“属于上帝”的说法，开始向基督教信徒征收此税。公元779年，法兰克国王查理大帝规定：缴纳什一税是每个法兰克王国居民的义务。10世纪中叶，西欧各国相继仿行。所征实物按产品性质分为大什一税（粮食）、小什一税（蔬菜、水果）、血什一税（牲畜）等。税额往往超过纳税人收入的十分之一，负担主要落在农民身上。欧洲大多数国家直到18—19世纪才先后废除什一税，英国一直征收到1936年。

## 二、政府征税的依据

所谓政府征税依据，是指政府为什么有权力向公民征税或公民为什么有义务向政府纳税。它是税收本质的核心内容，也是税收学说史中争论最多的问题之一。不同的经济学家、政治学家、哲学家从各自的价值观出发，一直在研究并试图回答这一命题，形成了许多学说，下面对主要流派的观点进行简要介绍。

### （一）公需说

公需说起源于17世纪德国官方学派的奥布利支、克洛克和法国的波丹。这种学说认为，国家的职能在于满足公共需要，增进公共福利，为此需要费用支出，税收就是实现这种职能的物质条件。换言之，国家及公共团体为充实公共需要，才要求人民纳税。克洛克曾说过，政府行使课税权时，第一需要经民众承诺，第二需要证明是为公共需要，若不是出于公共需要，就不应当征收。公需说提出以满足公共需要、增进公共福利为课税的依据，这种观点在当时欧洲从封建经济逐渐转向资本主义经济的时代，具有进步意义。

### （二）义务说

义务说是在黑格尔的国家主义思潮影响下形成的，认为国家是人类组织的最高形式，个人依存于国家。义务说强调国家权力和政府职能的意义，税收必须强制课征，纳税是人民应尽的义务。如法国的劳吾指出："租税是根据一般市民的义务，按一定的标准向市民征收的公课。"[①]义务说强调的是国家的权力与人民的义务，明确提出税收的强制性与无偿性，把纳税仅仅看作个人的被动义务。19世纪末的美国著名财政学家亚当士认为，义务说正确地概述了现代国家税收的本质。[②]

### （三）牺牲说

牺牲说产生于19世纪，主要代表人物有法国古典经济学家让·巴蒂斯特·萨伊、英国古典经济学家约翰·S.穆勒和著名财政学家巴斯泰布尔等。这种观点认为，税收对于国家是一种强制征收，对于人民是一种牺牲。萨伊明确指出："租税是一种牺牲，其目的在于保存社会与社会组织……。"[③]

### （四）掠夺说

掠夺说产生于19世纪，主要代表人物是空想社会主义者圣西门和一些资产阶级历史学派学者。这种观点认为，税收是国家为实现其职能的一种强制性征收，是社会占统治地位的阶级凭借国家的政治权力，对其他阶级的一种强制掠夺。

### （五）交换说

交换说产生于17世纪，主要代表人物有重商主义者霍布斯、古典学派经济学家亚当·斯密等。这种学说以自由主义的国家观为基础，认为国家和个人是各自独立、平等的实体，因国家的活动而使人民受益，人民就应当向国家提供金钱，税收就是这两者的交换。霍布斯曾指出，人民为公共事业缴纳税款，无非是为了换取和平而付出的代价。亚当·斯密也曾指出，政府的职能范围越小越好，税收越轻越好，国家应以每个人所得利益的数量确定纳税标准。交换说的思想起源于资本主义初期的个人主义思想，这与当时要求自由竞争、自由放任的经济观点遥相呼应。

### （六）保险说

保险说产生于18世纪，主要代表人物是法国的梯埃尔。保险说与上述交换说同属一个体系。这种观点认为，国家保护了人民生命财产的安全，人民应向国家支付报酬，国家犹如保险公司，人民纳税如同投保人向保险公司交纳保险一样。梯埃尔指出："人民按其受自国家的利益的一定比例来支付，犹如保险公司的保险金按投保金额的一定比例来确定。"[④]

### （七）社会政策说

社会政策说产生于19世纪末，主要代表人物有德国社会政策学派的财政学家瓦格

---

① 尹文敬．财政学［M］．北京：商务印书馆，1935：229．
② 李九龙．西方税收思想［M］．大连：东北财经大学出版社，1992：159．
③ 萨伊．政治经济学概论［M］．陈福生，陈振华，译．北京：商务印书馆，1982：509．
④ 小川乡太郎．租税总论［M］．陆孟武，译．北京：商务印书馆，1934：64．

纳和美国著名财政学家塞里格曼。这种观点认为，税收不仅是政府取得财政收入的一种手段，还是矫正社会财富与所得分配不公、实现社会政策目标的有力工具。瓦格纳在给税收下定义时曾指出："从社会政策的意义上来看，赋税是在满足财政需要的同时，或者说不论财政上有无必要，以纠正国民所得的分配和国民财产的分配，调整个人所得和以财产的消费为目的而征收的赋课物。"[①]因此，赋税不能理解为单纯的国民经济年产物中的扣除，还有纠正分配不公的积极目的。

### （八）经济调节说

经济调节说，也称市场失灵说，产生于20世纪30年代，是西方资本主义发展到国家垄断阶段以后产生的以凯恩斯主义为代表的理论观点。这种观点认为，西方社会的市场机制往往失灵，难以实现资源有效配置、财富公平分配和经济稳定增长，因此，政府有必要通过运用包括税收在内的各种经济手段，调节宏观经济运行。

这些学说都从不同侧面解释了政府征税的原因，但都存在各自的不完全性。从对现代税收理论的影响程度分析，公需说、义务说和交换说的影响力更大。

## 三、国家治理视角下的税收

作为政府取得财政收入的主要形式和调节经济的重要手段，税收制度对于经济、社会、政治、法律都具有深远的意义，是国家治理的基础且具有支柱作用。税收制度无论是从广义上还是从狭义上理解，都必须解决"向谁征税，收什么税，收多少税，怎么收税，怎样用税，如何决策"等一系列切实关系到民生、法治的重大问题。正因为如此，税收制度是国家治理的基本制度，能够通过其独特方式塑造国家和社会之间的关系，甚至可以将税收看作一个国家得以有效运行的核心能力——税收制度越有效，国家运行越高效、越繁荣、越合法。具体表现为：

### （一）税收制度的经济性

首先，作为公共管理者，政府的重要职责之一就是为满足社会公共需要活动提供公共产品，由于公共产品具有非排他性和非竞争性的特点，公共产品难以通过市场交易方式取得足以补偿成本的资金，因此，税收就成为政府以非市场方式取得收入，为公共产品的供给提供资金保障的基本手段。从政府向社会公众提供公共产品并课征税款，社会公众获得政府公共产品的"利益"并支付税款的角度看，税收可以称为公共产品的"价格"，即它体现以政府为一方，社会公众为另一方的整体"交换"关系，正如马克思所认为的，"捐税体现着表现在经济上的国家存在"。[②]

其次，在市场经济中，市场机制在资源配置中起基础性作用。但是，当市场经济运行失调或存在某种缺陷时，政府课税能矫正失调或弥补缺陷，有利于改善资源配置状

---

① 坂入长太郎．欧美财政思想史［M］．张淳，译．北京：中国财政经济出版社，1987：305．

② 马克思，恩格斯．马克思恩格斯选集：第1卷［M］．中共中央马克思恩格斯列宁斯大林著作编译局，译．北京：人民出版社，1972：181．

况，产生增进社会福利的正效应，促进土地、资金、劳动力、技术等经济资源的合理分配与使用。同时，在市场机制下，由于每个市场主体获取收入的机会并不均等，收入分配的差距会呈现出“马太效应”，难以达到社会公平的目标，这对于保障国家的社会和经济稳定是相当不利的。因此，应当通过政府干预来调节收入和财富的分配状况。由于税收能够直接或间接地影响纳税人之间的利益关系，故其成为政府调节财富分配和实现社会公平的有力工具。

最后，市场机制的运行存在一定的盲目性，这种盲目性会造成诸如经济结构扭曲、价格水平不稳定和难以保障充分就业等问题，从而引起经济的周期性波动。现代政府担负的重要职责之一，就是要促进资源的充分利用和经济结构的合理化，保持宏观经济的稳定和均衡发展，为此，需要运用各种财政手段进行结构性和“反周期”性的调节，税收是主要的财政调节手段之一。

### （二）税收制度的社会性

现代社会，税收已经遍及经济社会的各个环节，在各个层面影响纳税人的经营活动和日常生活，最终改变其行为选择。因此，建立现代税收制度，就需要在税收政策制定、税收制度调整等方面充分考虑税收可能带来的社会影响以及由此带来的社会问题，尤其应该引起重视的是，其应能够形成正确的社会导向，注意避免产生负面社会影响。合法的税收活动和正确的税收观念，会在潜移默化中促进人们形成符合经济社会发展要求的价值观念和行为模式。19世纪的美国法官霍尔姆斯指出，“税收是我们为文明社会付出的代价”，这充分说明税收对于现代社会建设的重要作用。

### （三）税收制度的政治性

国家政权本身是税收产生和存在的必要条件，国家政权的存在又依赖于税收的存在。没有税收，国家机器就不可能有效运转。同时，税收分配不是按照等价原则和所有权原则分配的，而是凭借政治权力对社会财富进行再调节，体现国家战略意识，从而达到维护和巩固国家政权的目的。所以，税收对于资源配置、市场规范、社会公平、国家长治久安有着重要的影响。国内外历史上由于税收问题处理不当而导致国家动荡、政府更替的事例不胜枚举。

### （四）税收制度的法律性

建立现代税收制度是国家治理中的重要内容之一，能否科学地依法处理好税收问题就是“讲政治”，就是维护国家的长治久安。国家治理的各个方面均应在宪法和法律的框架下运行，税收也是一样，依法治税就是依法治国在税收领域的集中体现。国家的税收制度通过法律的形式予以颁布和实施，是国家治理现代化的要求。要从法律层面看待税制建设或税收政策问题，应当赋予税收应有的法律地位、法律程序、法律渊源和法律效力。税收制度的设计与实施要考虑到法律的形式、法律的内容、法律的程序、法律的实现、法律的效力等诸多方面的要求，因此，政府不能简单地将税收作为单纯的经济问题或经济手段来随意地加以安排和调整，税收必须按照其应有的法律轨道来运行，将法律意识贯穿于税收工作的始终。

## 四、税收的基本含义

微课 1-1

税收的内涵

虽然对于税收有着不同的认识，但是可以给出一个基本概念：税收是国家为满足社会公共需要，凭借政治权力，按照法律规定的标准和程序，参与国民收入再分配，取得财政收入的一种形式。具体而言，这个概念具有以下几层含义：

### （一）税收是国家取得财政收入的一种形式

从古至今，国家取得财政收入的形式多种多样，但税收在取得财政收入方面具有许多其他财政筹资方式不可比拟的优点：①它可以普遍适用于所有的社会成员和生产经营领域，不像公产收入、专卖收入那样受产权和经营范围的限制；②它可以形成稳固的收入，不像公债那样需要到期归还并支付利息；③它在取得正常收入的同时可以保持经济稳定，不像货币发行那样往往导致物价上涨和通货膨胀。因此，古今中外的各国政府在选择财政筹资手段时，税收无不成为一种不可替代的主要财政收入方式。

### （二）国家征税的目的是实现其职能，满足社会公共需要

国家是由一定阶级掌握的公共权力机关。这一概念包括以下两层含义：其一，国家是一个阶级统治机构，它总是代表着占统治地位阶级的利益，使国家具有明显的阶级性；其二，国家是一个履行公共职能的机关。任何国家，无论所处朝代如何，也无论其政治制度如何，履行公共职能、管理国家公共事务构成国家存在的客观基础。国家在履行社会公共职能、满足社会公共需要的过程中，必然要有相应的财力、物力消耗。国家征税是保证这种财力、物力需要的基本来源。

### （三）税收的征税主体是国家，征税依据是国家政治权力

税收总是与国家紧密地联系在一起的，它依附国家而存在，因而，税收的征税依据是国家政治权力。众所周知，社会产品分配必须依托于一定的权力。马克思曾指出："在我们面前有两种权力，一种是财产权力，也就是所有者的权力；另一种是政治权力，即国家的权力"。由于国家一般不直接占有生产资料从事物质产品生产，因此，国家课税必须以政治权力为依据。依托政治权力进行的税收分配，体现为把满足社会公共需要的资源从各个家庭和企业取出，以供政府支配的过程。

### （四）税收借助于法律形式进行征收

法律是体现国家意志，强制性地调整人们行为的社会规范，与其他社会规范调整相比较，法律调整具有强制性、公正性和普遍适用性的特点。由于政府征税涉及社会各阶级、阶层、集团的经济利益，税收负担轻重关系着社会经济发展乃至社会安定，因此税

收的征收与调节必须借助于法律形式进行。所谓有税必有法，无法不成税，这是税收区别于其他财政收入形式的一个重要特点。各国政府都通过立法和执法程序使税收制度和征管制度法律化，以便把整个税收活动纳入规范、有序的轨道。

### （五）税收是对国民收入的再分配

税收课征的对象是社会产品，但不是全部社会产品，而只是社会产品扣除补偿生产过程中消耗掉的价值部分以后的余额，即社会新创造的国民收入。税收课征的对象无论是当年生产的国民收入，如增值税、所得税、消费税等，还是过去年度累积下来的国民收入，如财产税、遗产税等，都属于税收对国民收入的再分配。

**税收趣闻 1-1　　名人眼中的税收**

1.赋税是喂养政府的奶娘。

——卡尔·马克思

2.我就我的收入纳税，这是我生命中最重要的事，让我感到无上光荣。

——马克·吐温

3.税收是我们为文明付出的代价。

——奥利弗·温德尔·霍姆斯

4.只要是交给一个友好的政府，我愿意纳税。

——狄克·格利高里

5.作为公民，你有义务纳税，同时你也必须了解你作为纳税人的权利。

——唐纳德·C.亚历山大

6.征税的艺术，是尽可能多地拔鹅毛，而听到最小的鹅叫声。

——柯贝尔

7.好牧羊人的职责是剪羊毛，而不是扒羊皮。

——提布瑞斯·恺撒

8.税收如母亲，经常被误解，但很少被遗忘。

——劳德·布兰威尔

## 第二节　税收的特征与职能

### 一、税收的特征

税收是国家取得财政收入的一种形式，与公债、规费等其他财政收入形式相比较，税收具有三个基本特征：非直接偿还性、强制性和规范性。

## （一）非直接偿还性

微课 1-2

税收的基本特征

所谓非直接偿还性，是指税收虽然最终用之于民，但政府征税与具体纳税单位和个人受益之间并不存在一一对等的交换关系。这一概念包括三层含义：首先，税收是有偿的，而不是无偿的；其次，税收是整体有偿，而不是个别有偿；最后，税收有偿是非直接意义上的，并不存在一一对应的直接偿还关系。

判断一种收入的获得是有偿还是无偿，关键是看与这种收入相关的支出是否用于收入的来源方面，只要二者在整体上具有一致性，那么，这种收入形式就是有偿的，反之则是无偿的。税收是国家为满足社会公共需要筹集财政资金的一种形式，它来源于企业、家庭及个人，亦用于人民的生产和生活必需的公共商品的提供，因此，税收是有偿的。但是，税收的这种有偿性是就整体而言的，而不是指个别有偿性。恩格斯指出："纳税原则本质上是纯共产主义的原则，因为一切国家的征税的权利都是从所谓国家所有制来的。的确，如果私有制神圣不可侵犯，这样就没有什么国家所有制，而国家也就无权征税，或者是国家有这种权利，这样私有制就不是神圣不可侵犯的，国家所有制就高于私有制，而国家也就成了真正的主人。"在这里，所谓纯共产主义原则，就是指国家按照社会的公共需要，向人民征收税款，获得社会财产，并以此为全社会谋取福利。但是，税收的有偿性是非直接意义上的，政府征税与纳税人受益之间不存在一一对应的直接偿还关系。也就是说，尽管税收最终用于满足社会公共需要，但国家征税时并不向纳税人支付任何报酬，税款征收入库之后也不直接以某种方式返还给纳税人个人。这是与公共商品的性质以及社会经济发展对税收的客观要求相一致的。

## （二）强制性

所谓税收的强制性，是指在国家税法规定的范围内，任何单位和个人都必须依法纳税，否则就要受到法律的制裁。公民和企业单位在发生纳税行为时，除依法履行纳税义务外，别无其他选择。

税收的强制性是税收非直接偿还性的必然要求。因为非直接偿还性使局部利益与整体利益发生矛盾与冲突，而且，整体的规模越大，矛盾就越突出。因此，税收必须具有强制性，才能保证国家收入和社会整体利益不受侵犯。

税收强制性的力量源于国家政治权力。政府征税与市场上的商品交换具有不同的性质。在交换领域，买卖依据的是商品经济的规则，一般遵循等价交换原则，即双方在价值量上应该是彼此无损失的，即使是不等价交换，双方交换也是根据市场供求等条件自愿进行的，一般不存在强迫的情况。政府征税则不然，必须运用强制性的公共权力。因为国家为满足社会公共需要，必须取得一定的财政收入。在不直接占有生产资料、不掌握财产所有权的情况下，国家必须运用政治权力参与一部分社会产品的分配。国家依据政治权力征税的强制性，在现代社会表现为法律的约束性，即表现为国家通过制定法律来达到其目的。法律对其实施范围内的单位和个人具有强制力。各国宪法均规定公民具有纳税的义务。《中华人民共和国宪法》第五十六条规定:“中华人民共和国公民有依照法律纳税的义务。”一国的各种具体的税法，不仅规定了各种税的纳税人、税率等征税要素，还明确规定了有关的罚则。纳税义务人必须依法纳税，否则，要受到法律制裁。

### (三)规范性

所谓税收的规范性，是指税收课征的依据是税法，国家在征税之前，就通过法律形式，把应开征的税种、征税范围、纳税人、征收比例及违法处罚标准等规定下来，由征纳双方共同遵守。简而言之，税收的规范性包含以下两方面含义：一是税收活动的进行不是随意的，而是以法律形式规定的；二是税收征纳及其他一切税收关系的处理原则和标准都应该被预先规定。

税收的规范性是与税收的非直接偿还性和强制性有着内在联系的税收特性。税收的征收具有非直接偿还性，依靠国家政治权力，实行强制征收。但是，要保证这种分配活动的有效和有序，维护国家和纳税人双方正当的利益，就有必要规范征纳双方的行为，通过法律形式预先确定各项征收数额和征税方法，这样既有利于纳税人合理安排生产与投资、储蓄与消费，又有利于国家合理安排各项支出，更好地实现其承担的各项政治经济职责。

以上所述税收的三个形式特征，是古今中外一切税收的共性，它们是相互依存、不可分割的统一体，是税收区别于其他财政收入形式的基本标志，只有同时具备以上三个特征的财政收入形式才是税收。

## 二、税收的职能

税收的职能是指税收内在的、固有的职责和功能，它是由税收本质决定的。税收的形式特征是税收本质的外在体现，税收的职能则是税收本质的内在要求。任何社会形态、任何国家的税收都有这种本质要求。一般来说，税收具有两大职能：财政收入职能和经济调节职能。

### (一)财政收入职能

税收的财政收入职能，亦称筹集资金或组织收入的职能。它是国家对税收最基本的要求，也是税收最重要的职能目标。因为国家作为非生产性的上层建筑，它不直接占有物质资料进行生产活动，它只是消费而不能创造物质财富，政府提供的绝大部分公共商品和劳务，国家机器运转所需的绝大部分财政资金，通常要来源于税收。所以，为政府活动筹集和提供资金，一直是国家赋予税收最基本的功能和职责。具体而言，税收的财政收入职能具有下列特点：

微课 1-3

税收的职能

#### 1.适用范围的广泛性

由于税收是国家凭借政治权力向纳税人进行的强制征收，因此纳税人包括国家主权管辖范围内的一切企业、单位和个人，没有所有制、行业、地区、部门的限制。从征税对象看，征收范围也十分广泛，既包括流转额、所得额，也包括财产额，还包括对某些特定目的和行为征税。

### 2.取得财政收入的及时性

税法中明确规定了纳税义务成立的时间和纳税期限，从而保证了税收收入及时、均衡地入库。例如，流转税以纳税人实现销售收入为纳税义务成立时间，纳税人只要实现销售收入，不论盈亏与否都要依法纳税；又如，纳税结算期和缴款期的规定，对纳税人交纳税款的时间给予了严格限制，有利于国家及时取得财政收入，以保证财政支出的正常进行。

### 3.征收数额上的稳定性

由于税法明确规定了各税种的纳税人、征税对象和税率，确定了各税种在国民收入分配中的相对比例，并且由于税收具有固定性特征，在征收时间上具有连续性，因此保证了国家财政收入的稳定性。

一般来说，现代国家对税收的财政收入职能有两个最基本的要求：一是税收收入要充分，能够满足正常的财政支出需要。二是税收收入要有弹性，包括两层含义：一方面，税收收入应当能够随经济发展和税源增长而同步增长，乃至超速增长；另一方面，当国家财政发生临时重大急需时，能够依靠税收增长弥补财政收支缺口。在经济税源一定的条件下，税收财政收入职能的效果主要取决于征税制度是否科学、合理、有效，以及征收管理的水平和效率。

## （二）经济调节职能

从历史的角度看，税收的经济调节职能是派生职能。政府在运用税收参与国民收入分配、筹集资金的过程中，不同的征税选择形成不同的税收政策，这必然会改变国民收入在政府与社会经济组织和个人之间，社会的各阶级、阶层、单位和个人之间的分配状况，改变资源在不同行业、地区、企业之间的配置状况，从而引导和调节纳税主体的经济行为。在现代社会，税收的经济调节职能不论是在理论、实践方面，还是在广度、深度上都得到了巨大发展。从17世纪重商主义的保护关税政策到19世纪下半叶的德国社会政策学派理论，直至20世纪的凯恩斯主义税收政策，都主张政府积极运用税收杠杆，体现政府政策，促进经济发展。目前，税收制度已经成为各国宏观经济政策的重要组成部分，它对社会经济发展的影响越来越大。

一般而言，现代税收主要有三大经济调节职能，即促进资源有效配置、调节收入分配以及保持经济稳定增长。

### 1.促进资源有效配置

资源配置是指土地、资金、劳动力、技术等经济资源的分配与使用。在市场经济中，一方面，市场机制对资源配置起基础作用；另一方面，在市场经济运行失调或存在某种缺陷时，政府课税能矫正失调或弥补缺陷，有利于改善资源配置状况，产生增进社会福利的正效应。

### 2.调节收入分配

收入分配及其公平与否，既是一个社会价值观问题，更是一个经济问题。从经济角度看，一国谋求经济发展，不仅指经济产出总量增长，还包括经济、社会结构变化以及分配状况改善等较为复杂的内容。如果一国GDP获得了较大增长，但收入分配状况恶化了，就会出现有增长无发展的情况。因此，运用税收手段调节收入分配既是税收的一个重要经济职能，又是各国经济社会政策的一个重要组成部分。

**思政引航 1-1　　共同富裕道路上的税收再分配功能**

实现共同富裕不仅是经济问题，而且是关系党的执政基础的重大政治问题。实现全体人民共同富裕，不仅是中国式现代化的重要特征之一，也是中国式现代化的本质要求之一。全面建成小康社会后，我国经济社会发展走到了扎实推进共同富裕的历史阶段。2021年11月11日，中国共产党第十九届中央委员会第六次全体会议通过《中共中央关于党的百年奋斗重大成就和历史经验的决议》，将“全体人民共同富裕基本实现”确定为中国全面建成社会主义现代化强国的基本目标之一。习近平总书记在中国共产党第二十次全国代表大会上的报告中更是强调中国式现代化的本质要求之一就是“实现全体人民共同富裕”，并且指出“我们要完善分配制度，坚持按劳分配为主体、多种分配方式并存，坚持多劳多得，鼓励勤劳致富，促进机会公平，增加低收入者收入，扩大中等收入群体，规范收入分配秩序，规范财富积累机制”。

税收作为规范收入分配秩序与财富积累机制的重要工具，面对初次收入分配所出现的问题，应该充分发挥其再分配的功能，实现社会公平与共享改革成果的共同富裕目标。

3.保持经济稳定增长

自由发展的市场经济主要是通过市场价格机制调节社会的供给和需求的。然而，价格调节往往具有盲目性、滞后性和自发性。而且，市场的自发调节并不能经常保证总供求在充分利用社会资源的水平实现均衡，因而通货膨胀、失业、贸易失衡、增长波动等顽症会周期性地困扰社会发展。税收作为政府直接掌握的经济工具，在平抑经济波动、体现政府政策方面具有十分重要的作用。税收对宏观经济稳定的调节主要有两种方式：税收的自动稳定机制和相机抉择的税收政策。

（1）税收的自动稳定机制

所谓税收的自动稳定机制，也称“内在稳定器”，是指政府税收规模随经济景气状况而自动进行增减调整，从而“熨平”经济周期波动的一种税收宏观调节机制。这种机制主要是通过累进的个人所得税和实行累进税率的企业所得税表现出来的。

（2）相机抉择的税收政策

所谓相机抉择的税收政策，是指政府根据经济景气状况，有选择地交替采取减税和增税措施，以“熨平”经济周期波动的调控政策。具体包括以下两方面政策：

一是扩张性税收政策。在经济发生萎缩、衰退时，政府实行减税政策，增加个人可支配收入，刺激私人消费和投资需求，促进国民收入恢复到充分就业水平。

二是紧缩性税收政策。当经济出现通货膨胀时，政府实行增税政策，减少个人可支配收入，抑制私人消费和投资需求，遏制社会总需求和物价上涨势头。

## 第三节　税收制度基本要素

税收要素是构成税收制度尤其是构成税种的基本元素，也是进行税收理论分析和税制设计的基本工具。它一般包括课税对象、税目、纳税人、税率、计税依据、纳税环节、纳税期限、纳税地点和减税免税。其中：课税对象、纳税人和税率是税收的三个基本要素，因为它们可以解决税收的三个最基本问题：对什么征税、由谁纳税以及征多少税。

### 一、课税对象

微课 1-4

税收制度基本要素

课税对象亦称征税对象，即课税客体。它表明对什么东西征税，是征税的客观目的物。一般来说，作为课税对象的可以是物品、收入或行为等多种内容。而且，伴随着社会经济的发展，课税对象也会不断地发生变化。在以自然经济为特征的奴隶社会和封建社会，课税对象主要为土地和人丁；而以商品经济为特征的资本主义社会，课税对象主要为商品销售收入、增值额或营业额，以及在国民收入分配中形成的各种收入，如利润、股息、利息、地租、工资等。应当指出，可以作为课税对象的并不一定能成为现实的课税对象。现实课税对象的选择往往要考虑是否有利于国家财政收入及时、足额、稳定地取得以及征管水平等因素。

不同的课税对象构成不同的税种，税种与税种的区别以及税种的名称通常取决于不同的课税对象。例如，消费税之所以区别于企业所得税，是因为消费税的课税对象是应税消费品，而企业所得税的课税对象为所得额。一个国家在一定时期税种的多少，取决于国家选择课税对象的多少和国家在这一时期采取何种类型的税制。随着社会经济的发展，可供选择的课税对象会越来越多，国家开征的税种也会不断增加，税收体系也相应地会变得越来越复杂，从而使复税制成为必然。

与课税对象相关的一个概念是税源。税源是税收收入的来源，即各种税收收入的最终出处，它归根到底是物质生产部门劳动者创造的国民收入，每种税都有其各自的经济来源。税源与征税对象有时是一致的。例如，各种所得税，征税对象是纳税人的纯收入，税源也是纳税人的纯收入。但有很多税种，税源与征税对象并不一致，如房产税，征税对象是房屋的价值，而税源则是房产的收益或房产所有人的收入。征税对象与税源是密切相关的。国家通过税收对经济进行调节的作用点就是在课税对象上，但是，这些调节作用最终要归宿到税源上，即通过增加或减少纳税人的收入，来调节各种经济行为，以达到调节经济的作用。那么，能否把作用点都直接放在税源上，直接调节收入呢？这样就会使调节范围大大缩小，调节作用削弱。税法中并不明确规定税源，但分析征税对象与税源的关系，对于研究税收的调节作用以及税收负担是很重要的。

与课税对象相关的另一个概念为征税范围。征税范围一般是指课税对象的范围，即课税对象的具体内容，或课征税收的具体界限。因此，凡列入征税范围的都应征税，反之，则不征税。例如，我国现行个人所得税以个人所得为课税对象，而税法规定列入征税范围的为税法明确列举的九项个人所得，如工资薪金所得、利息所得等，未明确列举的个人所得则一般不属于征税范围。

【例1-1·单选题】下列各项中，（　）是区别不同类型税种的重要标志。

A.税率　　B.纳税人　　C.课税对象　　D.纳税期限

【答案】C

【解析】不同的课税对象构成不同的税种，税种与税种的区别以及税种的名称通常取决于课税对象。

### 税收趣闻1-2　千奇百怪的税收

单身税：1820年，在美国的密苏里州，为了鼓励结婚，该州规定：21岁到50岁的未婚男子每年需缴纳1美元的“单身税”，这也就意味着，长期居住在这里的单身狗最多要比已婚邻居多花30美元。

胡须税：在俄国彼得大帝时期，俄国男子普遍蓄留长胡须，并以此为美。彼得大帝则对此极为反感，认为胡须是一种多余的无用的装饰，不利于清洁，于是借以征收胡须税禁止留胡须。此外，法国、英国等国在历史上也曾开征过胡须税。

窗口税：古希腊规定，凡是朝着大街和向外打开的窗户，户主都要交纳相应的窗口税。无独有偶，1697年，英国威廉三世在位期间，政府通过制定《解决削边钱币不足法案》正式开征窗口税。窗口税给当时的中产阶级造成很大负担，相当不受欢迎，更有舆论认为，此举无异于向“光和空气”征税。不少人为了减轻负担，索性将一些窗户封堵，因此时至今日，英国到处仍可见到一些窗户被封起来的历史建筑。该税种直至1851年才被废止。

新娘税：阿拉伯联合酋长国的男子结婚，往往要准备巨额彩礼，致使很多人望而却步，只好将视线转向外国女子。该国政府发现这一苗头后，立即出台一条新规定，凡是娶外国女孩为妻的男子，必须向政府缴纳一笔外国新娘税。

## 二、税目

税目是课税对象的具体化，反映具体的征税范围，体现征税的广度。税目一般是指具体的征税品目或征税客体。

在课税对象下设计税目，有利于划清征免界限，设计税率，贯彻区别对待、合理负担的政策。在税目设计上，通常有两种方法：一种是“单一列举法”，即按照每种商品或经营项目分别设计税目的方法；另一种是“概括列举法”，即按照商品大类或行业设计税目的方法。

## 三、纳税人

纳税人，即纳税义务人，又称为纳税主体，是税法规定的直接负有纳税义务的单位和个人。它主要解决向谁征税或由谁纳税的问题。纳税人可以分为自然人和法人两类。

### （一）自然人

自然人是指能够独立享有法定权利和履行法定义务的个人。其中的法定义务包括承担纳税义务。我国税法中的自然人纳税人具体指我国公民、居住在我国的外国人和无国籍人，以及属于自然人范围的企业，如个体企业、农村经营承包户、个人合伙企业和其他不属于法人性质的企业、单位等。

### （二）法人

法人是自然人的对称。法人是指按照法定程序组成的，有一定的组织机构，具有能独立支配的财产，并能以自己的名义参与民事活动、享有权利和承担义务的社会组织。法人是符合一定条件的社会组织在法律关系中的人格化。我国的法人纳税人包括企业法人，机关、事业单位和社会团体法人，其中最主要的是企业法人。法人一般应具备四个条件：

（1）必须是依法进行登记并经批准的；

（2）拥有能够独立支配的财产，并能独立进行核算；

（3）必须有自己的名称、组织机构和场所；

（4）能独立承担民事上的权利和义务，并能以自己的名义参与民事诉讼活动。

与纳税人相关联的一个概念是负税人。负税人是指最终承受税收负担或实际缴纳税款的单位和个人。纳税人和负税人是否一致，主要取决于税种的性质。一般来说，对所得和财产征税，纳税人同时是负税人，二者是一致的。而对商品和劳务征税，容易引起商品和劳务价格的变化，使税收负担由生产者或销售者身上转移到消费者或购买者身上。在这种情况下，负税人和纳税人往往是不一致的，这种情况也称为税负转嫁。

与纳税人相关联的另一个概念是扣缴义务人。扣缴义务人是指按照税法的规定，负有代扣代缴税款义务的单位和个人。为了实行源泉控制，保证国家财政收入，税法除规定纳税人以外，有时还规定扣缴义务人。如个人所得税法规定，以所得取得者为纳税义务人，以支付所得的单位为扣缴义务人。税务机关按规定应付给扣缴义务人代扣手续费。例如，《中华人民共和国税收征管法》第三十条规定，“税务机关按照规定付给扣缴义务人代扣、代缴手续费”。同时，扣缴义务人必须按税法规定代扣税款，并按规定期限缴库，否则依税法规定要受法律制裁。例如，《中华人民共和国税收征管法》第六十九条规定，“扣缴义务人应扣未扣、应收而不收税款的，由税务机关向纳税人追究税款，对扣缴义务人处以应扣未扣、应收而未收税款百分之五十以上三倍以下的罚款”。

## 四、税率

税率是指应征税额占课税对象数量的比例，是计算应纳税额的尺度，体现征税的深度，是税制的中心环节。在其他因素不变的情况下，税率的高低直接决定税收负担率的高低，关系到国家财政收入的多少和纳税人负担的轻重，关系到国家和各纳税人之间的经济利益，同时也反映着国家一定时期的财政经济政策。税率的表示方法主要有两种：一种是用征收税额的绝对量加以表示，适用于从量计征的税种，这种税率称为定额税率；另一种是用征收税额的百分比，即相对数加以表示，适用于从价计征的税种，这种类型的税率主要有比例税率和累进税率。比例税率、累进税率和定额税率是税率中最为常用的形式。

### （一）比例税率

比例税率是指对同一课税对象，无论其数额大小，都按照相同比例征税的税率。采用这种税率，税额随着课税对象数量的增加成比例增加。在实践中，比例税率有如下几种形式：

#### 1. 统一比例税率

统一比例税率，又称单一比例税率，它是指在一个税种中只规定一个征税比例的税率。

#### 2. 差别比例税率

差别比例税率，指根据纳税人或课税对象的不同性质，分别规定不同征税比例的税率。这种税率形式在我国税制中运用十分广泛。

#### 3. 产品比例税率

产品比例税率，指根据不同产品分别规定不同征税比例的税率。一般体现为同种或同类产品同一税率，不同产品不同税率。如我国现行关税、消费税等，都采用这种税率。

#### 4. 行业比例税率

行业比例税率，指对不同生产经营行业分别规定不同征税比例的税率。一般体现为同一行业同一税率，不同行业不同税率，如我国原营业税，对交通运输、建筑安装、金融保险、邮政通信等不同行业分别规定了高低不等的税率。

#### 5. 地区差别比例税率

地区差别比例税率，指对不同地区的同一课税对象分别规定高低不等的征税比例的税率。如我国现行城市维护建设税，根据所在地区的不同，分别规定了不同的税率。

#### 6. 幅度比例税率

幅度比例税率，指对同一课税对象由税法统一规定一个税率幅度，由各地区在此幅度内具体规定本地区征税比例的税率。如我国现行契税，实行3%～5%的幅度比例税率。

比例税率在各国税制中运用十分广泛，其优点主要体现为三个方面：①分配结果的透明度比较高，税负一目了然；②纳税人名义税率相等，形式上比较公平；③纳税人收入增加时，税负的增减比较平缓，易为纳税人所接受。但是，它也有两大不足之处：一是缺乏弹性，适应性不强；二是对不同收入水平的纳税人和征税对象存在着实际上的不公平。因此，比例税率主要适合于对商品流转额的课税。

### （二）累进税率

累进税率，是指对同一征税对象，随着数额增大，征收比例也随之增高的税率。分级是累进税率的一个最为显著的特点。具体地，这种税率形式预先将课税对象按绝对数的大小划分成若干级次，并相应规定每一级次的税率。至于课税对象具体分成多少级，则应视国家调节收入的需要，以及各收入层次纳税人的负税能力而定。在这种税率设计下，税额的增长幅度将大于征税对象数量的增长幅度。

累进税率又可分为两种：全额累进税率和超额累进税率。

#### 1.全额累进税率

全额累进税率，是指将课税对象的全部数额都按照其所适用的最高一级征税比例计税的一种累进税率。下面通过表1-1中的四级全额累进税率进行分析。

表1-1　四级全额累进税率表

| 级　次 | 级　距 | 税　率 |
|---|---|---|
| 1 | 全年所得额0～1 000元 | 10% |
| 2 | 全年所得额1 001～5 000元 | 20% |
| 3 | 全年所得额5 001～10 000元 | 30% |
| 4 | 全年所得额10 000元以上 | 40% |

假定有甲、乙两个纳税人，甲全年应税所得额为10 000元，乙全年应税所得额为10 001元，则甲、乙纳税人应纳税额分别为：

甲应纳税额=10 000×30%=3 000（元）

乙应纳税额=10 001×40%=4 000.40（元）

在这种累进税率形式下，一个纳税人的全部课税对象数额仅仅适用一个征税比例，当课税对象数额提高到一个较高级次时，全部课税对象数额都按照高一级的税率征税，从这个意义上说，全额累进税率仍是一种特殊的比例税率。

全额累进税率具有计算简便、累进幅度大、调节收入有效的优点，但这种累进税率在两个级次的交叉点附近往往容易出现税额增加超过征税对象数额增加的不合理现象。如在上例中，乙纳税人比甲纳税人的所得额仅仅多1元，却要为此多缴1 000.40元的税款，这显然不合理。

#### 2.超额累进税率

超额累进税率是这样一种税率形式，它将课税对象按数额大小划分为若干个等级部分，分别规定每一个等级的税率。当课税对象的数额增加到需要提高一级税率时，仅就超过上一个等级的部分，按高一级税率征税。换言之，同一个课税对象，可能适用几个等级的税率。该课税对象的全部应纳税额为多个等级部分应纳税额的合计数。

假定将表1-1转换成四级超额累进税率表，见表1-2：

表1-2　四级超额累进税率表

| 级　次 | 级　距 | 税　率 | 速算扣除数（元） |
|---|---|---|---|
| 1 | 全年所得额不超过1 000元 | 10% | 0 |
| 2 | 全年所得额超过1 000～5 000元 | 20% | 100 |
| 3 | 全年所得额超过5 000～10 000元 | 30% | 600 |
| 4 | 全年所得额超过10 000元的部分 | 40% | 1 600 |

假定某纳税人的应税所得额为10 001元，按照表1-2中的超额累进税率计算的应纳税额为：

第一级：应纳税额=1 000×10%=100（元）

第二级：应纳税额=（5 000−1 000）×20%=800（元）

第三级：应纳税额=（10 000−5 000）×30%=1 500（元）

第四级：应纳税额=（10 001−10 000）×40%=0.40（元）

合　计：应纳税额=100+800+1 500+0.40=2 400.40（元）

显然，超额累进税率与全额累进税率相比，有以下三方面的优点：①在名义税率相同的情况下，全额累进税率的税负重于超额累进税率的税负。例如，10 001元所得额依照表1-2，在超额累进税率的情况下，应纳税额为2 400.40元，而在全额累进税率的情况下，应纳税额为4 000.40元。②在累进级次的交叉点附近，超额累进税率克服了全额累进税率的税负跳跃式增减的不合理现象。③在累进程度上，超额累进税率较之全额累进税率平缓得多。

为了解决超额累进税率按原理计税在方法上比全额累进税率稍显复杂的问题，实际工作中通常采用简化的计算方法，即“速算扣除数法”。它的基本原理是，对应税对象先按全额累进方法计算出一个税额，然后从这个税额中减去相应的速算扣除数，得到结果即为按超额累进方法计算的税额。其计算公式为：

应纳税额=应税对象数额×税率−速算扣除数

其中的速算扣除数，实际上是为了简化超额累进计算方法而设计的一个算术参数。其计算公式为：

本级速算扣除数=按全额累进方法计算的税额−按超额累进方法计算的税额

以表1-2中的速算扣除数（第一级为零）为例：

第二级速算扣除数=5 000×20%−［1 000×10%+（5 000−1 000）×20%］=1 000−（100+800）=100（元）

其他各级速算扣除数均可依据上述方法计算出来。推算超额累进税率表中的速算扣除数，还有一种简单方法，公式为：

本级速算扣除数=（本级税率−上级税率）×上级课税对象的最高数额+上级速算扣除数

以表1-2中的速算扣除数（第一级为零）为例：

第二级速算扣除数=（20%-10%）×1 000+0=100（元）

此外，累进税率也包括按相对数累进的情况，如我国现行土地增值税所采用的四级超率累进税率。

### （三）定额税率

定额税率是指按课税对象的单位直接规定固定征税数额的税率，故又称为固定税额。在具体使用时，主要有以下几种形式：

#### 1. 地区差别定额税率

地区差别定额税率，指对同一课税对象按不同地区分别规定不同的单位税额。

#### 2. 幅度定额税率

幅度定额税率，指对同一课税对象，由税法统一规定税额幅度，各地区在规定的幅度内自行确定本地区适用税额的定额税率，如我国现行城镇土地使用税和耕地占用税。

#### 3. 分类分级定额税率

分类分级定额税率，指按照课税对象的不同种类和不同等级，分别规定不同征税数额的定额税率，如我国现行车船税。

除了以上三类规范的税率之外，在税制中有时还采用加成征税和加倍征税的税率延伸形式。所谓加成征税，是指对按法定税率计算的税额加征若干成数的税款，加征一成为百分之十；加倍征税是指对按法定税率计算的税额加征若干倍数的税款，加征一倍为百分之百。加成征税、加倍征税通常是针对那些正常税率调节不到的高收入的一项调节措施。

【例 1-2 · 多选题】下列税种中，同时采用比例税率和定额税率进行征收的有（　　）。

A. 土地增值税　　B. 消费税　　C. 印花税　　D. 个人所得税

【答案】BC

【解析】土地增值税采用超率累进税率，个人所得税采用超额累进税率和比例税率。

【例 1-3 · 单选题】下列税种中，采取超额累进税率的有（　　）。

A. 增值税　　B. 关税　　C. 企业所得税　　D. 个人所得税

【答案】D

【解析】增值税与企业所得税采用比例税率，而关税采用比例税率和定额税率。

### 知识链接 1-1　名义税率与实际税率

名义税率又称为表列税率。它是税法所规定的法定税率，即应征税额占课税对象数量的比例。实际税率，又称有效税率或实际负担率，是指实征税款与课税对象数量的比例。它是衡量纳税人实际税负程度的主要标志。

名义税率一般与实际税率存在差异。造成这种差异的原因一般有税制结构、减税免税、加成征税、加倍征税、税收征管等因素。例如，税收制度允许税前扣除，那么名义税率就会高于实际税率。假定纳税人收入 3 000 元，名义税率为 20%，税法规定，在计算税额时允许税前扣除 1 000 元，则上缴税额为 400 元（（3 000-1 000）×20%），实际税率为13.33%（400÷3 000）。因此，名义税率和实际税率作为分析工具，对于分析纳税人的实际负担具有重要意义。

## 五、计税依据

计税依据是指计算应纳税额时的课税基础，也称为税基，它是决定国家税收收入和纳税人税收负担轻重的重要因素之一。计税依据与课税对象既相联系又有区别。一般来说，计税依据是课税对象中的应税部分，因而它们有时是一致的，有时又不是一致的。例如，企业所得税的课税对象为所得额，计税依据通常也是企业应纳税所得额；相反，我国现行消费税的课税对象为应税消费品，而计税依据包括销售额和销售数量。

计税依据按照计量单位来划分，分为两种类型：一是按照课税对象的价值，即货币单位计算，称为从价计征，如我国增值税是以销售产品的销售额作为计税依据；二是按照课税对象的自然计量单位计算，称为从量计征。计税依据所采用的计量单位如何选择，一般取决于课税对象本身的性质和商品货币经济的发达程度。

## 六、纳税环节

纳税环节是指税法规定的、在商品流转过程中和劳务活动中应当缴纳税款的环节。商品从生产到消费往往需要经过多个流转环节。纳税环节的确定，关系到税制结构和整个税收体系的布局，关系到税款能否及时、足额入库，关系到地区间财政利益的分配，也关系到纳税人交税的便利程度，等等。因此，税制设计时应慎重选择纳税环节，一经确定，不得随意变动。

## 七、纳税期限

纳税期限是指税法规定的纳税人向国家缴纳税款的时间。规定纳税期限是为了促使纳税人及时依法纳税，以保证国家财政支出的需要。它是税收强制性和规范性在时间上的体现。纳税期限的确定，一般应考虑纳税人生产经营和课税对象的特殊性，以及应纳税额数量的大小。一般分为两种形式：一种是按期纳税，即以纳税人发生纳税义务的一定时间作为纳税期限。例如，我国增值税、消费税规定1天、3天、5天、10天、15天、1个月或一个季度为纳税期；所得税则通常视纳税人的具体情况，分别规定按月、按季或按年缴纳等；另一种是按次纳税，即以纳税人发生纳税义务的次数作为纳税期限。例如，我国对个人分次取得的某些收入征收的个人所得税，就规定在发生纳税义务后按次缴纳。

## 八、纳税地点

纳税地点是税法规定纳税人（包括代征、代扣、代缴义务人）具体申报缴纳税款的地点。由于不同税种的纳税环节不同，各个纳税人的生产经营方式也不尽一致，因此，税法本着方便征纳、有利于对税款源泉控管的原则，通常要在各税种中明确规定纳税人的具体纳税地点。具体包括：

1.就地纳税

固定业户纳税人应当向其机构所在地或者居住地主管税务机关申报纳税。我国大多数纳税人及其征税对象均采取就地纳税方式。

2.经营行为所在地纳税

临时经营的纳税人或者固定业户纳税人离开主管税务机关管辖的所在地，到外地从事经营活动，如设置分支机构等，其应纳税额应当向经营行为所在地的税务机关缴纳。

3.集中汇总纳税

纳税人按行业汇总向国家金库所在地纳税。如中国铁路运营、民航运输、邮电企业的企业所得税，分别由国家铁路局、中国民用航空局、国家邮政局于总部集中汇总缴纳。

4.口岸纳税

这是进出口关税的一种常见纳税方式。税法规定，关税的纳税人，除采取集中纳税方式之外，其应纳的进出口关税都应向进出口口岸的海关机关缴纳。

## 九、减免税

减免税是指税法规定对某些纳税人或课税对象给予少征一部分税款或全部免于征税的规定。减免税是国家为实现一定的政治、经济政策，对某些纳税人或课税对象采取的鼓励或照顾措施，是税收的严肃性和必要的灵活性相结合的体现。

减免税一般分为税基式减免、税率式减免、税额式减免。①税基式减免是指对具体项目列举减免或对课税对象规定起征点、免征额，以解决普遍性照顾问题。其中，起征点是指对课税对象开始征税的数量界限；免征额是指在课税对象总额中免于征税的数额。②税率式减免是指将原定税率降低一定幅度，征税时按降低后的税率计征所实现的减免税，也是主要用于解决普遍性照顾问题。③税额式减免是指对课税对象先按统一规定计算应纳税额，然后减征一定数量的税额而实现的减免税，主要用于解决个别性照顾问题。

**知识链接 1-2　　起征点与免征额**

起征点（Tax Threshold）是税法规定的对课税对象开始征税的最低界限。征税对象的数额未达到起征点时不征税。而一旦征税对象的数额达到或超过起征点时，则要就其全部的数额征税，而不是仅仅对其超过起征点的部分征税。

免征额（Tax Exemption）是税法规定的课税对象全部数额中免予征税的数额。它是按照一定标准从征税对象总额中预先减除的数额。免征额部分不征税，只对超过免征额的部分进行征税。

# 第四节 税制类型

税制类型，是税收分类的具体结果。所谓税收分类，是按照一定的标准，将具有相近或相似特点的税种归并成若干类别的一种研究方法。世界各国普遍实行复税制，而各税类、税种的功能和作用存在较大的差异，因此，研究和合理构建一国税制结构，充分发挥税收职能作用，必然要和税收分类联系起来。通过分类研究，可以准确地分析税收的负担分配情况，以及各税种在税制结构中的功能作用及其对社会经济发展和宏观经济运行的影响程度，从而为完善税制提供依据。税收分类可以依据不同的标准进行。一般地说来，税收有如下分类方法：

## 一、按课税对象的性质分类

按课税对象的性质，一般可把税收分为商品税、所得税、财产税、资源税和行为税五类。

微课1-5

税制类型

商品税是以商品（包括劳务）的交易额或交易量为课税对象的税类。商品税课征普遍，税款不受课税对象成本、费用高低的影响，征收管理较为方便，有利于保证税收收入的稳定性。但商品税会影响课税商品的价格，同时从价征收的商品税本身也受价格变动的影响。商品税包括增值税、消费税、关税等。

所得税又称为收益税，是以纳税人的所得额为课税对象的税类。所得税可以量能负担，即所得多的多征税、所得少的少征税、无所得的不征税，体现税收公平原则，并能对纳税人的收入水平进行调节。但所得税受纳税人收入水平的制约，同时征收成本较高，要求税务机关有较强的征管能力。所得税通常包括个人所得税和企业所得税等。

财产税是以纳税人拥有或支配的财产数量或价值为课税对象的税类。财产税的税基较为固定，收入比较稳定，同时具有调节财富分配的作用，为许多国家的政府尤其是地方政府所采用，如我国现行的房产税、车船税以及国外征收的遗产与赠与税等。

资源税是以纳税人占有或开发利用的自然资源为课税对象的税类。征收资源税除了可以增加财政收入外，还能够促进对自然资源的合理利用，调节纳税人因占有或使用自然资源的情况不同而形成的级差收益，如资源税、城镇土地使用税等。

行为税是以特定的经济或社会行为为课税对象的税类。这类税种的设置有较强的选择性。政府课征这类税收，有的是为了筹集财政资金，有的则是为了实现特定的政府目标。

## 二、按课税标准分类

按课税标准的不同，税收可分为从价税和从量税。

从价税以课税对象的价值为计税标准，实行比例课税或累进课税。在商品货币经济条件下，从价计税是普遍采用的方式。其主要优点是开征范围广，凡有价格计量的情况，都可以从价计征。

从量税以课税对象的实物量为计税标准，如重量、面积、容积、个数等，适用于特定税种或特定的课税对象。其优点是便于计征和管理，收入不受价格变化影响，纳税人的税负也相对稳定。主要缺点是调节范围有一定限制，一般只适用于计量单位明确、实物形态易于把握的课税对象。

需要注意的是，从价税和从量税可以分别出现在一个税种的不同税目中，也可以在同一个税目中被同时使用。

## 三、按税收与价格的关系分类

按税收与价格的关系，可以把税收分为价内税和价外税。

凡税金构成商品价格组成部分的，称为价内税，凡税金作为商品价格之外的附加，称为价外税。与此相适应，价内税的计税依据为含税价格，价外税的计税依据为不含税价格。

一般认为，价外税比价内税更容易转嫁，价内税课征的侧重点为厂家或生产者，价外税课征的侧重点是消费者，价内税的负担是不透明的，价外税的负担是透明的。如中国的消费税和资源税属于价内税，增值税属于价外税。

## 四、按税负能否转嫁分类

以税负能否转嫁为标准，可以把税收分为直接税和间接税。

直接税是税收负担不能转嫁或难以转嫁的税种，在这类税种中，国家和负税人之间的关系是直接的。一般认为对个人收入、企业利润、财产等课征的所得税、社会保险税、财产税等为直接税。

间接税是指纳税人和负税人不一致，一般存在着税负转嫁的税种。人们通常把以商品销售收入或劳务收入等为课税对象的消费税、增值税、关税等，称为间接税。

【例1-4·多选题】一般认为，下列税种属于直接税的有（ ）。

A.房产税　　B.增值税　　C.消费税　　D.企业所得税

【答案】AD

【解析】增值税与消费税的纳税人与负税人不一致，一般存在税负转嫁的情况，故将其归为间接税；房产税与企业所得税的税负均无法转嫁，故将其归为直接税。

**税收史话1-2　　直接税与间接税**

直接税与间接税的划分最早由18世纪法国重农学派代表人物F.魁奈提出。魁奈认为只有农业能够生产“纯产品”，因此只有征于土地的税是直接税，其他税都是间接税。19世纪，英国经济学家约翰·S.穆勒又提出以租税立法者预期税负能否转嫁为标志来划分直接税和间接税，凡立法者预期税负不能转嫁的税称为直接税，反之，则称为间接税。划分直接税和间接税的意义主要在于帮助分析税负转嫁及其归宿。

## 五、按税种的隶属关系和征管权限分类

按税种的隶属关系和征管权限，可将税收分为中央税、地方税和共享税。

中央税是指税收立法权、管理权和收入支配权由中央政府掌握的税收。地方税指税收立法权或管理权、收入支配权由地方政府掌握的税收。而共享税是指收入按一定形式由中央政府和地方政府分享的税收。

中央税、地方税及共享税在一国税收制度中的具体划分，各国的做法不尽相同，但一般将收入规模大、调节功能强的税收作为中央税或共享税，而将税源具有地域性、税基具有非流动性、收入规模相对较小的税收作为地方税。

【例1-5·多选题】下列税种属于我国中央税的有（　）。

A.关税　　B.增值税　　C.消费税　　D.企业所得税

【答案】AC

【解析】增值税与企业所得税属于中央与地方政府共享税。

### 知识链接1-3　我国税收收入的隶属关系

目前，根据国务院关于实行分税制财政管理体制的规定，我国税收收入的隶属关系如下：

1.中央政府固定税收收入包括消费税（含进口环节海关代征的部分）、车辆购置税、关税、海关代征的进口环节增值税等。

2.地方政府固定税收收入包括城镇土地使用税、耕地占用税、土地增值税、房产税、车船税、契税、环境保护税和烟叶税等。

3.中央政府与地方政府共享税收收入主要包括：

（1）增值税（不含进口环节由海关代征的部分）：中央政府分享50%，地方政府分享50%。

（2）企业所得税：中国铁路总公司、各银行总行及海洋石油企业缴纳的部分归中央政府，其余部分中央与地方政府按60%与40%的比例分享。

（3）个人所得税：除储蓄存款利息所得的个人所得税外，其余部分的分享比例与企业所得税相同。

（4）资源税：海洋石油企业缴纳的部分归中央政府，其余部分归地方政府。

（5）城市维护建设税：中国铁路总公司、各银行总行、各保险总公司集中缴纳的部分归中央政府，其余部分归地方政府。

（6）印花税：多年来证券交易印花税收入的97%归中央政府，其余3%和其他印花税收入归地方政府。为妥善处理中央与地方的财政分配关系，自2016年1月1日起，国务院决定将证券交易印花税全部调整为中央收入。

## 第五节 税收制度原则

### 一、税收原则的发展

税收原则是制定税收政策和税收制度的指导思想，同时也是评价税收政策好坏、判断税制优劣的标准。早在自由竞争的资本主义发展阶段，资产阶级经济学家就对税收原则问题进行了系统的分析，并提出了各种观点。

亚当·斯密（1776）在《国民财富的性质和原因的研究》一书中首次对税收原则进行了理论分析，列举了税收的四项原则：①平等原则，指纳税人应按各自能力（收入）的比例来负担税款；②确实原则，指纳税人的应纳税赋和完税方式必须是确定的，不得随意变更；③便利原则，指纳税手续尽量从简，为纳税人履行纳税义务提供便利；④节约原则，即最少征收费用原则，指征税过程应尽量减少不必要的支出，使纳税人的付出尽可能等于国库收入。亚当·斯密的税收原则实际上表明了平等和效率两方面的含义。

法国经济学家让·巴蒂斯特·萨伊生活于法国资产阶级革命后社会矛盾开始激化的时期。萨伊认为，政府征税就是向私人征收一部分财产，充作公共需要之用，课征后不再返还给纳税人。由于政府支出不具有生产性，所以，最好的财政预算是花费最好的预算，最好的税收是税负最轻的税收。据此，他提出了税收五项原则：①轻税原则。萨伊认为政府征税事实上剥夺了纳税人用于满足个人需要或用于再生产的产品，所以，税率越低，税负越轻，对纳税人的剥夺越少，对再生产的破坏作用也越小。②节省征收费用原则。萨伊以税收征收费用对人民是一种负担，对国家也没有益处为由，主张节省征收费用。一方面尽量减少纳税人的负担烦扰；另一方面也不给国库增加困难。③公平负担原则。税收是一个负担，当每个纳税人承受同样的（相对的）税收负担时，每个人的负担必然是最轻的，如果税负不公平，不但损害个人的利益，也有损于国家的收入。④不妨碍再生产原则。萨伊认为所有税收都是有害于再生产的，因为它妨碍生产性资本的积累，最终危害生产的发展。所以，对资本课税应当是最轻的。⑤有利于提高国民道德的原则。萨伊认为，税收除具有取得公共收入的作用外，还可作为改善或败坏人民道德，促进勤劳或懒惰以及鼓励节约或主张奢侈的有力工具。因此，政府征税必须着眼于普及有益的社会习惯和提升国民道德。

德国经济学家阿道夫·瓦格纳（1877）在《财政学》一书中，对税收原则问题阐明了自己的观点，归纳起来包括：①财政收入原则，指税收收入应充分满足财政需要且随财政支出需要的变动而增加或减少；②国民经济原则，指税源的选择应有利于保护税本，尽可能选择税负难以转嫁或转嫁方向明确的税种；③社会公平原则，指税收的征收应普遍和平等，使每一位公民都负有纳税义务，并依照纳税人的负担能力大小征税；④税务行政原则，指税法应当简明确定，纳税手续应简便，征税费用和纳税费用尽可能节省。瓦格纳的税收原则继承和发展了斯密税收原则中公平与效率的内容，同时明确提出了税收的财政原则。

美国现代著名财政学家理查德·A.马斯格雷夫（1973）在《财政理论与实践》中，

对亚当·斯密以来经济学家的税收原则理论进行了理论总结和归纳，并提出了自己的税收原则。他认为，现代国家的税收不仅要满足政府的财政收入需要和矫正社会财富的分配，而且要体现国家调节经济运行的政策目标。为此，马斯格雷夫提出了六项税收原则：①公平原则。税收负担的分配应当公平，应使每个人支付其合理的份额。②效率原则。要求对征税方法进行选择，尽量不影响有效市场上的经济决策。税收的额外负担应该减少到最低限度。③政策原则。如果将税收政策用于刺激投资等其他目标，则税收政策对公平性的干扰应尽可能少。④稳定原则。税收结构应当有助于以经济稳定和经济增长为目标的财政政策的实现。⑤明确原则。税收制度应当明晰而无行政争议，便于纳税人理解；⑥省费原则。税收管理和征纳费用应在考虑其他目标的基础上尽可能地节省。

在现代经济中，随着经济活动的复杂化和税收对经济运行影响的扩大与加深，税收原则问题备受人们的关注，人们对税收原则的认识也有了进一步的发展，尽管不同学派的经济学家对税收原则问题存在不同的看法，但对税收原则的分析一般围绕税收与宪政、税收与财政、税收与公平、税收与效率等方面进行，从而形成税收的法定原则、财政原则、公平原则和效率原则。

### 税收史话 1-3　中国历史上的治税思想

（1）征税有度。这种思想强调国家征税要适度。《管子》指出，“地之生财有时，民之用力有倦，而人君之欲无穷，以有时与有倦养无穷之君，而度量不生于其间，则上下相疾也”，“国虽大必危”，所以应坚持“取于民有度”。

（2）税政统一。这种思想要求全国的税政、税制实现统一。商鞅曾经指出“上一而民平，上一则信，信则臣不敢为邪”。就是说，国家税政统一，对所有的人一视同仁，没有歧视，人民就感到赋税公平，就能取信于民，官吏也不敢营私舞弊了。

（3）税收弹性。这种思想强调赋税的征收量应有伸缩性，依条件的变化而变化。孟子反对征定额税，主张丰年多征、灾年少征。《管子》将年成分为上、中、下三等，提出不同的年成依不同的税率征收，最坏的年成“不税”或“弛而税”。

（4）普遍征税。这种思想提出征税面要宽，纳税人要普遍。《周礼》建议，国中从事各种职业的人都要缴纳赋税，耕田的贡九谷，经商的贡货物，从事牧业的贡鸟兽，从事手工业的贡器物，连无职业的也要“出夫布”。

（5）征税明确。这种思想强调让纳税人对征税的有关规定有明确的了解。苏绰认为，贯彻明确的原则，对征纳双方都有利。因为“先时而备”，就能做到“至时而输”，避免滞纳。

（6）征税便利。这种思想强调征税应尽量给征纳双方以便利。杨炎推行“两税法”和张居正推行“一条鞭法”，都简化了税制，考虑了方便征纳双方的需要。

（7）为公利民。这种思想强调国家只能为公为民而征税。荀悦指出，国君应有“公赋而无私求”“有公役而无私使”。“私求则下烦而无度，是谓伤情”；“私使则民扰而无节，是谓伤义”（《申鉴》）。严复指出，赋税收入应“取之于民，还为其民”，为民兴公利、除公害（《原富》）。

（8）培源养本。这种思想强调国家在征税的过程中，要重视培养税源。荀况认为，生产是财富的本源，税收是财富的末流，国家应“节其流，开其源”，这样就可达到“上下俱富”（《富国》）。司马光也强调要“养其本而徐取之”。

（9）省费增效。这种思想强调征税应尽量减少耗费，以减少纳税人的损失或增加赋税收入。商鞅主张通过“官少税简”来减轻农民的税负。他认为，“官属少，征不烦。民不劳，则农日多”（《商君书》）。

## 二、税收法定主义原则

微课 1-6

税收制度原则

税收法定主义原则的基本含义是指税收的课征必须基于法律的依据才能进行。这项原则体现了税收分配活动的本质要求。因为税收在本质上是国家为了满足公共的财政需要，将一部分社会产品或国民财富由企业或公民手中转至政府支配，由此引起的税收分配关系，直接影响到整个国计民生。如果没有法律的根据，政府就不得行使征税权，人民也不得被要求缴纳税款。

### 思政引航 1-2　依法治国中的税收法定

改革开放初期，考虑到税收制度的建立、完善面临的错综复杂的情况，同时缺少相关经验，全国人大及其常委会遵循税收法定原则，依据《中华人民共和国宪法》第八十九条关于全国人大及其常委会可以授予国务院其他职权的规定，于1984年出台《全国人民代表大会常务委员会关于授权国务院改革工商税制发布有关税收条例草案试行的决定》（已于2009年6月废止），授权国务院在实施国营企业利改税和改革工商税制的过程中，拟定有关税收条例，以草案形式发布试行；1985年出台《全国人民代表大会关于授权国务院在经济体制改革和对外开放方面可以制定暂行的规定或者条例的决定》，授权国务院对于有关经济体制改革和对外开放方面的问题，包括税收方面的问题，必要时可以根据宪法，在同有关法律和全国人民代表大会及其常务委员会的有关决定的基本原则不相抵触的前提下，制定暂行的规定或者条例。国务院根据有关授权决定颁布实施了一系列的税收暂行条例。至此，我国税收制度更多地采取授权进行税收立法的方式。

2013年11月12日，党的十八届三中全会通过了《中共中央关于全面深化改革若干重大问题的决定》，其中第八章“加强社会主义民主政治制度建设”的第二十七条，专门提出“落实税收法定原则”，这是第一次在党的纲领文件里面提出税收法定原则，是“全面推进依法治国”战略部署的重要组成部分，充分展现了党中央对税收法定原则的高度重视，凸显了我国加强税收立法顶层设计的决心，意义十分重大。

2014年10月23日，党的十八届四中全会通过的《全面推进依法治国若干重大问题的决定》明确指出，依法治国是坚持和发展中国特色社会主义的本质要求和重要保障，是实现国家治理体系和治理能力现代化的必然要求，事关我们党执政兴国，事关人民幸福安康，事关党和国家长治久安。

2015年3月15日，第十二届全国人民代表大会第三次会议以2761票赞成表决通过对《中华人民共和国立法法》的修改，新修订的《立法法》将第八条“税收基本制度”进一步细化为“税种的设立、税率的确定和税收征收管理等税收基本制度”，并将其单列为第六项，位于公民财产权保护相关事项的首位。同时，还明确规定了“税种的设立、税率的确定和税收征收管理等税收基本制度”只能制定法律。

2015年3月26日，中共中央审议通过了《贯彻落实税收法定原则的实施意见》，制定了贯彻落实税收法定原则的“路线图”。该意见强调原则上不再出台新的税收条例，对于拟新开征的税种，将根据相关工作的进展情况，同步起草相关法律草案，并适时提请全国人大常委会审议。

自党的十八届三中全会以来，我国税收法定原则的落实已经渐入佳境。截至2023年9月份，已经有12部税收实体法被制定或修订，从形式上实现了我国税种法律位阶的全面提升，增强了税收法律的权威性和稳定性。

税收法定主义原则最早始于英国。1219年，贵族在同国王的斗争中取胜，双方订立了《自由大宪章》，国王承认未经贵族议会同意不得任意收税，这是世界历史上第一次对国王征税权的限制。1689年国会制定的《权利法案》中规定，国王不经国会同意而任意征税，属于非法。这样，就从根本上剥夺了国王的任意课税权，而将征税权集中于民选议会。

**税收史话1-4　　税收法定原则的产生**

自1066年诺曼底公爵威廉征服英格兰开始，英国原有的封建王权体制被打破，逐步形成了一种特殊的法律制度，即普通法制度，设置了“御前会议”管理国家财政的制度，形成了议会控制财政的雏形。到了1214年，由于战争的需要，英王约翰与贵族之间就开征盾牌钱展开了激烈的斗争，最终以国王被迫签下《自由大宪章》而告终。《自由大宪章》中规定“一切盾金或援助金若不是基于朕之王国一般评议会的决定，则不许课征”。这是世界历史上第一次对国王征税权的限制。1602年，斯图亚特王朝建立后仍是出于战争军费需要，国王与议会之间就征税问题发生了激烈的斗争。直至1688年，“光荣革命”确立了资产阶级的议会制并颁布了史上著名的《权利法案》。该法案规定：凡未经议会允许，借口国王特权或供国王使用而任意征税，超出议会准许的时间或方式皆为非法，从而正式确定了“无法律则无税”的税收法定主义原则。

税收法定主义原则现已被世界各国普遍接受，基本包括以下几个方面：

#### 1.政府征税权法定

一方面，征税权是政府机构赖以存在和行使其他行政权力的经济基础；另一方面，征税权运用得合理与否，直接关系到公民的利益，关系到社会的经济发展与稳定。一个国家向人民征税与否以及如何征收，均应由法律规定。每开征一种新税要制定相应的法律，法律未规定的税不得向人民征收。

#### 2.纳税义务法定

各国宪法和税法都要规定纳税义务。纳税义务法定是税收法定主义原则的重要内容，它有两层含义：一是法律确定的纳税义务必须履行，否则，纳税义务人要承担相应的法律责任；二是纳税人应当履行的纳税义务必须由法律明确规定，没有法律的依据，公民和法人不应承担或有权拒绝承担缴纳税款的义务。

3.课税要素法定

课税要素法定有两层含义：一是涉及税收课征的一切要素的内容，都必须由法律规定。凡没有正式法律规定，而只是以部门或单位规定的形式出现的征税要素，均属无效。二是要求课税要素明确。在税法中，凡构成课税要素和税收征收程序的部分，其内容须尽量准确，从立法技术上保证课税要素的法定性。

4.征税程序法定

税收程序法是税收法律体系的重要组成部分。税务行政机关必须严格依据法律的规定稽核征收，无权变动法定课税要素和法定征收程序。征税机关和纳税人都不得自行确定开征、停征、减免税、退补税及延期纳税等项事宜。

## 三、税收财政收入原则

税收财政收入原则的基本含义是：国家税收政策的确定及税收制度的构建与变革，应保证国家财政的基本需要。这一原则与税收在组织财政收入中的地位与作用是一致的。税收是财政收入的基本来源，国家征税的首要目的是为一定时期的政府活动筹集资金，否则税收将失去其存在的必要性。具体包括以下三个要求：

### （一）税收收入要充分

财政收入原则最基本的要求就是通过征税获得的收入能充分满足一定时期财政支出的需要。税收数额的充分是一个相对概念，是相对于政府向社会提供公共商品的财力需要而言的。同样额度的税收，对于提供公共品规模比较大的政府是不足的，而对于提供公共品规模比较小的政府却是足额的。因此，虽然财政收入额度由政府提供公共品的财力需要来决定，但政府提供公共品的财力也要受到财政收入的制约。政府既可以通过增加收入使财政收入由不足变为足额，也可以通过减少支出使财政收入由不足变为足额。

税收收入的充分还隐含着要求税收收入的稳定。税收收入要相对稳定，使税收同国民生产总值或国民收入的比例稳定在一个适度水平，不宜经常变动，特别不宜急剧变动，以避免税收对经济正常秩序形成冲击。税收收入的稳定也是相对于政府提供公共品的财力需要而言的，在经济发生比较大的变动，或者政府提供公共品的结构发生大的调整，财政收入的稳定也必然被打破，从而要求达到新的稳定的税收收入水平。

### （二）税负总水平应当适度

税收是政府筹集财政资金、提供公共品满足社会公共需要的基本工具。因此，税收筹集财政资金的规模应与一定时期政府提供公共商品所需的资金需求相适应。一方面，税负水平过低，会使得政府提供公共品的资金不足；另一方面，税收征收率不能过高，要尽可能避免税负过重而伤害企业和个人的积极性。

### （三）税收收入应有弹性

在西方税收理论中，瓦格纳是税收弹性理论的最早提出者。瓦格纳认为，当财政需要增大支出或者税收以外的其他收入减少时，税收应能基于法律增加或者自动增收。今天的税收弹性理论，是在瓦格纳的税收弹性理论的基础上发展和完善的。目前，税收弹性理论不仅在西方发达国家，而且在多数发展中国家都得到了重视和运用。

具体而言，税收弹性是指税收收入增长率与经济增长率之间的比率，用公式表示如下：

$$E_T=(\Delta T/T)/(\Delta Y/Y)$$

式中：$E_T$——税收弹性；T——税收收入；ΔT——税收收入变化量；Y——国民收入（或是其他指标如国民生产总值、国内生产总值等）；ΔY——国民收入（或是其他指标如国民生产总值、国内生产总值等）变化量。

税收弹性反映了税收对经济变化的灵敏程度。当$E_T=0$时，表明税收对经济增长没有反应；当$E_T=1$时，表明税收与经济是同步增长的；当$E_T>1$时，表明税收的增长速度快于经济的增长速度，税收随经济的发展而增加，并且税收参与国民收入分配的比例有上升的趋势；当$0<E_T<1$时，表明税收的增长速度落后于经济的增长速度，这时，税收的绝对量有可能是增加的，但税收参与国民收入分配的比例有下降的趋势。税制设计应当使税收具有较好的弹性。一般来说应使$E_T$略大于或等于1，以保证国家财政收入能与日益增加的国民收入同步增长，而无须通过经常调整税基、变动税率或者开征新的税种来增加收入。

## 四、税收公平原则

税收公平是指社会成员的税收负担应符合公平标准。其具体包含税收横向公平和税收纵向公平。

### （一）税收横向公平

税收横向公平是指经济情况相同、纳税能力相等的纳税人，应当享有相等的纳税待遇，交纳数量相同的税款。这种税收公平观实际表明，税收不应该是专断的和有差别待遇的。现代社会对税收横向公平的基本原则并无异议，但对根据什么标准来衡量相同经济情况或相等纳税能力，存有不同看法。第一种观点主张以人们拥有的财产作为衡量纳税能力强弱的依据。第二种观点主张以个人消费作为测定纳税人负担能力的标准。第三种观点主张以纳税人的收入所得作为测定纳税能力的标准。美国芝加哥大学著名经济学家亨利·西蒙斯曾指出，所有税收，不论其名义基础如何，都应当是落在个人收入上面。①

从各国税制实践看，第三种观点提倡的标准较为科学、合理和可行。因为收入所得

① 埃克斯坦．公共财政学［M］．张愚山，译．北京：中国财政经济出版社，1983：82．

具有作为纳税能力依据的五种特性：①应税所得是货币所得，它将纳税能力统一于价值符号，易于量度。②应税所得是交换所得，符合社会经济中通行的价值法则，具有代表性。③应税所得是规范性的所得，它作为现代社会纳税人的一项稳定的主要收入来源，支撑着人们的纳税能力。④应税所得为扣除各项费用后的纯所得，能够用于反映和比较各种纳税人员实际收入状况和纳税能力。⑤应税所得还是可以根据不同性质和来源加以分类的综合所得，如分为财产、资本与工薪所得，国内所得与国外所得等，这便于实行区别对待、合理负担政策。因此，在现有经济和技术条件下，以所得为依据设计税收负担，实现税收横向公平，无疑是一种较好的选择。

### （二）税收纵向公平

税收纵向公平是指经济情况不同或纳税能力不等的纳税人，其交纳的税收亦不应相同。虽然，这一原则已被社会所公认，但是，按照这一原则设计税收制度的困难在于，如果已经知道两类纳税人的纳税能力不同，政府如何实行差别课税，才能有效地体现社会公平？目前，有两个原则可供参考：

一是受益原则。主张不同纳税能力的纳税人应当根据他们从政府活动中期望得到的利益大小交税。随着现代国家社会经济职能的拓展，政府为公众提供的公共商品和公共劳务日益增多，按受益原则课征的税收也愈来愈广。受益原则把征、纳税过程中双方的利益结合起来考虑，这样，在一定程度上不仅可提供关于税收公平的某种准则，而且有利于引导资源的有效配置。

当然在实际中，受益原则存在很大的局限性，它只适用于受益人可以明显感受到的情况，而难以适用于政府提供的大多数经济利益，如国防、教育等。毕竟，要确定每个纳税人从政府支出中受益的额度是一件十分困难的事，对此，一些西方经济学家认为，可以根据纳税人对公共物品的偏好程度来确定其在公共物品中的受益。他们认为，在严格的受益税制下，每个纳税人所交纳的税收和他对公共物品的需求相一致。假如纳税人有相同的偏好（或是相同的无差异曲线），那么，他们对税收的估价也就相同，于是，相同收入的人们就应当交纳相同数量的税收。税收公式取决于偏好模式，尤其是取决于对公共物品需求的收入弹性和价格弹性。[①]不过，在实践中，由于纳税人对公共物品需求的收入弹性和价格弹性无法测定，纳税人的偏好也难以明确，因此，无法真正解决税率结构问题。此外，受益原则无法解决转移支付问题，比如，对低收入者或无收入者进行补助等。按照受益原则，低收入者或无收入者从这部分转移支付中获得的受益较多，因此，他们应当分担较多的税收负担，这显然是行不通的。并且，这本身就背离了公平原则。

虽然受益原则不具有普遍意义，但这并不排除其在特定场合下对税制的指导作用。比如，对车船消耗的燃油征收消费税，以及近年来议论较多的社会保险税都是受益原则的例证。

---

① 马斯格雷夫 R A，马斯格雷夫 P B. 财政理论与实践［M］. 邓子基，邓力平，译. 北京：中国财政经济出版社，2003.

二是牺牲原则。所谓牺牲，是指个人或社会的所有财富在课税以前所得到的满足，与课税后从剩余财富中得到的满足之间的差额。税收负担分配是否公平，要视不同阶层、利益集团和个人主观感受的牺牲程度而定。由于对效用牺牲程度相同或均等有着不同的理解，形成了绝对均等牺牲、比例均等牺牲和边际均等牺牲三种不同的理论。

绝对均等牺牲，要求每个纳税人因纳税而牺牲的总效用相等。按照边际效用递减原理，人们的收入与其边际效用呈反方向变化，收入越多，边际效用越小，收入越少，边际效用越大。也就是说，低收入者的货币边际效用大，高收入者的货币边际效用小。如果对边际效用大的收入和边际效用小的收入征同样比例的税，则前者的牺牲程度就要大于后者，这样的税收就是不公平的。所以，为使每个纳税人牺牲的总效用相等，就须对边际效用小的收入部分征高税，对边际效用大的收入部分征低税。

比例均等牺牲，要求每个纳税人因纳税而牺牲的效用与其收入成相同比例。西方经济学家认为，虽然与纳税人收入增加相伴随的是边际效用的减少，但高收入者的总效用总是要比低收入者的总效用大。为此，须对所获总效用大者（即收入多者）多征税，对所获总效用小者（即收入少者）少征税，从而有可能使征税后各纳税人所牺牲的效用与其收入成相同比例，以达到税收公平的目的。

边际均等牺牲，要求社会全体因纳税而蒙受的总效用牺牲最小。要做到这一点，就纳税人个体的牺牲来讲，如果某纳税人甲纳税的最后一个单位货币的效用，比某纳税人乙纳税的最后一个单位货币的效用小，那么，就应该将乙所纳的税收加到甲身上，使得二者因纳税而牺牲的最后一个单位货币的边际效用相等。就社会全体来说，要让每个纳税人完税后因最后一单位税收而损失的收入边际效用彼此相等，甚至要求对最高收入者实行100%的边际税率，对最低收入者实行免税。

## 五、税收效率原则

税收的效率包括经济效率和行政效率两个方面。

税收的经济效率是指政府在以课税方式将经济资源从私人部门转移到公共部门的过程中，所产生的额外负担最小和额外收益最大。税收额外负担是指课税除了给纳税人带来正常的经济负担外，对资源配置和经济运行产生的不良影响。要使税收具有经济效率，一方面应尽可能地保持税收对市场机制运行的“中性”影响，充分发挥“看不见的手”对资源配置的调节作用；另一方面应在一定范围内适当运用差别性的税收政策解决市场失灵问题，促进公共利益的增长。

税收的行政效率是指税收征纳过程所发生的费用最小化，即税收成本最低。所谓税收成本，是指在税收征纳过程中所发生的各类费用支出。它有狭义和广义之分。狭义的税收成本亦称“税收征收费用”，专指税务机关为征税而花费的行政管理费用。其具体包括：税务机关工作人员的工资、薪金和奖金支出，税务机关办公用具和办公设备支出，税务机关在征税过程中因实施或采用各种方法、措施而支出的费用，税务机关为进行及适应税制改革而付出的费用等。广义的税收成本除税务机关征税的行政管理费用外，还包括纳税人在按照税法规定纳税的过程中所支付的费用，即西方所称的“税收遵从费用”。良好的税收制度应该是税收征收费用与税收遵从费用都最小的设计。

**知识链接1-4　　税收遵从**

税收遵从（Tax Compliance），是指纳税义务人遵照税收法令及税收政策，向国家正确计算和缴纳应缴纳的各项税收，并服从税务部门及税务执法人员符合法律规范的管理行为。我国在《2002—2006年中国税收征收管理战略规划纲要》中首次提到税收遵从，它包含三个基本要求：一是及时申报；二是准确申报；三是按时缴款。因此，税收不遵从就是指纳税人的税收行为在时间、准确度及应缴税额上有所欠缺。通常认为，税收遵从是政府取得财政收入和各项税收职能得以发挥的前提和保障。税收遵从水平不仅决定了税收制度和税收政策的有效性，也在很大程度上反映出社会成员对政府部门行为方式和治理能力的感受。

## 第六节　税收负担与税负转嫁

### 一、税收负担的含义

税收负担简称“税负”，是纳税人履行纳税义务所承受的经济负担。税收负担是仅就政府征税和纳税人缴税所形成的征纳关系而言的，并不需要考虑税款使用给纳税人带来的福利收益。

税收负担可以从不同角度加以考察。从不同的经济层面看，有宏观税收负担和微观税收负担；从具体的表现形式看，有名义税收负担和实际税收负担。

#### （一）宏观税收负担与微观税收负担

宏观税收负担是从国民经济总体看的税收负担水平，反映一国社会成员税收负担的整体状况。衡量宏观税收负担的指标主要是宏观税率，一般是指一定时期内（通常为一年）一国税收收入总额与同期国民（国内）生产总值的比率，表明一定时期内政府以税收方式从经济总量中抽走的份额。

微观税收负担是从纳税人个体看的税收负担水平，反映具体纳税人因国家课税而作出的牺牲。微观税收负担可以以纳税人缴纳的某一种税来衡量，如企业所得税负担率、个人所得税负担率，也可以以纳税人缴纳的各种税收综合衡量，如企业综合税收负担率。

宏观税收负担与微观税收负担具有内在联系，微观税收负担是基础，宏观税收负担是微观税收负担的综合反映。在一定的税制结构中，微观税收负担的增加或减少，必然引起宏观税收负担的相应变化。

### （二）名义税收负担与实际税收负担

名义税收负担又称为法定税收负担，是从税制规定看的纳税人应承担的税收负担水平，表现为纳税人依据税法应向国家缴纳的税款与课税对象的比值。例如，我国的《中华人民共和国企业所得税法》规定，企业所得税的标准税率为25%，25%即为企业所得税的名义税收负担（或法定税收负担）。

实际税收负担是在税收征管过程中考虑影响纳税人向政府实际缴付税款的各种因素后，纳税人实际承受的税负水平，一般表现为纳税人实纳税额与课税对象的比值。影响纳税人实际税收负担的因素有税收扣除、减免，退税，加成或加倍等合法因素，以及税收偷逃等不合法或不合理因素。

显然，由于上述因素的存在，税收的名义负担与实际负担往往存在差异。

**知识链接1-5　　税收的超额负担**

在考虑税收负担的实际影响时，还需要注意潜在的超额负担问题。经济学家认为政府在通过征税将社会资源从纳税人转向政府部门的转移过程中，还可能对纳税人造成纳税税款以外的额外负担。由于税收的存在，纳税人在不同消费货物之间的选择、在当前消费与未来消费（储蓄）之间的选择以及在工作与闲暇之间所进行的自由选择，在征税前后一定会发生改变，从而导致出现税收负担以外的额外经济损失，即税收超额负担。

## 二、税负水平的合理性

确定合理的税负水平是一国税收制度设计所要解决的中心问题。从宏观上判断一国税负水平是否合理，主要有两个标准：一是经济发展标准；二是政府职能标准。

### （一）经济发展标准

税收负担影响纳税人的收入水平，进而影响经济主体生产、劳动的积极性以及投资和消费水平，因此，一般来说，税收负担水平过高，是不利于经济增长或发展的。对此，从斯密、萨伊到现代供给学派理论，都对轻税政策与促进经济发展的关系，作了较为深入的分析。美国供给学派代表人物阿瑟·拉弗所提出的拉弗曲线则较为形象地说明了经济发展、税收收入和税率之间的内在联系。

1974年，美国南加利福尼亚商学院研究生院教授阿瑟·B.拉弗（Arthur B. Laffer），为了说服当时福特总统的白宫助理切尼，使其明白只有通过减税才能让美国摆脱“滞胀”的困境，随手在一张餐巾纸上画下一条抛物线，即拉弗曲线（如图1-1所示）。

在拉弗曲线中，有两种极端的情况：一种是税率为100%，从社会再生产的角度来分析，此时生产会因此停顿，并导致政府征收的税源枯竭；另一种是税率为零时，政府同样征收不到税款。政府税收收入和生产增长的最佳结合点，也是政府选择税率的最佳点。

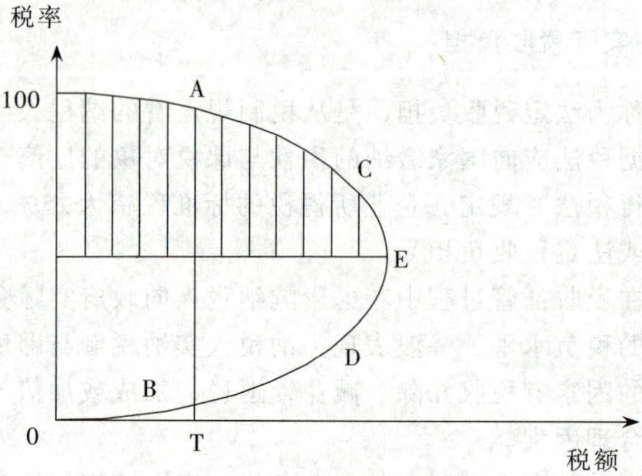


图 1–1 拉弗曲线

拉弗曲线表面上看反映的是税率与税收收入之间的函数关系，实际上体现的是税收负担与经济增长或发展的关系。因为税率过高导致税收收入下降，是源于税收负担过重抑制了经济活动，损害了税基。因此，图 1-1 中的阴影部分被视为税收的“禁区”。

当然，轻税并不意味着税负越低越好，因为由税收收入支持的公共支出，尤其是基础设施建设、教育、社会管理等，有的直接构成经济增长的要素，有的为经济正常发展创造外部条件，对促进经济发展的作用是巨大的。若一国税负水平过低，必然降低政府的投资和管理能力，从而妨碍经济长期、稳定增长。

### （二）政府职能标准

筹集财政资金以满足政府需要，是税收的基本功能。政府的职能范围不同，对税收的需要量也不一样，因此，一国总体税负水平的高低，还要视政府职能范围的大小而定。

从各国的实践看，随着社会经济的发展，政府职能范围会有所扩大，公共支出需要也不断增加，而税收作为筹集财政资金的主要手段，相应呈现了一种日益增长的趋势。尤其对于发展中国家，由于政府面临着经济建设、社会管理、宏观调控等艰巨任务，税负水平随经济增长而逐步提高是必然的。但在经济发展达到一定高度后，税负水平也会出现相对稳定的状态。

综合以上两种标准，从理论上看，在进行税制设计确定合理税负时，就实现一定的税收收入目标而言，应选择较低水平的税率，以免影响经济的活力，如图 1-1 中为取得税收收入量 T，既可以采用高税率 A 征得，也可以低税率 B 征得，而以低税率 B 为优。

## 三、税负转嫁与归宿

### （一）税负转嫁的含义

在现实生活中，纳税人因政府课税而产生的税收负担，尤其是在商品交易过程中形成的税收负担具有运动的特性，研究税负转嫁是对税收负担的运动过程及其结果所作的分析。

所谓税负转嫁，是指纳税人将其所缴纳的税款以一定方式转嫁给他人承受的过程。典型的税负转嫁与商品交易具有内在联系，即表现为纳税人通过操纵商品交易价格把其税收负担转移出去，因而一般认为商品交换是税负转嫁的基础。作为经济人，尽力将税负转嫁出去是纳税人维护自身利益的一种理性行为选择，这与税收偷逃是根本不同的。税收偷逃是违法行为，并引起国家税收收入的损失，而税负转嫁并不会减少国家的税收收入，只是引起相关经济主体之间利益关系发生变化。

## （二）税负转嫁的方式

税负转嫁的方式主要有前转、后转、混转和税收资本化等。

### 1.前转

前转也称为顺转，即纳税人在经济交易过程中通过提高所提供商品或生产要素的价格的方法，将其所缴纳的税款向前转移给商品或生产要素的购买者或最终消费者负担的一种方式。

前转是税负转嫁最普遍和最典型的方式，通常表现为商品劳务课税的转嫁。例如，在生产环节对烟酒等消费品课征税款，而生产者可以提高商品的销售价格，将税负转嫁给批发商，而批发商也采取同样方式将税负转嫁给零售商，最终零售商将税负转嫁给消费者。实际上，不论消费者是否知情，他在购买商品时已经支付了部分或全部税收。

### 2.后转

后转也称为逆转，即纳税人在经济交易过程中通过压低生产要素的价格，将税负转嫁给生产要素的提供者或生产者的一种方式。

后转发生的主要原因是市场供求条件不允许纳税人以提高商品价格的形式向前转移税收负担。例如，当对某一商品在零售环节课税，并且该商品在市场上处于供过于求的情况，销售价格难以提高，此时零售商便难以通过提高商品价格的方式将税收负担向前转移，而只能通过压低商品进价将税收负担转嫁给批发商，批发商则通过同样的方法将税负转嫁给生产商，而生产商又通过压低原材料价格或人员工资等办法，将税负转嫁给生产要素的提供者。所以，零售商是纳税人，但实际的税收负担则由原材料供应商和工人所负担。

### 3.混转

混转也称为散转，即在现实经济生活中，转嫁形式不可能是纯粹的前转或后转，往往是同一税额，一部分通过前转转嫁出去，另一部分则通过后转转嫁出去。

### 4.税收资本化

税收资本化也称为资本还原，即生产要素购买者将所购买的生产要素（主要指土地、房屋、机器设备等）未来应纳税款，通过从购入价格中预先扣除（即压低生产要素的购买价格）的方式，向后转移给生产要素的出售者的一种形式。

但税收资本化与一般意义上的税负转嫁的不同之处是，一般意义上的税负转嫁通过多种方式将每次课征的税款随时予以转移，而税收资本化则是把未来应缴纳的税款作一次性扣除，所以税收资本化是税收后转的一种特殊形式。

### （三）影响税负转嫁的因素

实现税负转嫁是纳税人的一般行为倾向，但税负能否转嫁，能以何种程度转嫁，还取决于多种现实因素。

1.税种因素

税负转嫁与商品价格变动存在直接关系，因此，对于课税对象与商品价格的联系较为紧密的税种，其税负较容易转嫁，而与商品价格的联系不密切或不直接的税种，其税负则较难转嫁。从主要税类看，一般来说，商品课税容易转嫁，如增值税、消费税、关税等，而所得课税难以转嫁，如个人所得税和企业所得税。

2.商品的供求弹性

商品的供求弹性是指商品价格变动对商品供给量或需求量变动的影响程度，具体为商品价格变动程度与商品供给量变动程度（供给弹性）或商品需求量变动程度（需求弹性）的比值。对于供给弹性而言，供给弹性较大的商品，生产者在调整和确定生产数量时有较大的灵活性，并最终能使其在所期望的价格水平上将商品销售出去；而供给弹性较小的商品，生产者调整生产数量的回旋余地较小，从而难以控制商品销售价格水平。对于需求弹性而言，需求弹性较大的商品，需求变动对价格变动的反应较大，商品价格更多地取决于买方；而需求弹性较小的商品，购买量的变动对价格变动的反应较小，商品价格更多地取决于卖方。显然，从税负转嫁的角度看，对供给弹性大的商品课税，税负较易转嫁，相反，则税负较难转嫁；对需求弹性小的商品课税，税负较易转嫁，相反，则税负较难转嫁。若把商品的供给弹性和需求弹性结合起来分析，则当供给弹性大于需求弹性时，销售方的大部分税负可以转嫁出去；而供给弹性小于需求弹性时，销售方的大部分税负只能由自身承受。在个别情况下，若供给弹性等于需求弹性，则税负由销售方和购买方等量承担。

3.课税范围

一种税的课征范围不同，税负转嫁的难易程度也是不一样的。一般来说，课税范围广的商品税容易转嫁，课税范围窄的则难以转嫁。若一种税对所有商品都同等课征，购买者无法找到不征税的替代商品，则只能接受因课税而形成的商品加价，税负容易转嫁；若一种税只对部分商品课征，且购买者可以找到不征税的替代商品，则这种税的税负难以转嫁。

# 第七节 税收法律关系与现行税收制度

## 一、税法的内涵

### （一）税制与税法的关系

一个国家的税收制度，可按照构成方法和形式分为简单型税制与复合型税制。简单型税制主要是指税种单一、结构简单的税收制度；复合型税制主要是指由多个税种构成的税收制度。在现代社会中，世界各国一般都采用多种税并存的复合型税收制度。一个国家为了有效取得财政收入或调节社会经济活动，必须设置一定数量的税种，并规定每种税的征收和缴纳办法。

因此，税收制度的内容主要有三个层次：一是不同的要素构成税种。构成税种的要素主要包括纳税人、征税对象、税目、税率、纳税环节、纳税期限、减税免税等。二是不同的税种构成税收制度。构成税收制度的具体税种，国与国之间差异较大，但一般既包括所得税（直接税），如企业（法人）所得税、个人所得税，也包括商品课税（间接税），如增值税、消费税及其他一些税种等。三是规范税款征收程序的法律法规，如税收征收管理法等。税种的设置及每种税的征税办法，一般是以法律形式确定的，这些法律就是税法。

因此，税法是国家制定的用以调整国家与纳税人之间在征纳税方面的权利及义务关系的法律规范的总称。税法构建了国家及纳税人依法征税、依法纳税的行为准则体系，其目的是保障国家利益和纳税人的合法权益，维护正常的税收秩序，保证国家的财政收入。

税法具有义务性法规和综合性法规的特点。首先，税法具有义务性，以明确纳税人的义务为主。这种特征并不是说税法没有规定纳税人的权利，而是指纳税人的权利是建立在其纳税义务的基础之上，处于从属地位。该特点是由税收的无偿性和强制性特点所决定的。其次，税法具有综合性，它是由一系列单行税收法律法规及行政规章制度组成的体系，其内容涉及课税的基本原则、征纳双方的权利和义务、税收管理规则、法律责任、解决税务争议的法律规范等。这种综合性特点是由税收制度所调整的税收分配关系和税收法律关系的复杂性所决定的。

因此，税法体现为法律这一规范形式，是税收制度的核心内容。税收制度是在税收分配活动中税收征纳双方所应遵守的行为规范的总和，主要内容包括各税种的法律法规以及为了保证这些税法得以实施的税收征管制度和税收管理体制。

### （二）税法的基本类型

税法按照基本内容和效力、职能作用、征收对象、权限范围的不同，可分为不同类型。

#### 1. 按照基本内容和效力的不同，税法可分为税收基本法和税收普通法

税收基本法也称税收通则，是税法体系的主体和核心，在税法体系中起着税收母法的作用。其基本内容一般包括税收制度的性质、税务管理机构、税收立法与管理权限、纳税人的基本权利与义务、征税机关的权利和义务、税种设置等。我国目前还没有制定统一的税收基本法，随着我国税收法制建设的发展和完善，必将研究制定税收基本法。税收普通法是根据税收基本法的原则，对税收基本法规定的事项分别立法实施的法律，如《中华人民共和国个人所得税法》《中华人民共和国税收征收管理法》等。

2.按照职能作用的不同，税法可分为税收实体法和税收程序法

税收实体法主要是指确定税种立法，具体规定各税种的征收对象、征收范围、税目、税率、纳税地点等。例如，《中华人民共和国企业所得税法》《中华人民共和国个人所得税法》就属于税收实体法。税收程序法是指税务管理方面的法律，主要包括税收管理法、纳税程序法、发票管理法、税务机关组织法、税务争议处理法等。《中华人民共和国税收征收管理法》就属于税收程序法。

3.按照主权国家行使税收管辖权的不同，税法可分为国内税法和国际税法

国内税法一般是按照属人或属地原则，规定一个国家的内部税收制度。国际税法是指国家间形成的税收制度，主要包括双边或多边国家间的税收协定、条约和国际惯例等，一般而言，其效力高于国内税法。

## 二、税收法律关系

### （一）税收法律关系的构成

税收法律关系在总体上与其他法律关系一样，都是由税收法律关系的主体、客体和内容三方面构成的，但在具体的内涵方面，税收法律关系又具有自身的特殊性。

1.税收法律关系的主体

税收法律关系的主体是指税收法律关系的参加者，即在税收法律关系中享有权利和承担义务的当事人。在我国，税收法律关系的主体包括征纳双方，一方是代表国家行使征税职责的国家行政机关，包括国家各级税务机关和海关，另一方是履行纳税义务的人，包括法人、自然人和其他组织，在华的外国企业、组织、外籍人、无国籍人，以及在华虽然没有机构、场所但有来源于中国境内所得的外国企业或组织。这种对税收法律关系中权利主体另一方的确定，在我国采取的是属地兼属人的原则。

在税收法律关系中，权利主体双方法律地位平等，只是由于主体双方是行政管理者与被管理者的关系，双方的权利与义务并不完全对等，因此，与一般民事法律关系中主体双方权利与义务平等是不一样的，这是税收法律关系的一个重要特征。

【例1-6·多选题】2023年9月主管税务机关对甲公司2022年度企业所得税纳税情况进行检查，要求甲公司补缴企业所得税税款56万元，并在规定时限内申报缴纳。甲公司以2022年企业所得税税款是聘请乙税务师事务所计算申报为由，请求主管税务机关向乙税务师事务所追缴税款。主管税务机关未接受甲公司的请求，并依照法律规定责令甲公司提供纳税担保。甲公司请丙公司提供纳税担保并得到税务机关的确认。上述事件中涉及的机关和企业，属于税收法律关系主体的有（　　）。

A.乙税务师事务所　　　　B.主管税务机关

C.甲公司　　　　D.丙公司

【答案】BCD

【解析】在我国，税收法律关系的主体包括征纳双方，代表国家行使征税职责的主管税务机关以及履行纳税义务的甲公司、提供纳税担保的丙公司均构成税收法律关系的

主体。由于乙税务师事务所仅负责代甲公司申报税款，并未直接参与到甲公司与主管税务机关的法律关系中，因此选项A不正确。

2.税收法律关系的客体

客体即税收法律关系主体的权利、义务所共同指向的对象，也就是征税对象。例如，所得税法律关系客体就是生产经营所得和其他所得，财产税法律关系客体即是财产，流转税法律关系客体就是货物销售收入或劳务收入。税收法律关系客体也是国家利用税收杠杆调整和控制的目标，国家在一定时期根据客观经济形势发展的需要，通过扩大或缩小征税范围调整征税对象，以达到限制或鼓励国民经济中某些产业、行业发展的目的。

3.税收法律关系的内容

税收法律关系的内容就是主体所享有的权利和所应承担的义务，这是税收法律关系中最实质的东西，也是税法的灵魂。它规定权利主体可以有什么行为，不可以有什么行为，若违反了这些规定，须承担相应的法律责任。

### （二）税收法律关系的产生、变更与消灭

税法是引起税收法律关系的前提条件，但税法本身并不能产生具体的税收法律关系。税收法律关系的产生、变更和消灭，必须有能够引起税收法律关系产生、变更和消灭的客观情况，也就是由税收法律事实来决定。税收法律事实可以分为税收法律事件和税收法律行为。税收法律事件是指不以税收法律关系权利主体的意志为转移的客观事件。例如，自然灾害可以导致税收减免，从而改变税收法律关系内容的变化。税收法律行为是指税收法律关系主体在正常意志支配下作出的活动。例如，纳税人开业经营即产生税收法律关系，纳税人转业或停业就造成税收法律关系的变更或消灭。

### （三）税收法律关系的保护

税收法律关系是同国家利益、企业和个人的权益相联系的。保护税收法律关系，实质上就是保护国家正常的经济秩序，保障国家财政收入，维护纳税人的合法权益。税收法律关系的保护形式和方法很多，税法中关于限期纳税、征收滞纳金和罚款的规定，《中华人民共和国刑法》（以下简称《刑法》）对构成逃税、抗税罪给予刑罚的规定，以及税法中对纳税人不服税务机关征税处理决定，可以申请复议或提出诉讼的规定等都是对税收法律关系的直接保护。税收法律关系的保护对权利主体双方应该是平等的，不能只对一方保护，而对另一方不予保护。

## 三、税法与其他法律之间的关系

税法属于国家法律体系中的一个重要部门法，它是调整国家与各个经济单位及公民个人间分配关系的基本法律规范。法的调整对象是具有某一性质的社会关系，它是划分各法律部门的基本因素，也是一个法律部门区别于其他法律部门的基本标志和依据。税法以税收关系为自己的调整对象，正是这一社会关系的特定性把税法同其他法律部门划分开来。因此税法主要以维护公共利益而非个人利益为目的，在性质上属于公法。

### （一）税法与宪法的关系

《中华人民共和国宪法》（以下简称《宪法》）是我国的根本大法，它是制定所有法律、法规的依据和章程。而税法是国家法律的组成部分，当然也是依据《宪法》的原则制定的。《宪法》第五十六条规定："中华人民共和国公民有依照法律纳税的义务"。该规定一是明确了国家可以向公民征税，二是明确了向公民征税要有法律依据。因此，《宪法》的这一条规定是立法机关制定税法并据以向公民征税以及公民必须依照税法纳税的最直接的法律依据。

《宪法》第三十三条规定："中华人民共和国公民在法律面前一律平等"，即凡是中国公民都应在法律面前处于平等的地位。在制定税法时也应遵循这个原则，对所有的纳税人平等对待，不能因为纳税人的具体情况不同而在税收上给予不平等的待遇。

《宪法》还要求国家保护公民的合法收入、财产所有权，保障公民的人身自由不受侵犯。因此，在税收制度的制定与执行过程中，就应该明确规定公民应享受的各项权利以及国家税务机关行使征税权的制约条件，不能侵犯公民的合法权益。

### （二）税法与民法的关系

民法是调整平等主体之间，也就是公民之间、法人之间、公民与法人之间财产关系和人身关系的法律规范，故民法调整方式的主要特点是平等、等价和有偿。而税法的本质是国家依据政治权力向公民进行课税，是调整国家与纳税人关系的法律规范，这种税收征纳关系不是商品的关系，明显带有国家意志和强制的特点，其调整方式要采用命令和服从，这是由税法与民法的本质区别所决定的。

税法与民法也有内在的联系。当税法的规范同民法的规范基本相同时，税法一般援引民法条款。在征税过程中，经常涉及大量的民事权利和义务问题。比如，印花税中有关经济合同关系的成立，财产税中有关财产的产权认定等，由于在民法中已予以规定，如无特殊情况，税收制度可以直接引用。

当涉及税收征纳关系的问题时，一般应以税法的规范为准则。比如，对于关联企业之间的业务活动，如果一方以高进低出的价格与对方进行商业交易，然后再以其他方式从对方取得利益补偿，从而实现避税目的而伤害国家利益时，即使上述交易符合民法中规定的"民事活动应遵循自愿、公平、等价有偿、诚实信用"的原则，但是违反了税法规定，在确定纳税义务时也应该按照税法的规定对此种交易行为实施特别纳税调整。

### （三）税法与刑法的关系

税法与刑法有本质区别。刑法是关于犯罪、刑事责任与刑罚的法律规范的总和。税法则是调整税收征纳关系的法律规范，其调整的范围不同。

两者也有密切联系，因为税法和《中华人民共和国刑法》对于违反税法都规定了处罚条款。但应该指出的是，违反了税法，并不一定就是犯罪。例如，《中华人民共和国税收征收管理法》第六十三条规定："纳税人采取伪造、变造、隐匿、擅自销毁账簿、记账凭证，在账簿上多列支出或者不列、少列收入，或者经税务机关通知申报而拒不申报或者进行虚假的纳税申报，不缴或者少缴应纳税款的，是偷税。对纳税人偷税的，由税务机关追缴其不缴或少缴的税款、滞纳金，并处不缴或少缴的税款50%以上5倍以下的罚款；构成犯罪的，依法追究刑事责任。”从上面的规定可以看出，两者之间的区别就在于情节是否严重，轻者给予行政处罚，重者则要承担刑事责任，给予刑事处罚。

依据刑法修正案（七）第二百零一条的规定：“纳税人采取欺骗、隐瞒手段进行虚假纳税申报或者不申报，逃避缴纳税款数额较大并且占应纳税额10%以上的，处3年以下有期徒刑或者拘役，并处罚金；数额巨大并且占应纳税额30%以上的，处3年以上7年以下有期徒刑，并处罚金。扣缴义务人采取前款所列手段，不缴或者少缴已扣、已收税款，数额较大的，依照前款的规定处罚。对多次实施前两款行为，未经处理的，按照累计数额计算。有第一款行为，经税务机关依法下达追缴通知后，补缴应纳税款，缴纳滞纳金，已受行政处罚的，不予追究刑事责任；但是，5年内因逃避缴纳税款受过刑事处罚或者被税务机关给予2次以上行政处罚的除外”。

### （四）税法与行政法的关系

税法与行政法有十分密切的联系，主要表现在税法具有行政法的一般特性。税收实体法和税收程序法中都有大量内容是对国家机关之间、国家机关与法人或自然人之间的法律关系的调整。另外，税收程序法中解决税收争议问题一般按照行政复议程序和行政诉讼程序进行。

但是，税法与一般行政法又有所不同，税法具有经济分配的性质，并且经济利益由纳税人向国家无偿单方面转移，这是一般行政法所不具备的。社会再生产的几乎每一个环节都有税法的参与和调节，在广度和深度上是一般行政法所不能比的。另外，行政法大多为授权性法规，所含的少数义务性规定也不像税法一样涉及经济利益的转移，而税法更多地表现为一种义务性法规。

## 四、我国现行税收制度体系

微课1-7

现行税收制度

截至2023年9月，我国现行税收制度是以流转税和所得税为双主体，其他税类为辅助税种的复税制体系，目前共有18个税种。各类税包括的具体税种见表1-3：

表1-3　中国现行税类与税种体系

| 税收类型 | 具体税种 |
| --- | --- |
| 流转税类 | 增值税、消费税、关税 |
| 所得税类 | 企业所得税、个人所得税 |
| 资源税类 | 资源税、土地增值税、城镇土地使用税 |
| 财产行为税类 | 房产税、车船税、印花税、契税 |
| 特定目的税类 | 城市维护建设税、车辆购置税、船舶吨税、耕地占用税、烟叶税、环境保护税 |

目前，除增值税、消费税、关税、土地增值税、城镇土地使用税、房产税外，其余税种均是以国家法律的形式予以发布实施。上述税收暂行条例适应了改革开放的需要，与税收法律一道构建了适应社会主义市场经济需要的税收制度，为保障改革开放和社会主义市场经济体制的建立发挥了重要作用。当然，按照党中央审议通过的《贯彻落实税收法定原则的实施意见》，在未来的税制改革过程中，相关税收暂行条例将配合税制改革进程，适时上升为国家法律，更好地发挥税收制度的国家治理功能。

在税收制度中，还需要规定不同的税收管理法规，以保障各税种的贯彻实施，我国对税收征收管理适用的法律制度，是根据税收管理机关的不同而分别规定的：由税务机关负责征收的税种的征收管理，按照全国人大常委会发布实施的《中华人民共和国税收征收管理法》（以下简称《税收征收管理法》）执行；由海关机关负责征收的税种的征收管理，按照《中华人民共和国海关法》（以下简称《海关法》）及《中华人民共和国进出口关税条例》（以下简称《进出口关税条例》）等有关规定执行。

上述税收实体法和税收征收管理的程序法的法律制度构成了我国现行税收制度体系。

【例1-7·多选题】下列属于特定目的税类的税种是（　　）。

A.土地增值税　　B.城镇土地使用税

C.城市维护建设税　　D.耕地占用税

【答案】CD

【解析】土地增值税及城镇土地使用税均属于资源税；城市维护建设税及耕地占用税均属于国家为达到某种特定目的而设立的税种。

## 本章小结

❶ 税收是国家为了实现其职能，满足社会公共需要，以政治权力为基础，按预定标准向经济组织和居民无偿课征而取得的一种财政收入。税收是一个古老的财政范畴，它随国家的产生而产生，并随着国家的发展而不断得以完善。与其他财政收入相比，税收具有三个基本形式特征：非直接偿还性、强制性和规范性。

❷ 税收制度是由众多要素共同组成的，包括纳税人、课税对象、税率、减税免税、纳税环节、纳税期限、纳税地点等。其中最重要的是纳税人、课税对象与税率。

❸ 根据不同的标准，税收可以划分为多种类型：按课税对象的性质，可以把税收分为商品税、所得税、财产税、资源税和行为税；按税负能否转嫁为标准，可以把税收分为直接税和间接税；按税收与价格的关系，可以把税收分为价内税和价外税；按课税标准的不同，可以把税收分为从价税和从量税；按税种的隶属关系和征管权限，可以把税收分为中央税、地方税和共享税。

❹ 税收原则是制定税收政策和税收制度的指导思想，同时也是评价税收政策好坏、判断税制优劣的标准。尽管不同学派的经济学家对税收原则问题存在不同的看法，现代税收主要遵从税收法定原则、财政收入原则、税收公平原则和税收效率原则。

❺ 税收负担是纳税人履行纳税义务所承受的经济负担。从不同的经济层面看，有

宏观税收负担和微观税收负担；从具体的表现形式看，有名义税收负担和实际税收负担。税负转嫁，是指纳税人将其所缴纳的税款以一定方式转嫁给他人承受的过程。典型的税负转嫁与商品交易具有内在联系，即表现为纳税人通过操纵商品交易价格把其税收负担转移出去，因而一般认为商品交换是税负转嫁的基础。税收转嫁的方式主要有前转、后转、消转和税收资本化等。

❻ 税法是国家制定的用以调整国家与纳税人之间在征纳税方面的权利及义务关系的法律规范的总称，它是税收制度的核心内容。与其他法律关系一样，税收法律关系也包括主体、客体和内容三个方面。作为以税收关系为自己的调整对象，税法主要以维护公共利益而非个人利益为目的，在性质上属于公法。我国现行税收制度是以流转税和所得税为双主体，其他税类为辅助税种的复税制体系。

## 本章练习

### （一）名词解释

税收　非直接偿还性　强制性　规范性　纳税人　课税对象　税率　减免税　纳税环节　纳税期限　纳税地点　商品税　所得税　财产税　资源税　行为税　直接税　间接税　价内税　价外税　从价税　从量税　中央税　地方税　共享税　税收法定原则　财政收入原则　税收公平原则　税收效率原则　税收负担　税负转嫁　税法　税收基本法　税收普通法　税收实体法　税收程序法

### （二）简答题

1. 什么是税收？税收的形式特征有哪些？它们之间的关系如何？
2. 在市场经济条件下，如何理解政府征税的必要性？
3. 税收制度存在哪些税制要素？各自的功能是什么？
4. 税收分类的主要方法有哪些？
5. 如何理解税收法定原则在我国社会主义市场经济条件下的重要意义？
6. 如何辩证地看待税收公平原则和税收效率原则之间的关系？
7. 税收负担如何设计才是合理的？
8. 税负转嫁有哪些类型？
9. 税收法律关系包括哪些方面的内容？

# 第二章 增值税

## 学习目标

增值税是我国目前税收制度中的“第一大税”。增值税制度的建设与改革，在确保我国财政收入稳定、促进经济发展方式转变、发挥市场资源配置决定性作用等方面具有重要意义。通过本章的学习，学员可以理解增值税的基本概念和基本原理，了解我国现行增值税制度及征收管理，掌握增值税的主要计税方法等。

## 教学引例

前些年，在全国两会上，有政协委员多次提到“馒头税”，认为“馒头税”造成人民日常生活成本增加。其实，我国税制体系中并没有一个名为“馒头税”的税种，所谓的“馒头税”实际上是生产销售“馒头”的“增值税”。增值税是我国目前为国家贡献税收收入最多的税种，它的征收范围很广，几乎涵盖了我们所熟知的各种经营活动，包括销售的各种有形的、无形的、能动的、不能动的货物和服务，以及进口货物。因此，有人用“增值税”来概括总结生活中各式各样的“馒头税”。

请思考：

1.日常生活中你什么时候能够感知到增值税的存在？

2.增值税和商品劳务价格之间的关系是什么？

问题参考

# 第一节 增值税概述

## 一、增值税和增值额

微课2-1

增值税概述

增值税（Value-added tax，简称VAT）是以纳税人销售货物、劳务、服务、无形资产、不动产和进口货物的增值额为课税对象所征收的一种间接税（或称“流转税”），它是我国现行商品税制中最主要的税种。要把握增值税及其计税原理，首先必须理解什么是增值额。简单地说，增值额就是买卖差价，就是投入产出差额。表2-1展示了典型货物生产流通各环节的增值额和增值税情况。

表2-1 货物生产销售增值额与增值税额示例

金额单位：元

| 征税环节 | 外购货物进价 | 销售额 | 税率 | 本环节增值额 | 本环节应纳增值税 |
|---|---|---|---|---|---|
| 原材料生产 | 0 | 100 | 13% | 100 | 13 |
| 工业制造 | 100 | 200 | 13% | 100 | 13 |
| 商业批发 | 200 | 300 | 13% | 100 | 13 |
| 商业零售 | 300 | 400 | 13% | 100 | 13 |
| 合　计 | 600 | 1 000 | 13% | 400 | 52 |

一般而言，货物生产流通需经过原材料生产、工业制造、商业批发和商业零售4个环节。在原材料生产环节，外购价款假定为0元，将原材料销售给工业制造企业，销售额为100元，则该环节的增值额就是100元。工业制造企业购进原材料的价款为100元，生产出货物销售给商业批发企业，销售价款为200元，那么本环节增值额就是100元。同理，商业批发企业销售货物给零售企业，该环节增值额为100元。商业零售企业将购进的货物销售给最终消费者，本环节也取得增值额100元。如果按照增值税的一般计税方法，每个环节的增值税额就是该环节的增值额乘以税率13%，即得到对应的应纳增值税额13元。

从本例还可以看出，每个环节的销售额等于该货物本环节及之前各环节增值额之和。比如，商业批发企业销售额为300元，它等于原材料生产环节增值额100元、工业制造环节增值额100元和商业批发环节增值额100元的总和。如果我们将商业批发环节的销售额300元乘以税率，就相当于得到了该货物截至该环节的增值税总税负，理解这一点对掌握增值税的计税原理和方法非常关键。

### 税收趣闻2-1　“增值税之父”

增值税产生的时间并不长。第一次世界大战结束时，美国耶鲁大学教授托马斯·S.亚当斯以及担任政府顾问的德国商人威尔海姆·万·西蒙斯博士，就曾经提出过增值税的设想。随后，其他一些国家也进行过某些具有增值税性质的销售税改革尝试，但是因为各种原因，都未能形成真正的增值税制度。1954年，担任法国税务总局局长助理的莫里斯·洛雷积极推动增值税制度的制定与实施，并取得成功，被誉为“增值税之父”。

## 二、增值税计税原理

增值税计税原理，即增值税额的计算原理。增值税以增值额为计税依据或征税对象，在比例税率计税模式下，增值税额的计算公式为：

增值税额=（销售额-购进额）×税率

这种计税方法被称为扣额法。根据前面增值额的定义，对货物流转各环节的企业而言，要算增值税，就要算本企业的增值额，这项工作看似容易，实际操作却十分繁杂，难度非常大，在实践中扣额法基本没有被采用。我们可以换一种思路，将上面的计算公式变形为：

增值税额=销售额×税率-购进额×税率

这就是世界上通行的计税办法——扣税法。它采用凭发票注明的税款进行扣税来计算增值税，不仅科学严谨，而且简便易行。从理论上讲，扣税法的计税原理是在每一个应税环节，对销售商品或提供服务所产生的销售额，按适用税率计算得到货物或服务截至该环节的总税负（“销项税额”），然后减去纳税人在购进时已经承担的总税负（“进项税额”，其金额已在购货发票中注明），即为应纳的增值税额。采用这种方法，税额的计算可以按周进行，也可以按月、按季度或按年进行，该方法在技术上和法律上比其他方法更优越。

将表2-1改造为表2-2来展示扣税法的基本操作。

表2-2　**扣税法计算增值税额示例**　金额单位：元

| 征税环节 | 外购商品进价 ① | 外购商品进价+进项税额 ② | 销售额 ③ | 税率 ④ | 销项税额 ⑤=③×④ | 进项税额 ⑥ | 本环节应纳增值税 ⑦=⑤-⑥ | 本环节增值额 ⑧=③-① |
|---|---|---|---|---|---|---|---|---|
| 原材料生产 | 0 | 0 | 100 | 13% | 13 | 0 | 13 | 100 |
| 工业制造 | 100 | 113 | 200 | 13% | 26 | 13 | 13 | 100 |
| 商业批发 | 200 | 226 | 300 | 13% | 39 | 26 | 13 | 100 |
| 商业零售 | 300 | 339 | 400 | 13% | 52 | 39 | 13 | 100 |
| 合计 | 600 | 678 | 1 000 | 13% | 130 | 78 | 52 | 400 |

按照扣税法，某一征税环节的应纳税款等于产出（销售额）×税率–投入（外购金额）×税率。以原材料生产环节为例，其销售额为100元，则销项税额为13元（100×13%），其外购金额为0，则进项税额为0，该环节应纳增值税额为13元（13–0）。再以工业制造环节为例，其销售额为200元，则销项税额为26元（200×13%），其外购金额为100元，则进项税额为13元（100×13%），则该环节应纳增值税额为13元（26–13）。

实际上，我们还可以采用前面提到的先算增值额的办法验算一下，以工业制造环节为例，其销售额为200元，外购金额为100元，则该环节增值额为100元，其应纳增值税额为13元（100×13%），该结果和上面的结果是完全一致的。

分析表2–2，可以得出以下结论：

一是各环节的销售额是不含增值税的销售额，这样才能保证计算出来的计税依据——增值额是不掺杂任何增值税的“纯增值”，从而隐含的结论是增值税是价外税。

二是依据扣税法，本环节所要抵扣的税款，恰好等于以前各环节累计已纳税额。如商品零售环节所有扣除的进项税额39元，等于原材料生产、工业制造和商品批发3个环节已纳的增值税之和，即39元（13+13+13）。

三是各环节的增值额之和等于某一商品的最终销售价格，如商品不含增值税的最终零售价格等于各环节增值额400元（100+100+100+100），因此，零售商向购买方消费者收取的金额是452元（400+52），消费者作为最终购买人，承担的52元增值税即商品的全部增值税。

## 三、增值税的特点

增值税的兴起堪称财税史上的一个奇迹，自1954年法国诞生以来短短的70年的时间，先后为世界上160余个国家所采用。增值税之所以备受各国青睐，应归因于增值税制度的特点。这个现代间接税一方面继承了传统间接税特点，另一方面又克服了传统间接税的致命弱点，具有良好的财政、经济优势。其特点包括：

### 1.保持税收中性

增值税中性表现在两个方面：一是应税商品在任何一个流转环节上的负担，不受商品流转环节多少的影响；二是增值税对绝大多数货物和服务采用同一比例税率，实行等比负担，其税收的干预、诱导能力大大减弱，有利于发挥市场机制作用。

### 2.普遍征收

我国2016年5月1日全面推开营改增试点后，增值税实现了全行业覆盖，增值税的税基遍及社会经济的各部门、各行业和各企业，只要市场主体从事应税销售行为，无论是销售还是进口，都要缴纳增值税。

### 3.税收负担由最终消费者承担

增值税后一阶段的纳税人总是前一阶段纳税人已缴税款的负担者，货物和服务的买者总是销售者已纳税款的归宿。当税负随商品流转到最终销售环节时，消费者便成为增值税的最终归宿。

### 4.实行税款抵扣制度

实行税款抵扣制度即凭发票注明的税款进行抵扣，销货企业在开具的专用发票上，不仅要注明价款，还要注明税款，这样对进货企业来说，进项税款是发票上注明的而非自己计算的，因此会大幅减轻纳税人的工作量，而且抵扣税款会更加准确。

5.实行价外税制度

实行价外税制度即税款不包含在销售价格内，将税款和价款明确划分开来，其好处之一是使企业的成本核算、经济效益不受税收影响；二是更好体现增值税的转嫁性质，明确企业只是税款的缴纳者，消费者才是税款的最终负担者；三是可以为发票注明税款创造条件。

税收史话 2-1　　我国增值税的发展进程

我国从1979年开始在部分城市试行生产型增值税。1994年，在生产和流通领域全面实施生产型增值税。2008年，国务院决定全面实施增值税改革，即将生产型增值税转为消费型增值税。2011年年底，国家决定在上海试点营业税改增值税的工作，并逐步将试点地区扩展到全国。2016年3月23日，经国务院批准，财政部和国家税务总局发布了《关于全面推开营业税改征增值税试点的通知》(财税〔2016〕36号，以下简称“营改增”通知)，通知决定从2016年5月1日起，在全国范围内全面推开营业税改征增值税（以下简称“营改增”）试点，将建筑业、房地产业、金融业、生活服务业等全部营业税纳税人纳入试点范围，由缴纳营业税改为缴纳增值税。2017年11月19日，国务院发布了《国务院关于废止〈中华人民共和国营业税暂行条例〉和修改〈中华人民共和国增值税暂行条例〉的决定》(国令第691号)，正式结束了营业税的历史使命。为落实税收法定原则，提高增值税立法层级，2019年11月，财政部、国家税务总局发布了《中华人民共和国增值税法（征求意见稿）》，2022年12月，全国人大发布了《中华人民共和国增值税法（草案）》，向社会再次征求意见。

## 四、增值税的类型

一般而言，用于生产货物和服务的外购投入品包括：原材料及辅助材料，燃料、动力，低值易耗品，外购服务，固定资产等。各国增值税通常允许将前四项列入扣除项目，购入价款可以从货物和服务的销售额中予以扣除，但对于固定资产的扣除处理却因国情而异，由此，各国增值税可以分为三种类型。

### （一）生产型增值税

在计算增值税时，只允许将前四项列为扣除项目，而不允许将外购固定资产的价款（包括年度折旧）从货物和服务的销售额中进行扣除。由于作为增值税税基的增值额大体相当于国民生产总值（GNP），故这种类型增值税被称为生产型增值税。

### （二）收入型增值税

在计算增值税时，除允许将前四项列为扣除项目外，还允许将当期外购固定资产年度折旧从货物和服务的销售额中进行扣除。由于作为增值税税基的增值额大体相当于国民生产净值（NNP）或国民收入，故这种类型增值税被称为收入型增值税。

**知识链接2-1　　国民生产总值（GNP）与国民生产净值（NNP）**

国民生产总值是一个国家（或地区）所有常驻单位在一定时期（通常为一年）内收入初次分配的最终结果，是一定时期内本国的生产要素所有者所占有的最终产品和服务的总价值。它等于国内生产总值加上来自国外的净要素收入。其计算公式为：

国民生产总值=国内生产总值+来自国外的净要素收入

=国内生产总值+生产税和进口税扣除生产、进口补贴（来自国外的净额）+雇员报酬（来自国外的净额）+财产收入（来自国外的净额）

国民生产净值，指一个国家在一定时期内，国民经济各部门生产的最终产品和服务价值的净值，一般以市场价格计算。它等于国民生产总值减去固定资产折旧后的余额。其计算公式为：

国民生产净值=国民生产总值-资产折旧

### （三）消费型增值税

在计算增值税时，除允许将前四项列为扣除项目外，还允许从货物和服务的销售额中扣除当期购进固定资产的总额。由于这种增值税不对资本投入品课税，而只对消费品课税，故称为消费型增值税。

# 第二节　征税范围与纳税义务人

根据《中华人民共和国增值税暂行条例》（以下简称《增值税暂行条例》）、《中华人民共和国增值税暂行条例实施细则》（以下简称《增值税暂行条例实施细则》）和“营改增”通知的规定，在中华人民共和国境内（以下简称境内）发生应税销售行为以及进口货物的单位和个人，为增值税的纳税人。纳税人应当依照《增值税暂行条例》、《增值税暂行条例实施细则》和“营改增”通知的规定缴纳增值税。

## 一、征税范围

目前，我国增值税的征税范围包括：境内销售货物或者劳务，销售服务、无形资产、不动产以及进口货物。自2016年5月1日起，随着营业税改征增值税试点（简称营改增）将征收范围扩大到销售服务、无形资产或者不动产，增值税的征税范围覆盖第一产业、第二产业和第三产业，涉及货物的生产、批发、零售和进口四个环节，实现了最广泛的征收。

### （一）缴纳增值税的基本条件

根据现行税收规定，除另有规定外，需要缴纳增值税的应税行为一般应同时具备四个条件：应税行为发生在中华人民共和国境内；应税行为是属于规定范围内的业务活动；应税服务是为他人提供的；应税行为是有偿的。

1.“境内”的界定

从空间范围看，“境内”的界定至关重要，现行规定对销售货物和销售服务、无形资产或不动产有不同的界定：

（1）境内销售货物，是指货物的起运地或者所在地在境内。

（2）境内销售服务、无形资产或不动产。

①服务（租赁不动产除外）或者无形资产（自然资源使用权除外）的销售方或者购买方在境内。

②所销售或者租赁的不动产在境内。

③所销售自然资源使用权的自然资源在境内。

④财政部和国家税务总局规定的其他情形。

（3）下列情形不属于在境内销售服务或者无形资产：

①境外单位或者个人向境内单位或者个人销售完全在境外发生的服务。

②境外单位或者个人向境内单位或者个人销售完全在境外使用的无形资产。

③境外单位或者个人向境内单位或者个人出租完全在境外使用的有形动产。

④财政部和国家税务总局规定的其他情形。具体包括：境外单位或者个人发生的为出境的函件、包裹在境外提供的邮政服务、收派服务；向境内单位或者个人提供的工程施工地点在境外的建筑服务、工程监理服务；向境内单位或者个人提供的工程、矿产资源在境外的工程勘察勘探服务；向境内单位或者个人提供的会议展览地点在境外的会议展览服务。

2.“有偿”的理解

有偿，是指从购买方取得货币、货物或者其他经济利益。其他经济利益是指非货币、货物形式的收益，包括固定资产（不含货物）、生物资产（不含货物）、无形资产（包括特许权）、股权投资、存货、不准备持有至到期的债券投资、服务以及有关权益等。但属于下列非经营活动情形的除外：

（1）行政单位收取的同时满足以下条件的政府性基金或者行政事业性收费。

①由国务院或者财政部批准设立的政府性基金，由国务院或者省级人民政府及其财政、价格主管部门批准设立的行政事业性收费。

②收取时开具省级以上（含省级）财政部门监（印）制的财政票据。

③所收款项全额上缴财政。

（2）单位或者个体工商户聘用的员工为本单位或者雇主提供取得工资的服务。

（3）单位或者个体工商户为聘用的员工提供服务。

（4）财政部和国家税务总局规定的其他情形。

## （二）征税范围的一般规定

现行增值税征税范围的一般规定包括应税销售行为和进口货物。其具体规定如下：

微课 2-2

增值税的征税范围

### 1.销售或者进口货物

货物是指有形动产，包括电力、热力、气体在内。销售货物，是指有偿转让货物的所有权。

### 2.销售劳务

劳务是指纳税人提供的加工、修理修配劳务。加工是指受托加工货物，即委托方提供原料及主要材料，受托方按照委托方的要求制造货物并收取加工费；修理修配是指受托对损伤和丧失功能的货物进行修复，使其恢复原状和功能的业务。

提供应税劳务，是指有偿提供劳务。单位或者个体工商户聘用的员工为本单位或者雇主提供劳务，不包括在内。

### 3.销售服务

服务包括交通运输服务、邮政服务、电信服务、建筑服务、金融服务、现代服务、生活服务。其具体征税范围如下：

（1）交通运输服务。交通运输服务，是指利用运输工具将货物或者旅客送达目的地，使其空间位置得到转移的业务活动。其包括陆路运输服务、水路运输服务、航空运输服务和管道运输服务。

（2）邮政服务。邮政服务，是指中国邮政集团有限公司及其所属邮政企业提供邮件寄递、邮政汇兑和机要通信等邮政基本服务的业务活动。其包括邮政普遍服务、邮政特殊服务和其他邮政服务。

（3）电信服务。电信服务，是指利用有线、无线的电磁系统或者光电系统等各种通信网络资源，提供语音通话服务，传送、发射、接收或者应用图像、短信等电子数据和信息的业务活动。其包括基础电信服务和增值电信服务。

（4）建筑服务。建筑服务，是指各类建筑物、构筑物及其附属设施的建造、修缮、装饰，线路、管道、设备、设施等的安装以及其他工程作业的业务活动。其包括工程服务、安装服务、修缮服务、装饰服务和其他建筑服务。

（5）金融服务。

①各种占用、拆借资金取得的收入，包括金融商品持有期间（含到期）利息（保本收益、报酬、资金占用费、补偿金等）收入、信用卡透支利息收入、买入返售金融商品利息收入、融资融券收取的利息收入，以及融资性售后回租、押汇、罚息、票据贴现、转贷等业务取得的利息及利息性质的收入，按照“贷款服务”缴纳增值税。

保本收益、报酬、资金占用费、补偿金是指合同中明确承诺到期本金可全部收回的投资收益。金融商品持有期间（含到期）取得的非保本的上述收益，不属于利息或利息性质的收入，不征收增值税。

融资性售后回租是指承租方以融资为目的，将资产出售给从事融资性售后回租业务的企业后，从事融资性售后回租业务的企业将该资产出租给承租方的业务活动。

②以货币资金投资收取的固定利润或者保底利润，按照“贷款服务”缴纳增值税。

③直接收费金融服务，包括提供货币兑换、账户管理、电子银行、信用卡、信用证、财务担保、资产管理、信托管理、基金管理、金融交易场所（平台）管理、资金结算、资金清算、金融支付等服务。

④保险服务包括人身保险服务和财产保险服务。

⑤金融商品转让是指转让外汇、有价证券、非货物期货和其他金融商品所有权的业务活动。其他金融商品转让包括基金、信托、理财产品等各类资产管理产品和各种金融衍生品的转让。纳税人购入基金、信托、理财产品等各类资产管理产品持有至到期，不属于金融商品转让。

（6）现代服务。现代服务，是指围绕制造业、文化产业、现代物流产业等提供技术性、知识性服务的业务活动，包括研发和技术服务、信息技术服务、文化创意服务、物流辅助服务、租赁服务、鉴证咨询服务、广播影视服务、商务辅助服务和其他现代服务。

### 知识链接 2-2　融资租赁服务与经营租赁服务

融资租赁服务是指具有融资性质和所有权转移特点的租赁活动，即出租人根据承租人所要求的规格、型号、性能等条件购入有形动产或者不动产租赁给承租人，合同期内租赁物所有权属于出租人，承租人只拥有使用权，合同期满付清租金后，承租人有权按照残值购入租赁物，以拥有其所有权。不论出租人是否将租赁物销售给承租人，均属于融资租赁。按照标的物的不同，融资租赁服务可分为有形动产融资租赁服务和不动产融资租赁服务。

经营租赁服务是指在约定时间内将有形动产或者不动产转让他人使用且租赁物所有权不变更的业务活动。按照标的物的不同，可分为有形动产经营租赁服务和不动产经营租赁服务。例如，将建筑物、构筑物等不动产或者飞机、车辆等有形动产的广告位出租给其他单位或者个人用于发布广告，按照有形动产经营租赁服务缴纳增值税。车辆停放服务、道路通行服务（包括过路费、过桥费、过闸费等）等按照不动产经营租赁服务缴纳增值税。

（7）生活服务。生活服务，是指为满足城乡居民日常生活需求而提供的各类服务活动，包括文化体育服务、教育医疗服务、旅游娱乐服务、餐饮住宿服务、居民日常服务和其他生活服务。

提供餐饮服务的纳税人销售的外卖食品，按照“餐饮服务”缴纳增值税。纳税人在游览场所经营索道、摆渡车、电瓶车、游船等取得的收入，按照“文化体育服务”缴纳增值税。纳税人现场制作食品并直接销售给消费者，按照“餐饮服务”缴纳增值税。纳税人提供植物养护服务，按照“其他生活服务”缴纳增值税。

【例2-1·单选题】下列情形中应按“租赁服务”计征增值税的有（　　）。

A.融资性售后回租　　　　　　　　　　B.车身广告位出租

C.授权他人特许经营连锁饭店　　　　　D.以程租、期租形式提供运输服务

【答案】B

【解析】选项A，融资性售后回租属于“金融服务—贷款服务”；选项C，授权他人特许经营连锁饭店，属于“销售无形资产”。选项D，以程租、期租形式提供运输服务属于“交通运输服务”。

4.销售无形资产

无形资产，是指不具实物形态，但能带来经济利益的资产，包括技术、商标、著作权、商誉、自然资源使用权和其他权益性无形资产。其他权益性无形资产包括基础设施资产经营权、公共事业特许权、配额、经营权（包括特许经营权、连锁经营权、其他经营权）、经销权、分销权、代理权、会员权、席位权、网络游戏虚拟道具、域名、名称权、肖像权、冠名权、转会费等。

销售无形资产，是指转让无形资产所有权或者使用权的业务活动。

5.销售不动产

不动产，是指不能移动或者移动后会引起性质、形状改变的财产，包括建筑物、构筑物等。建筑物，包括住宅、商业营业用房、办公楼等可供居住、工作或者进行其他活动的建造物；构筑物，包括道路、桥梁、隧道、水坝等建造物。

转让建筑物有限产权或者永久使用权，转让在建的建筑物或者构筑物所有权，以及在转让建筑物或者构筑物时一并转让其所占土地的使用权的，按照销售不动产缴纳增值税。

销售不动产，是指转让不动产所有权的业务活动。

### （三）征税范围的特殊规定

增值税的征税范围除了上述的一般规定以外，还对经济实务中某些特殊项目或行为是否属于增值税的征税范围，作出了具体界定。

1.属于征税范围的特殊项目

（1）罚没物品征与不征增值税的处理。

①执罚部门和单位查处的属于一般商业部门经营的商品，具备拍卖条件的，由执罚部门或单位商同级财政部门同意后，公开拍卖。其拍卖收入作为罚没收入由执罚部门和单位如数上缴财政，不予征税。对经营单位购入拍卖物品再销售的，应照章征收增值税。

②执罚部门和单位查处的属于一般商业部门经营的商品，不具备拍卖条件的，由执罚部门、财政部门、国家指定销售单位会同有关部门按质论价，交由国家指定销售单位纳入正常销售渠道变价处理。执罚部门按商定价格所取得的变价收入作为罚没收入如数上缴财政，不予征税。国家指定销售单位将罚没物品纳入正常销售渠道销售的，应照章征收增值税。

③执罚部门和单位查处的属于专管机关管理或专管企业经营的财物，如金银（不包括金银首饰）、外币、有价证券、非禁止出口文物，应交由专管机关或专营企业收兑或收购。执罚部门和单位按收兑或收购价所取得的收入作为罚没收入如数上缴财政，不予征税。专管机关或专营企业经营上述物品中属于应征增值税的货物，应照章征收增值税。

（2）航空运输企业已售票但未提供航空运输服务取得的逾期票证收入，按照航空运输服务征收增值税。

（3）纳税人取得的中央财政补贴，不属于增值税应税收入，不征收增值税。

（4）融资性售后回租业务中，承租方出售资产的行为不属于增值税的征税范围，不征收增值税。

（5）根据国家指令无偿提供的铁路运输服务、航空运输服务，属于《营业税改征增值税试点实施办法》第十四条规定的用于公益事业的服务。

（6）存款利息不征收增值税。

（7）被保险人获得的保险赔付不征收增值税。

（8）房地产主管部门或者其指定机构、公积金管理中心、开发企业以及物业管理单位代收的住宅专项维修资金，不征收增值税。

（9）纳税人在资产重组过程中，通过合并、分立、出售、置换等方式，将全部或者部分实物资产以及与其相关联的债权、负债和劳动力一并转让给其他单位和个人，不属于增值税的征税范围。

2.属于征税范围的特殊行为

（1）视同发生应税销售行为。单位或者个体工商户的下列行为，视同发生应税销售行为：

①将货物交付其他单位或者个人代销。

②销售代销货物。

③设有两个以上机构并实行统一核算的纳税人，将货物从一个机构移送至其他机构用于销售，但相关机构设在同一县（市）的除外。

“用于销售”，是指受货机构发生以下情形之一的经营行为：一是向购货方开具发票；二是向购货方收取货款。

受货机构的货物移送行为有上述两项情形之一的，应当向所在地税务机关缴纳增值税；未发生上述两项情形的，则应由总机构统一缴纳增值税。

如果受货机构只就部分货物向购货方开具发票或收取货款，则应当区别不同情况计算并分别向总机构所在地或分支机构所在地缴纳税款。

④将自产或者委托加工的货物用于非应税项目。

⑤将自产、委托加工的货物用于集体福利或者个人消费。

⑥将自产、委托加工或者购进的货物作为投资，提供给其他单位或者个体工商户。

⑦将自产、委托加工或者购进的货物分配给股东或者投资者。

⑧将自产、委托加工或者购进的货物无偿赠送给其他单位或者个人。

⑨单位或者个体工商户向其他单位或者个人无偿提供应税服务，或者单位或者个人向其他单位或者个人无偿转让无形资产或者不动产，但用于公益事业或者以社会公众为对象的除外。

⑩财政部和国家税务总局规定的其他情形。

上述情况应该确定为视同发生应税销售行为，均要征收增值税。其确定的目的主要有三个：一是保证增值税税款抵扣制度的实施，不致因发生上述行为而造成各相关环节税款抵扣链条的中断，如前两种情况就是这种原因。如果不将其视同发生应税销售行为，就会出现销售代销货物方仅有销项税额而无进项税额，而将货物交付其他单位或者个人代销方仅有进项税额而无销项税额的情况，从而使增值税抵扣链条不完整。二是避免因发生上述行为而造成应税销售行为之间税收负担不平衡的矛盾，防止出现以上述行为逃避纳税的现象。三是体现增值税计算的配比原则，即购进货物、劳务、服务、无形资产、不动产已经在购进环节实施了进项税额抵扣，而购进货物、劳务、服务、无形资产、不动产应该产生相应的销售额，同时就应该产生相应的销项税额，否则就会出现不配比情况。

【例2-2·多选题】根据增值税法的规定，下列行为属于视同销售的有（　　）。

A.将自产、委托加工或者购进的货物用于增值税非应税项目

B.将自产、委托加工或者购进的货物分配给股东或者投资者

C.将自产、委托加工或者购进的货物作为投资，提供给其他单位

D.将自产、委托加工或者购进的货物用于集体福利或者个人消费

E.将自产、委托加工或者购进的货物无偿赠送给其他单位或者个人

【答案】BCE

【解析】选项A，将购进的货物用于增值税非应税项目属于不得抵扣进项税额的情况；选项D，将购进的货物用于集体福利或个人消费，不属于视同销售行为，而属于不得抵扣进项税额的情形。

（2）混合销售。一项销售行为如果既涉及货物，又涉及服务，为混合销售。从事货物生产、批发或者零售的单位和个体工商户的混合销售，按照销售货物缴纳增值税；其他单位和个体工商户的混合销售，按照销售服务缴纳增值税。

上述从事货物生产、批发或者零售的单位和个体工商户，包括以从事货物的生产、批发或者零售为主，并兼营销售服务的单位和个体工商户在内。

混合销售行为成立的行为标准有两点：一是其销售行为必须是一项；二是该项行为必须既涉及货物销售，又涉及应税服务。

需要注意的是，在确定混合销售行为是否成立时，其行为标准是销售货物和销售服务同时存在，如果一项销售行为只涉及销售服务，不涉及货物，这种行为就不是混合销售行为；反之，如果涉及销售服务和涉及货物的行为不是存在于一项销售行为之中，也不是混合销售行为。

## 二、纳税义务人和扣缴义务人

### （一）纳税义务人

在中华人民共和国境内（以下简称境内）销售货物、劳务、服务、无形资产、不动产及进口货物的单位和个人，为增值税纳税人。

单位，是指企业、行政单位、事业单位、军事单位、社会团体及其他单位。

个人，是指个体工商户和其他个人。

资管产品运营过程中发生的增值税应税销售行为，以资管产品管理人为增值税纳税人。

纳税人应当按照国家统一的会计制度进行增值税会计核算。

**知识链接2-3　承包、承租、挂靠经营方式的增值税纳税人**

单位以承包、承租、挂靠方式经营的，承包人、承租人、挂靠人（以下统称承包人）以发包人、出租人、被挂靠人（以下统称发包人）名义对外经营并由发包人承担相关法律责任的，以该发包人为增值税纳税人；否则，以承包人为增值税纳税人。

### （二）扣缴义务人

第一，境外单位或个人在境内销售应税劳务而在境内未设有经营机构的，其应纳税款以代理人为扣缴义务人；没有代理人的，以购买者为扣缴义务人。

第二，境外单位或者个人在境内发生应税行为，在境内未设有经营机构的，以购买方为增值税扣缴义务人。财政部和国家税务总局另有规定的除外。

# 第三节　一般纳税人和小规模纳税人的登记

增值税实行凭专用发票抵扣税款的制度，客观上要求纳税人具备健全的会计核算制度和能力。在实际经济生活中，我国增值税纳税人众多，会计核算水平参差不齐，大量的小企业和个人还不具备用专用发票抵扣税款的条件，为了既简化增值税的计算和征收，也有利于减少税收征管漏洞，增值税法将增值税纳税人按会计核算水平和经营规模分为一般纳税人和小规模纳税人两类，分别采取不同的登记管理办法。

微课2-3

增值税纳税人类型

## 一、一般纳税人的登记

### （一）一般纳税人的登记条件

根据《增值税一般纳税人登记管理办法》的规定，增值税纳税人（以下简称纳税人）年应税销售额超过财政部、国家税务总局规定的小规模纳税人标准（以下简称规定标准）的，除下述（二）规定外，应当向主管税务机关办理一般纳税人登记。

年应税销售额，是指纳税人在连续不超过12个月或4个季度的经营期内累计应征增值税销售额，包括纳税申报销售额、稽查查补销售额、纳税评估调整销售额。

销售服务、无形资产或者不动产（以下简称应税行为）有扣除项目的纳税人，其应税行为年应税销售额按扣除之前的销售额计算。纳税人偶然发生的销售无形资产、转让不动产的销售额，不计入应税行为年应税销售额。

年应税销售额未超过规定标准的纳税人，会计核算健全，能够提供准确税务资料的，可以向主管税务机关办理一般纳税人登记。

会计核算健全，是指能够按照国家统一的会计制度规定设置账簿，根据合法、有效凭证进行核算。

纳税人应当向其机构所在地主管税务机关办理一般纳税人登记手续。纳税人登记为一般纳税人后，不得转为小规模纳税人，国家税务总局另有规定的除外。

### （二）不得办理一般纳税人登记的情况

（1）按照政策规定，选择按照小规模纳税人纳税的（应当向主管税务机关提交书面说明）。

（2）年应税销售额超过规定标准的其他个人。

## 二、小规模纳税人的登记

小规模纳税人是指年销售额在规定标准以下，并且会计核算不健全，不能按规定报送有关税务资料的增值税纳税人。

根据《关于统一增值税小规模纳税人标准的通知》（财税〔2018〕33号）和《关于统一小规模纳税人标准等若干增值税问题的公告》（国家税务总局公告2018年第18号）等相关文件的规定，小规模纳税人的具体认定标准为年应征增值税销售额500万元及以下。

**知识链接2-4　　一般纳税人可以转为小规模纳税人的特殊情况**

依据国家税务总局公告2019年第4号的规定，同时符合以下条件的一般纳税人，可选择转登记为小规模纳税人，或选择继续作为一般纳税人：

（1）根据《中华人民共和国增值税暂行条例》第十三条和《中华人民共和国增值税暂行条例实施细则》第二十八条的有关规定，登记为一般纳税人。

（2）转登记日前连续12个月（以1个月为1个纳税期）或者连续4个季度（以1个季度为1个纳税期）累计应征增值税销售额未超过500万元的一般纳税人，在2019年12月31日前，可选择转登记为小规模纳税人。

（3）一般纳税人转登记为小规模纳税人（以下称转登记纳税人）后，自转登记日的下期起，按照简易计税方法计算缴纳增值税；转登记日当期仍按照一般纳税人的有关规定计算缴纳增值税。

## 第四节 税率与征收率

### 一、增值税税率

增值税税率是按照货物的整体税负设计的，用应税货物的销售额乘以增值税税率，为该货物的全部增值税额。具体而言，增值税税率的设计方法是：

$$增值税税率=\frac{货物在本环节的应征税额 + 以前各环节累计的应征税额}{本环节的销售额}\times 100\%$$

根据该设计方法，本环节的应征税额的计算公式为：

本环节的应征税额=本环节销售额×增值税税率-以前各环节累计已征税额

我国现行增值税税率包括13%、9%、6%和零税率。

#### （一）13%税率的适用范围

纳税人销售货物、劳务，提供有形动产租赁服务或者进口货物，除下列第（二）项、第（四）项、第（五）项另有规定外，税率为13%。

#### （二）9%税率的适用范围

纳税人提供交通运输、邮政、基础电信、建筑、不动产租赁服务，销售不动产，转让土地使用权以及销售或者进口下列货物，税率为9%：

（1）粮食等农产品、食用植物油、食用盐。

（2）自来水、暖气、冷气、热水、煤气、石油液化气、天然气、二甲醚、沼气、居民用煤炭制品。

（3）图书、报纸、杂志、音像制品、电子出版物。

（4）饲料、化肥、农药、农机、农膜。

（5）国务院规定的其他货物。

#### （三）6%税率的适用范围

纳税人销售服务、无形资产，除第（一）、（二）、（五）项另有规定外，税率为6%。

#### （四）零税率的适用范围

中华人民共和国境内（以下简称境内）的单位和个人销售的下列服务和无形资产，适用增值税零税率。

（1）国际运输服务。

国际运输服务是指在境内载运旅客或者货物出境、在境外载运旅客或者货物入境以及在境外载运旅客或者货物。

（2）航天运输服务。

（3）向境外单位提供的完全在境外消费的下列服务：①研发服务；②合同能源管理服务；③设计服务；④广播影视节目（作品）的制作和发行服务；⑤软件服务；⑥电路设计及测试服务；⑦信息系统服务；⑧业务流程管理服务；⑨离岸服务外包业务，包括信息技术外包服务（ITO）、技术性业务流程外包服务（BPO）、技术性知识流程外包服务（KPO），其所涉及的具体业务活动，按照《销售服务、无形资产、不动产注释》相对应的业务活动执行；⑩转让技术。

（4）财政部和国家税务总局规定的其他服务。

【例2-3·多选题】下列选项适用9%增值税税率的有（　　）。

A.邮政代理服务　　B.医疗事故鉴定

C.金融服务　　D.出租出售带宽

E.建筑服务

【答案】ADE

【解析】9%税率适用于交通运输服务、邮政服务、基础电信服务、不动产租赁与转让、建筑服务、土地使用权转让。医疗事故鉴定属于“现代服务-鉴证咨询服务”，它和金融服务均适用6%的税率。

## 二、增值税征收率

微课2-4

增值税税率和征收率

增值税征收率是指对特定的货物或特定的纳税人发生应税销售行为在某一生产流通环节应纳税额与销售额的比率。增值税征收率适用于小规模纳税人以及一般纳税人发生应税销售行为按规定可以选择简易计税方法计税的两种情况。

### （一）征收率的一般规定

第一，除下述适用5%征收率以外的纳税人选择简易计税方法发生的应税销售行为均为3%。

第二，根据“营改增”的规定，下列情况适用5%的征收率：

（1）小规模纳税人销售自建或者取得的不动产。

（2）一般纳税人选择简易计税方法计税的不动产销售。

（3）房地产开发企业中的小规模纳税人销售自行开发的房地产项目。

（4）其他个人销售其取得（不含自建）的不动产（不含其购买的住房）。

（5）一般纳税人选择简易计税方法计税的不动产经营租赁。

（6）小规模纳税人出租（经营租赁）其取得的不动产（不含个人出租住房）。

（7）其他个人出租（经营租赁）其取得的不动产（不含住房）。

（8）个人出租住房，应按照5%的征收率减按1.5%计算应纳税额。

（9）一般纳税人和小规模纳税人提供劳务派遣服务选择差额纳税的。

简易计税方法计税，但是不得抵扣进项税额。其主要包括以下情况：

（1）县级及县级以下小型水力发电单位生产的电力。小型水力发电单位，是指各类投资主体建设的装机容量为5万千瓦以下（含5万千瓦）的小型水力发电单位。

（2）自产建筑用和生产建筑材料所用的砂、土、石料。

（3）以自己采掘的砂、土、石料或其他矿物连续生产的砖、瓦、石灰（不含黏土实心砖、瓦）。

（4）自己用微生物、微生物代谢产物、动物毒素、人或动物的血液或组织制成的生物制品。

（5）自来水公司销售的自来水。

（6）自产的商品混凝土（仅限于以水泥为原料生产的水泥混凝土）。

（7）寄售商店代销的寄售物品（包括居民个人寄售的物品在内）。

（8）典当业销售的死当物品。

（9）公共交通运输服务。公共交通运输服务，包括轮客渡、公交客运、地铁、城市轻轨、出租车、长途客运、班车。

（10）电影放映服务、仓储服务、装卸搬运服务、收派服务和文化体育服务。

（11）以纳入营改增试点之日前取得的有形动产为标的物提供的经营租赁服务。

（12）在纳入营改增试点之日前签订的尚未执行完毕的有形动产租赁合同。

（13）以清包工方式提供的建筑服务。以清包工方式提供的建筑服务，是指施工方不采购建筑工程所需的材料或只采购辅助材料，并收取人工费、管理费或者其他费用的建筑服务。

（14）为甲供工程提供的建筑服务。甲供工程，是指全部或部分设备、材料、动力由工程发包方自行采购的建筑工程项目。

（15）出租2016年4月30日前取得的不动产。

（16）提供非学历教育服务。

（17）一般纳税人收取试点前开工的一级公路、二级公路、桥、闸通行费。

（18）一般纳税人提供人力资源外包服务。

（19）一般纳税人2016年4月30日前签订的不动产融资租赁合同，或以2016年4月30日前取得的不动产提供的融资租赁服务。

（20）纳税人转让2016年4月30日前取得的土地使用权。

（21）一般纳税人提供劳务派遣服务，可以选择差额纳税，以取得的全部价款和价外费用，扣除代用工单位支付劳务派遣员工的工资、福利和为其办理社会保险及住房公积金后的余额为销售额，按照简易计税方法依5%的征收率计算缴纳增值税。

（22）一般纳税人销售电梯的同时提供安装服务，其安装服务可以按照甲供工程选择适用简易计税方法计税。

一般纳税人发生财政部和国家税务总局规定的特定应税销售行为，一经选择适用简易计税方法计税，36个月内不得变更。

## 三、扣缴计税方法

境外的单位或者个人在境内销售劳务，在境内未设有经营机构的，以其境内代理人为扣缴义务人；在境内没有代理人的，以购买方为扣缴义务人。扣缴义务人按照以下公式计算应扣缴税额：

应扣缴税额=接受方支付的价款÷（1+税率）×税率

# 第六节　一般计税方法应纳税额的计算

我国采用的一般计税方法是间接计算法，即先按当期销售额和适用税率计算出销项税额，然后对当期准予抵扣的进项税额进行抵扣，从而间接计算出当期增值额部分的应纳税额。

增值税一般纳税人发生应税销售行为的应纳税额，除适用简易征税办法外，均应等于当期销项税额抵扣当期进项税额后的余额。其计算公式如下：

当期应纳税额=当期销项税额-当期进项税额

增值税一般纳税人当期应纳税额的多少，取决于当期销项税额和当期进项税额这两个因素。

当期进项税额大于当期销项税额的部分，可以结转下期继续抵扣或者予以退还，具体办法由国务院财政、税务主管部门规定。

## 一、销项税额的计算

纳税人销售货物、劳务、服务、无形资产或者不动产，按照销售额和税法规定的税率计算收取的增值税额，为销项税额。销项税额的计算公式为：

销项税额=销售额×适用税率

从销项税额的定义和公式中我们可以知道，它是购买方在购买货物、劳务、服务、无形资产、不动产时一并向销售方支付的税额。对属于一般纳税人的销售方来说，在抵扣其进项税额前，销售方收取的销项税额还不是其应纳增值税额。

销项税额的计算取决于销售额和适用税率这两个因素。在适用税率既定的前提下，销项税额的大小主要取决于销售额的大小。具体包括：

### （一）一般销售方式下的销售额确认

销售额是指纳税人发生应税销售行为时向购买方（承受劳务和服务行为也视为购买）收取的全部价款和价外费用。特别需要强调的是，尽管销项税额也是销售方向购买方收取的，但是由于增值税采用价外计税方式，以不含增值税（以下简称不含税）价格作为计税依据，因而销售额中不包括向购买方收取的销项税额。

价外费用，是指价外收取的各种性质的收费，但下列项目不包括在内：

第一，受托加工应征消费税的消费品所代收代缴的消费税。

第二，同时符合以下条件代为收取的政府性基金或者行政事业性收费：

（1）由国务院或者财政部批准设立的政府性基金，由国务院或者省级人民政府及其财政、价格主管部门批准设立的行政事业性收费。

（2）收取时开具省级以上财政部门印制的财政票据。

（3）所收款项全额上缴财政。

第三，以委托方名义开具发票代委托方收取的款项。

第四，销售货物的同时代办保险等而向购买方收取的保险费，以及向购买方收取的代购买方缴纳的车辆购置税、车辆牌照费。

凡随同应税销售行为向购买方收取的价外费用，无论其会计制度如何核算，均应并入销售额计算应纳税额。应当注意，根据国家税务总局的规定，对增值税一般纳税人（包括纳税人自己或代其他部门）向购买方收取的价外费用和逾期包装物押金，应视为含增值税（以下简称含税）收入，在征税时应换算成不含税收入再并入销售额中。

销售额以人民币计算。纳税人以人民币以外的货币结算销售额的，应当折合成人民币计算。折合率可以选择销售额发生的当天或者当月1日的人民币汇率中间价。纳税人应当事先确定采用何种折合率，确定后12个月内不得变更。

【例2-5·计算题】销售一批电脑，取得不含税价款100万元，另收取包装材料及安装服务费5.65万元。请计算增值税销售额。

【解析】销售额=100+5.65÷（1+13%）=105（万元）

【例2-6·计算题】销售一批农药，取得不含税价款100万元，另收取包装材料及运费5.45万元。请计算增值税销售额。

【解析】销售额=100+5.45÷（1+9%）=105（万元）

### （二）特殊销售方式下的销售额确认

在销售活动中，为了达到促销的目的，纳税人有多种销售方式选择。不同销售方式下，销售者取得的销售额有所不同。增值税的法律、法规对以下几种销售方式分别作了规定：

#### 1.采取折扣方式销售

折扣销售是指销货方在发生应税销售行为时，因购货方购货数量较大等原因而给予购货方的价格优惠。例如：购买5件商品，销售价格折扣10%；购买10件商品，折扣20%等。根据增值税法律、制度的规定，纳税人发生应税销售行为并向购货方开具增值税专用发票后，由于购货方在一定时期内累计购买货物、劳务、服务、无形资产、不动产达到一定数量，或者由于市场价格下降等原因，销货方给予购货方相应的价格优惠或补偿等折扣、折让。对此，销货方可按现行《增值税专用发票使用规定》的有关规定开具红字增值税专用发票。这里需要解释的是：

（1）折扣销售不同于销售折扣。销售折扣是指销货方在发生应税销售行为后，为了鼓励购货方及早偿还货款而协议许诺给购货方的一种折扣优待。例如：10天内付款，货款折扣2%；20天内付款，折扣1%；30天内全价付款。由于销售折扣发生在应税销售行为之后，是一种融资性质的理财费用，因此，销售折扣不得从销售额中减除。企业在确定销售额时，应把折扣销售与销售折扣严格区分开。

（2）销售折扣不同于销售折让。销售折让，是企业因售出商品的质量不合格等原因而在售价上给予的减让。对增值税而言，销售折让其实是纳税人发生应税销售行为后因为劳动成果质量不合格等原因在售价上给予的减让。销售折让与销售折扣虽然都是在应税销售行为销售后发生的，但由于销售折让是因应税销售行为中货物的品种和质量引起销售额的减少，因此，对销售折让可以折让后的货款为销售额。

（3）折扣销售仅限于应税销售行为价格的折扣，如果销货方将自产、委托加工和购买的货物用于实物折扣，则该实物款不能从应税销售行为的销售额中减除，且该实物应按《增值税暂行条例实施细则》和“营改增”通知“视同销售货物”中的“赠送他人”计算征收增值税。

纳税人发生应税销售行为，如将价款和折扣额在同一张发票上的“金额”栏分别注明的，可按折扣后的销售额征收增值税；未在同一张发票的“金额”栏注明折扣额，而仅在发票的“备注”栏注明折扣额的，折扣额不得从销售额中减除；未在同一张发票上分别注明的，以价款为销售额，不得扣减折扣额。

纳税人发生应税销售行为因销售折让、中止或者退回的，应扣减当期的销项税额（一般计税方法）或销售额（简易计税方法）。

【例2-7·单选题】某商场为增值税一般纳税人。2023年5月举办促销活动，全部商品8折销售。实际取得含税收入380 000元，销售额和折扣额在同一张发票上的“金额”栏分别注明。上月销售商品本月发生退货，向消费者退款680元，该商场当月销项税额是（　　）元。

A.43 638.58　　B.55 213.68　　C.64 600.00　　D.80 750.00

【答案】A

【解析】当月销项税额=380 000÷（1+13%）×13%-680÷（1+13%）×13%=43 638.58（元）

2.采取以旧换新方式销售

以旧换新，是指纳税人在销售自己的货物时，有偿收回旧货物的行为。根据增值税法律、法规的规定，采取以旧换新方式销售货物的，应按新货物的同期销售价格确定销售额，不得扣减旧货物的收购价格。之所以这样规定，既是因为销售货物与收购货物是两项不同的业务活动，销售额与收购额不能相互抵减，也是为了严格增值税的计算征收，防止出现销售额不实、减少纳税的现象。

考虑到金银首饰以旧换新业务的特殊情况，对于金银首饰以旧换新业务，可以按销售方实际收取的不含增值税的全部价款征收增值税。

3.采取还本销售方式销售

还本销售，是指纳税人在销售货物后，到一定期限由销售方一次或分次退还给购货方全部或部分价款。这实际上是一种筹资行为，是以货物换取资金的使用价值，到期还本不付息。增值税法律、法规规定，采取还本销售方式销售货物，其销售额就是货物的销售价格，不得从销售额中减除还本支出。

4.采取以物易物方式销售

以物易物是一种较为特殊的购销活动，是指购销双方不是以货币结算，而是以同等价款的货物相互结算，实现货物购销的一种方式。在实务中，采取以物易物方式，双方都应作购销处理，以各自发出的应税销售行为核算销售额并计算销项税额，以各自收到的货物、劳务、服务、无形资产、不动产按规定核算购进金额并计算进项税额。应注意，在以物易物活动中，应分别开具合法的票据，如收到的货物、劳务、服务、无形资产、不动产不能取得相应的增值税专用发票或其他合法票据，不能抵扣进项税额。

5.包装物押金的税务处理

包装物是指纳税人包装本单位货物的各种物品。纳税人销售货物时另收取包装物押金，目的是促使购货方及早退回包装物以便周转使用。

根据增值税法律、法规的规定，纳税人为销售货物而出租、出借包装物收取的押金，单独记账核算的，时间在1年以内，又未过期的，不并入销售额征税；但对因逾期未收回包装物不再退还的押金，应按所包装货物的适用税率计算销项税额。

上述规定中，"逾期"是指按合同约定实际逾期或以1年为期限，对收取1年以上的押金，无论是否退还均并入销售额征税。当然，在将包装物押金并入销售额征税时，需要先将该押金换算为不含税价，再并入销售额征税。纳税人为销售货物出租、出借包装物而收取的押金，无论包装物周转使用期限长短，超过1年（含1年）仍不退还的，均并入销售额征税。

对销售除啤酒、黄酒外的其他酒类产品而收取的包装物押金，无论是否返还以及会计上如何核算，都应并入当期销售额征税。对销售啤酒、黄酒所收取的押金，按上述一般押金的规定处理。

另外，包装物押金不应混同于包装物租金，如果纳税人销售货物同时发生收取包装物租金的情况，包装物租金在收取之时就应该考虑销项税额的征纳问题。

【例2-8·单选题】某生产企业为增值税一般纳税人，2023年5月，销售化工产品取得含税销售额793.26万元，为销售货物出借包装物收取押金15.21万元，约定3个月内返还；当月没收逾期未退还包装物的押金1.3万元。根据增值税法律、法规的规定，该企业上述业务计税销售额为（　　）万元。

A.684.97　　B.691　　C.692.11　　D.703.15

【答案】D

【解析】(1) 收取的1年以内的押金（15.21万元）并且未超过合同规定期限（未逾期），单独核算的，不并入销售额中；(2) 当月没收逾期未退还包装物的押金（1.3万元），应视为含税收入，按照所包装货物的适用税率征收增值税；(3) 计税销售额为703.15万元（(793.26+1.3)÷(1+13%)）。

6.贷款服务的销售额

贷款服务，以提供贷款服务取得的全部利息及利息性质的收入为销售额。

银行提供贷款服务按期计收利息的，结息日当日计收的全部利息收入，均应计入结息日所属期的销售额，按照现行规定计算缴纳增值税。

证券公司、保险公司、金融租赁公司、证券基金管理公司、证券投资基金以及其他经中国人民银行、国家金融监督管理总局、证监会批准成立且经营金融保险业务的机构发放贷款后，自结息日起90天内发生的应收未收利息按现行规定缴纳增值税，自结息日起90天后发生的应收未收利息暂不缴纳增值税，待实际收到利息时按规定缴纳增值税。

7.直接收费金融服务的销售额

直接收费金融服务，以提供直接收费金融服务收取的手续费、佣金、酬金、管理费、服务费、经手费、开户费、过户费、结算费、转托管费等各类费用为销售额。

【例2-9·单选题】某商业银行（增值税一般纳税人）2023年第一季度提供贷款服务取得含税利息收入5 300万元，提供直接收费金额服务取得含税收入106万元，开展贴现业务取得含税利息收入500万元，该银行上述业务的销项税额为（　　）万元。

A.157.46　　B.306.06　　C.334.30　　D.173.03

【答案】C

【解析】金融机构开展贴现、转贴现业务，以其实际持有票据期间取得的利息收入为贷款服务的销售额计算缴纳增值税。

该银行上述业务的销项税额=（5 300+106+500）÷1.06×6%=334.30（万元）。

（三）按差额确定销售额

虽然原营业税的征税范围均纳入了增值税的征收范围，但是目前仍然有无法通过抵扣机制避免重复征税的情况存在，因此引入了差额征税的办法。以下项目属于按差额确定销售额：

第一，金融商品转让的销售额。金融商品转让，以卖出价扣除买入价后的余额为销售额。

转让金融商品出现的正负差，以盈亏相抵后的余额为销售额。若相抵后出现负差，可结转至下一纳税期与下期转让金融商品的销售额相抵，但年末时仍出现负差的，不得转入下一个会计年度。

金融商品的买入价，可以选择按照加权平均法或者移动加权平均法进行核算，选择后36个月内不得变更。

金融商品转让，不得开具增值税专用发票。

【例2-10·计算题】假设某经营金融业务的公司（一般纳税人）2023年第四季度转让债券，卖出价为100 000元（含增值税价格，下同），该债券是2022年9月购入的，买入价为60 000元。该公司2023年第四季度之前转让金融商品亏损20 000元。请计算转让债券的销售额和销项税额。

【解析】销售额=100 000-60 000-20 000=20 000（元）

销项税额=20 000÷（1+6%）×6%=1 132.08（元）

第二，经纪代理服务的销售额。经纪代理服务，以取得的全部价款和价外费用扣除向委托方收取并代为支付的政府性基金或者行政事业性收费后的余额为销售额。向委托方收取的政府性基金或者代为支付的行政事业性收费，不得开具增值税专用发票。

第三，融资租赁和融资性售后回租业务的销售额。

（1）经中国人民银行、国家金融监督管理总局或者商务部批准从事融资租赁业务的试点纳税人（包括经上述部门备案从事融资租赁业务的试点纳税人），提供融资租赁服务，以取得的全部价款和价外费用扣除支付的借款利息（包括外汇借款和人民币借款利息）、发行债券利息和车辆购置税后的余额为销售额。

（2）经中国人民银行、国家金融监督管理总局或者商务部批准从事融资租赁业务的试点纳税人，提供融资性售后回租服务，以取得的全部价款和价外费用（不含本金）扣除对外支付的借款利息（包括外汇借款和人民币借款利息）、发行债券利息后的余额作为销售额。

（3）试点纳税人根据2016年4月30日前签订的有形动产融资性售后回租合同，在合同到期前提供有形动产融资性售后回租服务，可继续按照有形动产融资租赁服务缴纳增值税。

第四，航空运输企业的销售额，不包括代收的机场建设费和代售其他航空运输企业客票而代收转付的价款。

第五，试点纳税人中的一般纳税人提供客运场站服务，以其取得的全部价款和价外费用扣除支付给承运方的运费后的余额为销售额。

第六，试点纳税人提供旅游服务，可以选择以取得的全部价款和价外费用，扣除向旅游服务购买方收取并支付给其他单位或者个人的住宿费、餐饮费、交通费、签证费、门票费和支付给其他接团旅游企业的旅游费用后的余额为销售额。

选择以上述办法计算销售额的试点纳税人，向旅游服务购买方收取并支付的上述费用，不得开具增值税专用发票，可以开具普通发票。

第七，试点纳税人提供建筑服务适用简易计税方法的，以取得的全部价款和价外费用扣除支付的分包款后的余额为销售额。

第八，房地产开发企业中的一般纳税人销售其开发的房地产项目（选择简易计税方法的房地产老项目除外），以取得的全部价款和价外费用扣除受让土地时向政府部门支付的土地价款后的余额为销售额。“向政府部门支付的土地价款”，包括土地受让人向政府部门支付的征地和拆迁补偿费用、土地前期开发费用和土地出让收益等。

第九，纳税人转让不动产缴纳增值税差额扣除的有关规定。

纳税人转让不动产，按照有关规定差额缴纳增值税的，如因丢失等原因无法提供取得不动产时的发票，可向税务机关提供其他能证明契税计税金额的完税凭证等资料，进行差额扣除。

试点纳税人按照上述2～9款的规定从全部价款和价外费用中扣除的价款，应当取得符合法律、行政法规和国家税务总局规定的有效凭证；否则，不得扣除。

上述凭证是指：

（1）支付给境内单位或者个人的款项，以发票为合法有效凭证。

（2）支付给境外单位或者个人的款项，以该单位或者个人的签收单据为合法有效凭证；税务机关对签收单据有疑义的，可以要求其提供境外公证机构的确认证明。

（3）缴纳的税款，以完税凭证为合法有效凭证。

（4）扣除的政府性基金、行政事业性收费或者向政府支付的土地价款，以省级以上（含省级）财政部门监（印）制的财政票据为合法有效凭证。

（5）国家税务总局规定的其他凭证。

纳税人取得的上述凭证属于增值税扣税凭证的，其进项税额不得从销项税额中抵扣。

### （四）视同发生应税销售行为的销售额确定

纳税人发生应税销售行为的情形，价格明显偏低并无正当理由的，或者发生应税销售行为而无销售额的，由主管税务机关按照下列顺序核定销售额：

（1）按照纳税人最近时期发生同类应税销售行为的平均价格确定。

（2）按照其他纳税人最近时期发生同类应税销售行为的平均价格确定。

（3）按照组成计税价格确定。组成计税价格的公式为：

组成计税价格=成本×（1+成本利润率）

成本利润率由国家税务总局确定。

### （五）含税销售额的换算

为了符合增值税作为价外税的要求，纳税人在填写进销货及纳税凭证、进行账务处理时，应分项记录不含税销售额、销项税额和进项税额，以正确计算应纳增值税额。然而，在实际工作中，常常会出现一般纳税人对发生应税销售行为采用销售额和销项税额合并定价收取的情况，这样，就会形成含税销售额。在我国，增值税是价外税，计税依据中不含增值税本身的数额。因此，一般纳税人发生应税销售行为取得的含税销售额在计算销项税额时，必须将其换算为不含税的销售额。对于一般纳税人发生的应税销售行为，采用销售额和销项税额合并定价方法的，按下列公式计算销售额：

销售额=含税销售额÷（1+税率）

公式中的税率为发生应税销售行为时按现行增值税相关规定适用的税率。

## 二、进项税额的确认和计算

进项税额，是指纳税人购进货物、劳务、服务、无形资产、不动产所支付或者负担的增值税额。进项税额是与销项税额相对应的一个概念。在开具增值税专用发票的情况下，它们之间的对应关系是，销售方收取的销项税额，就是购买方支付的进项税额。需要注意的是，并不是纳税人支付的所有进项税额都可以从销项税额中抵扣。增值税法律、法规对不能抵扣进项税额的项目作了严格的规定，如果违反规定，随意抵扣进项税额，将以逃避缴纳税款论处。

微课 2-5

增值税专用发票的使用和管理

### （一）准予从销项税额中抵扣的进项税额

根据《增值税暂行条例》和“营改增”通知，准予从销项税额中抵扣的进项税额，限于下列增值税扣税凭证上注明的增值税额和按规定的扣除率计算的进项税额：

第一，从销售方取得的增值税专用发票（含“机动车销售统一发票”，下同）上注明的增值税额。增值税专用发票具体包括以下两种：

（1）增值税专用发票。增值税专用发票是增值税一般纳税人发生应税销售行为开具的发票。

（2）机动车销售统一发票。机动车销售统一发票是增值税一般纳税人从事机动车零售业务开具的发票。

第二，从海关取得的海关进口增值税专用缴款书上注明的增值税额。

第三，自境外单位或者个人处购进劳务、服务、无形资产或者境内的不动产，从税务机关或者扣缴义务人处取得的代扣代缴税款的完税凭证上注明的增值税额。

第四，纳税人购进农产品，按下列规定抵扣进项税额：

（1）根据《增值税暂行条例》的规定，购进农产品，除取得增值税专用发票或者海关进口增值税专用缴款书外，按照农产品收购发票或者销售发票上注明的农产品买价和9%的扣除率计算进项税额，国务院另有规定的除外。

（2）根据《关于调整增值税税率的通知》（财税〔2018〕32号）和《关于深化增值税改革有关政策的公告》（财政部　税务总局　海关总署公告2019年第39号）的规定，纳税人购进农产品，取得一般纳税人开具的增值税专用发票或海关进口增值税专用缴款书的，以增值税专用发票或海关进口增值税专用缴款书上注明的增值税额为进项税额；从按照简易计税方法依照3%征收率计算缴纳增值税的小规模纳税人处取得增值税专用发票的，以增值税专用发票上注明的金额和9%的扣除率计算进项税额；取得（开具）农产品销售发票或收购发票的，以农产品销售发票或收购发票上注明的农产品买价和9%的扣除率计算进项税额。

纳税人购进用于生产销售或委托加工13%税率货物的农产品，按照10%的扣除率计算进项税额。

（3）购进农产品进项税额的计算公式为：

进项税额=买价×扣除率

（4）纳税人从批发、零售环节购进适用免征增值税政策的蔬菜、部分鲜活肉蛋得到的普通发票，不得作为计算抵扣进项税额的凭证。

（5）纳税人购进农产品既用于生产销售或委托受托加工13%税率货物，又用于生产销售其他货物服务的，应当分别核算用于生产销售或委托受托加工13%税率货物和其他货物服务的农产品进项税额。未分别核算的，统一以增值税专用发票或海关进口增值税专用缴款书上注明的增值税额为进项税额，或以农产品收购发票或销售发票上注明的农产品买价和9%的扣除率计算进项税额。

（6）对烟叶税纳税人按规定缴纳的烟叶税，准予并入烟叶产品的买价计算增值税的进项税额，并在计算缴纳增值税时予以抵扣。购进烟叶准予抵扣的增值税进项税额，按照《中华人民共和国烟叶税法》规定的收购烟叶实际支付的价款总额和烟叶税及法定扣除率计算。其计算公式如下：

烟叶税应纳税额=收购烟叶实际支付的价款总额×税率（20%）

准予抵扣的进项税额=（收购烟叶实际支付的价款总额+烟叶税应纳税额）×扣除率

购进农产品，按照《农产品增值税进项税额核定扣除试点实施办法》抵扣进项税额。

【例2-11·单选题】某食品厂2023年9月从农民手中收购黄桃一批，开具的收购发票上注明收购价款为20 000元，另支付运费，收到了小规模运输公司的增值税专用发票，注明价款为500元。则此业务可以抵扣的进项税额为（　　）元。

A.150　　B.200　　C.1 815　　D.2 000

【答案】C

【解析】购入农业生产者自产农产品，可以按销售发票或收购发票上注明的价款计算抵扣9%的进项税额，其相应的运费进项税额也可以抵扣。但此处为小规模运输公司，则税率为3%。用于生产销售或委托受托加工13%税率货物可抵扣10%的进项税额。如果购入的黄桃用于生产罐头的话，由于罐头是13%的税率，所以黄桃可以计算抵扣10%的进项税额。但10%的进项税额中有9%是购入黄桃时抵扣，另外1%要领用时抵扣。所以，本题应当先抵扣9%的进项税额。可以抵扣的进项税额=20 000×9%+500×3%=1 800+15=1 815（元）。

### 知识链接2-5　特殊农产品进项税额的核定扣除方法

根据《农产品增值税进项税额核定扣除试点实施办法》的规定，自2012年7月1日起，以购进农产品为原料生产销售液体乳及乳制品、酒及酒精、植物油的增值税一般纳税人，纳入农产品增值税进项税额核定扣除试点范围，其购进农产品无论是否用于生产上述产品，增值税进项税额均按照《农产品增值税进项税额核定扣除试点实施办法》的规定抵扣。其农产品增值税进项税额核定方法包括投入产出法、成本法和参照法。

第五，收费公路通行费增值税抵扣规定。

自2018年1月1日起，纳税人支付的道路、桥、闸通行费，按照以下规定抵扣进项税额：

（1）纳税人支付的道路通行费，按照收费公路通行费增值税电子普通发票上注明的增值税额抵扣进项税额。

（2）纳税人支付的桥、闸通行费，暂凭取得的通行费发票上注明的收费金额按照下列公式计算可抵扣的进项税额：

桥、闸通行费可抵扣进项税额=桥、闸通行费发票上注明的金额÷（1+5%）×5%

第六，纳税人购进国内旅客运输服务，其进项税额允许从销项税额中抵扣。

国内旅客运输服务限于与本单位签订了劳动合同的员工，以及本单位作为用工单位接受的劳务派遣员工发生的国内旅客运输服务。纳税人允许抵扣的国内旅客运输服务进项税额，是指纳税人于2019年4月1日及以后实际发生并取得合法有效增值税扣税凭证注明的或依据其计算的增值税税额。以增值税专用发票或增值税电子普通发票为增值税扣税凭证的，为2019年4月1日及以后开具的增值税专用发票或增值税电子普通发票。

（1）取得增值税电子普通发票的，为发票上注明的税额。纳税人购进国内旅客运输服务，以取得的增值税电子普通发票上注明的税额为进项税额的，增值税电子普通发票上注明的购买方"名称""纳税人识别号"等信息，应当与实际抵扣税款的纳税人一致，否则不予抵扣。

（2）取得注明旅客身份信息的航空运输电子客票行程单的：

航空旅客运输进项税额=（票价+燃油附加费）÷（1+9%）×9%

（3）取得注明旅客身份信息的铁路车票的：

铁路旅客运输进项税额=票面金额÷（1+9%）×9%

（4）取得注明旅客身份信息的公路、水路等其他客票的：

公路、水路等其他旅客运输进项税额=票面金额÷（1+3%）×3%

第七，增值税一般纳税人从境外单位或者个人处购进服务、无形资产或者不动产，按照规定应当扣缴增值税的，准予从销项税额中抵扣的进项税额为自税务机关或者扣缴义务人处取得的解缴税款的完税凭证上注明的增值税额。

纳税人凭完税凭证抵扣进项税额的，应当具备书面合同、付款证明和境外单位的对账单或者发票。资料不全的，其进项税额不得从销项税额中抵扣。

### （二）不得从销项税额中抵扣的进项税额

纳税人购进货物、劳务、服务、无形资产、不动产，取得的增值税扣税凭证不符合法律、行政法规或者国务院税务主管部门有关规定的，其进项税额不得从销项税额中抵扣。所称增值税扣税凭证，是指增值税专用发票、海关进口增值税专用缴款书、农产品收购发票和农产品销售发票、从税务机关或者境内代理人处取得的解缴税款的税收缴款凭证，以及增值税法律、法规允许抵扣的其他扣税凭证。

按《增值税暂行条例》和"营改增"通知及其他相关政策的规定，下列项目的进项税额不得从销项税额中抵扣：

（1）用于简易计税方法计税项目、免征增值税项目、集体福利或者个人消费的购进货物、劳务、服务、无形资产和不动产。

其中涉及的固定资产、无形资产、不动产，仅指专用于上述项目的固定资产、无形资产（不包括其他权益性无形资产）、不动产。但是发生兼用于上述不允许抵扣项目情况的，该进项税额准予全部抵扣。

纳税人的交际应酬消费属于个人消费。

#### 知识链接2-6　租入固定资产进项税额抵扣规定

依据《财政部　国家税务总局关于租入固定资产进项税额抵扣等增值税政策的通知》（财税〔2017〕90号）的规定，自2018年1月1日起，纳税人租入固定资产、不动产，既用于一般计税方法计税项目，又用于简易计税方法计税项目、免征增值税项目、集体福利或者个人消费的，其进项税额准予从销项税额中全额抵扣。

（2）非正常损失的购进货物，以及相关劳务和交通运输服务。

（3）非正常损失的在产品、产成品所耗用的购进货物（不包括固定资产）、劳务和交通运输服务。

（4）非正常损失的不动产，以及该不动产所耗用的购进货物、设计服务和建筑服务。

（5）非正常损失的不动产在建工程所耗用的购进货物、设计服务和建筑服务。纳税人新建、改建、扩建、修缮、装饰不动产，均属于不动产在建工程。

上述（2）、（3）、（4）、（5）项所说的非正常损失，是指因管理不善造成货物被盗、丢失、霉烂变质，以及因违反法律、法规造成货物或者不动产被依法没收、销毁、拆除的情形。这些非正常损失由纳税人自身原因造成，导致征税对象实体的灭失，为保证税负公平，其损失不应由国家承担，因而纳税人无权要求抵扣进项税额。

（6）购进的贷款服务、餐饮服务、居民日常服务和娱乐服务。

纳税人接受贷款服务，向贷款方支付的与该笔贷款直接相关的投融资顾问费、手续费、咨询费等费用，其进项税额不得从销项税额中抵扣。

（7）适用一般计税方法的纳税人兼营简易计税方法计税项目、免征增值税项目而无法划分不得抵扣的进项税额的，按照以下公式计算不得抵扣的进项税额：

$$\text{不得抵扣的进项税额}=\text{当期无法划分的全部进项税额}\times(\text{当期简易计税方法计税项目销售额}+\text{免征增值税项目销售额})\div\text{当期全部销售额}$$

（8）一般纳税人已抵扣进项税额的固定资产、无形资产或者不动产，发生《增值税暂行条例》和“营改增”通知规定不得从销项税额中抵扣进项税额情形的，按照以下公式计算不得抵扣的进项税额：

不得抵扣的进项税额=固定资产、无形资产或者不动产净值×适用税率

固定资产、无形资产或者不动产净值，是指纳税人根据财务会计制度计提折旧或摊销后的余额。

（9）有下列情形之一者，应当按照销售额和增值税税率计算应纳税额，不得抵扣进项税额，也不得使用增值税专用发票：

①一般纳税人会计核算不健全，或者不能够提供准确税务资料的。

②应当办理一般纳税人资格登记而未办理的。

### （三）增值税进项税额加计抵减政策

自2023年1月1日至12月31日，允许生产性服务业纳税人按照当期可抵扣进项税额加计5%抵减应纳税额。生产性服务业纳税人是指提供邮政服务、电信服务、现代服务、生活服务取得的销售额占全部销售额的比重超过50%的纳税人。允许生活性服务业纳税人按照当期可抵扣进项税额加计10%抵减应纳税额。生活性服务业纳税人是指提供生活服务取得的销售额占全部销售额的比重超过50%的纳税人。

#### 1.当期计提加计抵减额的计算

当期计提加计抵减额=当期可抵扣进项税额×10%

当期可抵减加计抵减额=上期末加计抵减额余额+当期计提加计抵减额-当期调减加计抵减额

2.加计抵减政策的应用

纳税人应按照现行规定计算一般计税方法下的应纳税额（以下称抵减前的应纳税额）后，区分以下情形加计抵减：

①抵减前的应纳税额等于零的，当期可抵减加计抵减额全部结转下期抵减。

②抵减前的应纳税额大于零，且大于当期可抵减加计抵减额的，当期可抵减加计抵减额全额从抵减前的应纳税额中抵减。

③抵减前的应纳税额大于零，且小于或等于当期可抵减加计抵减额的，以当期可抵减加计抵减额抵减应纳税额至零。未抵减完的当期可抵减加计抵减额，结转下期继续抵减。

**知识链接2-7　集成电路企业与先进制造业企业增值税加计抵减政策**

依据《财政部 税务总局关于先进制造业企业增值税加计抵减政策的公告》（财税2023年第43号公告）的规定，自2023年1月1日至2027年12月31日，允许先进制造业企业按照当期可抵扣进项税额加计5%抵减应纳增值税税额。

依据《财政部 税务总局关于集成电路企业增值税加计抵减政策的通知》（财税2023第17号公告）的规定，自2023年1月1日至2027年12月31日，允许集成电路设计、生产、封测、装备、材料企业（以下称集成电路企业），按照当期可抵扣进项税额加计15%抵减应纳增值税税额。

## 三、应纳税额的计算

一般纳税人在计算出销项税额和进项税额后就可以得出实际应纳税额。为了正确计算增值税的应纳税额，在实际操作中还需要掌握以下几个重要规定：

### （一）计算应纳税额的时间限定

1.销项税额的时间限定

纳税人在什么时间计算销项税额，《增值税暂行条例》和《增值税暂行条例实施细则》及“营改增”通知都作了严格的规定。如采取直接收款方式销售货物，不论货物是否发出，均为收到销售款或者取得销售款凭据的当天；采取托收承付和委托银行收款方式销售货物，为发出货物并办妥托收手续的当天。

2.增值税专用发票进项税额抵扣的时间限定

增值税一般纳税人取得2017年1月1日及以后开具的增值税专用发票、海关进口增值税专用缴款书、机动车销售统一发票、收费公路通行费增值税电子普通发票，取消认证确认、稽核比对、申报抵扣的期限。纳税人在进行增值税纳税申报时，应当通过本省（自治区、直辖市和计划单列市）增值税发票综合服务平台对上述扣税凭证信息进行用途确认，确认后即可进行进项税额抵扣。

### 3. 未按期申报抵扣增值税扣税凭证的处理办法

增值税一般纳税人取得2016年12月31日及以前开具的增值税专用发票、海关进口增值税专用缴款书、机动车销售统一发票，超过认证确认、稽核比对、申报抵扣期限，属于发生真实交易且符合规定的客观原因的，经主管税务机关审核，允许纳税人继续申报抵扣其进项税额。增值税一般纳税人除客观原因以外的其他原因造成增值税扣税凭证未按期申报抵扣的，仍按照现行增值税扣税凭证申报抵扣的有关规定执行。

客观原因如下：

（1）因自然灾害、社会突发事件等不可抗力原因造成增值税扣税凭证未按期申报抵扣。

（2）有关司法、行政机关在办理业务或者检查中，扣押、封存纳税人的账簿资料，导致纳税人未能按期办理申报手续。

（3）税务机关信息系统、网络故障，导致纳税人未能及时取得认证结果通知书或稽核结果通知书，未能及时办理申报抵扣。

（4）由于企业办税人员伤亡、突发危重疾病或者擅自离职，未能办理交接手续，导致未能按期申报抵扣。

（5）国家税务总局规定的其他情形。

## （二）计算应纳税额时销项税额不足抵扣进项税额的处理

计算应纳税额时进项税额不足抵扣，有以下两种处理方式：

### 1. 结转抵扣

由于增值税实行购进扣税法，有时企业当期购进的货物、劳务、服务、无形资产、不动产很多，在计算应纳税额时会出现当期销项税额小于当期进项税额而不足抵扣的情况。根据税法规定，当期销项税额不足抵扣进项税额的部分可以结转下期继续抵扣。

### 2. 留抵退税

我国自2019年以来，逐步完善与推进增值税进项税额的留抵退税制度。尤其是2022年为应对经济下行三重压力，提振市场主体信心、激发市场主体活力，我国在以往留抵退税政策基础上进一步扩围，对于符合条件的行业开展实施大规模留抵退税政策。主要政策内容如下：

（1）适用留抵退税政策的条件。

适用增量留抵税额退税与存量留抵税额退税政策的纳税人需同时符合以下条件：

①纳税信用等级为A级或者B级；

②申请退税前36个月未发生骗取留抵退税、骗取出口退税或虚开增值税专用发票的情形；

③申请退税前36个月未因偷税被税务机关处罚两次及以上；

④2019年4月1日起未享受即征即退、先征后返（退）政策。

纳税人可以选择向主管税务机关申请留抵退税，纳税人取得退还的留抵税额后，应相应调减当期留抵税额。

（2）留抵税额的主要类型。

①增量留抵税额。

增量留抵税额是指纳税人获得一次性存量留抵退税前，与2019年3月31日相比新增加的留抵税额，或者纳税人获得一次性存量留抵退税后的当期期末留抵税额。

例如，某纳税人2019年3月31日的期末留抵税额为100万元，2022年7月31日的期末留抵税额为120万元，在8月纳税申报期申请增量留抵退税时，如果此前未获得一次性存量留抵退税，该纳税人的增量留抵税额为20万元（120-100）；如果此前已获得一次性存量留抵退税，该纳税人的增量留抵税额为120万元。

②存量留抵税额。

存量留抵税额是指纳税人获得一次性存量留抵退税前，当期期末留抵税额大于或等于2019年3月31日期末留抵税额的，存量留抵税额为2019年3月31日期末留抵税额；当期期末留抵税额小于2019年3月31日期末留抵税额的，存量留抵税额为当期期末留抵税额。当纳税人获得一次性存量留抵退税后，存量留抵税额为零。

例如，某企业2019年3月31日的期末留抵税额为100万元，2022年4月申请一次性存量留抵退税时，如果当期期末留抵税额为130万元，该纳税人的存量留抵税额为100万元；如果当期期末留抵税额为90万元，该纳税人的存量留抵税额为90万元。该纳税人在4月获得存量留抵退税后，将再无存量留抵税额。

（3）允许退还留抵税额的计算公式。

适用退还留抵税额政策的纳税人，按照以下公式计算允许退还的留抵税额：

允许退还的增量留抵税额=增量留抵税额×进项构成比例×100%

允许退还的存量留抵税额=存量留抵税额×进项构成比例×100%

其中：进项构成比例为2019年4月至申请退税前一税款所属期已抵扣的增值税专用发票（含带有“增值税专用发票”字样全面数字化的电子发票、税控机动车销售统一发票）、收费公路通行费增值税电子普通发票、海关进口增值税专用缴款书、解缴税款完税凭证注明的增值税额占同期全部已抵扣进项税额的比重。

为减轻纳税人退税核算负担，在计算进项构成比例时，纳税人在2019年4月至申请退税前一税款所属期内发生的进项税额转出部分无须扣减。

【例2-12·单选题】某制造业纳税人2019年4月至2022年3月取得的进项税额中，增值税专用发票500万元，道路通行费电子普通发票100万元，海关进口增值税专用缴款书200万元，农产品收购发票抵扣进项税额200万元。2021年12月，该纳税人因发生非正常损失，此前已抵扣的增值税专用发票中，有50万元进项税额按规定作进项税转出。该纳税人2022年4月按照14号公告的规定申请留抵退税时，进项构成比例应为（　　）。

A. 80%　　B.60%　　C.50%　　D.20%

【答案】A

【解析】进项构成比例的计算如下：

进项构成比例=（500+ 100 +200）/（500+100+200+200）× 100% = 80%

### （三）扣减发生期进项税额的规定

由于增值税实行以当期销项税额抵扣当期进项税额的购进扣税法，当期购进的货物、劳务、服务、无形资产、不动产如果事先并未确定将用于不得抵扣进项税额的项目，其进项税额会在当期销项税额中予以抵扣。但已抵扣进项税额的购进货物、劳务、服务、无形资产、不动产如果事后改变用途，用于不得抵扣进项税额的项目将如何处理？根据《增值税暂行条例》、《增值税暂行条例实施细则》和“营改增”通知的规定，应当将该项购进货物、劳务、服务、无形资产、不动产的进项税额从当期发生的进项税额中扣减；无法确定该项进项税额的，按当期实际成本计算应扣减的进项税额。

这里需要注意的是，所称“从当期发生的进项税额中扣减”，是指已抵扣进项税额的购进货物、劳务、服务、无形资产、不动产是在哪一个时期发生上述情况的，就从这个发生期内纳税人的进项税额中扣减，而无须追溯到这些购进货物、劳务、服务、无形资产、不动产抵扣进项税额的那个时期。另外，对无法准确确定该项进项税额的，“按当期实际成本计算应扣减的进项税额”。该做法是指其扣减进项税额的计算依据不是按该货物、劳务、服务、无形资产、不动产的原进价，而是按发生上述情况的当期该货物、劳务、服务、无形资产、不动产的“实际成本”与征税时该货物、劳务、服务、无形资产、不动产适用的税率计算的应扣减的进项税额。计算公式为：

实际成本=进价+运费+保险费+其他有关费用

前述实际成本的计算公式，如果属于进口货物，是完全适用的；如果是国内购进的货物、劳务、服务、无形资产、不动产，主要包括进价和运费两大部分。

### （四）销售折让、中止或者退回涉及销项税额和进项税额的税务处理

纳税人适用一般计税方法计税的，因销售折让、中止或者退回而退还给购买方的增值税额，应当从当期的销项税额中扣减；因销售折让、中止或者退回而收回的增值税额，应当从当期的进项税额中扣减。

一般纳税人发生应税销售行为，开具增值税专用发票后，发生退回或者折让、开票有误等情形的，应按国家税务总局的规定开具红字增值税专用发票；未按规定开具红字增值税专用发票的，不得扣减销项税额或者销售额。

纳税人在发生应税销售行为的活动中，因应税销售行为的质量、规格、服务质量等原因常会出现销货退回或销售折让的情况。由于应税销售行为的退回或折让不仅涉及价款或折让价款的退回，还涉及增值税的退回，因此，销货方和购货方应相应地对当期的销项税额或进项税额进行调整。为此，《增值税暂行条例》、《增值税暂行条例实施细则》和“营改增”通知均规定，增值税一般纳税人因发生应税销售行为退回或者折让而退还给购买方的增值税额，应从发生应税销售行为退回或者折让当期的销项税额中扣减；因购进货物、劳务、服务、无形资产、不动产退出或者折让而收回的增值税额，应从发生应税销售行为退出或者折让当期的进项税额中扣减。

### （五）向供货方取得返还收入的税务处理

自2004年7月1日起，对商业企业向供货方收取的与商品销售量、销售额挂钩（如以一定比例、金额、数量计算）的各种返还收入，均应按照平销返利行为的有关规定冲减当期增值税进项税金。应冲减进项税金的计算公式调整为：

当期应冲减进项税金=当期取得的返还资金÷（1+所购货物适用增值税税率）×所购货物适用增值税税率

商业企业向供货方收取的各种返还收入，一律不得开具增值税专用发票。

### （六）一般纳税人注销时进项税额的处理

一般纳税人注销或取消辅导期一般纳税人资格，转为小规模纳税人时，其存货不作进项税额转出处理，其留抵税额也不予以退税。

### （七）一般纳税人应纳税额计算实例

【例2-13·计算题】某生产企业为增值税一般纳税人，其生产的货物适用13%的增值税税率，8月份发生以下业务：

（1）销售甲产品给某大商场，开具了增值税专用发票，取得不含税销售额80万元；同时，取得销售甲产品的送货运输费收入5.85万元（含增值税价格，与销售货物不能分别核算）。

（2）销售乙产品，开具了增值税普通发票，取得含税销售额29万元。

（3）将自产的一批应税新产品用于本企业集体福利项目，成本价为20万元，该新产品无同类产品市场销售价格，国家税务总局确定该产品的成本利润率为10%。

（4）销售2020年10月购进作为固定资产使用过的进口摩托车5辆，每辆不含税价格为1万元，开具增值税专用发票。

（5）购进货物取得增值税专用发票，上面注明的货款金额为60万元、税额7.8万元。另外，支付购货的运输费用6万元，取得运输公司开具的增值税专用发票，上面注明的税额为0.54万元。

（6）从农产品经营者（小规模纳税人）处购进农产品一批（不适用进项税额核定扣除办法），作为生产货物的原材料，取得的增值税专用发票上注明的金额为30万元，税额为0.9万元；同时，支付给运输单位运费5万元（不含增值税），取得运输部门开具的增值税专用发票，上面注明的税额为0.45万元。本月下旬将购进的农产品的20%用于本企业职工福利。

（7）当月租入商用楼房一层，取得对方开具的增值税专用发票上注明的税额为5.8万元。该楼房的1/3用于工会的集体福利项目，其余由企业管理部门使用。

以上相关票据均符合税法的规定。请按下列顺序计算该企业8月份应缴纳的增值税：

（1）计算销售甲产品的销项税额。

（2）计算销售乙产品的销项税额。

（3）计算自产自用新产品的销项税额。

（4）计算销售使用过的摩托车的销项税额。

（5）计算当月允许抵扣进项税额的合计数。

（6）计算该企业8月合计应缴纳的增值税额。

【解析】（1）销售甲产品的销项税额=80×13%+5.85÷（1+13%）×13%=11.07（万元）

微课 2-6

增值税的计算（上）

（2）销售乙产品的销项税额=29÷（1+13%）×13%=3.34（万元）

（3）自产自用新产品的销项税额=20×（1+10%）×13%=2.86（万元）

（4）销售使用过的摩托车的销项税额=1×13%×5=0.65（万元）

（5）合计允许抵扣的进项税额=7.8+0.54+（30×10%+0.45）×（1−20%）+5.8
=16.9（万元）

（6）该企业8月应缴纳的增值税额=11.07+3.34+2.86+0.65−16.9=1.02（万元）

## 第七节　简易征税方法应纳税额的计算

### 一、应纳税额的计算

纳税人发生应税销售行为适用简易计税方法的，应该按照销售额和征收率计算应纳增值税额，并且不得抵扣进项税额。其应纳税额的计算公式是：

应纳税额=销售额（不含增值税）×征收率

微课 2-7

增值税的计算（下）

小规模纳税人一律采用简易计税方法计税，但是一般纳税人发生的特殊应税销售行为可以选择适用简易计税方法。

### 二、含税销售额的换算

按简易计税方法计税的销售额不包括其应纳的增值税额，纳税人采用销售额和应纳增值税额合并定价方法的，按照以下公式计算销售额：

销售额=含税销售额÷（1+征收率）

【例2-14·计算题】某餐馆为增值税小规模纳税人，2023年6月取得含增值税的餐饮收入总额为15万元。请计算该餐馆6月应缴纳的增值税额。

【解析】（1）6月取得的不含税销售额=15÷（1+3%）=14.56（万元）

（2）6月应缴纳的增值税额=14.56×3%=0.44（万元）

纳税人适用简易计税方法计税的，因销售折让、中止或者退回而退还给购买方的销售额，应当从当期销售额中扣减。扣减当期销售额后仍有余额造成多缴的税款，可以从以后的应纳税额中扣减。

对小规模纳税人发生上述情况而退还销售额给购买方，依照规定将所退的款项扣减当期销售额的，如果小规模纳税人已就该项业务委托税务机关为其代开了增值税专用发票，应按规定申请开具红字专用发票。

【例2-15·单选题】某企业为增值税一般纳税人，2023年8月，将一台自己使用过的设备赠送他人，该设备2020年8月购进时取得了增值税专用发票，注明不含税价款100万元，已抵扣进项税额，目前累计折旧金额40万元。该企业赠送此设备应纳增值税（　　）万元。

A.7.8　　B.0　　C.2.4　　D.10.5

【答案】A

【解析】该企业赠送此设备应纳增值税=（100-40）×13%=7.8（万元）

# 第八节　进口环节增值税的征收

## 一、进口环节增值税的征收范围及纳税人

### （一）进口环节增值税征收范围

根据《增值税暂行条例》的规定，申报进入中华人民共和国海关境内的货物，均应缴纳增值税。

确定一项货物是否属于进口，必须首先看其是否有报关进口手续。只要是报关进口的应税货物，不论其是国外产制还是我国已出口而转销国内的货物，是进口者自行采购还是国外捐赠的货物，是进口者自用还是作为贸易或其他用途等，除另有规定外，均应按照规定缴纳进口环节的增值税。

### （二）进口环节增值税的纳税人

进口货物的收货人（承受人）或办理报关手续的单位和个人，为进口货物增值税的纳税义务人。也就是说，进口货物增值税纳税人的范围较宽，包括国内一切从事进口业务的企业和事业单位、机关团体和个人。

在实际工作中，一般由进口代理者代缴进口环节增值税。纳税后，由代理者将已纳税款和进口货物价款费用等与委托方结算，由委托方承担已纳税款。

跨境电子商务零售进口商品按照货物征收关税和进口环节增值税、消费税，购买跨境电子商务零售进口商品的个人作为纳税义务人。电子商务企业、电子商务交易平台企业或物流企业可作为代收代缴义务人。

## 二、进口环节增值税的适用税率

进口环节的增值税税率与本章前述内容相同。但是对于进口抗癌药品，自2018年5月1日起，减按3%征收进口环节增值税。对于进口罕见病药品，自2019年3月1日起，减按3%征收进口环节增值税。自2019年1月1日起跨境电子商务零售进口商品的单次交易限值为人民币5 000元，个人年度交易限值为人民币26 000元。在限值以内进口的跨境电子商务零售进口商品，关税税率暂设为零。

## 三、进口环节增值税应纳税额计算

进口货物增值税的组成计税价格中包括已纳关税税额，如果进口货物属于消费税应税消费品，其组成计税价格中还要包括进口环节已纳消费税税额。

按照《海关法》和《进出口关税条例》的规定，一般贸易项下进口货物的关税完税价格以海关审定的成交价格为基础的到岸价格作为完税价格。所谓成交价格是一般贸易项下进口货物的买方为购买该项货物向卖方实际支付或应当支付的价格；到岸价格是货价加上货物运抵我国关境内输入地点起卸前的包装费、运费、保险费和其他劳务费等费用构成的一种价格。

特殊贸易项下进口的货物，由于进口时没有成交价格可作依据，为此，《进出口关税条例》对这些进口货物制定了确定其完税价格的具体办法。组成计税价格的计算公式如下：

组成计税价格=关税完税价格+关税+消费税

$$消费税=\frac{关税完税价格\times(1+关税税率)}{1-消费税税率}\times消费税税率$$

应纳税额=组成计税价格×税率

纳税人在计算进口货物的增值税时，应该注意以下问题：

（1）进口货物增值税的组成计税价格中包括已纳关税税额，如果进口货物属于消费税应税消费品，其组成计税价格中还要包括进口环节已纳消费税税额。

（2）在计算进口环节的应纳增值税额时，不得抵扣任何税额，即在计算进口环节的应纳增值税额时，不得抵扣发生在我国境外的各种税金。

【例2-16·计算题】某商贸公司（有进出口经营权）10月进口货物一批。该批货物在国外的买价为50万元，另该批货物运抵我国海关前发生的包装费、运输费、保险费等共计30万元。货物报关后，公司按规定缴纳了进口环节的增值税并取得了海关开具的海关进口增值税专用缴款书。假定该批进口货物在国内全部销售，取得不含税销售额100万元。

货物进口关税税率为15%，增值税税率为13%。请按下列顺序回答问题：

（1）计算关税的组成计税价格。

（2）计算进口环节应纳的进口关税。

（3）计算进口环节应纳增值税的组成计税价格。

（4）计算进口环节应缴纳增值税的税额。

（5）计算国内销售环节的销项税额。

（6）计算国内销售环节应缴纳的增值税额。

【解析】（1）关税的组成计税价格=50+30=80（万元）

（2）应缴纳进口关税=80×15%=12（万元）

（3）进口环节应纳增值税的组成计税价格=80+12=92（万元）

（4）进口环节应缴纳增值税的税额=92×13%=11.96（万元）

（5）国内销售环节的销项税额=100×13%=13（万元）

（6）国内销售环节应缴纳的增值税额=13-11.96=1.04（万元）

## 四、跨境电子商务零售进口商品征税方法

跨境电子商务零售进口商品按照货物征收关税和进口环节增值税、消费税。购买跨境电子商务零售进口商品的个人作为纳税义务人。电子商务企业、电子商务交易平台企业或 物流企业可作为代收代缴义务人。

实际交易价格（包括货物零售价格、运费和保险费）作为完税价格。

根据《财政部 海关总署 国家税务总局关于跨境电子商务零售进口税收政策的通知》（财关税〔2016〕18号），跨境电子商务零售进口商品的单次交易限值为人民币2 000元，个人年度交易限值为人民币20 000元。在限值以内进口的跨境电子商务零售进口商品，关税税率暂设为零；进口环节增值税、消费税取消免征税额，暂按法定应纳税额的70%征收。超过单次限值、累加后超过个人年度限值的单次交易，以及完税价格超过2 000元限值的单个不可分割商品，均按照一般贸易方式全额征税。

## 五、进口环节增值税的管理

进口货物的增值税由海关代征。个人携带或者邮寄进境自用物品的增值税，连同关税一并计征。具体办法由国务院关税税则委员会会同有关部门制定。

进口货物增值税纳税义务发生时间为报关进口的当天，由进口人或其代理人向报关地海关申报纳税，纳税义务人应当自海关填发海关进口增值税专用缴款书之日起15日内缴纳税款。

跨境电子商务零售进口商品自海关放行之日起30日内退货的，可申请退税，并相应调整个人年度交易总额。

# 第九节 出口和跨境业务增值税的退（免）税和征税

微课2-8

减免税与出口退税

出口货物、劳务和跨境应税行为退（免）税是国际贸易中通常采用的并为世界各国普遍接受的、目的在于鼓励各国出口货物公平竞争的一种退还或免征间接税（目前我国主要包括增值税、消费税）的税收措施，即对出口货物、劳务和跨境应税行为已承担或应承担的增值税和消费税等间接税实行退还或者免征。由于这项制度比较公平合理，它已成为国际社会通行的惯例。

我国的出口货物、劳务和跨境应税行为退（免）增值税是指在国际贸易中，对我国报关出口的货物、劳务和跨境应税行为退还或免征其在国内各生产和流转环节按税法规定缴纳的增值税，即对应征收增值税的出口货物、劳务和跨境应税行为实行零税率（国务院另有规定的除外）。

**思政引航2-1　　　　出口退税让中国企业轻装走出去**

2020年8月24日，习近平总书记在经济社会领域专家座谈会上指出，要以高水平对外开放打造国际合作和竞争新优势。我国经济持续快速发展的一个重要动力就是对外开放。对外开放是基本国策。要全面提高对外开放水平，建设更高水平开放型经济新体制，形成国际合作和竞争新优势。因此，鼓励企业走出去，建设世界命运共同体，是我国对外开放的重要目标。实施出口退税就是要让我国企业卸下税收负担，轻装上阵，参与全球经济竞争与国际贸易合作。

## 一、出口货物、劳务和跨境应税行为退（免）增值税基本政策

世界各国为了鼓励本国货物出口，在遵循WTO基本规则的前提下，一般都采取优惠的税收政策。我国则根据本国的实际，采取出口退税与免税相结合的政策。目前，我国的出口货物、劳务和跨境应税行为的增值税税收政策分为以下三种形式：

1.出口免税并退税

出口免税并退税，即《关于出口货物劳务增值税和消费税政策的通知》（财税〔2012〕39号，以下简称《通知》）中所说的“适用增值税退（免）税政策的范围”。出口免税是指对货物、劳务和跨境应税行为在出口销售环节免征增值税，这是把货物、劳务和跨境应税行为的出口环节与出口前的销售环节都同样视为一个征税环节；出口退税是指对货物、劳务和跨境应税行为在出口前实际承担的税收负担，按规定的退税率计算后予以退还。

2.出口免税不退税

出口免税不退税，即《通知》中所说的“适用增值税免税政策的范围”。出口免税与上述第1项含义相同。出口不退税是指适用这个政策的出口货物、劳务和跨境应税行为因在前一道生产、销售环节或进口环节是免税的，因此，出口时该货物、劳务和跨境应税行为的价格中本身就不含税，也无须退税。

3.出口不免税也不退税

出口不免税也不退税，即《通知》中所说的“适用增值税征税政策的范围”。出口不免税是指对国家限制或禁止出口的某些货物、劳务和跨境应税行为的出口环节视同内销环节，照常征税；出口不退税是指对这些货物、劳务和跨境应税行为的出口不退还出口前其所负担的税款。

## 二、出口货物、劳务和跨境应税行为增值税退（免）税政策

### （一）增值税退（免）税办法

适用增值税退（免）税政策的出口货物、劳务和跨境应税行为，按照下列规定实行增值税“免、抵、退”税或“免、退”税办法。

1.“免、抵、退”税办法

适用增值税一般计税方法的生产企业出口自产货物与视同自产货物、对外提供加工修理修配劳务，以及列名的生产企业出口非自产货物，免征增值税，相应的进项税额抵减应纳增值税额（不包括适用增值税即征即退、先征后退政策的应纳增值税额），未抵减完的部分予以退还。

境内的单位和个人提供适用增值税零税率的服务或者无形资产，如果属于适用增值税一般计税方法的，生产企业实行“免、抵、退”税办法，外贸企业直接将服务或自行研发的无形资产出口，视同生产企业连同其出口货物统一实行“免、抵、退”税办法。

境内的单位和个人提供适用增值税零税率应税服务的，可以放弃适用增值税零税率，选择免税或按规定缴纳增值税。放弃适用增值税零税率后，36个月内不得再申请适用增值税零税率。

2.“免、退”税办法

不具有生产能力的出口企业（以下称外贸企业）或其他单位出口货物、劳务，免征增值税，相应的进项税额予以退还。

### （二）增值税出口退税率

第一，除财政部和国家税务总局根据国务院的决定而明确的增值税出口退税率（以下称退税率）外，出口货物的退税率为其适用税率。

服务和无形资产的退税率为其按照《增值税暂行条例》规定适用的增值税税率。

第二，退税率的特殊规定。

（1）外贸企业购进按简易办法征税的出口货物、从小规模纳税人处购进的出口货物，其退税率分别为简易办法实际执行的征收率、小规模纳税人征收率。上述出口货物取得增值税专用发票的，退税率按照增值税专用发票上的税率和出口货物退税率孰低的原则确定。

（2）出口企业委托加工修理修配货物，其加工修理修配费用的退税率，为出口货物的退税率。

（3）中标机电产品、出口企业向海关报关进入特殊区域销售给特殊区域内生产企业生产耗用的列名原材料、输入特殊区域的水电气，其退税率为适用税率。如果国家调整列名原材料的退税率，列名原材料应当自调整之日起按调整后的退税率执行。

第三，适用不同退税率的货物、劳务及跨境应税行为，应分开报关、核算并申报退（免）税，未分开报关、核算或划分不清的，从低适用退税率。

### （三）增值税退（免）税的计税依据

出口货物、劳务的增值税退（免）税的计税依据，按出口货物、劳务的出口发票（外销发票）、其他普通发票或购进出口货物、劳务的增值税专用发票、海关进口增值税专用缴款书确定。

### （四）增值税“免、抵、退”税和“免、退”税的计算

第一，生产企业出口货物、劳务、服务和无形资产增值税“免、抵、退”税，依下列公式计算：

（1）当期应纳税额的计算。

当期应纳税额=当期销项税额-（当期进项税额-当期不得免征和抵扣税额）

当期不得免征和抵扣税额=当期出口货物离岸价×外汇人民币折合率×（出口货物适用税率-出口货物退税率）-当期不得免征和抵扣税额的抵减额

当期不得免征和抵扣税额的抵减额=当期免税购进原材料价格×（出口货物适用税率-出口货物退税率）

（2）当期“免、抵、退”税额的计算。

当期“免、抵、退”税额=当期出口货物离岸价×外汇人民币折合率×出口货物退税率-当期“免、抵、退”税额抵减额

当期“免、抵、退”税额抵减额=当期免税购进原材料价格×出口货物退税率

（3）当期应退税额和免抵税额的计算。

①当期期末留抵税额≤当期“免、抵、退”税额，则：

当期应退税额=当期期末留抵税额

当期“免、抵、退”额=当期“免、抵、退”税额-当期应退税额

②当期期末留抵税额＞当期“免、抵、退”税额，则：

当期应退税额=当期“免、抵、退”税额

当期“免、抵”税额=0

当期期末留抵税额为当期增值税纳税申报表中的“期末留抵税额”。

（4）当期免税购进原材料价格包括当期国内购进的无进项税额且不计提进项税额的免税原材料的价格和当期进料加工保税进口料件的价格。其中，当期进料加工保税进口料件的价格为组成计税价格。

当期进料加工保税进口料件的组成计税价格=当期进口料件到岸价格+海关实征关税+海关实征消费税

【例2-17·计算题】某自营出口的生产企业为增值税一般纳税人，出口货物的征税税率为13%，退税税率为12%，2023年5月的有关经营业务为：购进原材料一批，取得的增值税专用发票上注明的价款为200万元，外购货物准予抵扣的进项税额26万元通过认证。上月月末留抵税款3万元，本月内销货物不含税销售额100万元，收款113万元存入银行，本月出口货物的销售额折合人民币200万元。请计算该企业当期的“免、抵、退”税额。

【解析】①当期“免、抵、退”税不得免征和抵扣税额=200×（13%-12%）=2（万元）

②当期应纳税额=100×13%-（26-2）-3=-14（万元）

③出口货物“免、抵、退”税额=200×12%=24（万元）

④按规定，如当期期末留抵税额≤当期“免、抵、退”税额，则：

当期应退税额=当期期末留抵税额

该企业当期应退税额=14（万元）

⑤当期“免、抵”税额=当期“免、抵、退”税额-当期应退税额

当期“免、抵”税额=24-14=10（万元）

【例2-18·计算题】某自营出口的生产企业为增值税一般纳税人，出口货物的征税税率为13%，退税税率为10%。2023年7月有关经营业务为：购进原材料一批，取得的增值税专用发票上注明的价款为400万元，外购货物准予抵扣的进项税额52万元通过认证。上期期末留抵税款5万元。本月内销货物不含税销售额100万元，收款113万元存入银行。本月出口货物的销售额折合人民币200万元。试计算该企业当期的“免、抵、退”税额。

【解析】①当期“免、抵、退”税不得免征和抵扣税额=200×（13%-10%）=6（万元）

②当期应纳税额=100×13%-（52-6）-5=13-46-5=-38（万元）

③出口货物“免、抵、退”税额=200×10%=20（万元）

④按规定，如当期期末留抵税额＞当期“免、抵、退”税额，则：

当期应退税额=当期“免、抵、退”税额

即该企业当期应退税额=20（万元）

⑤当期免抵税额=当期“免、抵、退”税额-当期应退税额

即该企业当期免抵税额=20-20=0（万元）

7月期末留抵结转下期继续抵扣税额为18万元（38-20）。

【例2-19·计算题】某自营出口生产企业是增值税一般纳税人，出口货物的征税税率为13%，退税税率为10%。2023年9月有关经营业务如下：购进原材料一批，取得的增值税专用发票上注明的价款为200万元，外购货物准予抵扣的进项税额26万元通过认证。当月进料加工出口货物耗用的保税进口料件金额为100万元。上期期末留抵税款6万元。本月内销货物不含税销售额100万元，收款113万元存入银行。本月出口货物销售额折合人民币200万元。试计算该企业当期的“免、抵、退”税额。

【解析】①$\text{“免、抵、退”税不得免征和抵扣税额的抵减额}=\text{进料加工出口货物耗用的保税进口料件金额}\times(\text{出口货物征税税率}-\text{出口货物退税税率})$

$=100\times(13\%-10\%)=3$（万元）

②$\text{“免、抵、退”税不得免征和抵扣税额}=\text{当期出口货物离岸价}\times\text{外汇人民币牌价}\times(\text{出口货物征税税率}-\text{出口货物退税税率})-\text{“免、抵、退”税不得免征和抵扣税额的抵减额}=200\times(13\%-10\%)-3=3$（万元）

③当期应纳税额=100×13%-（26-3）-6=-16（万元）

④“免、抵、退”税额抵减额=免税购进原材料价格×出口货物退税税率

=100×10%=10（万元）

⑤出口货物“免、抵、退”税额=200×10%-10=10（万元）

⑥按规定，如当期期末留抵税额＞当期“免、抵、退”税额，则：

当期应退税额=当期“免、抵、退”税额

该企业应退税额=10（万元）

⑦当期免抵税额=当期“免、抵、退”税额-当期应退税额

当期该企业免抵税额=10-10=0（万元）

⑧9月期末留抵结转下期继续抵扣税额为6万元（16-10）。

（5）零税率应税行为增值税退（免）税的计算：

零税率应税行为增值税“免、抵、退”税，依下列公式计算：

①当期“免、抵、退”税额的计算：

当期零税率应税行为“免、抵、退”税额=当期零税率应税行为“免、抵、退”税计税依据×外汇人民币折合率×零税率应税行为增值税退税率

②当期应退税额和当期免抵税额的计算：

当期期末留抵税额≤当期“免、抵、退”税额时，则：

当期应退税额=当期期末留抵税额

当期免抵税额=当期“免、抵、退”税额-当期应退税额

当期期末留抵税额＞当期“免、抵、退”税额时，则：

当期应退税额=当期“免、抵、退”税额

当期免抵税额=0

“当期期末留抵税额”为当期《增值税纳税申报表》中的“期末留抵税额”。

第二，外贸企业出口货物、劳务和应税行为增值税免退税的计算。外贸企业出口委托加工修理修配货物以外的货物，增值税应退税额的计算公式为：

增值税应退税额=增值税退（免）税计税依据×出口货物退税率

【例2-20·计算题】某进出口公司2023年12月购进牛仔布委托加工成服装出口，取得牛仔布增值税发票一张，注明计税金额10 000元；取得服装加工费计税金额2 000元，受托方将原材料成本并入加工修理修配费用并开具了增值税专用发票。假设增值税出口退税率是12%。请计算当期应退的增值税额。

【解析】当期应退增值税额=（10 000+2 000）×12%=1 440（元）

## 第十节 税收优惠

### 一、《增值税暂行条例》规定的免税项目

《增值税暂行条例》规定的免税项目包括：

（1）农业生产者销售的自产农产品。农业生产者，包括从事农业生产的单位和个人。农产品是指种植业、养殖业、林业、牧业、水产业生产的各类植物、动物的初级产品。对于上述单位和个人销售的外购农产品，以及单位和个人外购农产品生产、加工后销售的仍然属于规定范围的农产品，不属于免税的范围，应当按照规定的税率征收增值税。

（2）避孕药品和用具。

（3）古旧图书，是指向社会收购的古书和旧书。

（4）直接用于科学研究、科学试验和教学的进口仪器、设备。

（5）外国政府、国际组织无偿援助的进口物资和设备。

（6）由残疾人的组织直接进口供残疾人专用的物品。

（7）销售的自己使用过的物品。自己使用过的物品，是指其他个人（自然人）自己使用过的物品。

## 二、“营改增”通知及有关部门规定的税收优惠政策

### （一）下列项目免征增值税

（1）托儿所、幼儿园提供的保育和教育服务。

（2）养老机构提供的养老服务。

（3）残疾人福利机构提供的育养服务。

（4）婚姻介绍服务。

（5）殡葬服务。

（6）残疾人员本人为社会提供的服务。

（7）医疗机构提供的医疗服务。

（8）从事学历教育的学校提供的教育服务。

（9）学生勤工俭学提供的服务。

（10）农业机耕、排灌、病虫害防治、植物保护、农牧保险以及相关技术培训业务；家禽、牲畜、水生动物的配种和疾病防治。

（11）纪念馆、博物馆、文化馆、文物保护单位管理机构、美术馆、展览馆、书画院、图书馆在自己的场所提供文化体育服务取得的第一道门票收入。

（12）寺院、宫观、清真寺和教堂举办文化、宗教活动的门票收入。

（13）行政单位之外的其他单位收取的符合《营业税改征增值税试点实施办法》第十条规定条件的政府性基金和行政事业性收费。

（14）个人转让著作权。

（15）以下利息收入：

①自2017年1月1日至2019年12月31日，对金融机构农户小额贷款的利息收入，免征增值税。

②国家助学贷款。

③国债、地方政府债。

④人民银行对金融机构的贷款。

⑤住房公积金管理中心用住房公积金在指定的委托银行发放的个人住房贷款。

⑥外汇管理部门在从事国家外汇储备经营的过程中，委托金融机构发放的外汇贷款。

⑦统借统还业务中，企业集团或企业集团中的核心企业以及集团所属财务公司按不高于支付给金融机构的借款利率水平或者支付的债券票面利率水平，向企业集团或者集团内下属单位收取的利息。

（16）保险公司开办的一年期以上人身保险产品取得的保费收入。

（17）再保险服务。

（18）个人从事金融商品转让业务。

（19）金融同业往来利息收入。

（20）同时符合规定条件的担保机构从事中小企业信用担保或者再担保业务取得的收入（不含信用评级、咨询、培训等收入）3年内免征增值税。

（21）纳税人提供技术转让、技术开发和与之相关的技术咨询、技术服务。

（22）政府举办的从事学历教育的高等、中等和初等学校（不含下属单位）举办进修班、培训班取得的全部归该学校所有的收入。

（23）家政服务企业由员工制家政服务员提供家政服务取得的收入。

（24）涉及家庭财产分割的个人无偿转让不动产、土地使用权。

（25）土地所有者出让土地使用权和土地使用者将土地使用权归还给土地所有者。

（26）各党派、共青团、工会、妇联、中科协、青联、台联、侨联收取党费、团费、会费，以及政府间国际组织收取会费，属于非经营活动，不征收增值税。

### （二）增值税即征即退

（1）增值税一般纳税人销售其自行开发生产的软件产品，按13%的税率征收增值税后，对其增值税实际税负超过3%的部分实行即征即退政策。

#### 思政引航2-2　　税收优惠助力软件行业发展

2015年10月29日，中共中央总书记、国家主席、中央军委主席习近平在党的十八届五中全会第二次全体会议上的讲话中指出，我国创新能力不强，科技发展水平总体不高，科技对经济社会发展的支撑能力不足，科技对经济增长的贡献率远低于发达国家水平，这是我国的“阿喀琉斯之踵”。新一轮科技革命带来的是更加激烈的科技竞争，如果科技创新搞不上去，发展动力就不可能实现转换，我们在全球经济竞争中就会处于下风。

在数字经济时代，软件产品的重要性不言而喻。在参与全球经济竞争与合作中，我国以软件为代表的高科技含量产品依然偏少，因此，促进软件产品开发和高质量发展需要包括税收在内的多方面政策支持。

（2）一般纳税人提供管道运输服务，对其增值税实际税负超过3%的部分实行增值税即征即退政策。

（3）经中国人民银行、国家金融监督管理总局或者商务部批准从事融资租赁业务的试点纳税人中的一般纳税人，提供有形动产融资租赁服务和有形动产融资性售后回租服务，对其增值税实际税负超过3%的部分实行增值税即征即退政策。

（4）自2018年5月1日至2023年12月31日，对动漫企业增值税一般纳税人销售其自主开发生产的动漫软件，按照13%的税率征收增值税后，对其增值税实际税负超过3%的部分，实行即征即退政策。

（5）纳税人安置残疾人应享受增值税即征即退优惠政策。

## 三、增值税起征点的规定

《增值税暂行条例》规定，纳税人销售额未达到国务院财政、税务主管部门规定的增值税起征点的，免征增值税；达到起征点的，依照本条例规定全额计算缴纳增值税。

《增值税暂行条例实施细则》和“营改增”通知规定，增值税起征点仅适用于个人，包括个体工商户和其他个人，但不适用于登记认定为一般纳税人的个体工商户，即增值税起征点仅适用于按照小规模纳税人纳税的个体工商户和其他个人。

“营改增”通知规定，个人发生应税行为的销售额未达到增值税起征点的，免征增值税；达到起征点的，全额计算缴纳增值税。增值税起征点的幅度如下：

（1）按期纳税的，为月销售额5 000～20 000元（含本数）。

（2）按次纳税的，为每次（日）销售额300～500元（含本数）。

起征点的调整由财政部和国家税务总局规定。各省、自治区、直辖市财政厅（局）和税务局应当在规定的幅度内，根据实际情况确定本地区适用的起征点，并报财政部和国家税务总局备案。

自2023年1月1日至2027年12月31日，对月销售额10万元以下（含本数）的增值税小规模纳税人，免征增值税。同时，自2023年1月1日至2027年12月31日，增值税小规模纳税人适用3%征收率的应税销售收入，减按1%征收率征收增值税；适用3%预征率的预缴增值税项目，减按1%预征率预缴增值税。

【例2-21·单选题】根据规定，下列项目中，属于免征增值税的是（　　）。

A.销售不动产　　B.退役士兵创业就业

C.个人转让著作权　　D.飞机修理

【答案】C

【解析】个人转让著作权属于“营改增”过渡政策，免征增值税。

# 第十一节　征收管理

## 一、纳税义务发生时间

《增值税暂行条例》、《增值税暂行条例实施细则》和“营改增”通知明确规定了增值税纳税义务发生时间。纳税义务发生时间，是纳税人发生应税销售行为应当承担纳税义务的起始时间。纳税义务发生时间的作用在于：一是正式确认纳税人和扣缴义务人已经发生属于税法规定的应税销售行为时应承担的纳税和扣缴义务；二是有利于税务机关实施税务管理，合理规定申报期限和纳税期限，监督纳税人切实履行纳税义务。

### 1.应税销售行为纳税义务发生时间的一般规定

《增值税暂行条例》明确规定：

（1）纳税人发生应税销售行为，其纳税义务发生时间为收讫销售款项或者取得索取销售款项凭据的当天；先开具发票的，为开具发票的当天。

收讫销售款项，是指纳税人发生应税销售行为过程中或者完成后收到的款项。

取得索取销售款项凭据的当天，是指书面合同确定的付款日期；未签订书面合同或者书面合同未确定付款日期的，为应税销售行为完成的当天或者不动产权属变更的当天。

（2）进口货物，为报关进口的当天。

（3）增值税扣缴义务发生时间为纳税人增值税纳税义务发生的当天。

2.应税销售行为纳税义务发生时间的具体规定

由于纳税人销售结算方式的不同，《增值税暂行条例实施细则》和"营改增"通知规定了具体的纳税义务发生时间。

（1）采取直接收款方式销售货物，不论货物是否发出，均为收到销售款或者取得索取销售款项凭据的当天。

纳税人生产经营活动中采取直接收款方式销售货物，已将货物移送对方并暂估销售收入入账，但既未取得销售款或取得索取销售款项凭据，也未开具销售发票的，其增值税纳税义务发生时间为取得销售款或取得索取销售款项凭据的当天；先开具发票的，为开具发票的当天。

（2）采取托收承付和委托银行收款方式销售货物，为发出货物并办妥托收手续的当天。

（3）采取赊销和分期收款方式销售货物，为书面合同约定的收款日期的当天；无书面合同或者书面合同没有约定收款日期的，为货物发出的当天。

（4）采取预收货款方式销售货物，为货物发出的当天，但生产销售生产工期超过12个月的大型机械设备、船舶、飞机等货物，为收到预收款或者书面合同约定的收款日期的当天。

（5）委托其他纳税人代销货物，为收到代销单位的代销清单或者收到全部或者部分货款的当天；未收到代销清单及货款的，为发出代销货物满180天的当天。

（6）销售劳务，为提供劳务的同时收讫销售款或者取得索取销售款项凭据的当天。

（7）纳税人发生除将货物交付其他单位或者个人代销和销售代销货物以外的视同销售货物行为，为货物移送的当天。

（8）纳税人提供租赁服务采取预收款方式的，其纳税义务发生时间为收到预收款的当天。

（9）纳税人从事金融商品转让的，为金融商品所有权转移的当天。

（10）纳税人发生视同销售服务、无形资产或者不动产情形的，其纳税义务发生时间为无形资产转让完成的当天或者不动产权属变更的当天。

（11）增值税扣缴义务发生时间为纳税人增值税纳税义务发生的当天。

（12）纳税人提供建筑服务，被工程发包方从应支付的工程款中扣押的质押金、保证金，未开具发票的，以纳税人实际收到质押金、保证金的当天为纳税义务发生时间。

【例2-22·单选题】2020年5月8日，甲公司与乙公司签订了买卖电脑的合同，双方约定总价款为80万元。6月3日，甲公司就80万元货款全额开具了增值税专用发票；6月10日，甲公司收到乙公司第一笔货款45万元；6月25日，甲公司收到乙公司第二笔货款35万元。根据增值税法律和有关制度的规定，甲公司增值税纳税义务发生的时间为（    ）。

A.5月8日　　　　B.6月3日

C.6月10日　　　　D.6月25日

【答案】B

【解析】根据规定，销售货物或提供应税劳务的，其纳税义务发生时间为收讫销售款或者取得索取销售款项凭据的当天。先开具发票的，为开具发票的当天。本题中，6月3日，甲公司就80万元货款全额开具了增值税专用发票，所以答案选B。

## 二、纳税期限

根据《增值税暂行条例》和“营改增”通知，增值税的纳税期限分别为1日、3日、5日、10日、15日、1个月或者1个季度。

纳税人的具体纳税期限，由主管税务机关根据纳税人应纳税额的大小分别核定。不能按照固定期限纳税的，可以按次纳税。

根据“营改增”通知和《增值税暂行条例实施细则》的规定，以1个季度为纳税期限的规定适用于小规模纳税人、银行、财务公司、信托投资公司、信用社，以及财政部和国家税务总局规定的其他纳税人。纳税人以1个月或者1个季度为1个纳税期的，自期满之日起15日内申报纳税；以1日、3日、5日、10日或者15日为1个纳税期的，自期满之日起5日内预缴税款，于次月1日起15日内申报纳税并结清上月应纳税款。

扣缴义务人解缴税款的期限，依照上述规定执行。

纳税人进口货物，应当自海关填发进口增值税专用缴款书之日起15日内缴纳税款。

按固定期限纳税的小规模纳税人可以选择以1个月或1个季度为纳税期限，一经选择，一个会计年度内不得变更。

## 三、纳税地点

（1）固定业户应当向其机构所在地主管税务机关申报纳税。总机构和分支机构不在同一县（市）的，应当分别向各自所在地的主管税务机关申报纳税；经财政部和国家税务总局或者其授权的财政和税务机关批准，可以由总机构汇总向总机构所在地的主管税务机关申报纳税。

微课2-9

增值税的征收与缴纳

（2）固定业户到外县（市）销售货物或者劳务，应当向其机构所在地的主管税务机关报告外出经营事项，并向其机构所在地的主管税务机关申报纳税；未报告的，应当向销售地或者劳务发生地的主管税务机关申报纳税；未向销售地或者劳务发生地的主管税务机关申报纳税的，由其机构所在地的主管税务机关补征税款。

（3）非固定业户销售货物或者劳务，应当向销售地或者劳务发生地主管税务机关申报纳税；未向销售地或者劳务发生地的主管税务机关申报纳税的，由其机构所在地或者居住地主管税务机关补征税款。

（4）进口货物，应当向报关地海关申报纳税。

（5）扣缴义务人应当向其机构所在地或者居住地主管税务机关申报缴纳扣缴的税款。

## 本章小结

❶ 增值税是以纳税人销售或进口货物、提供应税劳务和服务、转让无形资产和销售不动产的增值额为课税对象所征收的一种间接税，是我国现行商品劳务税中最主要的一个税种。

❷ 增值税具有征税范围广、环环课征、税负转嫁等特点。在中华人民共和国境内（以下简称境内）销售货物、劳务、服务、无形资产、不动产的单位和个人，为增值税纳税人。为了既简化增值税的计算和征收，也有利于减少税收征管漏洞，增值税法将增值税纳税人按会计核算水平和经营规模分为一般纳税人和小规模纳税人两类，这两类纳税人在税额计算和征收管理上存在较大差异。我国现行增值税税率有4档：13%、9%、6%和0，征收率有两档：5%和3%。

❸ 增值税应纳税额的计算办法分为购进扣税法和简易计税法两种。购进扣税法需要确认销项税额与进项税额。销售额是指纳税人发生应税销售行为时向购买方（承受劳务和服务行为也视为购买方）收取的全部价款和价外费用。进项税额是指纳税人购进货物、劳务、服务、无形资产、不动产所支付或者负担的增值税额。

❹ 申报进入中华人民共和国海关境内的货物，均应缴纳增值税。进口货物的收货人（承受人）或办理报关手续的单位和个人，为进口货物增值税的纳税义务人。进口货物增值税的组成计税价格中包括已纳关税税额，如果进口货物属于消费税应税消费品，其组成计税价格中还要包括进口环节已纳消费税税额。

❺ 我国增值税出口退（免）税的政策有出口免税并退税、出口免税不退税和出口不免税也不退税。出口退税的计算方法包括“免抵退法”和“免退法”。

## 本章练习

### （一）名词解释

增值税　混合销售　销项税额　进项税额　纳税义务发生时间

### （二）简答题

1.请简述增值税视同销售的具体类型。

2.请简述增值税进项税额不得抵扣的具体情形。

### （三）计算题

1.甲公司为增值税一般纳税人，位于珠海，专门从事家用电器生产和销售业务。2023年6月发生如下事项：

参考提示

（1）将自产的冰箱、微波炉赠送给边远地区的小学，该批冰箱和微波炉在市场上的含税售价共为58.5万元。

（2）将自产的家用电器分别移送上海和深圳的分支机构用于销售，不含税售价分别为250万元和300万元。该公司实行统一核算。

（3）为本公司职工活动中心购入健身器材，取得的增值税专用发票上注明的金额为20万元，增值税额为2.6万元。

【要求】根据上述资料，回答下列问题：

（1）事项（1）中，甲公司是否需要缴纳增值税？如果需要，简要说明理由并计算销项税额；如果不需要，简要说明理由。

（2）事项（2）中，甲公司是否需要缴纳增值税？如果需要，简要说明理由并计算销项税额；如果不需要，简要说明理由。

（3）事项（3）中，甲公司负担的进项税额是否可以抵扣？简要说明理由。

2.某商场是增值税一般纳税人，2023年5月，该商场进口生产办公家具用的木材一批，该批木材在国外的买价为20万元（人民币，下同），运抵我国海关前发生的包装费、运输费、保险费等共计10万元。货物报关后，商场按规定缴纳了进口环节的增值税并取得了海关开具的完税凭证。假定该批进口货物在国内全部销售，取得不含税销售额50万元。

【要求】根据上述资料，计算该批货物进口环节、国内销售环节分别应缴纳的增值税额（货物进口关税税率12%、增值税税率13%）。

3.某金融机构为增值税一般纳税人，以1个季度为纳税期限，2023年第一季度发生下列业务：

（1）提供贷款服务取得不含税贷款利息收入1 200万元，提供货币兑换服务取得不含税收入25万元，发生人员工资支出65万元。

（2）转让金融商品，卖出价10 557.60万元，另发生手续费支出，取得增值税专用发票，注明金额9万元，税额0.54万元。该批金融商品买入价4 536.80万元。上述卖出价与买入价均为含税价格。

（3）以自有资金对外投资，按合同约定，每季度收取固定利润3 000万元（含增值税）。由于被投资方资金紧张，本季度未收到应收的固定利润。

（4）购进办公设备，取得增值税专用发票，注明税额68万元；为改善服务条件，2020年2月购买写字楼，取得增值税专用发票，注明税额1 530万元。

已知：本期取得的相关票据均符合税法规定并在本月认证抵扣。

【要求】根据上述资料，请计算该公司当期应缴纳的增值税额。

4.某旅游公司为增值税一般纳税人，2023年7月发生以下业务：

（1）取得旅游费收入共计680万元，其中向境外旅游公司支付境外旅游费63.6万元，向境内其他单位支付旅游交通费60万元、住宿费24万元、门票费21万元、签证费1.8万元。支付本单位导游餐饮、住宿费共计2.2万元。旅游公司选择以扣除支付给其他单位相关费用后的余额为计税销售额，并开具普通发票（以上金额均含税）。

（2）将2023年5月在公司注册地购入的一套门市房对外出租，购入时进项税额已抵扣，本月一次性收取3个月含税租金12万元。

（3）委托装修公司对自用房屋进行装修，取得该装修公司开具的增值税专用发票，注明装修费50万元；支付物业费，取得物业公司开具的增值税专用发票，注明金额3万元。

已知：本月取得的相关票据均符合税法规定并在本月认证抵扣。

【要求】根据上述资料，请计算该公司当月应缴纳的增值税额。

5.某生产企业为增值税一般纳税人，货物适用增值税税率13%，2023年3月发生以下业务：

（1）销售货物，开具增值税专用发票，注明金额200万元，款项尚未收到。

（2）购进货物，支付价税合计金额90万元，取得一般纳税人开具的增值税专用发票，支付运费价税合计2万元，取得一般纳税人运输企业开具的增值税专用发票。

（3）月末盘点库存材料时发现，上月购进的已抵扣进项税额的免税农产品（未纳入核定扣除）发生非正常损失，该批农产品成本80万元（含一般纳税人运输企业提供的运输服务成本1.5万元）。

（4）转让2015年购入的商铺，取得价税合计1 000万元，商铺原购入价为500万元，该企业选择简易计税方法计税。

（5）期初留抵进项税额5万元。

已知：该企业当月购进项目的增值税专用发票均已申报抵扣。

【要求】根据上述资料，请计算该公司当月应缴纳的增值税额。

# 第三章

# 消费税

**学习目标**

消费税主要指对特定消费品或特定消费行为等课税。消费税的征收具有较强的选择性，是国家贯彻消费政策、引导消费结构从而引导产业结构的重要手段，在保证国家财政收入和体现国家经济政策等方面具有十分重要的意义。本章介绍了消费税的纳税人、征收环节、征税范围与税率等基本内容，重点分析了计税依据的确认、应纳税额的计算以及避免重复征税的方法，阐释了我国消费税的征收管理制度。

## 教学引例

自2016年12月1日起，“小汽车”税目下增设“超豪华小汽车”子税目。征收范围为每辆零售价格130万元（不含增值税）及以上的乘用车和中轻型商用客车，即乘用车和中轻型商用客车子税目中的超豪华小汽车。对超豪华小汽车，在生产（进口）环节按现行税率征收消费税的基础上，在零售环节加征消费税，税率为10%。

问题参考

请思考：

对超豪华小汽车加征零售环节消费税会产生什么样的影响？

# 第一节　消费税概述

## 一、消费税的概念

微课 3-1

消费税的定义、特点及纳税义务人

国际上对消费税有两种通行解释：一种解释认为消费税是指对消费品或消费行为课征的税收，属于间接税的范畴，税收随价格及交易行为的完成，转嫁给消费者负担。此种含义下的消费税属于间接税范畴。另一种解释认为消费税是指对个人的消费支出课征的税，可称之为消费支出税。消费税是所得课税的一种特殊形式，课征对象是个人及家庭在一定时期的应税消费额，即所得额扣除所得税和储蓄额后的余额。我国现行税收制度中的消费税属于前者，即在间接税范畴内征收的商品税。

消费税在开征国和地区税收收入总额中占有相当比重，特别是在发展中国家，其地位更加突出。19世纪以来，由于以所得税为主体的直接税制的发展，消费税占各国税收收入的比重有所下降，但因其具有独特的调节作用，仍然受到各国的普遍重视。

**税收史话 3-1　　消费税早期历史**

早在公元前81年，汉昭帝为避免酒的专卖“与商人争市利”，改酒专卖为征税，允许地主、商人自行酿酒卖酒，每升酒缴税四文，征税环节为酒的销售环节，而非生产环节，此即中国早期的消费税。

在西方，消费税的雏形最早形成于古罗马帝国时期。当时，由于农业、手工业的发展，城市的兴起与商业的繁荣，相继开征了诸如盐税、酒税等产品税，这就是消费税的原形。英国自1653年起实施消费税，开始主要限于啤酒等嗜好品，后来扩大到包括生活必需品在内的全部商品，这一举措得到当时经济学家（尤其是重商主义经济学家）的普遍支持。威廉·配第对消费税十分推崇，他认为能够满足公平课税、确保税收收入及最少征税费用等赋税原则的税种，只有消费税。

根据《中华人民共和国消费税暂行条例》（以下简称《消费税暂行条例》）规定，消费税是对我国境内从事生产、委托加工和进口应税消费品的单位和个人，就其销售额或销售数量，在特定环节征收的一种税。简单地说，就是对特定的消费品和消费行为征收的一种税。

**知识链接 3-1　　我国消费税制的发展进程**

1950年1月，我国曾在全国范围内统一征收了特种消费税，当时的征收范围只限于对电影戏剧及娱乐、舞厅、筵席、冻食、旅馆等发生的消费行为征税。1953年修订税制时，将其取消。1989年针对当时流通领域出现的彩色电视机、小轿车等商品供不应求的矛盾，为了调节消费，2月1日在全国范围内对彩色电视机和小轿车开征了特别消费税，后来由于彩电市场供求状况有了改善，1992年4月24日取消了对彩电征收特别消费税。1994年1月1日，《中华人民共和国消费税暂行条例》（国务院令第135号）正式实施，对烟、酒及酒精、化妆品、护肤护发品、贵重首饰及珠宝玉石、鞭炮焰火、汽油、柴油、汽车轮胎、摩托车、小汽车11类货物征税，初步建立了比较完整的消费税制度。随后经过多次调整，我国现行消费税的征税范围、税率结构和征收环节日益合理，而消费税收入总额出现了较快增长，已经成为中央税收的主要组成部分之一。

## 二、消费税的特点

一般来说，消费税的征税对象主要是与居民消费相关的最终消费品和消费行为。与其他税种比较，消费税具有以下几个特点：

### （一）征税项目具有选择性

各国目前征收的消费税实际上都属于对特定消费品或消费行为征收的税种。尽管各国消费税的征税范围宽窄有别，但都是在人们普遍消费的大量消费品或消费行为中有选择地确定若干个征税项目，在税法中列举征税。我国1994年实行的税制中，消费税主要包括了特殊消费品、奢侈品、高能耗消费品，不可再生的资源消费品和税基宽广、消费普遍、不影响人民群众生活水平，但又具有一定财政意义的普通消费品。随着经济的发展和个人消费水平的提高，消费税的范围有一些调整，目前我国消费税税目有15个。

**税收趣闻3-1　　爱尔兰：口香糖税**

2003年，爱尔兰一个关于垃圾的报道透露，该国一年清除垃圾的费用竟达7 000万欧元，其中清除口香糖费用占所有费用的30%。2004年，爱尔兰政府颁发一条令人匪夷所思的法令：嚼口香糖也要缴税，而所缴税款将作为清扫路上这些黏性食物的资金。政府颁布的法令中规定，嚼口香糖者将缴纳10%的口香糖税，相当于一包口香糖缴纳5欧分，而每年征得的总税款在400万欧元至500万欧元。

### （二）征税环节具有单一性

消费税原则是在生产（进口）、流通或消费的某一环节一次征收，而不是在消费品生产、流通或消费的每个环节多次征收，即通常所说的一次课征制。当然，这种单一性并不是固定的，只是整体上表现为单一环节征税的特点，少数税目也存在更多环节征税的情况。

### （三）征收方法具有多样性

消费税的计税方法比较灵活。为了适应不同应税消费品的情况，消费税在征收方法上不力求一致，有些产品采取从价定率的方式征收，有些产品则采取从量定额的方式征收。在具体操作上，对一部分价格差异较大，且便于按价格核算的应税消费品，依消费品或消费行为的价格实行从价定率征收；对一部分价格差异较小，品种、规格比较单一的大宗应税消费品，依消费品的数量实行从量定额征收。由于两种方法各有其优点和缺点，因此，目前对有些产品在实行从价定率征收的同时，还对其实行从量定额征收。

### （四）税收调节具有特殊性

消费税属于国家运用税收杠杆对某些消费品或消费行为特殊调节的税种。这一特殊性表现在两个方面：一是不同的征税项目税负差异较大，对需要限制或控制消费的消费品规定较高的税率，体现特殊的调节目的；二是消费税往往同有关税种配合实行加重或双重调节，通常采取增值税与消费税双重调节的办法，对某些需要特殊调节的消费品或消费行为在征收增值税的同时，再征收一道消费税，形成一种特殊的对消费品双层次调节的税收调节体系。

### （五）消费税具有转嫁性

凡列入消费税征税范围的消费品，一般属于高价高税产品。因此，消费税无论采取价内税形式还是价外税形式，也无论在哪个环节征收，消费品中所含的消费税税款最终都要转嫁到消费者身上，由消费者负担，税负具有转嫁性。消费税转嫁性的特征，要较其他商品课税形式更为明显。

## 三、我国消费税的立法精神

现行消费税是在对原产品税、增值税和特别消费税进行改革的基础上形成的。1994年的税制改革将增值税范围扩大到全部工业品，并延伸到商品批发和零售环节，取消产品税和特别消费税，在此基础上选择部分消费品征收消费税，从而形成了目前增值税普遍征收，消费税特殊调节，部分征税项目交叉的双层次征税结构。目前，我国消费税的开征主要体现以下四个方面的立法精神：

### （一）组织财政收入

税收具有组织财政收入的职能，这是由税收的本质决定的。在各国财政收入中，消费税收入占比逐年稳定提升，这与消费税征收范围和税率水平密切相关。一方面，人们对应税消费品的消费规模会随着收入水平的提高而不断增加，这就使得消费税的税源更加充足和集中。另一方面，由于消费税具有特殊调节目的，平均税率在设计时会比较高，而流转税的性质又保证了消费税的收入不会受到实际经营成本和利润的影响，从而也保证了消费税组织财政收入职能的实现。

### （二）合理引导消费

消费税的征税对象多是需求弹性较大的非生活必需品，对消费者来说，有些消费品是非必需的，如果采用较高的税率，会增加消费者的税收负担，因此消费税具有较强的行为调节作用，进而体现国家的产业政策和消费政策，实现政府调节社会生产、引导健康消费行为的政策意图。

具体而言，首先，通过对征收范围的选择，对某种行业或消费品是否征收消费税作出规定，可以体现政府对各个行业发展及各种产品消费的奖惩政策，从而调节生产结构和引导消费行为。其次，通过对差别税率的制定，使不同应税消费品承担高低不同的税负，可以在一定程度上调节生产企业的利润水平，进而间接引导企业生产方向和社会投资流向，对产业结构调整发挥积极作用。最后，通过对烟、酒等特殊消费品征收较重的消费税，可以限制产品的生产和消费，而对部分稀缺性资源产品、高能耗消费品和高污染消费品开征消费税，可以引导绿色消费观念。

**思政引航 3-1　　历览前贤国与家，成由勤俭破由奢**

2019年3月5日，中共中央总书记、国家主席、中央军委主席习近平在参加十三届全国人大二次会议内蒙古代表团审议会时指出，不论我们国家发展到什么水平，不论人民生活改善到什么地步，艰苦奋斗、勤俭节约的思想永远不能丢。艰苦奋斗、勤俭节约，不仅是我们一路走来、发展壮大的重要保证，也是我们继往开来、再创辉煌的重要保证。

消费税通过税率的杠杆作用，对奢侈消费品给予高税率征收，以此来调节消费者的消费行为与消费偏好，体现国家的消费政策，借助经济手段实现引导健康消费、抑制奢侈消费的目的。

### （三）调节收入分配

通过对某些奢侈品或特殊消费品征收消费税，立足于从调节个人支付能力的角度间接增加某些特定消费群体的税收负担，体现了“收入多者多负税”的政策精神，进而可在一定程度上配合个人所得税及其他有关税种，缓解社会分配不公的矛盾，实现社会公平。

### （四）保护生态环境

通过对引起环境污染、生态破坏等具有负外部性的消费品，以及不可再生或没有替代品的资源紧缺类产品开征消费税，在一定程度上将消费者或生产者承担的社会成本以价格的形式表现出来，一方面，能够激励社会寻求替代商品，减少对重污染类商品的消费；另一方面，通过增加生产企业的生产成本的方式，迫使生产企业采取新技术和新工艺，研发生产“生态友好”型的消费品，从而实现保护环境、减少污染的政策目标。

## 第二节　纳税义务人、征税范围与税率

### 一、消费税纳税人

消费税纳税人是指在我国境内生产、委托加工和进口《消费税暂行条例》规定的应税消费品的单位和个人。一般来讲，消费税大多在生产环节进行缴纳，纳税人为应税消费品的生产者（金、银、铂、钻除外），属于直接纳税方式。如果是委托加工应税消费品，纳税义务人是委托方，但是由受托方代收代缴（个人除外）。如果是进口应税消费品，进口的单位和个人属于纳税义务人，海关代征进口环节消费税。

**知识链接3-2　　委托加工环节消费税与增值税纳税人的区分**

委托加工应税消费品，消费税纳税义务人为委托方，由受托方代收代缴税款（受托方是个人除外）；委托加工应税消费品，增值税纳税义务人为受托方。

【例3-1・单选题】下列消费品中，应在零售环节征收消费税的是（　　）。

A.卷烟　　B.钻石　　C.白酒　　D.高档手表

【答案】B

【解析】选项A是在生产销售环节与批发环节纳税；选项C、D在生产销售环节纳税。

【例3-2・多选题】下列关于消费税纳税人的说法，正确的是（　　）。

A.零售金银首饰的纳税人是消费者

B.委托加工高档化妆品的纳税人是受托加工企业

C.携带卷烟入境的纳税人是携带者

D.邮寄入境应税消费品的纳税人是收件人

【答案】CD

【解析】选项A销售方为纳税人；选项B委托方为纳税人。

微课3-2

消费税税目、税率和计税依据

### 二、征税范围

消费税的征税范围具体包括：烟，酒，高档化妆品，贵重首饰及珠宝玉石，鞭炮、焰火，成品油，小汽车，摩托车，高尔夫球及球具，高档手表，游艇，木制一次性筷子，实木地板，电池，涂料。

**思政引航3-2　　建设“绿水青山”中的消费税**

2018年5月，习近平总书记在全国生态环境保护大会上指出，生态兴则文明兴，生态衰则文明衰。生态文明建设是关系中华民族永续发展的根本大计。

2022年10月，习近平总书记在党的二十大报告中指出，大自然是人类赖以生存发展的基本条件。尊重自然、顺应自然、保护自然，是全面建设社会主义现代化国家的内在要求。必须牢固树立和践行"绿水青山就是金山银山"的理念，站在人与自然和谐共生的高度谋划发展。

目前，消费税的税目中包括可能造成生态环境污染的成品油、小汽车、鞭炮焰火、涂料、电池等应税消费品，通过对产生污染的应税消费品进行征税，能够合理引导企业进行绿色转型与创新，从而促进人与自然和谐共生。

具体来说，消费税的征税范围包括：

1.烟

包括卷烟、雪茄烟和烟丝。其中，卷烟分为甲类卷烟和乙类卷烟；甲类卷烟为每标准条（200支）调拨价格在70元（不含增值税）以上（含70元），乙类卷烟为每标准条（200支）调拨价格在70元（不含增值税）以下。

特别注意，卷烟在（生产、委托加工、进口）环节和批发环节两道环节缴纳消费税。卷烟在批发环节征收消费税时，纳税人销售给纳税人以外的单位和个人的卷烟于销售时纳税，纳税人之间销售的卷烟不缴纳消费税。批发销售的所有牌号规格的卷烟，从2015年5月10日起，将卷烟批发环节从价税税率由5%提高至11%，并按0.005元/支加征从量税。纳税人应将卷烟销售额与其他商品销售额分开核算，未分开核算的，一并征收消费税。卷烟消费税在生产和批发两个环节征收后，批发企业在计算纳税时不得扣除已含的生产环节的消费税税款。

2.酒

包括白酒、啤酒、黄酒、其他酒。白酒采用复合计征方式，啤酒和黄酒属于从量计征方式，其他酒属于从价计征方式，其中，饮食业、商业、娱乐业举办的啤酒屋（啤酒坊）利用啤酒生产设备生产的啤酒应当征收消费税。

3.高档化妆品

包括高档美容、修饰类化妆品，高档护肤类化妆品和成套化妆品。高档美容、修饰类化妆品和高档护肤类化妆品是指生产（进口）环节销售（完税）价格（不含增值税）在10元/毫升（克）或15元/片（张）及以上的美容、修饰类化妆品和护肤类化妆品。其中，舞台、戏剧、影视演员化妆用的上妆油、卸妆油、油彩不征收消费税。

4.贵重首饰及珠宝玉石

（1）零售环节征收消费税的金银首饰仅限于金基、银基合金首饰以及金、银和金基、银基合金的镶嵌首饰。不符合条件的，仍在生产环节缴纳消费税。

（2）对既销售金银首饰，又销售非金银首饰的生产经营单位，应将两类商品划分清楚，分别核算销售额。凡划分不清楚或不能分别核算的，在生产环节销售的，一律从高适用税率征收消费税（10%）；在零售环节销售的，一律按金银首饰征收消费税。

5.鞭炮、焰火

体育上用的发令纸、鞭炮药引线不征收消费税。

6.成品油

包括汽油、柴油、石脑油、溶剂油、航空煤油、润滑油、燃料油。其中，航空煤油暂缓征收消费税。经国务院批准，从2009年1月1日起，对同时符合下列条件的纯生物柴油免征消费税：

（1）生产原料中废弃的动物油和植物油用量所占比重不低于70%。

（2）生产的纯生物柴油符合国家《柴油机燃料调合生物柴油（BD100）》标准。

7.小汽车

包括乘用车、中轻型商用客车、超豪华小汽车。用排气量小于1.5升（含）的乘用车底盘（车架）改装、改制的车辆属于乘用车的征收范围。用排气量大于1.5升的乘用车底盘（车架）或用中轻型商用客车底盘（车架）改装、改制的车辆属于中轻型商用客车的征收范围。电动汽车、车身长度大于7米（含）且座位在10～23座（含）以下的商用客车、沙滩车、雪地车、卡丁车、高尔夫车不征收消费税。

特别注意，每辆零售价格130万元（不含增值税）及以上的乘用车和中轻型商用客车，即乘用车和中轻型商用客车子税目中的超豪华小汽车。对超豪华小汽车，在生产（进口）环节按现行税率征收消费税的基础上，在零售环节加征消费税，税率为10%。

8.摩托车

最大设计车速不超过50千米/小时，发动机气缸总工作容量不超过50毫升的三轮摩托车，以及气缸容量250毫升（不含）以下的小排量摩托车不征收消费税。

9.高尔夫球及球具

包括高尔夫球、球杆、球包（袋）、杆头、杆身、握把。

10.高档手表

每只销售价格（不含增值税）在10 000元（含）以上的各类手表。

11.游艇

私人或团体购置主要用于水上运动和休闲娱乐等非营利活动的各类机动艇。

12.木制一次性筷子

包括未经打磨、倒角的木制一次性筷子。

13.实木地板

包括实木地板、实木指接地板、实木复合地板以及实木装饰板和素板。

14.电池

包括原电池、蓄电池、燃料电池、太阳能电池和其他电池。自2015年2月1日起对电池（铅蓄电池除外）征收消费税；对无汞原电池、金属氢化物镍蓄电池（又称“氢镍蓄电池”或“镍氢蓄电池”）、锂原电池、锂离子蓄电池、太阳能电池、燃料电池和全钒液流电池免征消费税。

15.涂料

我国自2015年2月1日起对涂料征收消费税，施工状态下挥发性有机物含量低于420克/升（含）的涂料免征消费税。

【例3-3·单选题】下列行为涉及的货物，属于消费税征税范围的有（　　）。

A.批发商批发销售的雪茄烟

B.竹木制品厂销售的竹制一次性筷子

C.鞭炮加工厂销售的田径比赛用发令纸

D.商场零售的金银首饰

【答案】D

【解析】选项A，卷烟在批发环节纳税，雪茄烟在生产销售环节纳税；选项B木制一次性筷子缴纳消费税；选项C不属于消费税征税范围。

## 三、税率

消费税一共有两种税率结构：第一种是比例税率，适用于大多数应税消费品，税率从1%～56%；第二种是定额税率，只适用于三种液体应税消费品，分别是啤酒、黄酒、成品油。另外，白酒、卷烟两种应税消费品实行定额税率与比例税率相结合的复合计税办法计征消费税。其中，卷烟和白酒的消费税税率见表3-1。

表3-1 卷烟和白酒的消费税税率

| 应税消费品 | 定额税率 | 比例税率 |
| --- | --- | --- |
| 卷烟 | 生产销售、委托加工或进口环节：<br>每标准箱150元<br>每标准条0.6元<br>每支0.003元 | 56%（每标准条对外不含增值税调拨价格≥70元）<br>36%（每标准条对外不含增值税调拨价格<70元） |
| | 批发环节：<br>每标准箱250元<br>每标准条1元<br>每支0.005元 | 11% |
| 白酒 | 每斤0.5元 | 20% |

其中：1标准箱卷烟=250标准条卷烟=50 000支卷烟；1吨白酒=2 000斤。

# 第三节 消费税应纳税额的计算

## 一、计税依据

### （一）计税依据的一般规定

一般来说，从价计征的应税消费品，计税依据和增值税相同，为不含增值税的销售额。从量计征的应税消费品，计税依据为其销售数量；销售数量的核定标准是销售应税消费品的为销售数量、自产自用应税消费品的为移送使用数量、委托加工应税消费品的为收回的数量、进口应税消费品的为核定的进口征税数量。复合计征的应税消费品，计税依据为销售额和销售数量。

特别注意，包装物连同应税消费品销售，无论包装物是否单独计价，也不论在会计上如何核算，均应并入应税消费品销售额中缴纳增值税和消费税。包装物并不作价随同产品销售，而是收取押金（酒类产品的包装物押金除外），包装物押金单独核算又未逾期、未超过12个月的，此项押金不应并入应税消费品的销售额中征税。但对因逾期未收回的包装物和已收取押金1年以上仍未退还包装物的，应并入应税消费品的销售额，按照应税消费品的适用税率征收消费税。包装物押金不包括重复使用的塑料周转箱押金。对酒类产品生产企业销售酒类产品（黄酒、啤酒除外）而收取的包装物押金，无论押金是否返还以及会计上如何核算，均需并入酒类产品销售额中，依酒类产品的适用税率征收消费税。

**知识链接3-3　　酒类包装物押金的增值税与消费税处理**

除啤酒、黄酒以外的酒类包装物押金，不论是否逾期，在销售时一起并入销售额计征增值税与消费税；啤酒、黄酒适用从量计征，其包装物押金不征收消费税，但应计征增值税，除此之外，啤酒、黄酒包装物押金在确定从量税税额时应计入销售价格总额，用以确定适用税额。

### （二）计税依据的特殊情况

第一，当纳税人通过自设非独立核算门店销售自产应税消费品时，应按门店对外销售额或销售数量计征消费税。纳税人移送时不缴纳消费税，门店销售时按照门店对外销售额或销售数量计税，而不是按照移送时出厂价或出厂数量计税。从增值税的角度来讲，若与门店位于同一县（市），移送时不缴纳增值税，若与门店位于非同一县（市），移送时缴纳增值税，待门店对外销售时还需再次缴纳增值税。

第二，当纳税人将应税消费品用于换取生产资料和消费资料、投资入股和抵偿债务时，按纳税人同类应税消费品的最高销售价格计算缴纳消费税。

第三，白酒生产企业向商业销售单位收取的“品牌使用费”，属于销售额的一部分，应并入销售额缴纳消费税。

第四，卷烟计税价格等于批发环节销售价格乘以1与适用批发毛利率之差，实际销售价格高于计税价格的，按实际销售价格确定，低于计税价格的，按计税价格确定（孰高原则）。

白酒生产企业销售给销售单位的计税价格高于销售单位对外销售价格（不含增值税）70%以上（含70%）的，暂不核定最低计税价格。白酒生产企业销售给销售单位的计税价格低于销售单位对外销售价格（不含增值税）70%以下的，税务机关在销售单位对外销售价格50%~70%的范围内自行核定。其中生产规模较大、利润水平较高的企业，原则上应在销售单位对外销售价格60%~70%的范围内核定。已核定最低计税价格的白酒，生产企业实际销售价格高于最低计税价格的，按实际销售价格申报纳税；实际销售价格低于最低计税价格的，按最低计税价格申报纳税。

第五，既销售金银首饰，又销售非金银首饰的生产、经营单位，应将两类商品划分清楚，分别核算销售额；未划分清楚或不能分别核算的，在生产环节销售的，一律从高适用税率；在零售环节销售的，一律按金银首饰征收消费税。

金银首饰与其他产品组成成套消费品销售的，应按销售额全额征收消费税。

金银首饰连同包装物销售的，无论包装物是否单独计价，也无论会计上如何核算，均应并入金银首饰的销售额计征消费税。

带料加工的金银首饰，应按受托方销售同类金银首饰的销售价格确定计税依据征收消费税。没有同类金银首饰销售价格的，按照组成计税价格计算纳税。

以旧换新（含翻新改制）方式销售金银首饰，按实际收取的不含增值税的全部价款确定计税依据征收消费税。

【例3-4·多选题】按《消费税暂行条例》的规定，下列自产应税消费品，以纳税人同类应税消费品的最高销售价格作为计税依据的有（　　）。

A.用于换取生产资料的应税消费品　　B.用于抵偿债务的应税消费品

C.用于投资的应税消费品　　D.用于馈赠的应税消费品

【答案】ABC

【解析】当纳税人将应税消费品用于换取生产资料和消费资料、投资入股和抵偿债务时，按纳税人同类应税消费品的最高销售价格计算缴纳消费税。

【例3-5·多选题】企业生产销售白酒取得的下列款项中，应并入销售额计征消费税的有（　　）。

A.优质费　　B.延期付款利息　　C.品牌使用费　　D.包装物押金

【答案】ABCD

【解析】销售额为纳税人销售应税消费品向购买方收取的全部价款和价外费用。

【例3-6·判断题】当纳税人将应税消费品用于换取生产资料和消费资料、投资入股和抵偿债务时，纳税人应以同类应税消费品的平均销售价格计算缴纳消费税。（　　）

【答案】错误

【解析】当纳税人将应税消费品用于换取生产资料和消费资料、投资入股和抵偿债务时，纳税人应以同类应税消费品的最高销售价格计算缴纳消费税。

## 二、应纳税额的计算

### （一）直接销售应税消费品

生产环节应纳税额的计算见表3-2。

表3-2 生产环节消费税计算方法

| | |
|---|---|
| 从价计征 | 应纳税额=应税消费品的销售额（不含增值税）×比例税率 |
| 从量定额 | 应纳税额=应税消费品的销售数量×定额税率 |
| 复合计征 | 应纳税额=应税消费品的销售数量×定额税率+应税消费品的销售额（不含增值税）×比例税率 |

## （二）自产自用应税消费品

微课3-3

应税消费品的特殊计算（上）

用于连续生产应税消费品，不缴纳消费税。对于用于本企业连续生产非应税消费品，用于在建工程、管理部门、非生产机构，用于馈赠、赞助、集资、职工福利、奖励等方面，用于换取资料、抵偿债务和投资入股的，需要按规定缴纳消费税。有同类应税消费品销售价格的，按照纳税人生产的同类消费品销售价格计算纳税。一般按照加权平均价格，用于换取资料、抵偿债务和投资入股的按照最高价格。如果没有同类应税消费品销售价格的，按照组成计税价格计算纳税。

实行从价定率的应税消费品：

应纳税额=（成本+利润）÷（1-比例税率）×比例税率

实行复合计税的应税消费品：

应纳税额=（成本+利润+自用数量×定额税率）÷（1-比例税率）×比例税率+自用数量×定额税率

上述公式中的“成本”，是指应税消费品的产品生产成本。

上述公式中的“利润”，是指根据应税消费品的全国平均成本利润率计算的利润。应税消费品全国平均成本利润率由国家税务总局确定。

【例3-7·单选题】2023年5月某化妆品厂将一批成本为35 000元的自产高档护肤品用于集体福利；将所研制的高档香水用于馈赠客户，生产成本20 000元。已知高档化妆品的成本利润率为5%，消费税税率为15%。上述货物已全部发出，均无同类售价。2023年5月该化妆品厂上述业务应纳消费税为（　　）元。

A.10 191.18　　B.11 196.43　　C.17 575　　D.25 107.43

【答案】A

【解析】（35 000+20 000）×（1+5%）÷（1-15%）×15%=10 191.18（元）

【例3-8·计算题】某化妆品公司将一批自产的高档化妆品用作职工福利，该批高档化妆品的成本80 000元，无同类产品市场销售价格，但已知其成本利润率为5%，消费税税率为15%。请计算该批高档化妆品应缴纳的消费税税额。

【解析】（1）组成计税价格=80 000×（1+5%）÷（1-15%）=98 823.53（元）

（2）应纳消费税税额=98 823.53×15%=14 823.53（元）

## （三）委托加工应税消费品

委托加工应税消费品是指由委托方提供原料和主要材料，受托方只收取加工费和代垫部分辅助材料加工的消费品。委托加工的应税消费品，按照受托方的同类消费品的销售价格计算纳税，在应税消费品收回时受托方代收代缴消费税（受托方是个人的除外）。应纳税额的计算公式如下：

微课 3-4

应税消费品的特殊计算（下）

应纳税额=同类消费品销售单价×委托加工数量×适用税率

没有同类消费品销售价格的，按照组成计税价格计算纳税，计算公式如下：

组成计税价格=（材料成本+加工费）÷（1-比例税率）

如果应税消费品是采用复合计征方式的，组成计税价格的计算公式如下：

（材料成本+加工费+委托加工收回数量×定额税率）÷（1-比例税率）

受托方未按规定代收代缴消费税的，由委托方补缴税款。已直接销售的按销售额计税，未销售或不能直接销售的按组成计税价格计税，并对其处以应代收代缴消费税税款50%以上3倍以下的罚款。

委托加工的应税消费品收回以不高于受托方计税价格出售的，属于直接销售，不再缴纳消费税；以高于受托方的计税价格出售的，不属于直接出售，需按照规定申报缴纳消费税，在计税时准予扣除受托方已代收代缴的消费税；用于连续生产应税消费品的，符合条件的已纳消费税税款准予按规定抵扣；受托方是个人（含个体工商户）的，委托方须在收回应税消费品后向所在地主管税务机关缴纳消费税。

### 1.材料成本

按照《消费税暂行条例实施细则》的解释，“材料成本”是指委托方所提供加工材料的实际成本。委托加工应税消费品的纳税人，必须在委托加工合同上如实注明（或以其他方式提供）材料成本，凡未提供材料成本的，受托方所在地主管税务机关有权核定其材料成本。

### 2.加工费

《消费税暂行条例实施细则》规定，“加工费”是指受托方加工应税消费品向委托方所收取的全部费用（包括代垫辅助材料的实际成本，不包括增值税税额），这是税法对受托方的要求。受托方必须如实提供向委托方收取的全部费用，这样才能既保证组成计税价格及代收代缴消费税准确地计算出来，也使受托方按加工费正确计算其应纳增值税税额。

**【例3-9·计算题】**某白酒生产企业（以下简称甲企业）为增值税一般纳税人，2023年7月发生以下业务：

（1）向某烟酒专卖店销售粮食白酒20吨，开具普通发票，取得含税收入200万元，另收取品牌使用费50万元、包装物租金20万元。

（2）提供10万元的原材料委托乙企业加工散装药酒1 000公斤，收回时向乙企业支付不含增值税的加工费1万元，乙企业已代收代缴消费税。

（3）委托加工收回后将其中900公斤散装药酒继续加工成瓶装药酒1 800瓶，以每瓶不含税售价100元通过非独立核算门店销售完毕。将剩余100公斤散装药酒以不含税销售价每公斤120元对外销售。

（说明：药酒的消费税税率为10%，白酒的消费税税率为20%加0.5元/500克）要求：根据上述资料，按照下列序号计算并回答问题（每问需计算出合计数）。

（1）计算本月甲企业向专卖店销售白酒应缴纳的消费税。

（2）计算乙企业已代收代缴的消费税。

（3）计算本月甲企业销售瓶装药酒应缴纳的消费税。

（4）计算本月甲企业直接销售散装药酒应缴纳的消费税。

【解析】

（1）本月甲企业向专卖店销售白酒应缴纳的消费税=（200+50+20）÷（1+13%）×20%+20×2 000×0.5÷10 000 =49.79（万元）

（2）乙企业已代收代缴消费税=（10+1）÷（1−10%）×10%=1.22（万元）

（3）本月甲企业销售瓶装药酒应缴纳的消费税=1 800×100×10%÷10 000=1.8（万元）

（4）甲企业直接销售散装药酒不缴纳消费税。

### （四）进口应税消费品

#### 1.属于从价定率计征的

应纳税额=（关税完税价格+关税）÷（1−消费税比例税率）×消费税比例税率

#### 2.属于从量定额计征的

应纳税额=应税消费品进口数量×消费税定额税率

#### 3.属于复合计税办法计征的

$$\text{应纳税额}=\left(\text{关税完税价格}+\text{关税}+\text{应税消费品进口数量}\times\text{消费税定额税率}\right)\div\left(1-\text{消费税比例税率}\right)\times\text{消费税比例税率}+\text{应税消费品进口数量}\times\text{消费税定额税率}$$

【例3-10·单选题】甲企业委托乙企业加工一批烟丝，甲企业提供原材料成本20万元，支付乙企业加工费3万元，乙企业按照本企业同类烟丝销售价格36万元代收代缴甲企业消费税10.8万元，甲企业将委托加工收回的烟丝的10%按照不含增值税价格3.6万元平价销售给消费者；25%以不含增值税价格12万元销售给丙卷烟厂，另有5%因管理不善发生损毁。则甲企业收回烟丝后的上述行为应纳消费税（　　）万元。

A.3.6　　B.0.9　　C.4.75　　D.1.98

【答案】B

【解析】3.6×30%+12×30%−10.8×35%=0.9（万元）

## 三、消费税重复征税的解决方法

消费税解决重复征税问题实行实耗扣税法，即外购应税消费品和委托加工收回的应税消费品已纳消费税税额按照当期生产领用数量计算扣除。具体扣税规则见表3-3。

表3-3　　　　　　　　　　　　　　消费税扣税规则

<table>
<tr><td rowspan="8">扣税范围</td><td colspan="3">（1）外购已税烟丝生产的卷烟</td></tr>
<tr><td colspan="3">（2）外购已税高档化妆品为原料生产的高档化妆品</td></tr>
<tr><td colspan="3">（3）外购已税珠宝玉石为原料生产的贵重首饰及珠宝玉石</td></tr>
<tr><td colspan="3">（4）外购已税鞭炮、焰火为原料生产的鞭炮、焰火</td></tr>
<tr><td colspan="3">（5）外购已税杆头、杆身和握把为原料生产的高尔夫球杆</td></tr>
<tr><td colspan="3">（6）外购已税木制一次性筷子为原料生产的木制一次性筷子</td></tr>
<tr><td colspan="3">（7）外购已税实木地板为原料生产的实木地板</td></tr>
<tr><td colspan="3">（8）外购已税汽油、柴油、石脑油、燃料油、润滑油为原料，用于连续生产应税成品油</td></tr>
<tr><td rowspan="4">扣税方法</td><td rowspan="2">外购</td><td>用于连续生产应税消费品</td><td>按当期生产领用数量计算准予抵扣已纳消费税<br>当期准予扣除的外购应税消费品已纳税款=当期准予扣除的外购应税消费品买价×外购应税消费品适用税率<br>当期准予扣除的外购应税消费品买价=期初库存的外购应税消费品买价+当期外购应税消费品买价-期末库存的外购应税消费品买价</td></tr>
<tr><td>用于销售</td><td>（1）主体符合条件和客体符合条件可扣除外购应税消费品已纳的消费税<br>（2）主体的限定：自己不生产应税消费品，只是购进后再销售应税消费品的工业企业<br>（3）客体的限定：限于外购酒，高档化妆品，鞭炮、焰火和珠宝玉石</td></tr>
<tr><td rowspan="2">委托加工</td><td>用于生产应税消费品</td><td>按当期生产领用数量计算抵扣已纳消费税<br>当期准予扣除的委托加工应税消费品已纳税款=期初库存的委托加工应税消费品已纳税款+当期收回的委托加工应税消费品已纳税款-期末库存的委托加工应税消费品已纳税款</td></tr>
<tr><td>用于销售</td><td>①以不高于受托方的计税价格出售的，不再缴纳消费税<br>②以高于受托方的计税价格出售的，需按照规定申报缴纳消费税，在计税时准予扣除受托方已代收代缴的消费税</td></tr>
</table>

【例3-11·多选题】下列外购应税消费品在生产环节允许抵扣已纳消费税的有（　　）。

A.外购已税烟丝生产的卷烟

B.外购已税电池生产的小汽车

C.外购已税珠宝玉石为原料生产的金银镶嵌首饰

D.外购已税润滑油为原料生产的成品油

【答案】AD

【解析】选项B跨税目，不允许抵扣已纳消费税，选项C外购已税珠宝玉石为原料生产的而在零售环节征收消费税的金银镶嵌首饰不允许抵扣已纳消费税。

## 四、消费税出口退税的计算

我国对纳税人出口的应税消费品，免征消费税，国务院另有规定的除外。

### （一）出口免税并退税

有出口经营权的外贸企业购进应税消费品直接出口，以及外贸企业受其他外贸企业委托代理出口应税消费品出口免税并退税。外贸企业只有受其他外贸企业委托，代理出口应税消费品才可办理退税，外贸企业受其他企业（主要是非生产性的商贸企业）委托，代理出口应税消费品是不予退（免）税的。

属于从价定率计征消费税的，为已征且未在内销应税消费品应纳税额中抵扣的购进出口货物金额；属于从量定额计征消费税的，为已征且未在内销应税消费品应纳税额中抵扣的购进出口货物数量；属于复合计征消费税的，按从价定率和从量定额的计税依据分别确定。

复合计征消费税应退税额 = 从价定率计征消费税的退税计税依据 × 比例税率 + 从量定额计征消费税的退税计税依据 × 定额税率

出口货物的消费税应退税额的计税依据，按购进出口货物的消费税专用缴款书和海关进口消费税专用缴款书确定。

### （二）出口免税但不退税

有出口经营权的生产性企业自营出口或生产企业委托外贸企业代理出口自产的应税消费品，依据其实际出口数量免征消费税。免征消费税是指对生产性企业按其实际出口数量免征生产环节的消费税，不予办理退还消费税，因为已免征生产环节的消费税，该应税消费品出口时已不含有消费税，所以无须再办理退还消费税。

### （三）出口不免税也不退税

除生产企业、外贸企业外的其他企业，具体是指一般商贸企业，这类企业委托外贸企业代理出口应税消费品一律不予退（免）税。

# 第四节　消费税的征收与缴纳

## 一、纳税义务发生时间

微课 3-5

纳税义务发生时间与地点

生产销售应税消费品纳税义务发生时间，按照结算方式的不同而不同。采用赊销和分期收款的，纳税义务时间为书面合同约定收款日期当天；书面合同没有约定收款日期或无书面合同的，为发出应税消费品的当天；采用预收货款的，纳税义务时间为发出应税消费品当天；采用托收承付和委托银行收款的，纳税义务时间为发出应税消费品并办妥托收手续当天；采用其他结算方式的，纳税义务时间为收讫销售款或取得索取销售款凭据当天。

其他应税行为纳税义务发生时间：自产自用应税消费品的，纳税义务时间为应税消费品移送使用当天；委托加工的，纳税义务时间为纳税人提货当天；进口应税消费品的，为纳税人报关进口的当天。

## 二、纳税期限

按照《消费税暂行条例》规定，消费税的纳税期限分别为1日、3日、5日、10日、15日、1个月或者1个季度。纳税人的具体纳税期限，由主管税务机关根据纳税人应纳税额的大小分别核定；不能按照固定期限纳税的，可以按次纳税。

纳税人以1个月或1个季度为一期纳税的，自期满之日起15日内申报纳税；以1日、3日、5日、10日或者15日为一期纳税的，自期满之日起5日内预缴税款，于次月1日起至15日内申报纳税并结清上月应纳税款。

纳税人进口应税消费品，应当自海关填发海关进口消费税专用缴款书之日起15日内缴纳税款。

如果纳税人不能按照规定的纳税期限依法纳税，将按《税收征收管理法》的有关规定处理。

## 三、纳税地点

纳税人销售的应税消费品，以及自产自用的应税消费品，除国务院财政、税务主管部门另有规定外，应当向纳税人机构所在地或者居住地的主管税务机关申报纳税。

委托加工的应税消费品，除受托方为个人外，由受托方向机构所在地或者居住地的主管税务机关解缴消费税税款。

进口的应税消费品，由进口人或者其代理人向报关地海关申报纳税。

纳税人到外县（市）销售或者委托外县（市）代销自产应税消费品的，于应税消费品销售后，向机构所在地或者居住地主管税务机关申报纳税。

纳税人的总机构与分支机构不在同一县（市），但在同一省（自治区、直辖市）范围内，经省（自治区、直辖市）财政厅（局）、税务局审批同意，可以由总机构汇总向总机构所在地的主管税务机关申报缴纳消费税。

省（自治区、直辖市）财政厅（局）、税务局应将审批同意的结果，上报财政部、国家税务总局备案。

纳税人销售的应税消费品，因质量等原因发生退货的，其已缴纳的消费税税款可予以退还。

纳税人办理退税手续时，应将开具的红字增值税发票、退税证明等资料报主管税务机关备案。主管税务机关核对无误后办理退税。

纳税人直接出口的应税消费品办理免税后，发生退关或者国外退货，复进口时已予以免税的，可暂不办理补税，待其转为国内销售的当月申报缴纳消费税。

## 本章小结

❶ 消费税是对我国境内从事生产、委托加工和进口应税消费品的单位和个人，就其销售额或销售数量，在特定环节征收的一种税。消费税与同为商品税的增值税关系密切，但也存在区别。

❷ 我国消费税的征税范围包括了15个税目，平均税率偏高且税负差异大，征税环节普遍具有单一性，卷烟与豪华小汽车在两个环节征收消费税。

❸ 应纳消费税的计算分为从价计征、从量计征和复合计征三种，其中只有卷烟和白酒实行复合计征方式计算消费税。

❹ 对于自产自用应税消费品、委托加工应税消费品以及进口环节应该缴纳的消费税，根据不同的情况适用不同的计算方法。

❺ 为了避免消费税的重复征税，对外购已税消费品和委托加工收回的已税消费品分情况抵扣已纳税款。

## 本章练习

### （一）名词解释

消费税　委托加工应税消费品

### （二）简答题

1.请简述我国消费税的立法精神。

2.请简述消费税的纳税义务发生时间。

### （三）计算题

参考提示

1.甲礼花厂2023年5月发生如下业务：

（1）委托乙厂加工一批焰火，甲厂提供的原材料成本为37.5万元。当月乙厂将加工完成的焰火交付甲厂，开具增值税专用发票注明收取加工费5万元。

（2）将委托加工收回的焰火60%用于销售，取得不含税销售额38万元，将其余40%的用于连续生产A型组合焰火。

（3）将生产的A型组合焰火80%以分期收款方式对外销售，合同约定不含税销售额36万元，5月28日收取货款的70%，6月28日收取货款的30%。当月货款尚未收到。另将剩余的20%焰火赠送给客户。

（其他相关资料：焰火消费税税率为15%）

【要求】根据上述资料，回答下列问题：

（1）计算业务（1）中乙厂应代收代缴的消费税；

（2）判断业务（2）中用于销售的焰火是否应缴纳消费税并说明理由，如需要缴纳，计算应缴纳的消费税；

（3）计算业务（3）中赠送客户焰火计征消费税计税依据的金额；

（4）计算业务（3）中准予抵扣的已纳消费税税额；

（5）计算业务（3）应缴纳的消费税。

2.某企业为增值税一般纳税人，2023年5月经营状况如下：

（1）生产食用酒精一批，将其中50%用于销售，开具的增值税专用发票注明金额10万元、增值税税额1.3万元；

（2）将剩余50%的食用酒精作为酒基，加入食品添加剂调制成38度的配制酒，当月全部销售，开具的增值税专用发票注明金额18万元、增值税税额2.34万元；

（3）配置葡萄酒一批，将10%的葡萄酒用于生产酒心巧克力，采用赊销方式销售，不含税总价为20万元，货已经交付，合同约定6月30日付款；

（4）将剩余90%葡萄酒对外销售，开具的增值税专用发票注明金额36万元、增值税税额4.68万元。

（其他相关资料：企业当期通过认证可抵扣的进项税额为8万元，其他酒消费税税率为10%）

【要求】根据上述资料，回答下列问题：

（1）计算业务（1）应缴纳的消费税；

（2）计算业务（2）应缴纳的消费税；

（3）计算业务（3）应缴纳的消费税；

（4）计算业务（4）应缴纳的消费税；

（5）计算该企业当月应缴纳的消费税。

# 第四章

# 关税

## 学习目标

关税是指一国海关根据该国法律规定，对通过其关境的进出口货物征收的一种税收。关税在各国一般属于国家最高行政单位指定税率的高级税种，它不仅影响着国家之间的经济贸易，也成为国际政治关系的风向标。本章不仅介绍了关税的纳税人、征税范围与税率的基本内容，其中重点分析了完税价格的形成，还介绍了我国关税的征收管理制度。

## 教学引例

2019年8月15日，美国政府宣布对自华进口的约3 000亿美元商品加征10%的关税，分两批自2019年9月1日、12月15日起实施。针对美方的上述措施，中方被迫采取反制措施。根据《海关法》《中华人民共和国对外贸易法》《进出口关税条例》等法律、法规和国际法基本原则，经国务院批准，国务院关税税则委员会决定，对原产于美国的5 078个税目约750亿美元商品，加征10%、5%的不等关税，分两批自2019年9月1日12时01分、12月15日12时01分起实施。国务院关税税则委员会将继续开展对美加征关税商品的排除工作。在750亿美元的商品清单中，经审核确定的排除商品，按排除办法，不加征我国为反制美301措施所加征的关税；未纳入前两批可申请排除范围的商品，将纳入第三批可申请排除的范围，接受申请办法将另行公布。

中美贸易战不仅给开放型世界经济造成冲击，而且影响数十万亿美元的世界经济，更关系数十亿人的就业与生活水平提升。2019年11月14日，中国商务部发言人在新闻发布会上表示贸易战由加征关税而起，也应由取消加征关税而止，这是双方达成协议的重要条件。

请思考：

关税是如何影响生产者和消费者的利益的？它又是如何影响各国经济的？

问题参考

## 第一节 关税概述

### 一、关税的起源与发展

关于关税的起源，英国17世纪的古典政治经济学家威廉·配第在其代表作《赋税论》中指出，“关税是对输入或输出君主领土的货物所课征的一种捐税”“关税最初是为了保护进出口货物免遭海盗劫掠而送给君主的报酬”。

在中国古代，统治者在其领地内对流通中的商品征税，是取得财政收入的一种最方便的手段。我国西周时期就在边境设立关卡，《周礼·地官》中有最早的“关市之征”的记载。在国外，关税也是一种古老的税种，最早出现在欧洲。据《大英百科全书》解释，古时欧洲商人进入市场交易时要向当地领主缴纳一种例行的、常规的入市税“Customary Tolls”，其后“Customs”就成了关税的专用名词，这个词有通行费或通行税的含义。此外，公元前5世纪，希腊雅典就以收取使用港口报酬为名，对出入的货物征收2%～5%的使用费。

由此可见，关税起源最直接的动因就是以保护费、买路钱、通行费、使用费等名义，增加君主或统治者的收入，并随着商品交换和商品流通领域的不断扩大，以及国际贸易的不断发展而产生和逐步发展。

从关税的历史发展过程来看，它可以划分为三个时代：

（1）使用费时代。因为有了桥梁、港口等设施，货物和商人受到了保护，向领主缴纳费用作为补偿，这是关税的起源时期。

（2）国内关税时代。关税在这个时期逐渐失去其原有的规费性质，封建领主在各自的地盘界征税，除了具有使用费的意义外，也具有税收的某些特征。

（3）国境或关境关税时代。近代国家出现后，不再征收内地关税，逐渐演变为以进出国境或关境的货物为征税对象。

**税收史话4-1　　关税早期历史**

西周建立后，随着经济的发展和贸易往来活动的频繁，开始在城门设立“关”的管理机构和官员。这一时期的关税是对出入关卡的商人征收的通行税，还不是真正意义上的国境关税，当时的关卡也不是现代意义上的海关。在此后的很长一段时期内，我国古代的关税都表现为这一形式，直到唐代市舶制度的出现，我国才有了国境关税的雏形。

国外关税最早产生于地中海沿岸。在“荷马时代”，古希腊地区的经济发展十分迅速，各部族或部落为维护各自的利益，纷纷增关设卡，对进入本领地交易的商人征收入市交易费或港口、桥梁通行费。这种收费带有使用费的性质，是关税征收的雏形。随后，在古希腊经济发展的全盛时期，不仅城邦之间的商品交换十分普遍，各城邦同地中海沿岸其他地区间的贸易往来也很频繁，为获取更多的财政收入，各城邦纷纷对往来的外地商人收取港口使用费。作为当时最繁荣的城邦之一，雅典的海外贸易范围从爱琴海扩展到了地中海、黑海等海域，为此，雅典还在港口处设置了专管这一税费征收的官吏，对外地商人征收1%～5%的关税。可以看到，这一时期的关税已经具有了国境关税的雏形。

## 二、关税的概念

微课 4-1

关税的概念与特点

关税是由海关根据国家制定的有关法律，以进出关境的货物和物品为征税对象而征收的一种商品税。从以下三个方面，可以加深对关税概念的理解：

（1）关税是一种税收形式。关税与其他税收的性质是一样的，征税主体都是国家。不同的是其他税收主要由税务机关征收，而关税由海关征收。

（2）关税的征税对象是货物和物品。关税只对有形的货品征收，对无形的货品不征。

（3）关税的征税范围是进出关境的货物和物品。一般情况下，一国的关境和国境是一致的，但当一个国家在境内设立自由贸易区或自由港时，国境大于关境；当几个国家结成关税同盟，组成统一的关境，实施统一的关税法令和统一的对外税则，只对来自或运往其他国家的货物进出共同关境征收关税时，国境小于关境，如欧洲联盟。

## 三、关税的特点

关税作为独特的税种，除了具有一般税收的特点以外，还具有以下三个特点：

### 1.关税的征收对象是进出境的货物和物品

关税是对进出境的货品征税，在境内和境外流通的货物，不进出关境的不征关税。这里所指的“境”，是指“关境”，即海关法规可以全面实施的领域。货物和物品只有在进出关境时，才被征收关税。

### 2.关税是单一环节的价外税

关税的完税价格中不包括关税，即在征收关税时，以实际成交价格为计税依据，关税不包括在内。但海关代为征收增值税、消费税时，其计税依据包括关税在内。

### 3.关税具有较强的涉外性

关税只对进出境的货物和物品征收。因此，关税税则的制定、税率的高低，直接影响到国际贸易的开展。随着世界经济一体化的发展，世界各国的经济联系越来越密切，贸易关系不仅反映简单的经济关系，而且成为一种政治关系。因此，关税的设置、税率的调整和征收办法的改变往往也和经济政策、贸易政策、外交政策紧密相关，具有涉外性。

**思政引航 4-1　　优化关税政策　完善全球治理**

2018年11月17日，中共中央总书记、国家主席、中央军委主席习近平在亚太经合组织工商领导人峰会上发表“为国际社会找到有效经济治理思路”的主旨演讲。他指出，我们应该旗帜鲜明地反对保护主义、单边主义，维护以世界贸易组织为核心的多边贸易体制，引导经济全球化朝着更加开放、包容、普惠、平衡、共赢的方向发展，在开放中扩大共同利益，在合作中实现机遇共享。我们应该加强发展在国际经济政策协调中的地位，在讨论制定贸易和投资、知识产权保护、数字经济等各领域政策和规则时应该有明确的发展视角，为各国营造共同的发展机遇和空间，为世界经济增长提供强劲动力和稳定环境。“特殊与差别待遇”是世界贸易组织的重要基石。

关税在现代社会与国际关系中，通常是实现其特定经济、政治目的的重要工具，选择什么样的关税政策也取决于一国政府在政治、经济、产业发展方面的国家治理思路。当世界上主要国家普遍提高关税和加强非关税壁垒时，不仅这些国家进出口商品的数量要减少，而且由于相互影响、相互作用的结果，将严重影响国际贸易的发展与全球经济的治理。

【例4-1·单选题】下列关于关税特点的说法，正确的是（　）。

A.关税的高低对进口国的生产影响较大，对国际贸易影响不大

B.关税是多环节价内税

C.关税是单一环节的价外税

D.关税不仅对进出境的货物征收，还对进出境的劳务征收

【答案】C

【解析】关税的高低既影响进口国的生产、经济的发展，也影响国际贸易，所以选项A错误；关税是单一环节的价外税，所以选项B错误，选项C正确；关税征收的对象是进出境的货物和物品，所以选项D错误。

## 四、关税的分类

### （一）按征税对象分类

按征税对象，关税可分为进口关税、出口关税和过境关税。

#### 1.进口关税

进口关税是海关对进口货物和物品所征收的关税，是关税中最主要的一种征收形式。目前，许多国家已不征收出口关税和过境关税，因此，我们经常提到的关税，一般都指进口关税。进口关税是保护关税政策的主要手段，在各国财政收入中占有一定地位。

进口关税有正税和附加税之分。正税是按照税则中的法定税率征收的进口关税；附加税则是在征收进口正税的基础上额外加征的关税，主要目的是在保护本国生产和增加财政收入两个方面补充正税的不足，通常属于临时性的限制进口措施。

附加税的名称繁多，如反倾销税、反补贴税、报复关税、紧急进口税等。附加税不是一个独立的税种，是从属于进口正税的。

#### 2.出口关税

出口关税是海关对出口货物和物品所征收的关税。欧洲国家在18世纪以前曾以出口关税作为重要财源，后来各国重视了关税的经济作用，认识到征收出口关税不利于本

国的生产和经济发展。目前，各发达国家一般都取消了出口关税，也有部分国家基于限制本国某些产品或自然资源的输出等原因，对部分出口货物征收出口关税。

3.过境关税

过境货物是指由境外起运、通过境内继续运往境外的货物。对过境货物所征收的关税叫过境关税。过境关税的前身是使用费，在重商主义时代曾盛行一时，征收过境关税主要是为了增加财政收入。19世纪后半期，各国相继取消了过境关税，仅在外国货物通过时征收少量的签证费、印花税、统计费等。

## （二）按征税标准分类

按征税标准，关税可分为从量税、从价税。此外，各国常用的征税标准还有复合税、选择税、滑准税等。

1.从量税

将货物的计量单位（重量、长度、面积、容积、数量等）作为征税标准，将每一计量单位应纳的关税金额作为税率所征收的关税，称为从量税。目前，世界各国多以货物重量为标准计征关税。

从量税最大的优点在于对数量众多、体积庞大、价值低廉的产品征税手续简便，可以节省大量的征收费用。这是因为对于宜于从量征收关税的货物，方便就其数量做征税调查，一般不考虑货物的质量与价格。因此，货物可快速通关，可避免因通关手续繁杂、时间拖长所造成的损失。

2.从价税

将货物的价格作为征税标准而征收的关税称为从价税，从价税的税率表现为货物价格的百分值。经海关审定作为计征关税依据的价格称为完税价格，将完税价格乘以税则中规定的税率，就可得出应纳的税额。

3.复合税

复合税又称混合税，是指在税则的同一税目中，有从价和从量两种税率，征税时既采用从量税率又采用从价税率计征税款。从理论上讲，复合税使税负适度、公正、科学。当物价上涨时，所征税额比单纯征收从量税多，而比单纯征收从价税少；当物价下跌时，所征税额则刚好相反。因此，复合税有较好的相互补偿作用，特别是在物价波动时，可以降低对财政收入的影响，又具有一定的保护作用。我国目前对感光材料、冻鸡产品等实行复合税征收方式。

4.选择税

在税则的同一税目中，有从价和从量两种税率，征税时由海关选择其中一种计征的称为选择税。海关一般选择税额较高的一种，有时也选择税额较低的。实行选择税，多根据产品价格的高低来定。当物价上涨时，使用从价税；当物价下跌时，使用从量税。这样，不仅能保证国家的财政收入，还可较好地发挥保护本国产业的作用。

5.滑动税

滑动税又称滑准税，是在税则中预先按产品的价格高低分档制定若干不同的税率，然后根据进出口商品价格的变动而增减进出口税率的一种关税。商品价格上涨，采用较低税率；商品价格下跌，则采用较高税率。其目的是使该种商品的国内市场价格保持稳定，免受或少受国际市场价格波动的影响。滑动税的优点在于它能平衡物价，保护国内产业发展。

【例4-2·单选题】在关税税则中，预先按产品的价格高低分档制定若干不同的税率，然后根据进出口商品价格的变动而增减进出口税率的关税是（　）。

A.选择税　　B.滑动税　　C.复合税　　D.差别税

【答案】B

【解析】在税则中预先按产品的价格高低分档制定若干不同的税率，然后根据进出口商品价格的变动而增减进出口税率的关税是滑动税，又称滑准税。

### （三）按征税性质分类

按征税性质，关税可分为普通关税、优惠关税和差别关税三种。它们主要适用于进口关税。

#### 1.普通关税

普通关税又称一般关税，是对与本国没有签署贸易或经济互惠等友好协定的国家原产的货物征收的非优惠性关税。普通关税与优惠关税的税率差别一般较大。

#### 2.优惠关税

优惠关税一般是互惠关税，即签订优惠协定的双方互相给对方以优惠关税待遇，但也有单向优惠关税，即只对受惠国给予优惠待遇，而没有反向优惠。优惠关税一般有特定优惠关税、普遍优惠制和最惠国待遇三种。

（1）特定优惠关税，又称特惠税，是指某国对另一国或某些国家对另一些国家的某些方面给予特定优惠关税待遇，而他国不得享受的一种关税制度。特定优惠关税实际上是殖民主义的产物，最早始于宗主国与殖民地附属国之间的贸易交往，具有排他性，因此税率低于协定优惠关税税率。

（2）普遍优惠制，简称普惠制，是发达国家对从发展中国家或地区输入的产品（特别是制成品和半制成品）普遍给予优惠关税待遇的一种制度，因此普惠制还可称为普税制。采取普惠制的目的是增加发展中国家的制成品向经济发达国家的出口，从而增加其财政收入，促使发展中国家尽快实现工业化，加快其经济增长速度。

（3）最惠国待遇，是国际贸易协定中的一项重要内容，它规定缔约双方相互间现在和将来所给予任何第三方的优惠待遇，同样适用于对方。目前，由于最惠国待遇的适用范围很广，因此，在签订条约或协定时，应当对最惠国待遇的范围加以列举或限定，在列举或限定以外的产品，不适用最惠国待遇。

#### 3.差别关税

差别关税实际上是保护主义政策的产物，是保护一国产业所采取的特别手段。差别关税最早产生并运用于欧洲，在重商主义全盛时代曾广为流行。直至近代，由于新重商主义的出现和贸易保护主义的抬头，差别关税再次出现，并得到进一步发展。

一般意义上的差别关税主要分为加重关税、反补贴关税、反倾销关税、报复关税等。

（1）加重关税。加重关税是出于某种原因或为达到某种目的，而对某国货物或某种货物的输入加重征收的关税，如间接输入货物加重税等。

（2）反补贴关税。反补贴关税又称抵消关税，是对接受任何津贴或补贴的外国进口货物所附加征收的一种关税，是差别关税的重要形式之一。货物输出国为了增强本国输出产品在国际市场上的竞争力，往往对输出产品提供津贴、补贴或奖励，以降低其成本，在国外市场上廉价销售。输入国为防止他国补贴货物进入本国市场，威胁本国产业的发展，对凡接受政府、垄断财团补贴、津贴或奖励的他国输入产品，课征与补贴、津贴或奖励额相等的反补贴关税，以抵消他国输入货物因接受补贴、津贴或奖励所形成的竞争优势。

（3）反倾销关税。反倾销关税是对外国的倾销商品征收正常进口关税的同时附加征收的一种关税，是差别关税的又一种重要形式。

（4）报复关税。报复关税是指他国政府以不公正、不平等、不友好的态度对待本国输出的货物时，为维护本国利益，报复该国对本国输出货物的不公正、不平等、不友好待遇，对该国输入本国的货物加重征收的关税。

【例4-3·多选题】差别关税实际上是保护主义政策的产物，是保护一国产业所采取的特别手段。它主要分为（　　）。

A.加重关税　　B.优惠关税　　C.反补贴关税　　D.报复关税

【答案】ACD

【解析】关税可分为普通关税、优惠关税和差别关税。其中，差别关税主要分为加重关税、反补贴关税、报复关税、反倾销关税等。因此，选项B不属于差别关税。

### 知识链接4-1　新西兰的零关税目标

乌拉圭回合达成协议后，新西兰政府开始推行贸易自由化，其目标是实现零关税。继1993—1996年的降税计划以后，新西兰政府又决定从1996年7月1日到2000年7月1日，单方面进一步削减进口产品关税。

新西兰原来也实行进口许可证制度，在20世纪五六十年代达到高峰，当时几乎所有的进口商品都必须领取进口许可证。20世纪70年代以后，历届政府开始逐渐减少进口许可证的使用。自1992年1月1日起，进口许可证制度终止执行。1986年，新西兰政府开始对进口关税进行大幅度的下调；同时规定，凡是对国内制造业不构成威胁的制成品，其关税自1986年起全部取消；对那些本国不能生产的制成品原则上实行自由进口政策。新西兰政府还决定对100项商品由征特别税改征从价税。

**知识链接4-2　　关税壁垒与非关税壁垒**

关税壁垒是一国政府以提高关税的办法限制外国商品进口的措施。关税壁垒的目的是抵制外国商品进入本国市场，最大限度地削弱外国商品在本国市场上的竞争力，保护本国商品的竞争优势，垄断国内市场。高额关税就像高墙一样阻止或限制外国商品输入，因此称为关税壁垒。

非关税壁垒是指除关税以外的一切限制进口的措施，有直接非关税壁垒和间接非关税壁垒之分。直接非关税壁垒是通过对本国商品和进口商品实行差别待遇，迫使出口国限制商品出口，从而直接限制进口。其措施主要有政府采购、海关估价、进口许可制度、进口配额制、关税配额制等。

## 第二节　纳税义务人、征税对象与税率

### 一、纳税义务人

进口货物的收货人、出口货物的发货人、进出境物品的所有人，是关税的纳税义务人。进出境物品的所有人包括该物品的所有人和推定为所有人的人。一般情况下，对于携带进境的物品，推定其携带人为所有人；对于分离运输的行李，推定相应的进出境旅客为所有人；对于以邮递方式进境的物品，推定其收件人为所有人；对于以邮递或其他运输方式出境的物品，推定其寄件人或托运人为所有人。

微课4-2

关税的基本要素

### 二、征税对象

关税的征税对象是准许进出境的货物和物品。货物是指贸易性商品；物品指入境旅客随身携带的行李物品、个人邮递物品、各种运输工具上的服务人员携带进口的自用物品、馈赠物品以及以其他方式进境的个人物品。

### 三、税率

#### （一）进口关税税率

在我国加入世界贸易组织（WTO）之后，为履行我国在加入WTO关税减让谈判中承诺的有关义务，享有WTO成员应有的权利，根据《进出口关税条例》，自2004年1月1日起，我国进口税则设有最惠国税率、协定税率、特惠税率、普通税率、关税配额税率等税率形式，对进口货物在一定期限内可以实行暂定税率。

1.最惠国税率

最惠国税率适用于原产于与我国共同适用最惠国待遇条款的WTO成员的进口货物，或原产于与我国签订有相互给予最惠国待遇条款的双边贸易协定的国家或地区的进口货物，以及原产于我国境内的进口货物。

2.协定税率

协定税率适用于原产于我国参加的含有关税优惠条款的区域性贸易协定的有关缔约方的进口货物。

根据我国与有关国家或地区签署的贸易或关税优惠协定，除此前已报经国务院批准的协定税率降税方案继续实施外，自2019年1月1日起，对我国与新西兰、秘鲁、哥斯达黎加、瑞士、冰岛、韩国、澳大利亚、格鲁吉亚以及亚太贸易协定国家的协定税率进一步降低。根据内地与香港、澳门分别签订的关于建立更紧密经贸关系的安排的货物贸易协议，自实施之日起，除内地在有关国际协议中作出特殊承诺的产品外，对原产于香港、澳门的产品全面实施零关税。

3.特惠税率

特惠税率适用于原产于与我国签订有特殊优惠关税协定的国家或地区的进口货物。

4.普通税率

普通税率适用于原产于上述国家或地区以外的其他国家或地区的进口货物，以及原产地不明的进口货物。按照普通税率征税的进口货物，经国务院关税税则委员会特别批准，可以适用最惠国税率。适用最惠国税率、协定税率、特惠税率的国家或者地区名单，由国务院关税税则委员会决定。

### （二）出口关税税率

我国出口税则为一栏税率，即出口税率。国家仅对少数资源性产品及易于竞相杀价、盲目进口、需要规范出口秩序的半制成品征收出口关税。现行税则对100余种商品计征出口关税，主要包括鳗鱼苗、部分有色金属矿砂及其精矿、生锑、磷、氟钽酸钾、苯、山羊板皮、部分铁合金、钢铁废碎料、铜和铝原料及其制品、镍锭、锌锭、锑锭。但对上述范围内的部分商品实行0~25%的暂定税率。此外，根据需要对其他200多种商品征收暂定税率。与进口暂定税率一样，出口暂定税率优先适用于出口税则中规定的出口税率。

# 第三节　关税完税价格与应纳税额的计算

## 一、原产地规制

确定进境货物原产地的主要原因之一，是便于正确运用进口税则的各栏税率，对产自不同国家或地区的进口货物适用不同的关税税率。我国原产地规定采用了“全部产地生产标准”“实质性加工标准”两种国际上通用的原产地标准。

### （一）全部产地生产标准

全部产地生产标准是指进口货物"完全在一个国家内生产或制造"，生产国或制造国即该货物的原产国。完全在一国生产或制造的进口货物包括：

（1）在该国领土或领海内开采的矿产品。

（2）在该国领土上收获或采集的植物产品。

（3）在该国领土上出生或由该国饲养的活动物及从其所得产品。

（4）在该国领土上狩猎或捕捞所得的产品。

（5）在该国的船只上卸下的海洋捕捞物，以及由该国船只在海上取得的其他产品。

（6）在该国加工船加工上述第5项所列物品所得的产品。

（7）在该国收集的只适用于做再加工制造的废碎料和废旧物品。

（8）在该国完全使用上述1～7项所列产品加工成的制成品。

### （二）实质性加工标准

实质性加工标准是适用于确定有两个或两个以上国家参与生产的产品的原产国的标准。其基本含义是：经过几个国家加工、制造的进口货物，以最后一个对货物进行经济上可以视为实质性加工的国家为有关货物的原产国。"实质性加工"是指产品加工后，在进出口税则中四位数税号一级的税则归类已经有了改变，或者加工增值部分占新产品总值的比例已超过30%的。

### （三）其他

对于机器、仪器、器材或车辆所用零件、部件、配件、备件及工具，如与主件同时进口且数量合理，其原产地按主件的原产地确定，分别进口的则按各自的原产地确定。

关税税率确定之后，货物完税价格的高低直接影响课征关税税额的多少。对于纳税人，它关系到其进口货物的成本的高低，进而影响其利润。对于国家，它关系到国家财政收入和关税职能作用的发挥。因此，各国都制定有详尽的海关制度，目的在于公平、规范地确立应税货物的完税价格。

## 二、关税的完税价格

### （一）一般进口货物的完税价格

根据《海关法》的规定，进口货物的完税价格包括货物的货价、货物运抵我国境内输入地点起卸前的运输费及其相关费用、保险费。进口货物完税价格的确定方法大致可以划分为两类：一类是以进口货物的成交价格为基础进行调整，从而确定进口货物完税价格的估价方法（以下称成交价格估价方法）；另一类则是在进口货物的成交价格不符合规定条件或者成交价格不能确定的情况下，海关用以审查确定进口货物完税价格的估价方法。

以上所列的各种估价方法应依次使用，即当完税价格按列在前面的估价方法无法确定时，才能使用后一种估价方法。但是应进口商的要求，第三种和第四种方法的使用次序可以颠倒。

## （二）进口货物相关费用的核定

（1）进口货物的运费应当按照实际支付的费用计算。如果进口货物的运费无法确定，海关应当按照该货物的实际运输成本或者该货物进口同期运输行业公布的运费率（额）计算。

（2）运输工具作为进口货物，利用自身动力进境的，海关在审查确定完税价格时，不再另行计入运费。

（3）进口货物的保险费应当按照实际支付的费用计算。如果进口货物的保险费无法确定或者未实际发生，海关应当按照“货价”和“运费”两者总额的3‰计算保险费。其计算公式如下：

保险费=（货价+运费）×3‰

邮运进口的货物，应当以邮费作为运费及其相关费用、保险费。

（4）以境外边境口岸价格条件成交的铁路或者公路运输进口货物，海关应当按照境外边境口岸价格的1%计算运费及其相关费用、保险费。

## （三）特殊进口货物的完税价格

### 1.运往境外修理的货物

运往境外修理的机械器具、运输工具或其他货物，出境时已向海关报明，并在海关规定期限内复运进境的，应当以境外修理费和料件费为基础审查确定完税价格。

### 2.运往境外加工的货物

运往境外加工的货物，出境时已向海关报明，并在海关规定期限内复运进境的，应当以境外加工费和料件费以及该货物复运进境的运费及其相关费用、保险费为基础，审查确定完税价格。

### 3.暂时进境货物

经海关批准暂时进境的货物应当缴纳税款的，按照一般进口货物完税价格确定的有关规定，审查确定完税价格。经海关批准留购的暂时进境货物，以海关审查确定的留购价格作为完税价格。

### 4.租赁方式进口货物

租赁方式进口的货物中，以租金方式对外支付的租赁货物，在租赁期间以海关审查确定的租金作为完税价格，利息应当予以计入；留购的租赁货物，以海关审定的留购价格作为完税价格。

### 5.予以补税的减免税货物

减税或免税进口的货物需补税时，应当以海关审定的该货物原进口时的价格扣除折旧部分后作为完税价格。其计算公式如下：

完税价格=海关审定的该货物原进口时的价格×（1-补税时实际已进口的时间（月）/监管年限×12）

式中，补税时实际已进口的时间按月计算，不足1个月但是超过15日的，按照1个月计算；不超过15日的，不予计算。

### （四）出口货物的完税价格

#### 1.以成交价格为基础的完税价格

出口货物的完税价格，由海关以该货物的成交价格为基础审查确定，并且应当包括货物运至我国境内输出地点装载前的运输及其相关费用、保险费。

出口货物的成交价格，是指该货物出口销售时，卖方为出口该货物应当向买方直接收取和间接收取的价款总额。下列税收、费用不计入出口货物的完税价格中：

（1）出口关税。

（2）在货物价款中单独列明的货物运至我国境内输出地点装载后的运输及其相关费用、保险费。

#### 2.出口货物海关估价方法

出口货物的成交价格不能确定时，海关经了解有关情况，并且与纳税义务人进行价格磋商后，依次以下列价格审查确定该货物的完税价格：

（1）同时或者大约同时向同一国家或者地区出口的相同货物的成交价格。

（2）同时或者大约同时向同一国家或者地区出口的类似货物的成交价格。

（3）根据境内生产相同或者类似货物的成本、利润和一般费用（包括直接费用和间接费用），境内发生的运输及其相关费用、保险费计算所得的价格。

（4）按照合理方法估定的价格。

## 三、应纳税额的计算

### （一）从价税应纳税额的计算

关税税额=应税进（出）口货物数量×单位完税价格×税率

微课 4-3

关税的计算

### （二）从量税应纳税额的计算

关税税额=应税进（出）口货物数量×单位货物税额

### （三）复合税应纳税额的计算

关税税额=应税进（出）口货物数量×单位货物税额+应税进（出）口货物数量×单位完税价格×税率

### （四）滑准税应纳税额的计算

关税税额=应税进出（出）口货物数量×单位完税价格×滑准税税率

现行税则《进出口商品从量税、复合税、滑准税税目税率表》后注明了滑准税税率的计算公式，该公式是一个与应税进（出）口货物完税价格相关的取整函数。

【例4-5·计算题】某商场于2023年2月进口了一批高档美容修饰类化妆品。该批货物在国外的买价是120万元，货物运抵我国入关前发生的运输费、保险费和其他费用分别为10万元、6万元、4万元。货物报关后，该商场按规定缴纳了进口环节的增值税和消费税并取得了海关开具的缴款书。将化妆品从海关运往商场所在地取得增值税专用发票，注明运输费用5万元、增值税进项税额0.45万元。该批化妆品当月在国内全部销售完，取得不含税销售额520万元（假定化妆品进口关税税率20%、增值税税率13%、消费税税率15%）。请计算该批化妆品进口环节应缴纳的关税、增值税、消费税和国内销售环节应缴纳的增值税。

【解析】（1）关税完税价格=120+10+6+4=140（万元）

（2）应缴纳进口关税=140×20%=28（万元）

（3）进口环节的组成计税价格=（140+28）÷（1-15%）=197.65（万元）

（4）进口环节应缴纳增值税=197.65×13%=25.69（万元）

（5）进口环节应缴纳消费税=197.65×15%=29.65（万元）

（6）国内销售环节应缴纳增值税=520×13%-0.45-25.69=41.46（万元）

## 知识链接4-3　跨境电子商务零售进口税收政策

自2016年4月8日起，跨境电子商务零售进口商品按照货物征收关税和进口环节增值税、消费税，购买跨境电子商务零售进口商品的个人作为纳税义务人，以实际交易价格（包括货物零售价格、运费和保险费）作为完税价格，电子商务企业、电子商务交易平台企业或物流企业可作为代收代缴义务人。

（一）适用范围

跨境电子商务零售进口税收政策适用于从其他国家或地区进口的、《跨境电子商务零售进口商品清单》范围内的以下商品：

（1）所有通过与海关联网的电子商务交易平台交易，能够实现交易、支付、物流电子信息“三单”比对的跨境电子商务零售进口商品。

（2）未通过与海关联网的电子商务交易平台交易，但快递、邮政企业能够统一提供交易、支付、物流等电子信息，并承诺承担相应法律责任进境的跨境电子商务零售进口商品。

不属于跨境电子商务零售进口的个人物品以及无法提供交易、支付、物流等电子信息的跨境电子商务零售进口商品，按现行规定执行。

（二）计征限额

跨境电子商务零售进口商品的单次交易限值为人民币5 000元，个人年度交易限值为人民币26 000元。在限值以内的跨境电子商务零售进口商品，关税税率暂设为0；进口环节增值税、消费税取消免征税额，暂按法定应纳税额的70%征收。超过单次交易限值、累加后超过个人年度交易限值的单次交易，以及完税价格超过2 000元限值的单个不可分割商品，均按照一般贸易方式全额征税。

（三）计征规定

跨境电子商务零售进口商品自海关放行之日起30日内退货的，可申请退税，并相应调整个人年度交易总额。

跨境电子商务零售进口商品购买人（订购人）的身份信息应进行认证；未进行认证的，购买人（订购人）的身份信息应与付款人一致。

## 第四节 关税减免

关税减免是对某些纳税人和征税对象给予鼓励和照顾的一种特殊规定。正是有了这一规定，关税政策制定工作兼顾了普遍性和特殊性、原则性和灵活性。因此，关税减免是贯彻国家关税政策的一项重要措施。关税减免分为法定减免税、特定减免税、临时减免税和个人邮寄物品的减免税。

### 一、法定减免税

法定减免税是税法中明确列出的减税或免税。符合税法规定可予以减免税的进出口货物，纳税义务人无须提出申请，海关可按规定直接予以减免。海关对法定减免税货物一般不进行后续管理。

我国《海关法》和《进出口关税条例》明确规定，对下列货物、物品予以减免关税：

（1）关税税额在人民币50元以下的一票货物，可免征关税。

（2）无商业价值的广告品和货样，可免征关税。

（3）外国政府、国际组织无偿赠送的物资，可免征关税。

（4）进出境运输工具装载的途中必需的燃料、物料和饮食用品，可免征关税。

（5）在海关放行前损失的货物，可免征关税。

（6）在海关放行前遭受损坏的货物，可以根据海关认定的受损程度减征关税。

（7）我国缔结或者参加的国际条约规定减征、免征关税的货物、物品，按照规定予以减免关税。

（8）法律规定减征、免征关税的其他货物、物品。

### 二、特定减免税

在法定减免税之外，国家按照国际通行的规则和我国的实际情况，制定发布的有关进出口货物减免关税的政策，称为特定或政策性减免税。特定减免税货物一般有地区、企业和用途的限制，海关需要进行后续管理，也需要进行减免税统计。

规定有下列情形之一的，进出口货物的纳税义务人可以自缴纳税款之日起1年内，书面声明理由，连同原纳税收据向海关申请退税并加算银行同期活期存款利息，逾期不予受理：

（1）因海关误征，多纳税款的。

（2）海关核准免验进口的货物，在完税后，发现有短卸情形，经海关审查认可的。

（3）已征出口关税的货物，因故未装运出口，申报退关，经海关查验属实的。

对于已征出口关税的出口货物和已征进口关税的进口货物，因货物品质或规格原因（非其他原因）原状复运进境或出境，经海关查验属实的，也应退还已征关税。海关应当自受理退税申请之日起30日内，作出书面答复并通知退税申请人。本规定强调的是因货物品质或规格原因，原状复运进境或出境的。如果属于其他原因且不能以原状复运进境或出境，则不能退税。

## 四、关税补征和追征

补征和追征是海关在关税纳税义务人按海关核定的税额缴纳关税后，发现实际征收的税额少于应当征收的税额（称为短征关税）时，责令纳税义务人补缴所差税款的行政行为。根据《海关法》的规定，进出境货物和物品放行后，海关发现少征或者漏征税款的，应当自纳税义务人缴纳税款或者货物、物品放行之日起1年内，向纳税义务人补征；因纳税义务人违反规定而造成的少征或者漏征税款，自纳税义务人应缴纳税款之日起3年以内可以追征，并自纳税义务人缴纳税款之日起按日加收少征或者漏征税款5‰的滞纳金。

## 五、关税纳税争议

为保护纳税人的合法权益，《海关法》和《进出口关税条例》都规定了纳税义务人对海关确定的进出口货物的征税、减税、补税或者退税等有异议时，有提出申诉的权利。在纳税义务人与海关发生纳税争议时，可以向海关的上一级海关申请复议。但同时应当在规定期限内按海关核定的税额缴纳关税，逾期则构成滞纳，海关有权按规定采取强制执行措施。

纳税义务人应自海关填发税款缴款书之日起30日内，向原征税海关的上一级海关书面申请复议。逾期申请复议的，海关不予受理。海关应当自收到复议申请之日起60日内作出复议决定，并以复议决定书的形式正式答复纳税义务人；纳税义务人对海关复议决定仍然不服的，可以自收到复议决定书之日起15日内，向人民法院提起诉讼。

# 本章小结

❶ 关税是由海关根据国家制定的有关法律，以进出关境的货物和物品为征税对象而征收的一种商品税。关税属于单一环节的价外税，具有较强的涉外性。

❷ 按征税对象进行分类，关税可分为进口关税、出口关税和过境关税。按征税标准进行分类，关税可分为从量税、从价税。此外，各国常用的征税标准还有复合税、选

择税、滑准税。按征税性质进行分类，关税可分为普通关税、优惠关税和差别关税三种，它们主要适用于进口关税。按保护形式和程度进行分类，关税可分为关税壁垒和非关税壁垒。

❸ 进口货物的收货人、出口货物的发货人、进出境物品的所有人，是关税的纳税义务人。

❹ 根据《海关法》的规定，进口货物的完税价格包括货物的货价、货物运抵我国境内输入地点起卸前的运输及其相关费用、保险费。出口货物的完税价格，由海关以该货物的成交价格为基础审查确定，并且应当包括货物运至我国境内输出地点装载前的运输及其相关费用、保险费。

❺ 关税减免是对某些纳税人和征税对象给予鼓励和照顾的一种特殊规定，也是贯彻国家关税政策的一项重要措施。关税减免分为法定减免税、特定减免税、临时减免税和个人邮寄物品的减免税。

## 本章练习

### （一）名词解释

关税　特定优惠关税　出口货物的完税价格　滑准税

### （二）简答题

1. 请简述关税的特点。
2. 请简述实质性加工标准。

### （三）计算题

参考提示

某市进出口企业（增值税一般纳税人）2023年4月发生如下业务：进口设备一批，合同规定货款50 000美元，进口运费（起卸前）1 000美元，报关费及港口至企业的内陆运费200美元（均取得普通发票）；买方另支付进口货物到达我国关境内输入地点起卸前的保险费100美元，向自己的采购代理人支付购货佣金200美元，向货物代理中介支付中介费500美元，缴纳进口环节税金后海关填发税款专用缴款书。进口后该批设备以500 000元人民币的含税价格销售出去，开具普通发票。（设备关税税率7%，美元当期汇率1∶7）

【要求】根据上述资料，回答下列问题：

（1）计算其进口环节应缴纳的关税。

（2）计算其进口环节应缴纳的增值税。

（3）计算国内销售环节实际应缴纳的增值税。

# 第五章

# 土地增值税

**学习目标**

《中华人民共和国土地增值税法》是指国家制定的用以调整土地增值税征收与缴纳之间权利及义务关系的法律规范，征收土地增值税有助于增强国家对房地产开发和房地产交易市场的调控。通过学习本章，可以了解我国土地增值税的基本要素，理解土地增值税的计税原理和征收管理，掌握土地增值税在计算方面的特殊设计。

## 教学引例

改革开放前，我国土地管理制度一直采取行政划拨方式，土地实行无偿无限期使用，但不允许买卖土地。实践证明，这种土地使用管理制度不利于提高土地资源的使用效益。1987 年，我国对土地使用制度进行改革，实行国有土地使用权的有偿出让和转让后，极大地促进了我国房地产业发展和房地产市场的建立，对提高土地使用效益，增加国家财政收入，改善城市基础设施和人民生活居住条件，以及带动国民经济相关产业的发展都产生了积极作用。但是，随着房地产业的迅速发展，也出现了一些问题，主要是土地供给计划性不强，成片批租的量过大，土地出让金价格偏低，国有土地收益大量流失；多地盲目设立开发区，非农业生产建设大量占用耕地，开发利用率低；房地产市场机制不完善，市场行为不规范，“炒”风过盛，严重冲击了房地产市场的正常秩序。为了配合国家宏观经济政策，控制房地产的过度炒买炒卖，根据《中共中央 国务院关于当前经济情况和加强宏观调控的意见》的精神，1993年12月13日，国务院颁布了《中华人民共和国土地增值税暂行条例》，自1994年1月1日起施行至今。

请思考：

土地增值税对于房地产市场具有什么样的影响？

问题参考

## 第一节　纳税义务人、征税范围与税率

土地增值税是对有偿转让国有土地使用权及地上建筑物和其他附着物产权，取得增值收入的单位和个人征收的一种税。征收土地增值税有助于增强政府对房地产开发和交易市场的调控，有利于抑制炒买炒卖土地获取暴利的行为，也增加了国家财政收入。

**税收史话 5-1　　土地增值税的征收依据**

土地增值税最早起源于18世纪中叶的法国。当时，法国的重农主义创导者魁奈创立了租税学说理论，以后被亚当·斯密、约翰·S.穆勒、亨利·乔治等加以补充、发展。租税学说的基本思路是：地主取得的地租更像是一种“不劳而获”的所得（主要是就从事土地改良以外的所得而言），也就是非因土地改良而产生的地价上涨——土地增值。对于这种基于社会经济发展而增加的利益，不能听任所有者独享，应就其非劳动力与资本所导致的增值部分，采取高税率加以征收，以实现土地增值收益的社会化。租税学说的这一主张，是向土地增值征税的经济原理。

### 一、纳税义务人

土地增值税的纳税义务人为转让国有土地使用权、地上的建筑及其附着物（以下简称转让房地产）并取得收入的单位和个人。单位包括各类企业、事业单位、国家机关、社会团体及其他组织。个人包括个体经营者。

微课 5-1

土地增值税概述及征税范围

《中华人民共和国土地增值税暂行条例》（以下简称《土地增值税暂行条例》）对纳税人的规定具有以下四个特点：

一是不论法人与自然人。不论是企业、事业单位、国家机关、社会团体及其他组织，还是个人，只要有偿转让房地产，都是土地增值税的纳税人。

二是不论经济性质。不论是全民所有制企业、集体企业、私营企业、个体经营者，还是联营企业、合资企业、合作企业、外商独资企业等，只要有偿转让房地产，都是土地增值税的纳税人。

三是不论内资与外资企业、中国公民与外籍个人。不论是内资企业还是外商投资企业、外国驻华机构，也不论是中国公民、港澳台同胞、海外华侨，还是外国公民，只要有偿转让房地产，都是土地增值税的纳税人。

四是不论行业与部门。不论是工业、农业、商业，还是学校、医院、机关等，只要有偿转让房地产，都是土地增值税的纳税人。

### 二、征税范围

土地增值税是对转让国有土地使用权及其地上建筑物和附着物征收。

## （一）基本征税范围

土地增值税是对转让国有土地使用权及其地上建筑物和附着物的行为征税，不包括国有土地使用权出让所取得的收入。

国有土地使用权出让，是指国家以土地所有者的身份将土地使用权在一定年限内让与土地使用者，并由土地使用者向国家支付土地使用权出让金的行为，属于土地买卖的一级市场。土地使用权出让的出让方是国家，国家凭借土地的所有权向土地使用者收取土地的租金。出让的目的是实行国有土地的有偿使用制度，合理开发、利用、经营土地。因此，土地使用权的出让不属于土地增值税的征税范围。

而国有土地使用权的转让是指土地使用者通过出让等形式取得土地使用权后，将土地使用权再转让的行为，包括出售、交换和赠与，它属于土地买卖的二级市场。土地使用权转让，其地上的建筑物、其他附着物的所有权随之转让。土地使用权的转让，属于土地增值税的征税范围。

土地增值税的征税范围不包括未转让土地使用权、房产产权的行为，是否发生转让行为主要以房地产权属（指土地使用权和房产产权）变更为标准。凡土地使用权、房产产权未转让的（如房地产的出租），不征收土地增值税。

土地增值税的基本范围包括：

### 1.转让国有土地使用权

“国有土地”，是指按国家法律规定属于国家所有的土地。转让国有土地使用权是指土地使用者通过出让方式，向政府缴纳了土地出让金，有偿受让土地使用权后，仅对土地进行通水、通电、通路和平整地面等土地开发，不进行房产开发，即所谓“将生地变熟地”，然后直接将空地转让出去。

### 2.地上的建筑物及其附着物连同国有土地使用权一并转让

“地上的建筑物”，是指建于土地上的一切建筑物，包括地上地下的各种附属设施。“附着物”，是指附着于土地上的不能移动或一经移动即遭损坏的物品。纳税人取得国有土地使用权后进行房屋开发建造然后出售的，即是一般所说的房地产开发。虽然这种行为通常被称作卖房，但按照国家有关房地产法律和法规的规定，卖房的同时，土地使用权也随之发生转让。由于这种情况既发生了产权的转让又取得了收入，所以应纳入土地增值税的征税范围。

### 3.存量房地产的买卖

存量房地产是指已经建成并已投入使用的房地产，其房屋所有人将房屋产权和土地使用权一并转让给其他单位和个人。这种行为按照国家有关的房地产法律和法规，应当到有关部门办理房产产权和土地使用权的转移变更手续；原土地使用权属于无偿划拨的，还应到土地管理部门补交土地出让金。

## （二）特殊征税范围

### 1.房地产的继承

房地产的继承是指房产的原产权所有人、依照法律规定取得土地使用权的土地使用人死亡以后，由其继承人依法承受死者房产产权和土地使用权的民事法律行为。这种行为虽然发生了房地产的权属变更，但作为房产产权、土地使用权的原所有人（即被继承人）并没有因为权属变更而取得任何收入。因此，这种房地产的继承不属于土地增值税的征税范围。

### 2.房地产的赠与

房地产的赠与是指房产所有人、土地使用权所有人将自己所拥有的房地产无偿地交给其他人的民事法律行为。但这里的“赠与”仅指以下情况：

（1）房产所有人、土地使用权所有人将房屋产权、土地使用权赠与直系亲属或承担直接赡养义务人的。

（2）房产所有人、土地使用权所有人通过中国境内非营利的社会团体、国家机关将房屋产权、土地使用权赠与教育、民政和其他社会福利、公益事业的。社会团体是指中国青少年发展基金会、希望工程基金会、宋庆龄基金会、减灾委员会、中国红十字会、中国残疾人联合会、全国老年基金会、老区促进会以及经民政部门批准成立的其他非营利性的公益性组织。

房地产的赠与虽发生了房地产的权属变更，但作为房产所有人、土地使用权的所有人并没有因为权属的转让而取得任何收入。因此，房地产的赠与不属于土地增值税的征税范围。

### 3.房地产的出租

房地产的出租是指房产的产权所有人、依照法律规定取得土地使用权的土地使用人，将房产、土地使用权租赁给承租人使用，由承租人向出租人支付租金的行为。房地产的出租，出租人虽取得了收入，但没有发生房产产权、土地使用权的转让。因此，不属于土地增值税的征税范围。

### 4.房地产的抵押

房地产的抵押是指房地产的产权所有人、依法取得土地使用权的土地使用人作为债务人或第三人向债权人提供不动产作为清偿债务的担保而不转移权属的法律行为。这种情况由于房产的产权、土地使用权在抵押期间产权并没有发生权属的变更，房产的产权所有人、土地使用权人仍能对房地产行使占有、使用、收益等权利，房产的产权所有人、土地使用权人虽然在抵押期间取得了一定的抵押贷款，但实际上这些贷款在抵押期满后是要连本带利偿还给债权人的。因此，对房地产的抵押，在抵押期间不征收土地增值税。待抵押期满后，视该房地产是否转移占有而确定是否征收土地增值税。对于以房地产抵债而发生房地产权属转让的，应列入土地增值税的征税范围。

### 5.房地产的交换

这种情况是指一方以房地产与另一方的房地产进行交换的行为。由于这种行为既发生了房产产权、土地使用权的转移，交换双方又取得了实物形态的收入，按《土地增值税暂行条例》规定，它属于土地增值税的征税范围。但对个人之间互换自有居住用房的，经当地税务机关核实，可以免征土地增值税。

6.合作建房

对于一方出地，一方出资金，双方合作建房，建成后按比例分房自用的，暂免征收土地增值税；建成后转让的，应征收土地增值税。

7.房地产的代建房行为

这种情况是指房地产开发公司代客户进行房地产的开发，开发完成后向客户收取代建收入的行为。对于房地产开发公司而言，虽然取得了收入，但没有发生房地产权属的转移，其收入属于劳务收入性质，故不属于土地增值税的征税范围。

8.房地产的重新评估

这主要是指国有企业在清产核资时对房地产进行重新评估而使其升值的情况。这种情况下，房地产虽然有增值，但其既没有发生房地产权属的转移，房产产权所有人、土地使用权人也未取得收入，所以不属于土地增值税的征税范围。

【例5-1·单选题】下列行为中，属于土地增值税征税范围的是（　　）。

A.政府向国有企业划转土地使用权　　B.事业单位出租闲置房产

C.村委会自行转让土地　　D.企业以房地产抵债

【答案】D

【解析】企业以房地产抵债，发生房地产产权转让，属于土地增值税的征税范围。选项A，政府向国有企业划转土地使用权，不属于土地增值税征税范围；选项B，出租房产，没有发生房地产产权的转让，不属于土地增值税的征税范围；选项C，自行转让集体土地是一种违法行为，应由有关部门依照相关法律来处理，而不应纳入土地增值税的征税范围。

【例5-2·多选题】下列单位中，属于土地增值税纳税人的有（　　）。

A.建造房屋的施工单位　　B.中外合资房地产公司

C.转让国有土地的事业单位　　D.房地产管理的物业公司

【答案】BC

【解析】选项A是建造房屋行为，没有涉及转让行为也没有因此产生收入；选项D物业公司是对特定区域内物业实行专业化管理，不涉及转让房产行为并取得收入。

## 三、税率

土地增值税实行四级超率累进税率：

（1）增值额未超过扣除项目金额50%的部分，税率为30%。

（2）增值额超过扣除项目金额50%、未超过扣除项目金额100%的部分，税率为40%。

（3）增值额超过扣除项目金额100%、未超过扣除项目金额200%的部分，税率为50%。

（4）增值额超过扣除项目金额200%的部分，税率为60%。

上述所列四级超率累进税率，每级“增值额未超过扣除项目金额”的比例，均包括本比例数。超率累进税率见表5-1。

表5-1　　　土地增值税四级超率累进税率表　　　单位：%

| 级数 | 增值额与扣除项目金额的比率 | 税率 | 速算扣除系数 |
|---|---|---|---|
| 1 | 不超过50%的部分 | 30 | 0 |
| 2 | 超过50%到100%的部分 | 40 | 5 |
| 3 | 超过100%到200%的部分 | 50 | 15 |
| 4 | 超过200%的部分 | 60 | 35 |

**思政引航5-1　超率累进税率体现政府对房地产行业的调控力度**

习近平总书记在党的二十大报告中强调，“坚持房子是用来住的、不是用来炒的定位，加快建立多主体供给、多渠道保障、租购并举的住房制度。”

2022年7月12日，国家发改委曾印发《“十四五”新型城镇化实施方案》，该方案强调要坚持房子是用来住的、不是用来炒的定位，建立多主体供给、多渠道保障、租购并举的住房制度，夯实城市政府主体责任，稳地价、稳房价、稳预期。建立住房和土地联动机制，实施房地产金融审慎管理制度，支持合理自住需求，遏制投资投机性需求。

征收四级超率累进税率的土地增值税既有利于增加国家财政收入，也有利于增强政府对房地产开发与交易市场的调控，抑制炒买土地获取暴利的行为，为贯彻“房住不炒”提供税收调节工具。

## 第二节　应税收入与扣除项目

### 一、应税收入

根据《土地增值税暂行条例》及《中华人民共和国土地增值税暂行条例实施细则》（以下简称《土地增值税暂行条例实施细则》）的规定，纳税人转让房地产取得的应税收入，应包括转让房地产的全部价款及有关的经济收益。从收入的形式来看，包括货币收入、实物收入和其他收入。

微课5-2

土地增值税的税率、应税收入与扣除项目

1.货币收入

货币收入是指纳税人转让房地产而取得的现金、银行存款、支票、银行本票、汇票等各种信用票据和国库券、金融债券、企业债券、股票等有价证券。这些类型的收入其实质都是转让方因转让土地使用权、房屋产权而向取得方收取的价款。货币收入一般比较容易确定。

2.实物收入

实物收入是指纳税人转让房地产而取得的各种实物形态的收入，如钢材、水泥等建材，房屋、土地等不动产等。实物收入的价值不太容易确定，一般要对这些实物形态的财产进行估价。

3.其他收入

其他收入是指纳税人转让房地产而取得的无形资产收入或具有财产价值的权利，如专利权、商标权、著作权、专有技术使用权、土地使用权、商誉权等。这种类型的收入比较少见，其价值需要进行专门的评估。

**知识链接5-1　土地增值税收入与增值税的关系**

根据财税〔2016〕43号规定，土地增值税纳税人转让房地产取得的收入为不含增值税收入；免征增值税的，确定计税依据时，成交价格、租金收入、转让房地产取得的收入不扣减增值税额。根据国家税务总局公告2016年第70号规定，营改增后纳税人转让房地产的土地增值税应税收入不含增值税。适用增值税一般计税方法的纳税人，其转让房地产的土地增值税应税收入不含增值税销项税额；适用简易计税方法的纳税人，其转让房地产的土地增值税应税收入不含增值税应纳税额。

## 二、扣除项目

计算土地增值税应纳税额，并不是直接对转让房地产所取得的收入征税，而是要对收入额减除国家规定的各项扣除项目金额后的余额计算征税（这个余额就是纳税人在转让房地产中获取的增值额）。因此，要计算增值额，首先必须确定扣除项目。税法准予纳税人从转让收入额中减除的扣除项目包括如下几项：

### （一）取得土地使用权所支付的金额

取得土地使用权所支付的金额包括两方面的内容：

1.纳税人为取得土地使用权所支付的地价款

如果是以协议、招标、拍卖等出让方式取得土地使用权的，地价款为纳税人所支付的土地出让金；如果是以行政划拨方式取得土地使用权的，地价款为按照国家有关规定补交的土地出让金；如果是以转让方式取得土地使用权的，地价款为向原土地使用权人实际支付的地价款。

2.纳税人在取得土地使用权时按国家统一规定缴纳的有关费用

它是指纳税人在取得土地使用权过程中为办理有关手续，按国家统一规定缴纳的有关登记、过户手续费。

### （二）房地产开发成本

房地产开发成本是指纳税人房地产开发项目实际发生的成本，包括土地的征用及拆迁补偿费、前期工程费、建筑安装工程费、基础设施费、公共配套设施费、开发间接费用等。

土地征用及拆迁补偿费包括土地征用费，耕地占用税，劳动力安置费及有关地上、地下附着物拆迁补偿的净支出，安置动迁用房支出等。

前期工程费包括规划、设计、项目可行性研究和水文、地质、勘察、测绘、“三通一平”等支出。

建筑安装工程费指以出包方式支付给承包单位的建筑安装工程费和以自营方式发生的建筑安装工程费。

基础设施费包括开发小区内道路、供水、供电、供气、排污、排洪、通信、照明、环卫、绿化等工程发生的支出。

公共配套设施费包括不能有偿转让的开发小区内公共配套设施发生的支出。

开发间接费用指直接组织、管理开发项目发生的费用，包括工资、职工福利费、折旧费、修理费、办公费、水电费、劳动保护费、周转房摊销等。

【例5-3·计算题】地处县城的某房地产开发公司，2023年3月对一处已竣工的房地产开发项目进行验收，可售建筑面积共计25 000平方米，于是将其中5 000平方米的房屋出租给他人使用（产权未发生转移），其余全部出售。该项目的开发和销售情况如下：

（1）该公司取得土地使用权应支付的土地出让金为8 000万元，该公司按规定缴纳了契税（契税税率5%）。

（2）该公司为该项目发生的开发成本为12 000万元。

要求：

（1）计算该公司清算土地增值税时允许扣除的土地使用权支付金额。

（2）计算该公司清算土地增值税时允许扣除的开发成本。

【解析】（1）允许扣除的土地使用权支付金额=房地产公司为取得土地使用权而支付的地价款+契税
=［（8 000）+（8 000×5%）］×（1−5 000÷25 000）
=6 720（万元）

（2）房地产公司准予扣除的房地产开发成本=12 000×（1−5 000÷25 000）=9 600（万元）

## （三）房地产开发费用

房地产开发费用是指与房地产开发项目有关的销售费用、管理费用和财务费用。根据现行财务会计制度的规定，这三项费用作为期间费用，直接计入当期损益，不按成本核算对象进行分摊。故作为土地增值税扣除项目的房地产开发费用，不按纳税人房地产开发项目实际发生的费用进行扣除，而按《土地增值税暂行条例实施细则》的标准进行扣除。《土地增值税暂行条例实施细则》规定，财务费用中的利息支出，凡能够按转让房地产项目计算分摊并提供金融机构证明的，允许据实扣除，但最高不能超过按商业银行同类同期贷款利率计算的金额。其他房地产开发费用，按《土地增值税暂行条例实施细则》第七条（一）、（二）项规定（即取得土地使用权所支付的金额和房地产开发成本，下同）计算的金额之和的5%以内计算扣除。凡不能按转让房地产项目计算分摊利息支出或不能提供金融机构证明的，房地产开发费用按《土地增值税暂行条例实施细则》第七条（一）、（二）项规定计算的金额之和的10%以内计算扣除。计算扣除的具体比例，由各省、自治区、直辖市人民政府规定。

上述规定的具体含义是：

（1）纳税人能够按转让房地产项目计算分摊利息支出，并能提供金融机构的贷款证明的，其允许扣除的房地产开发费用为：利息+（取得土地使用权所支付的金额+房地产开发成本）×5%以内（注：利息最高不能超过按商业银行同类同期贷款利率计算的金额）。

（2）纳税人不能按转让房地产项目计算分摊利息支出或不能提供金融机构贷款证明的，其允许扣除的房地产开发费用为：（取得土地使用权所支付的金额+房地产开发成本）×10%以内。全部使用自有资金，没有利息支出的，也按照以上方法扣除。上述具体适用的比例按各省、自治区、直辖市人民政府此前规定的比例执行。

（3）房地产开发企业既向金融机构借款，又有其他借款的，其房地产开发费用计算扣除时不能同时适用上述（一）、（二）项所述两种办法。

（4）土地增值税清算时，已经计入房地产开发成本的利息支出，应调整至财务费用中计算扣除。

此外，财政部、国家税务总局还对扣除项目金额中利息支出的计算问题作了两点专门规定：一是利息的上浮幅度按国家的有关规定执行，超过上浮幅度的部分不允许扣除；二是对于超过贷款期限的利息部分和加罚的利息不允许扣除。

【例5-4·单选题】某房地产开发公司开发一住宅项目，取得该土地使用权所支付的金额为3 000万元，房地产开发成本为4 000万元，利息支出为500万元（能提供金融机构贷款证明），所在省人民政府规定，能提供金融机构贷款证明的，其房地产开发费用扣除比例为4%，该公司计算土地增值税时允许扣除开发费用为（　　）万元。

A.700　　B.780　　C.500　　D.850

【答案】B

【解析】税法规定，纳税人能够按转让房地产项目计算分摊利息支出，并能提供金融机构贷款证明的，其允许扣除的房地产开发费用为：

允许扣除的房地产开发费用=利息+（取得土地使用权所支付的金额+房地产开发成本）×5%以内

=500+（3 000+4 000）×4%=780（万元）

## （四）与转让房地产有关的税金

与转让房地产有关的税金是指在转让房地产时缴纳的城市维护建设税、印花税。因转让房地产缴纳的教育费附加、地方教育附加，也可视同税金予以扣除。

需要明确的是，房地产开发企业按照《施工、房地产开发企业财务制度》有关规定，在转让时缴纳的印花税因已列入管理费用中，故在此不允许再单独扣除。其他纳税人缴纳的印花税（按产权转移书据所载金额的0.5‰贴花）允许在此扣除。

知识链接 5-2　　印花税的账务处理

依据“财政部关于印发《增值税会计处理规定》的通知”（财会〔2016〕22号）规定，在全面试行“营业税改征增值税”后，“营业税金及附加”科目名称调整为“税金及附加”科目，该科目核算企业经营活动发生的消费税、城市维护建设税、资源税、教育费附加及房产税、土地使用税、车船使用税、印花税等相关税费。因此，目前企业缴纳的印花税已经列入“税金及附加”科目核算，不再记入“管理费用”科目。

### （五）其他扣除项目

对从事房地产开发的纳税人可按《土地增值税暂行条例实施细则》第（一）、（二）项规定计算的金额之和，加计20%扣除。在此，应特别指出的是：此条优惠只适用于从事房地产开发的纳税人，除此之外的其他纳税人不适用。这样的规定，目的是抑制炒买炒卖房地产的投机行为，保护正常开发投资者的积极性。

### （六）旧房及建筑物的评估价格

纳税人转让旧房的，应按房屋及建筑物的评估价格、取得土地使用权所支付的地价款或出让金、按国家统一规定缴纳的有关费用和转让环节缴纳的税金作为扣除项目金额计征土地增值税。对取得土地使用权时未支付地价款或不能提供已支付的地价款凭据的，在计征土地增值税时不允许扣除。

旧房及建筑物的评估价格是指在转让已使用的房屋及建筑物时，由政府批准设立的房地产评估机构评定的重置成本价乘以成新度折扣率后的价格。评估价格须经当地税务机关确认。重置成本价的含义是：对旧房及建筑物，按转让时的建材价格及人工费用计算，建造同样面积、同样层次、同样结构、同样建设标准的新房及建筑物所需花费的成本费用。成新度折扣率的含义是：按旧房的新旧程度确定一定比例的折扣。例如，一栋房屋已使用近10年，建造时的造价为1 000万元，按转让时的建材及人工费用计算，建同样的新房需花费5 000万元，假定该房有八成新，则该房的评估价格为4 000万元（5 000×80%）。

纳税人转让旧房及建筑物，凡不能取得评估价格，但能提供购房发票的，经当地税务部门确认，根据《土地增值税暂行条例》第六条第（一）、（三）项规定的扣除项目的金额（取得土地使用权所支付的金额，新建房及配套设施的成本、费用，或者旧房及建筑物的评估价格），可按发票所载金额并从购买年度起至转让年度止每年加计5 %计算扣除。计算扣除项目时，自购房发票所载日期起至售房发票开具之日止，每满12个月计1年；超过1年，未满12个月但超过6个月的，可以视同为1年。

对纳税人购房时缴纳的契税，凡能提供契税完税凭证的，准予作为“与转让房地产有关的税金”予以扣除，但不作为加计5%的基数。

对于转让旧房及建筑物，既没有评估价格，又不能提供购房发票的，税务机关可以实施核定征收。

**知识链接5-3　税务机关实施核定征收的条件**

依据《中华人民共和国税收征收管理法》（2015年4月24日修正版）第三十五条的规定，纳税人有下列情形之一的，税务机关有权核定其应纳税额：

（一）依照法律、行政法规的规定可以不设置账簿的；

（二）依照法律、行政法规的规定应当设置账簿但未设置的；

（三）擅自销毁账簿或者拒不提供纳税资料的；

（四）虽设置账簿，但账目混乱或者成本资料、收入凭证、费用凭证残缺不全，难以查账的；

（五）发生纳税义务，未按照规定的期限办理纳税申报，经税务机关责令限期申报，逾期仍不申报的；

（六）纳税人申报的计税依据明显偏低，又无正当理由的。

税务机关核定应纳税额的具体程序和方法由国务院税务主管部门规定。

【例5-5·单选题】关于转让旧房及建筑物土地增值税扣除项目的税务处理，下列说法中，正确的是（　）。

A.凡不能取得评估价格的，按购房发票所载金额作为扣除项目金额

B.因计算纳税需要对房地产进行评估的，其支付的评估费用不得扣除

C.出售旧房及建筑物的，首选按评估价格计算扣除项目金额

D.凡不能取得评估价格的，由税务机关核定的金额作为扣除项目金额

【答案】C

【解析】选项A、D，纳税人转让旧房及建筑物，凡不能取得评估价格，但能提供购房发票的，经当地税务部门确认，取得土地使用权所支付的金额、旧房及建筑物的评估价格，可按发票所载金额并从购买年度起至转让年度止每年加计5%计算扣除；选项B，纳税人转让旧房及建筑物时，因计算纳税需要对房地产进行评估，其支付的评估费用允许在计算土地增值税时予以扣除。

# 第三节　土地增值税应纳税额的计算

## 一、增值额的确定

土地增值税纳税人转让房地产所取得的收入减除规定的扣除项目金额后的余额为增值额。准确核算增值额，还需要有准确的房地产转让收入额和扣除项目的金额。在实际房地产交易活动中，有些纳税人由于不能准确提供房地产转让价格或扣除项目金额，致

使增值额不准确，直接影响应纳税额的计算和缴纳。因此，《土地增值税暂行条例》第九条规定，纳税人有下列情形之一的，按照房地产评估价格计算征收。

1.隐瞒、虚报房地产成交价格

“隐瞒、虚报房地产成交价格”是指纳税人不报或有意低报转让土地使用权、地上建筑物及其附着物价款的行为。隐瞒、虚报房地产成交价格的，应由评估机构参照同类房地产的市场交易价格进行评估。税务机关根据评估价格确定转让房地产的收入。

2.提供扣除项目金额不实

“提供扣除项目金额不实”，是指纳税人在纳税申报时不据实提供扣除项目金额的行为。提供扣除项目金额不实的，应由评估机构按照房屋重置成本价乘以成新度折扣率计算的房屋成本价和取得土地使用权时的基准地价进行评估。税务机关根据评估价格确定扣除项目金额。

3.转让房地产的成交价格低于房地产评估价格，又无正当理由

“转让房地产的成交价格低于房地产评估价格，又无正当理由”，是指纳税人申报的转让房地产的实际成交价低于房地产评估机构评定的交易价，纳税人又不能提供凭据或无正当理由的行为。转让房地产的成交价格低于房地产评估价格，又无正当理由的，由税务机关参照房地产评估价格确定转让房地产的收入。

上述所说的“房地产评估价格”是指由政府批准设立的房地产评估机构根据相同地段、同类房地产进行综合评定的价格。

## 二、应纳税额的计算方法

土地增值税按照纳税人转让房地产所取得的增值额和规定的税率计算征收。土地增值税的计算公式为：

$$应纳税额 = \sum(每级距的土地增值额 \times 适用税率)$$

但在实际工作中，分步计算比较烦琐，一般可以采用速算扣除法计算。计算土地增值税税额，可按增值额乘以适用的税率减去扣除项目金额乘以速算扣除系数的简便方法计算，具体方法如下：

（1）增值额未超过扣除项目金额50%时：

土地增值税税额=增值额×30%

（2）增值额超过扣除项目金额50%、未超过100%时：

土地增值税税额=增值额×40%-扣除项目金额×5%

（3）增值额超过扣除项目金额100%、未超过200%时：

土地增值税税额=增值额×50%-扣除项目金额×15%

（4）增值额超过扣除项目金额200%时：

土地增值税税额=增值额×60%-扣除项目金额×35%

上述公式中的5%、15%、35%分别为2、3、4级的速算扣除系数，见前述表5-1。

【例5-6·计算题】假定某房地产开发公司转让商品房一栋，取得不含增值税的收入总额为1 000万元，应扣除的购买土地的金额、开发成本、开发费用、相关税金、其

他扣除金额合计600万元。请计算该房地产开发公司应缴纳的土地增值税。

【解析】（1）计算增值额：

增值额=1 000-600=400（万元）

（2）计算增值额与扣除项目金额的比率：

增值额与扣除项目金额的比率=400÷600×100% =67%

（3）计算该房地产开发公司应缴纳的土地增值税：

根据前述计算方法，增值额超过扣除项目金额50%、未超过100%时，其适用的计算公式为：

土地增值税税额=增值额×40%-扣除项目金额×5%

应缴纳的土地增值税=400×40%-600×5%=130（万元）

【例5-7·计算题】某工业企业转让一幢20世纪90年代建造的厂房，当时造价100万元，无偿取得土地使用权。如果按现行市场价的材料、人工费计算，建造同样的房子需600万元，该房子为七成新，按500万元（不含增值税）出售，支付有关税费共计27.5万元。请计算该企业转让旧房应缴纳的土地增值税。

微课5-3

土地增值税：例题计算

【解析】（1）评估价格=600×70%=420（万元）

（2）允许扣除的税金为27.5万元

（3）扣除项目金额合计=420+27.5=447.5（万元）

（4）增值额=500-447.5=52.5（万元）

（5）增值率=52.5÷447.5×100%=11.73%

（6）应缴纳的土地增值税=52.5×30%-447.5×0=15.75（万元）

## 第四节 房地产开发企业土地增值税清算

自2007年2月1日起，各省、自治区、直辖市税务机关可按以下规定对房地产开发企业土地增值税进行清算。各省、自治区、直辖市税务机关可依据以下规定并结合当地实际情况制定具体清算管理办法。

### 一、土地增值税的清算单位

土地增值税以国家有关部门审批的房地产开发项目为单位进行清算，对于分期开发的项目，以分期项目为单位清算。

开发项目中同时包含普通住宅和非普通住宅的，应分别计算增值额。

### 二、土地增值税的清算条件

符合下列情形之一的，纳税人应进行土地增值税的清算：

（1）房地产开发项目全部竣工、完成销售的；

（2）整体转让未竣工决算房地产开发项目的；

（3）直接转让土地使用权的。

符合下列情形之一的，主管税务机关可要求纳税人进行土地增值税清算：

（1）已竣工验收的房地产开发项目，已转让的房地产建筑面积占整个项目可售建筑面积的比例在85%以上，或该比例虽未超过85%但剩余的可售建筑面积已经出租或自用的；

（2）取得销售（预售）许可证满3年仍未销售完毕的；

（3）纳税人申请注销税务登记但未办理土地增值税清算手续的；

（4）各省、自治区、直辖市税务机关规定的其他情况。

## 三、非直接销售和自用房地产的收入确定

房地产开发企业将开发产品用于职工福利、奖励、对外投资、分配给股东或投资人、抵偿债务、换取其他单位和个人的非货币性资产等，发生所有权转移时应视同销售房地产，其收入按下列方法和顺序确认：

（1）按本企业在同一地区、同一年度销售的同类房地产的平均价格确定；

（2）由主管税务机关参照当地当年同类房地产的市场价格或评估价值确定。

房地产开发企业将开发的部分房地产转为企业自用或用于出租等商业用途时，如果产权未发生转移，不征收土地增值税，在税款清算时不列收入，不扣除相应的成本和费用。

土地增值税清算时，已全额开具商品房销售发票的，按照发票所载金额确认收入；未开具发票或未全额开具发票的，以交易双方签订的销售合同所载的售房金额及其他收益确认收入。销售合同所载商品房面积与有关部门实际测量面积不一致，在清算前已发生补、退房款的，应在计算土地增值税时予以调整。

## 四、土地增值税的扣除项目

房地产开发企业办理土地增值税清算时计算与清算项目有关的扣除项目金额，应根据《土地增值税暂行条例》第六条及《土地增值税暂行条例实施细则》第七条的规定执行。除另有规定外，扣除取得土地使用权所支付的金额、房地产开发成本和费用及与转让房地产有关税金，须提供合法有效凭证；不能提供合法有效凭证的，不予扣除。

房地产开发企业办理土地增值税清算所附送的前期工程费、建筑安装工程费、基础设施费、开发间接费用的凭证或资料不符合清算要求或不实的，税务机关可参照建设工程造价管理部门公布的建安造价定额资料，结合房屋结构、用途、区位等因素，核定前述四项开发成本的单位面积金额标准，并据以计算扣除。具体核定方法由省级税务机关确定。

房地产开发企业开发建造的与清算项目配套的居委会和派出所用房、会所、停车场（库）、物业管理场所、变电站、热力站、水厂、文体场馆、学校、幼儿园、托儿所、医院、邮电通信等公共设施，按以下原则处理：

（1）建成后产权属于全体业主所有的，其成本、费用可以扣除；

（2）建成后无偿移交给政府、公用事业单位用于非营利性社会公共事业的，其成

本、费用可以扣除；

(3) 建成后有偿转让的，应计算收入，并准予扣除成本、费用。

房地产开发企业销售已装修的房屋，其装修费用可以计入房地产开发成本。房地产开发企业的预提费用，除另有规定外，不得扣除。

属于多个房地产项目共同的成本、费用，应按清算项目可售建筑面积占多个项目可售总建筑面积的比例或其他合理的方法，计算确定清算项目的扣除金额。

房地产开发企业在工程竣工验收后，根据合同约定，扣留建筑安装施工企业一定比例的工程款，作为开发项目的质量保证金，在计算土地增值税时，建筑安装施工企业就质量保证金对房地产开发企业开具发票的，按发票所载金额予以扣除；未开具发票的，扣留的质量保证金不得计算扣除。

房地产开发企业逾期开发缴纳的土地闲置费不得扣除。

房地产开发企业为取得土地使用权所支付的契税，应视同"按国家统一规定交纳的有关费用"，计入"取得土地使用权所支付的金额"中扣除。

## 第五节 税收优惠

### 一、建造普通标准住宅的税收优惠

纳税人建造普通标准住宅出售，增值额未超过扣除项目金额20%的，免征土地增值税。这里所说的"普通标准住宅"，是指按所在地一般民用住宅标准建造的居住用住宅。高级公寓、别墅、度假村等不属于普通标准住宅。纳税人建造普通标准住宅出售，增值额未超过扣除项目金额20%的，免征土地增值税；增值额超过扣除项目金额20%的，应就其全部增值额按规定计税。

对于纳税人既建造普通标准住宅，又进行其他房地产开发的，应分别核算增值额。不分别核算增值额或不能准确核算增值额的，其建造的普通标准住宅不能适用这一免税规定。

**知识链接 5-4　　普通标准住宅的标准**

国办发〔2005〕26号将享受税收优惠的普通住宅的条件界定为：住宅小区建筑容积率在1.0以上；单套建筑面积在120平方米以下；实际成交价格在同级别土地上住房平均交易价格1.2倍以下。各省、自治区、直辖市要根据实际情况，制定本地区享受优惠政策普通住房的具体标准。允许单套建筑面积和价格标准适当浮动，但向上浮动的比例不得超过上述标准的20%。

## 二、国家征用收回的房地产的税收优惠

因国家建设需要依法征用、收回的房地产，免征土地增值税。

这里所说的“因国家建设需要依法征用、收回的房地产”，是指因城市实施规划、国家建设的需要而被政府批准征用的房产或收回的土地使用权。

## 三、因城市规划、国家建设需要而搬迁由纳税人自行转让原房地产的税收优惠

因城市实施规划、国家建设的需要而搬迁，由纳税人自行转让原房地产的，免征土地增值税。

因“城市实施规划”而搬迁，是指因旧城改造或因企业污染、扰民（指产生过量废气、废水、废渣和噪声，使城市居民生活受到一定危害），而由政府或政府有关主管部门根据已审批通过的城市规划确定进行搬迁的情况。因“国家建设的需要”而搬迁，是指因实施国务院、省级人民政府、国务院有关部委批准的建设项目而进行搬迁的情况。

## 四、对企事业单位、社会团体以及其他组织转让旧房作为公共租赁住房房源的税收优惠

对企事业单位、社会团体以及其他组织转让旧房作为公共租赁住房房源的且增值额未超过扣除项目金额20%的，免征土地增值税。

# 第六节 征收管理

由于房地产开发与转让周期较长，造成土地增值税征管难度大，应加强土地增值税的预征管理办法，预征率的确定要科学、合理。对已经实行预征办法的地区，可根据不同类型房地产的实际情况，确定适当的预征率。除保障性住房外，东部地区省份预征率不得低于2%，中部和东北地区省份不得低于1.5%，西部地区省份不得低于1%。

## 一、纳税地点

土地增值税的纳税人应向房地产所在地主管税务机关办理纳税申报，并在税务机关核定的期限内缴纳土地增值税。“房地产所在地”，是指房地产的坐落地。纳税人转让的房地产坐落在两个或两个以上地区的，应按房地产所在地分别申报纳税。

在实际工作中，纳税地点的确定又可分为以下两种情况：

1.纳税人是法人的

当转让的房地产坐落地与其机构所在地或经营所在地一致时，则在办理税务登记的原管辖税务机关申报纳税即可；如果转让的房地产坐落地与其机构所在地或经营所在地不一致时，则应在房地产坐落地所管辖的税务机关申报纳税。

2.纳税人是自然人的

当转让的房地产坐落地与其居住所在地一致时，则在住所所在地税务机关申报纳

税；当转让的房地产坐落地与其居住所在地不一致时，向办理过户手续所在地的税务机关申报纳税。

## 二、纳税申报

土地增值税的纳税人应在转让房地产合同签订后的7日内，到房地产所在地主管税务机关办理纳税申报，并向税务机关提交房屋及建筑物产权、土地使用权证书，土地转让、房产买卖合同，房地产评估报告及其他与转让房地产有关的资料。

纳税人因经常发生房地产转让而难以在每次转让后申报的，经税务机关审核同意后，可以定期进行纳税申报，具体期限由税务机关根据相关规定确定。

纳税人因经常发生房地产转让而难以在每次转让后申报，是指房地产开发企业开发建造的房地产因分次转让而频繁发生纳税义务、难以在每次转让后申报纳税的情况，土地增值税可按月或按各省、自治区、直辖市和计划单列市税务局规定的期限申报缴纳。纳税人选择定期申报方式的，应向纳税所在地的税务机关备案。定期申报方式确定后，一年之内不得变更。

微课 5-4

土地增值税清算、税收优惠和征收管理

此外，根据《土地增值税暂行条例实施细则》的规定，纳税人在项目全部竣工结算前转让房地产取得的收入，可以预征土地增值税，具体办法由各省、自治区、直辖市税务局根据当地情况制定。因此，对于纳税人预售房地产所取得的收入，凡当地税务机关规定预征土地增值税的，纳税人应当到主管税务机关办理纳税申报，并按规定比例预交，待办理决算后，多退少补；凡当地税务机关规定不预征土地增值税的，也应在取得收入时先到税务机关登记或备案。

# 本章小结

❶ 土地增值税是对有偿转让国有土地使用权及地上建筑物和其他附着物产权，取得增值收入的单位和个人征收的一种税。

❷ 土地增值税的纳税义务人为转让国有土地使用权、地上的建筑及其附着物（以下简称转让房地产）并取得收入的单位和个人。土地增值税是对转让国有土地使用权及其地上建筑物和附着物征收。土地增值税实行四级超率累进税率。

❸ 土地增值税纳税人转让房地产所取得的收入减除规定的扣除项目金额后的余额为增值额。土地增值税增值额的计算中，准予扣除项目是难点。对于新建房屋的转让主要包括取得土地使用权所支付的金额、房地产开发成本、房地产开发费用、与转让房地产有关的税金以及财政部规定的其他扣除项目等项目；存量房屋的转让主要包括房屋及建筑物的评估价格、取得土地使用权所支付的地价款和按国家统一规定缴纳的有关费用以及转让环节缴纳的税金等项目。

❹ 土地增值税按照纳税人转让房地产所取得的增值额和规定的税率计算征收。

❺ 土地增值税以国家有关部门审批的房地产开发项目为单位进行清算，对于分期开发的项目，以分期项目为单位清算。

## 本章练习

### （一）名词解释

土地增值税　超率累进税率

### （二）简答题

1. 请简述土地增值税清算时扣除项目的具体项目。

2. 请简述土地增值税的清算条件。

### （三）计算题

参考提示

甲公司（非房地产开发企业）为增值税一般纳税人，2023年3月转让一栋2000年自建的办公楼，取得含税收入9 000万元，已按规定缴纳转让环节的有关税金，并取得完税凭证。

该办公楼造价为800万元，其中包含为取得土地使用权支付的地价款300万元，契税9万元以及按国家统一规定缴纳的其他有关费用1万元。

经房地产评估机构评定，该办公楼重新构建价格为5 000万元，成新度折扣率为五成，支付房地产评估费用10万元，该公司的评估价格已经税务机关认定。

甲公司对于转让“营改增”之前自建的办公楼选择“简易征收”方式；转让该办公楼缴纳的印花税税额为4.5万元。

甲公司适用的城市建设维护税税率为7%，教育费附加征收率为3%，地方教育附加征收率为2%，转让办公楼增值税税率为5%。

【要求】根据以上资料，回答下列问题：

（1）请计算甲公司转让办公楼应缴纳的增值税。

（2）请确认计算土地增值额时可扣除转让环节的税费。

（3）请确认计算土地增值额时可扣除项目的合计金额。

（4）请计算甲公司应缴纳的土地增值税。

# 第六章

# 企业所得税

**学习目标**

企业所得税主要是对公司或具有法人地位的企业征收的所得税，这是实现所得税调节功能的必然选择，也是建立现代企业制度的必然要求。作为中国税制中最为复杂的税种之一，企业所得税制度直接影响着国家与企业之间的利益分配。通过本章学习，熟悉我国企业所得税法的基本要素，掌握应纳所得额的基本构成，理解收入、成本、资产、税收优惠等方面的税制内容，了解我国企业所得税的征收管理制度。

## 教学引例

广东省东莞市税务机关根据上级下发的股权交易检查任务，对K投资有限公司实施税务检查，检查中发现，K投资公司向多家银行、证券公司等金融机构贷款并支付利息费用，但K投资公司借款并非全部用于本公司生产经营，而是被股东YH公司和HS公司长期占用。虽然在此过程中，两家股东公司有借有还，但K投资公司“其他应收款”项目始终保持较高余额。以2022年为例，K投资公司“长期股权投资——投资成本”科目余额保持在15亿元左右，全年向金融机构借款累计超过39亿元。YH公司和HS公司2022年12月31日的资产负债表信息显示，共计占用K投资公司资金逾20亿元，而K投资公司将这些借款资金产生的近2亿元利息支出全部计入当年财务费用并在税前进行了列支。

针对企业上述行为，税务机关认定K投资公司的借款超过了自身经营需要，被股东企业长期占用并且未合理分担利息支出，因此企业需要对税前不合理列支的财务费用进行纳税调整。依法对其作出补缴企业所得税7 454.2万元，加收滞纳金1 762.7万元的处理决定，目前税款已全部追征入库。

问题参考

请思考：

1.为什么企业会计账务上已经作为财务费用处理而税务机关却要进行纳税调整？

2.税务机关认定K投资公司在税前扣除财务费用不合理适用的基本原则是什么？

# 第一节 企业所得税概述

微课 6-1

企业所得税概述

在市场经济体制下，按照承担法律责任的形式，企业可以分为独资企业、合伙企业与公司制企业三种。从法律地位上看，企业所得税主要是对公司或具有法人地位的企业征收的所得税。西方国家将所有针对非个人所得课征的税收称为“Corporation Tax”，一般翻译为公司所得税或法人所得税。根据我国法人登记管理制度的实际情况，兼顾我国税制改革的历史习惯，仍统称其为企业所得税。

## 一、企业所得税的基本类型

在实践中，各国企业所得税制度存在比较大的差异，依据对企业分配利润以后的股东所得是否需要纳税，可以将企业所得税划分为三种类型：

### （一）古典制

该类型以会计实体理论和现代公司法为基础，认为企业是具有独立人格的法律实体，对企业法人所得征税与对股东所得征税，属于对不同的纳税主体进行征收。企业获得收入后，扣除为取得收入而发生的相关费用以及税法允许的扣除项目后，按照应纳税所得征收企业所得税；股东按照收到的股利缴纳税款，留存收益不再缴纳其他税收，以鼓励企业保留利润。美国、荷兰、希腊、丹麦以及除英国外的大部分英联邦国家均执行该类型的企业所得税。

### （二）两率制

该类型将企业实现的利润划分为分配利润和保留利润两个部分，对分配利润和保留利润分别规定不同的企业所得税税率。通常对分配利润规定较低的税率，股东取得股息以后再按照相应的税率分别缴纳个人所得税或者企业所得税，而对保留利润征收较高的税率。这种税制鼓励企业支付股利，尤其是两种税率存在较大差异的情况下，就更具有促进分配的作用。例如，日本、德国对企业未分配股息的所得按基本税率征收所得税，而对作为股息分配的所得按相对较低的税率征收所得税。

### （三）归集抵免制

该类型受“法人虚构说”理论的影响，认为法人不过是一种法律上的虚构物，它仅仅是所有股东的集合体，通过集中所有股东的资金进行投资，如果对企业法人的所得征税，就应该完全排除对股东股息的双重征税，应将作为虚拟法人的企业缴纳的企业所得税进行归集，按照股东的持股比例，部分或全部地抵免股东的个人所得税。通过税收抵免的方式，将企业所得税和个人所得税结合起来，以缓解或彻底消除对企业分配股息的双重征税。这是消除经济性双重征税的最佳方法，目前英国、比利时、加拿大、土耳其以及我国台湾地区都实行该类型的企业所得税。

## 二、企业所得税的特点

### （一）征税对象是特定的所得

企业所得税的征税对象，是纳税人每一纳税年度的收入总额扣除各项成本、费用开支之后的净所得。作为征税对象的企业净所得，不完全等同于企业按照财务会计制度、方法计算出来的会计利润，也不是企业提供的商品劳务价值的增值额，更不是企业销售额。

### （二）纳税人与负税人一致

企业所得税的纳税人和实际负税人是一致的，因而可以直接调节纳税人的收入，而且由于直接对企业征收所得税，还可以较好地发挥国家通过制定税收制度实现经济调控的作用。

### （三）体现量能负担原则

企业所得税以纳税人的生产、经营所得和其他所得为计税依据，贯彻量能负担的原则，按照纳税人负担能力的大小和有无所得确定所得税的税收负担，实现所得多的多征、所得少的少征、无所得的不征。这种将所得税负担和纳税人所得多少联系起来征税的办法，体现了税收公平原则。

### （四）计算方法比较复杂

由于企业所得税的计税依据是应纳税所得额，它是在企业按照财务会计制度规定进行核算得出的利润的基础上，根据税法的规定增加或减少某些项目，并作出相应的调整后得到的。因此，应纳税所得额的计算涉及一定期间的成本、费用的归集与分摊，并且为了对纳税人的不同所得项目实行区别对待，需要通过不予计列项目，将某些收入所得排除在应税所得之外，或对某些项目的支出给予一定的限制，使得应纳税所得额的计算程序较为复杂。

### （五）一般实行按年计征、分期预缴的征收管理办法

会计利润是计算应纳税所得额的基础，而利润是企业一定时期生产、经营成果的最终反映。由于通过利润来综合反映企业的经营业绩，一般是按年度计算和衡量的，因此，企业所得税也一般以全年的应纳税所得额为计税依据，分月或分季预缴，年终汇算清缴。这既反映了所得税的本质要求，同时也有利于税款的均匀入库。

## 三、企业所得税的功能

### （一）组织财政收入功能

企业的征税对象是应纳税所得额，反映的是企业在一段时间内的净收益，而且体现量能负担的原则，因此，虽然企业所得税组织财政收入的功能不如商品税，但是它的征税对象却更加真实可靠，只要国家经济稳定发展和企业经营效益不断提高，就能够为政府组织充足而稳定的财政收入。正因为如此，从企业所得税产生以来，一直就是政府的主要税种之一，能够为政府带来稳定的财政收入。

### （二）实现经济调节功能

政府可以通过减轻或加重税收负担以鼓励或限制纳税人的经济行为，企业所得税除了可以设置优惠税率外，还可以通过放宽或收紧扣除项目、扣除标准以及直接调整应纳税所得额等方式来影响纳税人的税收负担，还可以通过加计扣除、加速折旧、定期减免税等多种优惠方式，对国家重点鼓励发展的产业和项目给予优惠，实行国家产业政策和社会政策。因此，企业所得税在为国家组织财政收入的同时，通过企业所得税税收政策的鼓励或惩罚，有助于优化产业结构和提升科技创新竞争能力。

### （三）促进企业发展功能

企业所得税与纳税人的实际纳税能力直接相关，也反映出政府与企业之间的分配关系，因此，对纳税人而言，企业所得税就是取得经营最终成果而必须缴纳给政府的一种成本。规范统一的企业所得税制度有利于促使企业改善经营管理，努力降低经营成本，提高盈利能力和管理水平。

#### 税收史话6-1

我国所得税制度的创建受到欧美和日本等国影响，始议于20世纪初。清末宣统年间（约1910年），政府有关部门曾草拟出《所得税章程》，包括对企业所得和个人所得征税的内容，但因社会动荡等原因未能公布施行。1936年，国民政府公布《所得税暂行条例》，自同年10月1日起施行。这是中国历史上第一次实质性地开征所得税。

在1949年首届全国税务会议上，通过了统一全国税收政策的基本方案，其中包括对企业所得和个人所得征税的办法。1950年，政务院发布了《全国税政实施要则》，规定全国设置14种税，其中涉及对所得征税的有工商业税（所得税部分）、存款利息所得税和薪给报酬所得税3种。

20世纪70年代末，中国开始实行改革开放政策，税制建设进入了一个新的发展时期。根据党中央统一部署，税制改革工作在“七五”计划期间逐步推开。1980年9月，第五届全国人民代表大会第三次会议通过了《中华人民共和国中外合资经营企业所得税法》并发布施行。企业所得税税率确定为30%，另按应纳所得税额附征10%的地方所得税。1981年12月，第五届全国人民代表大会第四次会议通过了《中华人民共和国外国企业所得税法》，实行20%至40%的5级超额累进税率，另按应纳税所得额附征10%的地方所得税。

1984年9月，国务院发布了《中华人民共和国国营企业所得税条例（草案）》和《国营企业调节税征收办法》。国营企业所得税的纳税人为实行独立经济核算的国营企业，大中型企业实行55%的比例税率，小型企业等实行10%至55%的8级超额累进税率。1985年4月，国务院发布了《中华人民共和国集体企业所得税暂行条例》，实行10%至55%的8级超额累进税率，原来对集体企业征收的工商税（所得税部分）停止征收。1988年6月，国务院发布了《中华人民共和国私营企业所得税暂行条例》，税率为35%。国营企业“利改税”和集体企业、私营企业所得税制度的出台，重新确定了国家与企业的分配关系，使我国的企业所得税制建设进入健康发展的新阶段。

1991年4月，第七届全国人民代表大会将《中华人民共和国中外合资经营企业所得税法》与《中华人民共和国外国企业所得税法》合并，制定了《中华人民共和国外商投资企业和外国企业所得税法》，并于同年7月1日起施行。

1993年12月13日，国务院对《中华人民共和国国营企业所得税条例（草案）》《国营企业调节税征收办法》《中华人民共和国集体企业所得税暂行条例》《中华人民共和国私营企业所得税暂行条例》进行整合制定了《中华人民共和国企业所得税暂行条例》，自1994年1月1日起施行。至此，我国的企业所得税制度分为内资企业所得税和外资企业所得税，两套企业所得税制独立施行。

2007年3月全国人大通过了《中华人民共和国企业所得税法》（以下简称《企业所得税法》），决定将《中华人民共和国外商投资企业和外国企业所得税法》和《中华人民共和国企业所得税暂行条例》合并为统一的所得税法，自2008年1月1日起实施。

## 第二节 纳税义务人、征税对象与税率

### 一、企业所得税的纳税义务人

微课6-2

企业所得税的基本要素

企业所得税的纳税义务人是指在中华人民共和国境内的企业和其他取得收入的组织。《企业所得税法》第一条规定，除个人独资企业、合伙企业不适用《企业所得税法》外，凡在我国境内，企业和其他取得收入的组织（以下统称企业）为企业所得税的纳税人，依照《企业所得税法》规定缴纳企业所得税。

企业所得税的纳税人分为居民企业和非居民企业，分别承担不同的纳税义务。根据国际上通行做法，我国选择了地域管辖权和居民管辖权的双重管辖权标准，最大限度地维护我国的税收利益。

### （一）居民企业

居民企业是指依法在中国境内成立，或者依照外国（地区）法律成立但实际管理机构在中国境内的企业。这里的企业包括国有企业、集体企业、私营企业、联营企业、股份制企业、外商投资企业、外国企业以及有生产、经营所得和其他所得的其他组织。其中，有生产、经营所得和其他所得的其他组织，是指经国家有关部门批准，依法注册、登记的事业单位、社会团体等组织。我国的一些社会团体组织、事业单位在完成国家事业计划的过程中，开展多种经营和有偿服务活动，取得除财政部门各项拨款、财政部和国家物价部门批准的各项规费收入以外的经营收入，具有了经营的特点，应当视同企业纳入征税范围。其中，实际管理机构是指对企业的生产经营、人员、账务、财产等实施实质性全面管理和控制的机构。

### （二）非居民企业

非居民企业是指依照外国（地区）法律成立且实际管理机构不在中国境内，但在中国境内设立机构、场所的，或者在中国境内未设立机构、场所，但有来源于中国境内所得的企业。

上述所称机构、场所，是指在中国境内从事生产经营活动的机构、场所，包括：

1.管理机构、营业机构、办事机构；

2.工厂、农场、开采自然资源的场所；

3.提供劳务的场所；

4.从事建筑、安装、装配、修理、勘探等工程作业的场所；

5.其他从事生产经营活动的机构、场所。

非居民企业委托营业代理人在中国境内从事生产经营活动的，包括委托单位或者个人经常代其签订合同，或者储存、交付货物等，该营业代理人视为非居民企业在中国境内设立的机构、场所。

【例6-1·单选题】根据企业所得税法律制度的规定，下列关于非居民企业的表述中，正确的是（　　）。

A.在境外成立的企业均属于非居民企业

B.在境内成立但有来源于境外所得的企业属于非居民企业

C.依照外国法律成立，实际管理机构在中国境内的企业属于非居民企业

D.依照外国法律成立，实际管理机构不在中国境内但在中国境内设立机构、场所的企业属于非居民企业

【答案】D

【解析】依照外国（地区）法律成立但实际管理机构在中国境内的企业属于居民企业，因此选项A、C不正确。在境内成立的企业属于居民企业，因此选项B不正确。

## 二、征税对象

企业所得税的征税对象是企业的生产经营所得、其他所得和清算所得。

### （一）居民企业的征税对象

居民企业应将来源于中国境内、境外的所得作为征税对象。所得，包括销售货物所得、提供劳务所得、转让财产所得、股息红利等权益性投资所得、利息所得、租金所得、特许权使用费所得、接受捐赠所得和其他所得。

### （二）非居民企业的征税对象

非居民企业在中国境内设立机构、场所的，应当就其所设机构、场所取得的来源于中国境内的所得以及发生在中国境外但与其所设机构、场所有实际联系的所得，缴纳企业所得税。非居民企业在中国境内未设立机构、场所的，或者虽设立机构、场所但取得的所得与其所设机构、场所没有实际联系的，应当就其来源于中国境内的所得缴纳企业所得税。

上述所称实际联系，是指非居民企业在中国境内设立的机构、场所拥有据以取得所得的股权、债权，以及拥有、管理、控制据以取得所得的财产。

【例6-2·多选题】根据企业所得税法律制度的规定，在我国境内设立机构、场所的非居民企业取得的下列所得中，应当向我国缴纳企业所得税的有（　　）。

A.来源于中国境内，但与其在我国境内所设机构、场所没有实际联系的所得

B.来源于中国境外，但与其在我国境内所设机构、场所有实际联系的所得

C.来源于中国境内，且与其在我国境内所设机构、场所有实际联系的所得

D.来源于中国境外，且与其在我国境内所设机构、场所没有实际联系的所得

【答案】ABC

【解析】非居民企业在中国境内设立机构、场所的，应当就其所设机构、场所取得的来源于中国境内的所得以及发生在中国境外但与其所设机构、场所有实际联系的所得，缴纳企业所得税。

### （三）所得来源的确定

所得来源的确定，具体如下：

（1）销售货物所得，按照交易活动发生地确定。

（2）提供劳务所得，按照劳务发生地确定。

（3）转让财产所得：①不动产转让所得按照不动产所在地确定；②动产转让所得按照转让动产的企业或者机构、场所所在地确定；③权益性投资资产转让所得按照被投资企业所在地确定。

（4）股息、红利等权益性投资所得，按照分配所得的企业所在地确定。

（5）利息所得、租金所得、特许权使用费所得，按照负担、支付所得的企业或者机

构、场所所在地确定，或者按照负担、支付所得的个人的住所地确定。

（6）其他所得，由国务院财政、税务主管部门确定。

【例6-3·单选题】依据《企业所得税法》的规定，下列各项所得中，应按照负担、支付所得的企业所在地，或者按照机构、场所所在地确定所得来源地的是（　）。

A.销售货物所得　　B.权益性投资所得

C.动产转让所得　　D.特许权使用费所得

【答案】D

【解析】根据规定，销售货物所得，按照交易活动发生地确定；权益性投资所得，按照分配所得的企业所在地确定；动产转让所得，按照转让动产的企业或者机构、场所所在地确定；特许权使用费所得，按照负担、支付所得的企业或者机构、场所所在地确定。

## 三、税率

企业所得税实行比例税率。比例税率简便易行，透明度高，不会因征税而改变企业间收入分配比例，有利于提高企业生产运营效率。现行规定是：

### （一）基本税率

基本税率为25%。适用于居民企业和在中国境内设有机构、场所且所得与机构、场所有实际联系的非居民企业。

### （二）低税率

低税率为20%。适用于在中国境内未设立机构、场所的，或者虽设立机构、场所但取得的所得与其所设机构、场所没有实际联系的非居民企业。但实际征税时适用10%的优惠税率。

# 第三节　应纳税所得额的计算

应纳税所得额是企业所得税的计税依据，按照《企业所得税法》的规定，应纳税所得额为企业每一个纳税年度的收入总额，减除不征税收入、免税收入、各项扣除以及允许弥补的以前年度亏损后的余额。基本公式为：

应纳税所得额=收入总额-不征税收入-免税收入-各项扣除-允许弥补的以前年度亏损

企业应纳税所得额的计算以权责发生制为原则，属于当期的收入和费用，不论款项是否收付，均作为当期的收入和费用；不属于当期的收入和费用，即使款项已经在当期收付，也不作为当期的收入和费用。应纳税所得额的计算直接关系到国家财政收入和企业的税收负担，并且同成本、费用核算关系密切。因此，《企业所得税法》对应纳税所得额计算作出了明确规定。主要内容包括收入总额、扣除范围和标准、资产的税务处理、亏损弥补等内容。

**知识链接6-1　税前会计利润与应纳税所得额的区别**

税前会计利润，指一定时期内，在减除有关所得税支出或加上有关所得税减免之前，企业利润表上所报告的包括营业外收支的总收益或总亏损。应纳税所得额是企业所得税的计税依据，按照《企业所得税法》的规定，应纳税所得额为企业每一个纳税年度的收入总额，减除不征税收入、免税收入、各项扣除以及允许弥补的以前年度亏损后的余额。

在会计上计算利润总额时所有影响损益的损失和费用都能够扣除，而按照税法的规定并非所有影响损益的费用和损失都能够扣除，比如超过税法规定标准的广告费、业务招待费以及在税法中规定的不允许扣除项目，如滞纳金、行政性罚款等都不能在税前扣除。也并非所有影响损益的收入都计入应纳税所得额，如国债利息收入。

## 一、收入总额

微课6-3

应纳税所得额的计算——收入

企业的收入总额包括以货币形式和非货币形式从各种来源取得的收入，具体包括销售货物收入，提供劳务收入，转让财产收入，股息、红利等权益性投资收益，利息收入，租金收入，特许权使用费收入，接受捐赠收入，其他收入。

企业取得收入的货币形式，包括现金、存款、应收账款、应收票据、准备持有至到期的债券投资以及债务的豁免等；纳税人以非货币形式取得的收入，包括固定资产、生物资产、无形资产、股权投资、存货、不准备持有至到期的债券投资、劳务以及有关权益等，非货币资产应当按照公允价值确定收入额，公允价值是指按照公开市场价格确定的价值。收入的具体构成为：

### （一）一般收入的确认

1.销售货物收入

销售货物收入是指企业销售商品、产品、原材料、包装物、低值易耗品以及其他存货取得的收入。

2.提供劳务收入

提供劳务收入是指企业从事建筑安装、修理修配、交通运输、仓储租赁、金融保险、邮电通信、咨询经纪、文化体育、科学研究、技术服务、教育培训、餐饮住宿、中介代理、卫生保健、社区服务、旅游、娱乐、加工以及其他劳务服务活动取得的收入。

3.转让财产收入

转让财产收入是指企业转让固定资产、生物资产、无形资产、股权、债权等财产取得的收入。

企业转让股权收入，应于转让协议生效且完成股权变更手续时，确认收入的实现。

转让股权收入扣除为取得该股权所发生的成本后，为股权转让所得。企业在计算股权转让所得时，不得扣除被投资企业未分配利润等股东留存收益中按该项股权可能分配的金额。

【例6-4·单选题】甲公司为乙公司的股东，投资成本为200万元，占乙公司股权比例为10%。乙公司累计未分配利润和累计盈余公积为1 800万元，甲公司转让该项股权的公允价格为500万元。根据企业所得税法律制度的规定，甲公司应确认股权转让所得为（　）万元。

A.120　　B.180　　C.200　　D.300

【答案】D

【解析】转让股权收入扣除为取得该股权所发生的成本后，为股权转让所得。企业在计算股权转让所得时，不得扣除被投资企业未分配利润等股东留存收益中按该项股权可能分配的金额。因此股权转让所得为300万元（500-200）。

4.股息、红利等权益性投资收益

股息、红利等权益性投资收益是指企业因权益性投资从被投资方取得的收入。股息、红利等权益性投资收益，除国务院财政、税务主管部门另有规定外，按照被投资方作出利润分配决定的日期确认收入的实现。

被投资企业将股权（票）溢价所形成的资本公积转为股本的，不作为投资企业的股息、红利收入，投资方企业也不得增加该项权益性投资的计税基础。

5.利息收入

利息收入是指企业将资金提供他人使用但不构成权益性投资，或者因他人占用本企业资金取得的收入，包括存款利息、贷款利息、债券利息、欠款利息等。利息收入按照合同约定的债务人应付利息的日期确认收入的实现。

6.租金收入

租金收入是指企业提供固定资产、包装物或者其他有形资产的使用权取得的收入。租金收入，按照合同约定的承租人应付租金的日期确认收入的实现。其中，交易合同或协议中规定租赁期限跨年度，且租金提前一次性支付的，根据《中华人民共和国企业所得税实施条例》（以下简称《实施条例》）第九条规定的收入与费用配比原则，出租人可对上述已确认的收入，在租赁期内，分期均匀计入相关年度收入。

7.特许权使用费收入

特许权使用费收入是指企业提供专利权、非专利技术、商标权、著作权以及其他特许权的使用权取得的收入。特许权使用费收入按照合同约定的特许权使用人应付特许权使用费的日期确认收入的实现。

8.接受捐赠收入

接受捐赠收入是指企业接受的来自其他企业、组织或者个人无偿给予的货币性资产、非货币性资产。接受捐赠收入按照实际收到捐赠资产的日期确认收入的实现。

9.其他收入

其他收入是指企业取得的除以上收入外的其他收入，包括企业资产溢余收入、逾期未退包装物押金收入、确实无法偿付的应付款项、已作坏账损失处理后又收回的应收款项、债务重组收入、补贴收入、违约金收入、汇兑收益等。

### （二）特殊收入的确认

特殊收入的确认，具体如下：

（1）以分期收款方式销售货物的，按照合同约定的收款日期确认收入的实现。

（2）企业受托加工制造大型机械设备、船舶、飞机以及从事建筑、安装、装配工程业务或者提供其他劳务等，持续时间超过12个月的，按照纳税年度内完工进度或者完成的工作量确认收入的实现。

（3）采取产品分成方式取得收入的，按照企业分得产品的日期确认收入的实现，其收入额按照产品的公允价值确定。

（4）企业发生非货币性资产交换，以及将货物、财产、劳务用于捐赠、偿债、赞助、集资、广告、样品、职工福利或者利润分配等用途的，应当视同销售货物、转让财产或者提供劳务，但国务院财政、税务主管部门另有规定的除外。

【例6-5·多选题】根据企业所得税法律制度的规定，下列关于收入确认的表述中，正确的有（　　）。

A.企业以非货币形式取得的收入，应当按照公允价值确定收入额

B.以分期收款方式销售货物的，按照收到货款或索取货款凭证的日期确认收入的实现

C.被投资企业以股权溢价形成的资本公积转增股本时，投资企业应作为股息、红利收入，相应增加该项权益性投资的计税基础

D.接受捐赠收入，按照实际收到捐赠资产的日期确认收入的实现

【答案】AD

【解析】选项B，以分期收款方式销售货物的，按照合同约定的收款日期确认收入的实现；选项C，被投资企业将股权（票）溢价所形成的资本公积转增股本的，不作为投资方企业的股息、红利收入，投资方企业也不得增加该项权益性投资的计税基础。

### （三）内部处置资产与视同销售收入

企业发生下列情形的处置资产，除将资产转移至境外以外，由于资产所有权在形式和实质上均不发生改变，可作为内部处置资产，不视同销售确认收入，相关资产的计税基础延续计算。

（1）将资产用于生产、制造、加工另一产品；

（2）改变资产形状、结构或性能；

（3）改变资产用途（如自建商品房转为自用或经营使用）；

（4）将资产在总机构及其分支机构之间转移；

（5）上述两种或两种以上情形的混合；

（6）其他不改变资产所有权的用途。

企业将资产移送他人的下列情形，因资产所有权已发生改变而不属于内部处置资产，应按规定视同销售确定收入。

（1）用于市场推广；

（2）用于交际应酬；

（3）用于职工奖励或福利；

（4）用于股息分配；

（5）用于对外捐赠；

（6）其他改变资产所有权的用途。

企业发生上一条规定情形时，除另有规定外，应按照被移送资产的公允价值确定销售收入。

【例6-6·多选题】依据《企业所得税法》的相关规定，下列情况属于内部处置资产的有（　　）。

A.将资产用于市场推广

B.将资产用于职工奖励

C.将自建商品房转为自用

D.将资产用于生产、制造、加工另一产品

【答案】CD

【解析】将资产用于市场推广和用于职工奖励，其资产所有权发生改变，不属于内部处置资产，应视同销售确认收入。

## （四）相关收入实现的确认

除《企业所得税法》及其《实施条例》前述与收入相关的规定外，企业销售收入的确认，必须遵循权责发生制原则和实质重于形式原则。

企业销售商品同时满足下列条件的，应确认收入的实现：

（1）商品销售合同已经签订，企业已将与商品所有权相关的主要风险和报酬转移给购买方；

（2）企业对已售出的商品既没有保留通常与所有权相联系的继续管理权，也没有实施有效控制；

（3）收入的金额能够可靠地计量；

（4）已发生或将发生的销售方的成本能够可靠地核算。

符合上述收入确认条件，采取下列商品销售方式的，应按以下规定确定收入实现时间：

（1）销售商品采用托收承付方式的，在办妥托收手续时确认收入。

（2）销售商品采取预收款方式的，在发出商品时确认收入。

【例6-7·单选题】2023年5月6日，甲公司与乙公司签订合同，以预收款方式销售产品200件，不含税单价0.1万元，并于5月10日取得了全部产品销售收入20万元。2023年5月20日，甲公司发出产品120件，6月25日发出产品80件。根据企业所得税法律制度的规定，下列关于甲公司确认销售收入实现日期及金额的表述中，正确的是（　　）。

A.2023年5月6日应确认销售收入20万元

B.2023年5月10日应确认销售收入20万元

C.2023年5月20日应确认销售收入12万元

D.2023年6月25日应确认销售收入20万元

【答案】C

【解析】销售商品采取预收款方式的，在发出商品时确认收入。本题中，2023年5月20日发出产品，所以应在该日确认120件产品的收入。

（3）销售商品需要安装和检验的，在购买方接受商品以及安装和检验完毕时确认收入。如果安装程序比较简单，可在发出商品时确认收入。

（4）销售商品采用支付手续费方式委托代销的，在收到代销清单时确认收入。

【例6-8·多选题】根据企业所得税法律制度的规定，下列关于收入确认的表述中，正确的有（　　）。

A.销售商品采用预收款方式的，在收到预收款时确认收入

B.销售商品采用托收承付方式的，在办妥托收手续时确认收入

C.销售商品采用支付手续费方式委托代销的，在收到代销清单时确认收入

D.销售商品需要安装和检验的，在收到款项时确认收入

【答案】BC

【解析】选项A，销售商品采用预收款方式的，在发出商品时确认收入。选项D，销售商品需要安装和检验的，在购买方接受商品以及安装和检验完毕时确认收入。如果安装程序比较简单，可在发出商品时确认收入。

采用售后回购方式销售商品的，销售的商品按售价确认收入，回购的商品作为购进商品处理。有证据表明不符合销售收入确认条件的，如以销售商品方式进行融资的，收到的款项应确认为负债，回购价格大于原售价的，差额应在回购期间确认为利息费用。

以旧换新方式销售商品的，销售的商品应当按照销售商品收入确认条件确认收入，回收的商品作为购进商品处理。

企业为促进商品销售而在商品价格上给予的价格扣除属于商业折扣，商品销售涉及商业折扣的，应当按照扣除商业折扣后的金额确定销售商品收入。

债权人为鼓励债务人在规定的期限内付款而向债务人提供的债务扣除属于现金折扣，销售商品涉及现金折扣的，应当按扣除现金折扣前的金额确定销售商品收入，现金折扣在实际发生时作为财务费用扣除。

企业因售出商品的质量不合格等原因而在售价上给予的减让属于销售折让；企业因售出商品质量、品种不符合要求等原因而发生的退货属于销售退回。企业已经确认销售收入的售出商品发生销售折让和销售退回的，应当在发生当期冲减当期销售收入。

【例6-9·单选题】根据企业所得税法律制度的规定，下列关于不同方式下销售商品收入金额确定的表述中，正确的是（　　）。

A.采用商业折扣方式销售商品的，按照商业折扣前的金额确定销售商品收入

B.采用现金折扣方式销售商品的，按照现金折扣前的金额确定销售商品收入

C.采用售后回购方式销售商品的，按照扣除回购商品公允价值后的余额确定销售商品收入

D.采用以旧换新方式销售商品的，按照扣除回收商品公允价值后的余额确定销售商品收入

【答案】B

【解析】选项A，商品销售涉及商业折扣的，应当按照扣除商业折扣后的金额确定销售商品收入；选项C，售后回购方式销售商品的，一般情况下，销售的商品按售价确认收入，回购的商品作为购进商品处理；选项D，以旧换新方式销售商品的，销售商品应当按照销售商品收入确认条件确认收入，回收的商品作为购进商品处理。

企业在各个纳税期末，提供劳务交易的结果能够可靠估计的，应采用完工进度（完工百分比）法确认提供劳务收入。

（1）提供劳务交易的结果能够可靠估计，是指同时满足下列条件：

①收入的金额能够可靠地计量；

②交易的完工进度能够可靠地确定；

③交易中已发生和将发生的成本能够可靠地核算。

（2）企业提供劳务完工进度的确定，可通过下列指标：

①对已完成工作的测量；

②已提供劳务占劳务总量的比例；

③发生成本占总成本的比例。

（3）企业应按照从接受劳务方已收或应收的合同或协议价款确定劳务收入总额，根据纳税期末提供劳务收入总额乘以完工进度扣除以前纳税年度累计已确认提供劳务收入后的金额，确认为当期劳务收入；同时，按照提供劳务估计总成本乘以完工进度扣除以前纳税期间累计已确认劳务成本后的金额，结转为当期劳务成本。

（4）下列提供劳务满足收入确认条件的，应按规定确认收入：

①安装费。应根据安装完工进度确认收入。安装工作是商品销售附带条件的，安装费在确认商品销售实现时确认收入。

②宣传媒介的收费。应在相关的广告或商业行为出现于公众面前时确认收入。广告的制作费，应根据制作广告的完工进度确认收入。

③软件费。为特定客户开发软件的收费，应根据开发的完工进度确认收入。

④服务费。包含在商品售价内可区分的服务费，在提供服务的期间分期确认收入。

⑤艺术表演、招待宴会和其他特殊活动的收费。在相关活动发生时确认收入。收费涉及几项活动的，预收的款项应合理分配给每项活动，分别确认收入。

⑥会员费。申请入会或成为会员，只取得会籍，所有其他服务或商品都要另行收费的，在取得该会员费时确认收入。申请入会或成为会员后，会员在会员期内不再付费就可得到各种服务或商品，或者以低于非会员的价格购买商品或接受服务的，该会员费应

在整个受益期内分期确认收入。

⑦特许权费。属于提供设备和其他有形资产的特许权费，在交付资产或转移资产所有权时确认收入；属于提供初始及后续服务的特许权费，在提供服务时确认收入。

⑧劳务费。长期为客户提供重复的劳务收取的劳务费，在相关劳务活动发生时确认收入。

企业以买一赠一等方式组合销售本企业商品的，不属于捐赠，应将总的销售金额按各项商品的公允价值的比例分摊确认各项商品的销售收入。

企业取得财产（包括各类资产、股权、债权等）转让收入、债务重组收入、接受捐赠收入、无法偿付的应付款收入等，不论是以货币形式还是非货币形式，除另有规定外，均应一次性计入确认收入的年度计算缴纳企业所得税。

【例6-10·单选题】下列关于企业所得税收入的确认，表述正确的是（　）。

A.售后回购业务不确认收入，收到的款项应确认为负债

B.以买一赠一方式销售商品的，赠送的商品应视同销售计入收入总额

C.以旧换新业务按照销售的新货物和换入的旧货物的价格差额确认销售收入

D.企业给予购货方现金折扣，按扣除现金折扣前的金额确定销售商品收入金额

【答案】D

【解析】选项A，采用售后回购方式销售商品的，销售的商品按售价确认收入，回购的商品作为购进商品处理。有证据表明不符合销售收入确认条件的，如以销售商品方式进行融资的，收到的款项应确认为负债，回购价格大于原售价的，差额应在回购期间确认为利息费用；选项B，企业以买一赠一等方式组合销售本企业商品的，不属于捐赠，应将总的销售金额按各项商品的公允价值的比例分摊确认各项商品的销售收入；选项C，以旧换新方式销售商品的，销售的商品应当按照销售商品收入确认条件确认收入，回收的商品作为购进商品处理。

## 二、不征税收入和免税收入

国家为了扶持和鼓励某些特殊的纳税人和特定的项目，或者避免因征税影响企业的正常经营，对企业取得的某些收入予以不征税或免税的税收优惠政策，以减轻企业的负担，促进经济的协调发展。

### （一）不征税收入

1.财政拨款

财政拨款是指各级人民政府对纳入预算管理的事业单位、社会团体等组织拨付的财政资金，但国务院和国务院财政、税务主管部门另有规定的除外。

2.依法收取并纳入财政管理的行政事业性收费、政府性基金

依法收取并纳入财政管理的行政事业性收费、政府性基金是指依照法律法规等有关规定，按照国务院规定程序批准，在实施社会公共管理以及在向公民、法人或者其他组织提供特定公共服务过程中，向特定对象收取并纳入财政管理的费用。政府性基金，是

指企业依照法律、行政法规等有关规定，代政府收取的具有专项用途的财政资金。具体规定如下：

（1）企业按照规定缴纳的、由国务院或财政部批准设立的政府性基金以及由国务院和省、自治区、直辖市人民政府及其财政、价格主管部门批准设立的行政事业性收费，准予在计算应纳税所得额时扣除。

企业缴纳的不符合上述审批管理权限设立的基金、收费，不得在计算应纳税所得额时扣除。

（2）企业收取的各种基金、收费，应计入企业当年收入总额。

（3）对企业依照法律、法规及国务院有关规定收取并上缴财政的政府性基金和行政事业性收费，准予作为不征税收入，于上缴财政的当年在计算应纳税所得额时从收入总额中减除；未上缴财政的部分，不得从收入总额中减除。

#### 3.国务院规定的其他不征税收入

国务院规定的其他不征税收入是指企业取得的，由国务院财政、税务主管部门规定专项用途并经国务院批准的财政性资金。

财政性资金是指企业取得的来源于政府及其有关部门的财政补助、补贴、贷款贴息以及其他各类财政专项资金，包括直接减免的增值税和即征即退、先征后退、先征后返的各种税收，但不包括企业按规定取得的出口退税款。

（1）企业取得的各类财政性资金，除属于国家投资和资金使用后要求归还本金的部分以外，均应计入企业当年收入总额。国家投资是指国家以投资者身份投入并按有关规定相应增加企业实收资本（股本）的直接投资。

（2）对企业取得的由国务院财政、税务主管部门规定专项用途并经国务院批准的财政性资金，准予作为不征税收入，在计算应纳税所得额时从收入总额中减除。

（3）纳入预算管理的事业单位、社会团体等组织按照核定的预算和经费报领关系收到的由财政部门或上级单位拨入的财政补助收入，准予作为不征税收入，在计算应纳税所得额时从收入总额中减除，但国务院和国务院财政、税务主管部门另有规定的除外。

企业的不征税收入用于支出所形成的费用，不得在计算应纳税所得额时扣除；企业的不征税收入用于支出所形成的资产，其产生的折旧、摊销不得在计算应纳税所得额时扣除。

### （二）免税收入

#### 1.国债利息收入

为鼓励企业积极购买国债，税法规定，企业因购买国债所得的利息收入，免征企业所得税。

#### 2.符合条件的居民企业之间的股息、红利等权益性收益

符合条件的居民企业之间的股息、红利等权益性收益是指居民企业直接投资于其他居民企业取得的投资收益。该收益不包括连续持有居民企业公开发行并上市流通的股票不足12个月取得的投资收益。

3.在中国境内设立机构、场所的非居民企业从居民企业取得与该机构、场所有实际联系的股息、红利等权益性投资收益

该收益不包括连续持有居民企业公开发行并上市流通的股票不足12个月取得的投资收益。

4.符合条件的非营利组织的收入

符合条件的非营利组织的收入不包括非营利组织从事营利性活动取得的收入，但国务院财政、税务主管部门另有规定的除外。

5.非营利组织的免税收入

非营利组织的下列收入为免税收入：

（1）接受其他单位或者个人捐赠的收入；

（2）除《企业所得税法》第7条规定的财政拨款以外的其他政府补助收入，但不包括因政府购买服务取得的收入；

（3）按照省级以上民政、财政部门规定收取的会费；

（4）不征税收入和免税收入孳生的银行存款利息收入；

（5）财政部、国家税务总局规定的其他收入。

## 三、扣除原则和范围

### （一）税前扣除项目的原则

企业申报的扣除项目和金额要真实、合法。所谓真实是指能提供证据证明有关支出已经实际发生；合法是指符合国家税法的规定，若其他法规规定与税法规定不一致，应以税法规定为标准。除税法另有规定外，税前扣除一般应遵循以下原则：

1.权责发生制原则

权责发生制原则是指企业费用应在发生的所属期扣除，而不是在实际支付时确认扣除。

2.配比原则

配比原则是指企业发生的费用应当与收入配比扣除。除有特殊规定外，企业发生的费用不得提前或滞后申报扣除。

3.相关性原则

相关性原则是指企业可扣除的费用从性质和根源上必须与取得应税收入直接相关。

4.确定性原则

确定性原则是指企业可扣除的费用不论何时支付，其金额必须是确定的。

5.合理性原则

合理性原则是指企业可扣除的费用应当符合生产经营活动常规，是计入当期损益或者有关资产成本的必要和正常的支出。

### （二）扣除项目的范围

《企业所得税法》规定，企业实际发生的与取得收入有关的、合理的支出，包括成本、费用、税金、损失和其他支出，准予在计算应纳税所得额时扣除。

1.成本

成本是指企业在生产经营活动中发生的销售成本、销货成本、业务支出以及其他耗费，即企业销售商品（产品、材料、下脚料、废料、废旧物资等）、提供劳务、转让固定资产、无形资产（包括技术转让）的成本。

微课6-4

应纳税所得额的计算——扣除项目

企业必须将经营活动中发生的成本合理划分为直接成本和间接成本。直接成本是可直接计入有关成本计算对象或劳务的经营成本中的直接材料、直接人工等。间接成本是指多个部门为同一成本对象提供服务的共同成本，或者同一种投入可以制造、提供两种或两种以上的产品或劳务的联合成本。

直接成本可根据有关会计凭证、记录直接计入有关成本计算对象或劳务的经营成本中。间接成本必须根据与成本计算对象之间的因果关系、成本计算对象的产量等，以合理的方法分配计入有关成本计算对象中。

2.费用

费用是指企业每一个纳税年度为生产、经营商品和提供劳务等所发生的销售费用、管理费用和财务费用，已经计入成本的有关费用除外。

销售费用是指应由企业负担的为销售商品而发生的费用，包括广告费、运输费、装卸费、包装费、展览费、保险费、销售佣金（能直接认定的进口佣金调整商品进价成本）、代销手续费、经营性租赁费及销售部门发生的差旅费、工资、福利费等费用。

管理费用是指企业的行政管理部门为管理组织经营活动提供各项支援性服务而发生的费用。

财务费用是指企业为筹集经营性资金而发生的费用，包括利息净支出、汇兑净损失、金融机构手续费以及其他非资本化支出。

3.税金

税金是指企业发生的除企业所得税和允许抵扣的增值税以外的企业缴纳的各项税金及附加，即企业按规定缴纳的消费税、城市维护建设税、关税、资源税、土地增值税、房产税、车船使用税、城镇土地使用税、印花税、教育费附加等销售税金及附加。

4.损失

损失是指企业在生产经营活动中发生的固定资产和存货的盘亏、毁损、报废损失，转让财产损失，呆账损失，坏账损失，自然灾害等不可抗力因素造成的损失以及其他损失。

企业发生的损失减除责任人赔偿和保险赔款后的余额，依照国务院财政、税务主管部门的规定扣除。

企业已经作为损失处理的资产，在以后纳税年度又全部或者部分收回的，应当计入当期收入。

5.扣除的其他支出

扣除的其他支出是指除成本、费用、税金、损失外，企业在生产经营活动中发生的与生产经营活动有关的、合理的支出。

（三）扣除项目及其标准

在计算应纳税所得额时，下列项目可按照实际发生额或规定的标准扣除。

1.工资、薪金支出

企业发生的合理的工资、薪金支出准予据实扣除。工资、薪金支出是企业每一纳税年度支付给在本企业任职或与本企业有雇佣关系的员工的所有现金和非现金形式的劳动报酬，包括基本工资、奖金、津贴、补贴、年终加薪、加班工资以及与任职或受雇有关的其他支出。

“合理工资薪金”是指企业按照股东大会、董事会、薪酬委员会或相关管理机构制定的工资薪金制度规定实际发放给员工的工资薪金。税务机关在对工资薪金合理性进行确认时，可按以下原则：

（1）企业制定了较为规范的员工工资薪金制度。

（2）企业所制定的工资薪金制度符合行业及地区水平。

（3）企业在一定时期内发放的工资薪金是相对固定的，工资薪金的调整是有序进行的。

（4）企业对实际发放的工资薪金，已依法履行了代扣代缴个人所得税义务。

（5）有关工资薪金的安排，不以减少或逃避税款为目的。

（6）国有性质的企业，其工资薪金不得超过政府有关部门规定的限定数额；超过部分，不得计入企业工资薪金总额，也不得在计算企业应纳税所得额时扣除。

2.职工福利费、工会经费、职工教育经费

企业发生的职工福利费、工会经费、职工教育经费按标准扣除，未超过标准的按实际数扣除，超过标准的部分不扣除。

（1）企业发生的职工福利费支出，不超过工资薪金总额14%的部分准予扣除。

企业职工福利费，包括以下内容：

①尚未实行分离办社会职能的企业，其内设福利部门所发生的设备、设施和人员费用，包括职工食堂、职工浴室、理发室、医务所、托儿所、疗养院等集体福利部门的设备、设施及维修保养费用和福利部门工作人员的工资薪金、社会保险费、住房公积金、劳务费等。

②为职工卫生保健、生活、住房、交通等所发放的各项补贴和非货币性福利，包括企业向职工发放的因公外地就医费用、未实行医疗统筹企业的职工医疗费用、职工供养直系亲属医疗补贴、供暖费补贴、职工防暑降温费、职工困难补贴、救济费、职工食堂经费补贴、职工交通补贴等。

③按照规定发生的其他职工福利费，包括丧葬补助费、抚恤费、安家费、探亲假路费等。

企业发生的职工福利费，应该单独设置账册，进行准确核算。没有单独设置账册准确核算的，税务机关应责令企业在规定的期限内进行改正。逾期仍未改正的，税务机关可对企业发生的职工福利费进行合理的核定。

**知识链接6-2　　福利性补贴的性质**

《国家税务总局关于企业工资薪金和职工福利费等支出税前扣除问题的公告》（国家税务总局公告2015年第34号）规定，列入企业员工工资薪金制度、固定与工资薪金一起发放的福利性补贴，符合《国家税务总局关于企业工资薪金及职工福利费扣除问题的通知》（国税函〔2009〕3号）第一条规定的合理工资、薪金支出条件的，可作为企业发生的工资薪金支出，按规定在税前扣除。

不能同时符合上述合理工资、薪金支出条件的福利性补贴，应作为国税函〔2009〕3号文件第三条规定的职工福利费，按规定计算限额税前扣除。

（2）企业拨缴的工会经费，不超过工资薪金总额2%的部分准予扣除。

自2010年7月1日起，企业拨缴的职工工会经费，不超过工资薪金总额2%的部分，凭工会组织开具的《工会经费收入专用收据》在企业所得税税前扣除。

（3）除国务院财政、税务主管部门另有规定外，企业发生的职工教育经费支出，不超过工资薪金总额8%的部分准予扣除，超过部分准予结转以后纳税年度扣除。

上述计算职工福利费、工会经费、职工教育经费的“工资薪金总额”是指企业按照前述规定实际发放的工资薪金总和，不包括企业的职工福利费、职工教育经费、工会经费以及养老保险费、医疗保险费、失业保险费、工伤保险费、生育保险费等社会保险费和住房公积金。国有性质的企业，其工资薪金，不得超过政府有关部门规定的限定数额；超过部分，不得计入企业工资薪金总额，也不得在计算企业应纳税所得额时扣除。

【例6-11·单选题】某居民企业2023年实际支出的合理工资、薪金总额为500万元，职工福利费本期发生72万元，拨缴的工会经费14万元，已经取得工会拨缴收据，实际发生职工教育经费10.5万元，该企业在计算2023年应纳税所得额时，就上述业务应调整的应纳税所得额为（　　）万元。

A.0　　B.2　　C.6　　D.8

【答案】C

【解析】职工福利费扣除限额为70万元（500×14%），实际发生72万元，准予扣除70万元，纳税调增2万元；工会经费扣除限额10万元（500×2%），实际发生14万元，准予扣除10万元，纳税调增4万元；职工教育经费扣除限额40万元（500×8%），实际发生10.5万元，可以据实扣除。应调增应纳税所得额6万元。

**知识链接6-3　　企业接受外部劳务派遣用工费用的扣除方法**

《国家税务总局关于企业工资薪金和职工福利费等支出税前扣除问题的公告》（国家

税务总局公告2015年第34号）规定，企业接受外部劳务派遣用工所实际发生的费用，应分两种情况按规定在税前扣除：

①按照协议（合同）约定直接支付给劳务派遣公司的费用，应作为劳务费支出；

②直接支付给员工个人的费用，应作为工资薪金支出和职工福利费支出。其中属于工资薪金支出的费用，准予计入企业工资薪金总额，作为计算其他各项相关费用扣除的依据。

### 3.社会保险费

（1）企业依照国务院有关主管部门或者省级人民政府规定的范围和标准为职工缴纳的“五险一金”，即基本养老保险费、基本医疗保险费、失业保险费、工伤保险费、生育保险费和住房公积金，准予扣除。

（2）企业为在本企业任职或者受雇的全体员工支付的补充养老保险费、补充医疗保险费，分别在不超过职工工资总额5%标准内的部分，在计算应纳税所得额时准予扣除；超过的部分，不予扣除。企业依照国家有关规定为特殊工种职工支付的人身安全保险费和符合国务院财政、税务主管部门规定可以扣除的商业保险费准予扣除。

**知识链接6-4　特殊保险**

《国家税务总局关于责任保险费企业所得税税前扣除有关问题的公告》（国家税务总局公告2018年第52号）规定，企业参加雇主责任险、公众责任险等责任保险，按照规定缴纳的保险费，准予在企业所得税税前扣除。

《国家税务总局关于企业所得税有关问题的公告》（国家税务总局公告2016年第80号）规定，企业职工因公出差乘坐交通工具发生的人身意外保险费支出，准予企业在计算应纳税所得额时扣除。

### 4.利息费用

企业在生产、经营活动中发生的利息费用，按下列规定扣除。

（1）非金融企业向金融企业借款的利息支出、金融企业的各项存款利息支出和同业拆借利息支出、企业经批准发行债券的利息支出可据实扣除。

（2）非金融企业向非金融企业借款的利息支出，不超过按照金融企业同期同类贷款利率计算的部分可据实扣除，超过部分不得扣除。

（3）关联企业利息费用的扣除。

企业从其关联方接受的债权性投资与权益性投资的比例超过规定标准而发生的利息支出，不得在计算应纳税所得额时扣除。

①在计算应纳税所得额时，企业实际支付给关联方的利息支出，不超过以下规定比例和税法及其实施条例有关规定的部分，准予扣除，超过的部分不得在发生当期和以后年度扣除。

企业实际支付给关联方的利息支出，除符合下面第②条规定外，其接受关联方债权性投资与其权益性投资比例为：金融企业为5∶1；其他企业为2∶1。

②企业如果能够按照税法及其实施条例的有关规定提供相关资料，并证明相关交易活动符合独立交易原则的；或者该企业的实际税负不高于境内关联方的，其实际支付给境内关联方的利息支出，在计算应纳税所得额时准予扣除。

③企业同时从事金融业务和非金融业务，其实际支付给关联方的利息支出，应按照合理方法分开计算；没有按照合理方法分开计算的，一律按前述第①条有关其他企业的比例计算准予税前扣除的利息支出。

④企业自关联方取得的不符合规定的利息收入应按照有关规定缴纳企业所得税。

【例6-12·单选题】某制造类企业注册资本为3 000万元。2023年按同期同类金融机构贷款利率从其关联方借款6 800万元，借款期限一年，发生借款利息408万元。该企业在计算企业所得税应纳税所得额时，准予扣除的利息金额为（　　）。

A.408万元　　B.360万元　　C.180万元　　D.90万元

【答案】B

【解析】根据规定，企业实际支付给关联方的利息支出，除另有规定外，按其接受关联方债权性投资与其权益性投资比例进行扣除，除金融企业外的其他企业的扣除比例为2∶1。该企业的注册资本为3 000万元，关联方债权性投资不应超过6 000万元（3 000×2），现借款6 800万元，准予扣除的利息金额是6 000万元产生的利息，借款利率6%（408÷6 800×100%），则可以税前扣除的利息金额为360万元（6 000×6%）。

（4）企业向自然人借款的利息支出在企业所得税税前的扣除。

①企业向股东或其他与企业有关联关系的自然人借款的利息支出，应根据《企业所得税法》第四十六条及《财政部、国家税务总局关于企业关联方利息支出税前扣除标准有关税收政策问题的通知》（财税〔2008〕121号）的规定，计算企业所得税扣除额。

②企业向除第一项规定以外的内部职工或其他人员借款的利息支出，其借款情况同时符合以下两个条件的，其利息支出在不超过按照金融企业同期同类贷款利率计算的数额的部分，准予扣除。

条件一：企业与个人之间的借贷是真实、合法、有效的，并且不具有非法集资目的或其他违反法律、法规的行为；

条件二：企业与个人之间签订了借款合同。

### 5.借款费用

（1）企业在生产经营活动中发生的合理的不需要资本化的借款费用，准予扣除。

（2）企业为购置、建造固定资产、无形资产和经过12个月以上的建造才能达到预定可销售状态的存货发生借款的，在有关资产购置、建造期间发生的合理的借款费用，应予以资本化，作为资本性支出计入有关资产的成本；有关资产交付使用后发生的借款利息，可在发生当期扣除。

### 6.汇兑损失

企业在货币交易中，以及纳税年度终了时将人民币以外的货币性资产、负债按照期末即期人民币汇率中间价折算为人民币时产生的汇兑损失，除已经计入有关资产成本以及与向所有者进行利润分配相关的部分外，准予扣除。

### 7.业务招待费

企业发生的与生产经营活动有关的业务招待费支出，按照发生额的60%扣除，但最高不得超过当年销售（营业）收入的5‰。

对从事股权投资业务的企业（包括集团公司总部、创业投资企业等），其从被投资企业分配的股息、红利以及股权转让收入，可以按规定的比例计算业务招待费扣除限额。

【例6-13·单选题】某居民企业2023年度取得产品销售收入5 000万元，销售不需要的材料取得收入400万元，接受货币捐赠761万元，出租房屋取得租金收入60万元，发生管理费用280万元（包括业务招待费50万元）。该企业2023年度所得税前可以扣除管理费用为（ ）万元。

A.260　　B.257.3　　C.277.3　　D.280

【答案】B

【解析】业务招待费扣除限额=（5 000+400+60）×5‰=27.3（万元）

实际发生的业务招待费的60%=50×60%=30（万元）

30万元大于27.3万元，按27.3万元扣除。

税前可以扣除的管理费用=280-（50-27.3）=257.3（万元）

### 8.广告费和业务宣传费

企业发生的符合条件的广告费和业务宣传费支出，除国务院财政、税务主管部门另有规定外，不超过当年销售（营业）收入15%的部分，准予扣除；超过部分，准予结转以后纳税年度扣除。

化妆品制造或销售、医药制造、饮料制造（不含酒类制造）企业发生的广告费和业务宣传费支出，不超过当年销售（营业）收入30%的部分，准予扣除；超过部分，准予结转以后纳税年度扣除。烟草企业的烟草广告费和业务宣传费支出，一律不得扣除。

【例6-14·单选题】2023年某居民企业取得商品销售收入2 000万元，接受捐赠收入100万元，转让无形资产所有权收入20万元。该企业当年实际发生的与生产经营活动有关的业务招待费30万元、广告费240万元、业务宣传费80万元。2023年度该企业可税前扣除的业务招待费、广告费和业务宣传费合计（ ）万元。

A.294.5　　B.310　　C.325.5　　D.330

【答案】B

【解析】接受捐赠和转让无形资产所有权收入都不计入销售（营业）收入，业务招待费按实际发生额的60%扣除，但最高不得超过当年销售（营业）收入的5‰。

业务招待费扣除限额=2 000×5‰=10（万元）

10万元小于18万元（30×60%），按照10万元在税前扣除。

广告费、业务宣传费扣除限额=2 000×15%=300（万元）

300万元小于320万元（240+80），按照300万元在税前扣除。

2023年度该企业可在企业所得税税前扣除的业务招待费、广告费和业务宣传费=10+300=310（万元）

## 知识链接6-5 筹办期间的业务招待费、广告费与业务宣传费

《国家税务总局关于企业所得税应纳税所得额若干税务处理问题的公告》（国家税务总局公告2012年第15号）规定，企业在筹建期间，发生的与筹办活动有关的业务招待费，可按实际发生额的60%计入企业筹办费，并按有关规定在税前扣除；发生的广告费和业务宣传费，可按实际发生额计入企业筹办费，并按有关规定在税前扣除。

### 9.环境保护专项资金

企业依照法律、行政法规有关规定提取的用于环境保护、生态恢复等方面的专项资金，准予扣除。上述专项资金提取后改变用途的，不得扣除。

### 10.保险费

企业参加财产保险，按照规定缴纳的保险费，准予扣除。企业为投资者或者职工支付的商业保险费，不得扣除。

### 11.租赁费

企业根据生产经营活动的需要租入固定资产支付的租赁费，按照以下方法扣除：

（1）以经营租赁方式租入固定资产发生的租赁费支出，按照租赁期限均匀扣除。经营性租赁是指所有权不转移的租赁。

（2）以融资租赁方式租入固定资产发生的租赁费支出，构成融资租入固定资产的部分应当提取折旧费用，分期扣除。融资租赁是指实质上转移了与一项资产所有权有关的全部风险和报酬的租赁。

【例6-15·单选题】某大型食品生产企业2023年4月1日，以经营租赁方式租入固定资产使用，租期1年，支付年租金12万元；7月1日以融资租赁方式租入机器设备一台，租期2年，当年支付租金10万元。当年企业计算应纳税所得额时应扣除的租赁费用为（　　）万元。

A.9　　B.12　　C.19　　D.22

【答案】A

【解析】纳税人以经营租赁方式从出租方取得固定资产，应根据租赁时间均匀扣除。以融资租赁方式取得固定资产，其租金支出不得扣除，但可计提折旧。该企业2023年4月1日，以经营租赁方式租入固定资产，租期1年，支付年租金12万元，每个月应分摊1万元费用，2023年使用9个月，在税前应扣除的租赁费为9万元。

### 12.劳动保护费

企业发生的合理的劳动保护支出，准予扣除。

### 13.公益性捐赠支出

公益性捐赠是指企业通过公益性社会团体或者县级（含县级）以上人民政府及其部门，用于《中华人民共和国公益事业捐赠法》规定的公益事业的捐赠。

企业发生的公益性捐赠支出，在年度利润总额12%以内的部分，准予在计算应纳税所得额时扣除，超过年度利润总额12%的部分，准予结转以后三年内在计算应纳税所得额时扣除。年度利润总额，是指企业依照国家统一会计制度的规定计算的年度会计利润。

（1）用于公益事业的捐赠支出是指《中华人民共和国公益事业捐赠法》规定的向公益事业的捐赠支出，具体范围包括：

①救助灾害、救济贫困、扶助残疾人等困难的社会群体和个人的活动；

②教育、科学、文化、卫生、体育事业；

③环境保护、社会公共设施建设；

④促进社会发展和进步的其他社会公共和福利事业；

⑤企事业单位、社会团体以及其他组织捐赠住房作为廉租住房的，视同公益性捐赠。

（2）公益性社会团体是指同时符合下列条件的基金会、慈善组织等社会团体：

①依法登记，具有法人资格；

②以发展公益事业为宗旨，且不以营利为目的；

③全部资产及其增值为该法人所有；

④收益和营运结余主要用于符合该法人设立目的的事业；

⑤终止后的剩余财产不归属任何个人或者营利组织；

⑥不经营与其设立目的无关的业务；

⑦有健全的财务会计制度；

⑧捐赠者不以任何形式参与社会团体财产的分配；

⑨国务院财政、税务主管部门会同国务院民政部门等登记管理部门规定的其他条件。

（3）公益性社会团体和县级以上人民政府及其组成部门和直属机构在接受捐赠时，捐赠资产的价值，按以下原则确定：

①接受捐赠的货币性资产，应当按照实际收到的金额计算。

②接受捐赠的非货币性资产，应当以其公允价值计算。捐赠方在向公益性社会团体和县级以上人民政府及其组成部门和直属机构捐赠时，应当提供注明捐赠非货币性资产公允价值的证明，如果不能提供上述证明，公益性社会团体和县级以上人民政府及其组成部门和直属机构不得向其开具公益性捐赠票据。

（4）公益性社会团体和县级以上人民政府及其组成部门和直属机构在接受捐赠时，应按照行政管理级次分别使用由财政部或省、自治区、直辖市财政部门印制的公益性捐赠票据，并加盖本单位的印章；对个人索取捐赠票据的，应予以开具。

（5）对符合条件的公益性群众团体，应按照管理权限，由财政部、国家税务总局和省、自治区、直辖市、计划单列市财政、税务部门分别每年联合公布名单。名单应当包括继续获得公益性捐赠税前扣除资格和新获得公益性捐赠税前扣除资格的群众团体，企业和个人在名单所属年度内向名单内的群众团体进行的公益性捐赠支出，可以按规定进行税前扣除。

【例6-16·单选题】2023年度，某企业通过市政府向灾区捐款100万元，直接向受灾小学捐款20万元，两笔捐款均在营业外支出中列支。该企业当年的利润总额为1 000万元。假设不考虑其他纳税调整事项。根据企业所得税法律制度的规定，该企业2023年度应纳税所得额为（　　）万元。

A.1 000　　B.1 020　　C.1 120　　D.1 070

【答案】B

【解析】企业通过市政府向灾区捐款100万元，属于公益性捐赠支出，企业发生的公益性捐赠支出，在年度利润总额12%以内的部分，准予在计算应纳税所得额时扣除。则可以扣除的限额为120万元（1 000×12%），实际捐赠100万元，可以全额税前扣除；对于直接向受灾小学的捐款20万元不得税前扣除，所以需要纳税调增20万元。则该企业2023年度应纳税所得额为1 020万元（1 000+20）。

## 知识链接6-6　公益股权捐赠企业所得税政策

《财政部 国家税务总局关于公益股权捐赠企业所得税政策问题的通知》（财税〔2016〕45号）规定，企业向公益性社会团体实施的股权捐赠，应按规定视同转让股权，股权转让收入额以企业所捐赠股权取得时的历史成本确定。企业实施股权捐赠后，以其股权历史成本为依据确定捐赠额，并依此按照《企业所得税法》有关规定在所得税前予以扣除。公益性社会团体接受股权捐赠后，应按照捐赠企业提供的股权历史成本开具捐赠票据。

### 14.有关资产的费用

企业转让各类固定资产发生的费用，允许扣除。企业按规定计算的固定资产折旧费、无形资产和递延资产的摊销费，准予扣除。

### 15.资产损失

资产损失，是指企业在生产经营活动中实际发生的、与取得应税收入有关的资产损失，包括现金损失，存款损失，坏账损失，贷款损失，股权投资损失，固定资产和存货的盘亏、毁损、报废、被盗损失，自然灾害等不可抗力因素造成的损失以及其他损失。

企业当期发生的固定资产和流动资产盘亏、毁损净损失，由其提供清查盘存资料，经主管税务机关审核后，准予扣除；企业因存货盘亏、毁损、报废等原因不得从销项税金中抵扣的进项税金，应视同企业财产损失，准予与存货损失一起在所得税前按规定扣除。

企业发生上述资产损失，应按税法规定在实际确认或者实际发生的当年申报扣除，不得提前或延后扣除。

### 16.依照有关法律、行政法规和国家有关税法规定准予扣除的其他项目

依照有关法律、行政法规和国家有关税法规定准予扣除的其他项目有会员费、合理

的会议费、差旅费、违约金、诉讼费用等。

### 17. 手续费及佣金支出

（1）企业发生与生产经营有关的手续费及佣金支出，不超过以下规定计算限额以内的部分，准予扣除；超过部分，不得扣除。

①保险企业发生与其经营活动有关的手续费及佣金支出，不超过当年全部保费收入扣除退保金等后余额的18%的部分，在计算应纳税所得额时准予扣除；超过部分，允许结转以后年度扣除。

②其他企业以与具有合法经营资格中介服务机构或个人（不含交易双方及其雇员、代理人和代表人等）所签订服务协议或合同确认的收入金额的5%计算限额。

（2）企业应与具有合法经营资格中介服务企业或个人签订代办协议或合同，并按国家有关规定支付手续费及佣金。除委托个人代理外，企业以现金等非转账方式支付的手续费及佣金不得在税前扣除。企业为发行权益性证券支付给有关证券承销机构的手续费及佣金不得在税前扣除。

（3）企业不得将手续费及佣金支出计入回扣、业务提成、返利、进场费等费用。

（4）企业已计入固定资产、无形资产等相关资产的手续费及佣金支出，应当通过折旧、摊销等方式分期扣除，不得在发生当期直接扣除。

（5）企业支付的手续费及佣金不得直接冲减服务协议或合同金额，应如实入账。

（6）企业应当如实向当地主管税务机关提供当年手续费及佣金计算分配表和其他相关资料，并依法取得合法真实凭证。

## 四、不得扣除的项目

在计算应纳税所得额时，下列支出不得扣除：

（1）向投资者支付的股息、红利等权益性投资收益。

（2）企业所得税税款。

（3）税收滞纳金，是指纳税人违反税收法规，被税务机关处以的滞纳金。

（4）罚金、罚款和被没收财物的损失，是指纳税人违反国家有关法律、法规规定，被有关部门处以的罚款以及被司法机关处以的罚金和被没收的财物。

（5）超过规定标准的捐赠支出。

（6）赞助支出，是指企业发生的与生产经营活动无关的各种非广告性质的支出。

（7）未经核定的准备金支出，是指不符合国务院财政、税务主管部门规定的各项资产减值准备、风险准备等准备金支出。

（8）企业之间支付的管理费、企业内营业机构之间支付的租金和特许权使用费以及非银行企业内营业机构之间支付的利息。

（9）与取得收入无关的其他支出。

【例6-17·单选题】根据企业所得税法律制度的规定，企业发生的下列支出中，在计算应纳税所得额时准予扣除的是（　　）。

A.企业支付的企业所得税税款

B.企业支付的合同违约金

C.企业内营业机构之间支付的租金

D.企业内营业机构之间支付的特许权使用费

【答案】B

【解析】在计算应纳税所得额时，企业支付的所得税税款、企业内营业机构之间支付的租金、企业内营业机构之间支付的特许权使用费都是不得税前扣除的。

## 五、亏损弥补

亏损是指企业依照《企业所得税法》的规定，将每一纳税年度的收入总额减除不征税收入、免税收入和各项扣除后小于零的数额。税法规定，企业某一纳税年度发生的亏损可以用下一年度的所得弥补，下一年度的所得不足以弥补的，可以逐年延续弥补，但最长不得超过5年。而且，企业在汇总计算缴纳企业所得税时，其境外营业机构的亏损不得抵减境内营业机构的盈利。

### 知识链接6-7　亏损弥补期限的特殊规定

《关于延长高新技术企业和科技型中小企业亏损结转年限的通知》（财税〔2018〕76号）规定，自2018年1月1日起，当年具备高新技术企业或科技型中小企业资格的企业，其具备资格年度之前5个年度发生的尚未弥补完的亏损，准予结转以后年度弥补，最长结转年限由5年延长至10年。

# 第四节　资产的税务处理

资产是由于资本投资而形成的财产，对于资本性支出以及无形资产受让、开办、开发的费用，不允许作为成本、费用从纳税人的收入总额中一次性扣除，只能采取分次计提折旧或分次摊销的方式进行扣除，即纳税人经营活动中使用的固定资产的折旧费用、无形资产和长期待摊费用的摊销费用可以扣除。税法规定，纳入税务处理范围的资产主要有固定资产、生物资产、无形资产、长期待摊费用、投资资产、存货等，均以历史成本为计税基础。历史成本是指企业取得该项资产时实际发生的支出。企业持有各项资产期间资产增值或者减值，除国务院财政、税务主管部门规定可以确认损益外，不得调整该资产的计税基础。

## 一、固定资产的税务处理

固定资产是指企业为生产产品、提供劳务、出租或者经营管理而持有的、使用时间超过12个月的非货币性资产，包括房屋、建筑物、机器、机械、运输工具以及其他与生产经营活动有关的设备、器具、工具等。

### （一）固定资产的计税基础

外购的固定资产，以购买价款和支付的相关税费以及直接归属于使该资产达到预定用途发生的其他支出为计税基础。

自行建造的固定资产，以竣工结算前发生的支出为计税基础。

融资租入的固定资产，以租赁合同约定的付款总额和承租人在签订租赁合同过程中发生的相关费用为计税基础，租赁合同未约定付款总额的，以该资产的公允价值和承租人在签订租赁合同过程中发生的相关费用为计税基础。

盘盈的固定资产，以同类固定资产的重置完全价值为计税基础。

通过捐赠、投资、非货币性资产交换、债务重组等方式取得的固定资产，以该资产的公允价值和支付的相关税费为计税基础。

改建的固定资产，除已足额提取折旧的固定资产和租入的固定资产以外的其他固定资产，以改建过程中发生的改建支出增加计税基础。

### （二）固定资产折旧的范围

在计算应纳税所得额时，企业按照规定计算的固定资产折旧，准予扣除。下列固定资产不得计算折旧扣除：

（1）房屋、建筑物以外未投入使用的固定资产；

（2）以经营租赁方式租入的固定资产；

（3）以融资租赁方式租出的固定资产；

（4）已足额提取折旧仍继续使用的固定资产；

（5）与经营活动无关的固定资产；

（6）单独估价作为固定资产入账的土地；

（7）其他不得计算折旧扣除的固定资产。

【例6-18·单选题】根据《企业所得税》的相关规定，下列表述中，正确的是（　　）。

A.企业未使用的房屋和建筑物，不得计提折旧

B.企业以经营租赁方式租入的固定资产，应当计提折旧

C.企业盘盈的固定资产，以该固定资产的原值为计税基础

D.企业自行建造的固定资产，以竣工结算前发生的支出为计税基础

【答案】D

【解析】企业未使用的房屋和建筑物，可以计提折旧；以经营租赁方式租入的固定资产不得计提折旧；企业盘盈的固定资产，应当以同类固定资产的重置完全价值为计税基础。

### （三）固定资产折旧的计提方法

企业应当自固定资产投入使用月份的次月起计提折旧；停止使用的固定资产，应当自停止使用月份的次月起停止计提折旧。

企业应当根据固定资产的性质和使用情况，合理确定固定资产的预计净残值。固定资产的预计净残值一经确定，不得变更。

固定资产按照直线法计提的折旧，准予扣除。

### （四）固定资产折旧的计提年限

除国务院财政、税务主管部门另有规定外，固定资产计提折旧的最低年限如下：

（1）房屋、建筑物为20年；

（2）飞机、火车、轮船、机器、机械和其他生产设备为10年；

（3）与生产经营活动有关的器具、工具、家具等为5年；

（4）飞机、火车、轮船以外的运输工具为4年；

（5）电子设备为3年。

从事开采石油、天然气等矿产资源的企业，在开始商业性生产前发生的费用和有关固定资产的折耗、折旧计提方法，由国务院财政、税务主管部门另行规定。

## 二、生物资产的税务处理

生物资产是指有生命的动物和植物。生物资产分为消耗性生物资产、生产性生物资产和公益性生物资产。消耗性生物资产是指为出售而持有的或在将来收获为农产品的生物资产，包括生长中的农田作物、蔬菜、用材林以及存栏待售的牲畜等。生产性生物资产是指为产出农产品、提供劳务或出租等而持有的生物资产，包括经济林、薪炭林、产畜和役畜等。公益性生物资产是指以防护、环境保护为主要目的的生物资产，包括防风固沙林、水土保持林和水源涵养林等。

### （一）生物资产的计税基础

生产性生物资产按照以下方法确定计税基础：

（1）外购的生产性生物资产，以购买价款和支付的相关税费为计税基础；

（2）通过捐赠、投资、非货币性资产交换、债务重组等方式取得的生产性生物资产，以该资产的公允价值和支付的相关税费为计税基础。

### （二）生物资产的折旧方法和折旧年限

生产性生物资产按照直线法计提的折旧，准予扣除。企业应当自生产性生物资产投入使用月份的次月起计提折旧；停止使用的生产性生物资产，应当自停止使用月份的次月起停止计提折旧。

企业应当根据生产性生物资产的性质和使用情况，合理确定生产性生物资产的预计净残值。生产性生物资产的预计净残值一经确定，不得变更。

生产性生物资产计提折旧的最低年限如下：

（1）林木类生产性生物资产为10年；

（2）畜类生产性生物资产为3年。

## 三、无形资产的税务处理

无形资产是指企业长期使用但没有实物形态的资产，包括专利权、商标权、著作权、土地使用权、非专利技术、商誉等。

### （一）无形资产的计税基础

无形资产按照以下方法确定计税基础：

（1）外购的无形资产，以购买价款和支付的相关税费以及直接归属于使该资产达到预定用途发生的其他支出为计税基础；

（2）自行开发的无形资产，以开发过程中该资产符合资本化条件后至达到预定用途前发生的支出为计税基础；

（3）通过捐赠、投资、非货币性资产交换、债务重组等方式取得的无形资产，以该资产的公允价值和支付的相关税费为计税基础。

### （二）无形资产摊销的范围

在计算应纳税所得额时，企业按照规定计算的无形资产摊销费用，准予扣除。

下列无形资产不得计算摊销费用扣除：

（1）自行开发的支出已在计算应纳税所得额时扣除的无形资产；

（2）自创商誉；

（3）与经营活动无关的无形资产；

（4）其他不得计算摊销费用扣除的无形资产。

### （三）无形资产的摊销方法及年限

无形资产采用直线法摊销。无形资产的摊销年限不得低于10年。投资或者受让的无形资产，有关法律规定或者合同约定了使用年限的，可以按照规定或者约定的使用年限分期摊销。外购商誉的支出，在企业整体转让或者清算时，准予扣除。

## 四、长期待摊费用的税务处理

长期待摊费用是指企业发生的应在1个年度以上进行摊销的费用。在计算应纳税所得额时，企业发生的下列支出作为长期待摊费用，按照规定摊销的，准予扣除：

（1）已足额提取折旧的固定资产的改建支出；

（2）租入固定资产的改建支出；

（3）固定资产的大修理支出；

（4）其他应当作为长期待摊费用的支出。

企业的固定资产修理支出可在发生当期直接扣除。企业的固定资产改良支出，如果有关固定资产尚未提足折旧，可增加固定资产价值；如有关固定资产已提足折旧，可作为长期待摊费用，在规定的期间内平均摊销。

固定资产的改建支出，是指改变房屋或者建筑物结构、延长使用年限等发生的支出。已足额提取折旧的固定资产的改建支出，按照固定资产预计尚可使用年限分期摊销；租入固定资产的改建支出，按照合同约定的剩余租赁期限分期摊销；改建的固定资产延长使用年限的，除已足额提取折旧的固定资产、租入的固定资产外，其他的固定资产发生改建支出，应当适当延长折旧年限。

大修理支出，按照固定资产尚可使用年限分期摊销。

固定资产的大修理支出是指同时符合下列条件的支出：

（1）修理支出达到取得固定资产时的计税基础50%以上；

（2）修理后固定资产的使用年限延长2年以上。

其他应当作为长期待摊费用的支出，自支出发生月份的次月起，分期摊销，摊销年限不得低于3年。

【例6-19·单选题】2020年某商贸公司以经营租赁方式租入临街门面房，租期5年。2023年3月该公司对门面房进行改建装修，发生改建费用20万元。关于改建费用的税务处理，下列说法正确的是（　　）。

A.改建费用应作为长期待摊费用处理

B.改建费用应从2023年1月开始摊销

C.改建费用可以在发生当期一次性税前扣除

D.改建费用应在3年内摊销完毕

【答案】A

【解析】租入固定资产的改建支出，按照合同约定的剩余租赁期限分期摊销，因此选项B、C、D均不正确。

## 五、存货的税务处理

存货是指企业持有以备出售的产品或者商品、处在生产过程中的在产品、在生产或者提供劳务过程中耗用的材料和物料等。

### （一）存货的计税基础

存货按照以下方法确定成本：

（1）通过支付现金方式取得的存货，以购买价款和支付的相关税费为成本；

（2）通过支付现金以外的方式取得的存货，以该存货的公允价值和支付的相关税费为成本；

（3）生产性生物资产收获的农产品，以产出或者采收过程中发生的材料费、人工费和分摊的间接费用等必要支出为成本。

### （二）存货的成本计算方法

企业使用或者销售存货的成本计算方法，可以从先进先出法、加权平均法、个别计价法中选用一种。成本计算方法一经选用，不得随意变更。

料作物和香料作物的种植；②海水养殖、内陆养殖。

### （二）从事国家重点扶持的公共基础设施项目投资经营的所得

《企业所得税法》所称国家重点扶持的公共基础设施项目，是指《公共基础设施项目企业所得税优惠目录》规定的港口码头、机场、铁路、公路、电力、水利等项目。

企业从事国家重点扶持的公共基础设施项目投资经营的所得，自项目取得第一笔生产经营收入所属纳税年度起，第1年至第3年免征企业所得税，第4年至第6年减半征收企业所得税。

企业承包经营、承包建设和内部自建自用本条规定的项目，不得享受本条规定的企业所得税优惠。

### （三）从事符合条件的环境保护、节能节水项目的所得

环境保护、节能节水项目的所得，自项目取得第一笔生产经营收入所属纳税年度起，第1年至第3年免征企业所得税，第4年至第6年减半征收企业所得税。

符合条件的环境保护、节能节水项目，包括公共污水处理、公共垃圾处理、沼气综合开发利用、节能减排技术改造、海水淡化等。项目的具体条件和范围由国务院财政、税务主管部门商国务院有关部门制定，报国务院批准后公布施行。

以上规定享受减免税优惠的项目，在减免税期限内转让的，受让方自受让之日起，可以在剩余期限内享受规定的减免税优惠；减免税期限届满后转让的，受让方不得就该项目重复享受减免税优惠。

### （四）符合条件的技术转让所得

符合条件的技术转让所得免征、减征企业所得税。一个纳税年度内，居民企业转让技术所有权所得不超过500万元的部分，免征企业所得税；超过500万元的部分，减半征收企业所得税。

技术转让的范围包括居民企业转让专利技术、计算机软件著作权、集成电路布图设计权、植物新品种、生物医药新品种以及财政部和国家税务总局规定的其他技术。

技术转让应签订技术转让合同。其中，境内的技术转让须经省级以上（含省级）科技部门认定登记，跨境的技术转让须经省级以上（含省级）商务部门认定登记，涉及财政经费支持产生技术的转让，需省级以上（含省级）科技部门审批。

居民企业从直接或间接持有股权之和达到100%的关联方取得的技术转让所得，不享受技术转让减免企业所得税优惠政策。

## 二、高新技术企业优惠

国家需要重点扶持的高新技术企业减按15%的税率征收企业所得税。国家需要重点扶持的高新技术企业是指拥有核心自主知识产权，并同时符合下列6个方面条件的企业：

（1）拥有核心自主知识产权，指在中国境内（不含港、澳、台地区）注册的企业，近3年内通过自主研发、受让、受赠、并购等方式，或通过5年以上的独占许可方式，对其主要产品（服务）的核心技术拥有自主知识产权。

（2）产品（服务）属于《国家重点支持的高新技术领域》规定的范围。

（3）研究开发费用占销售收入的比例不低于规定比例，指企业为获得科学技术（不包括人文、社会科学）新知识，创造性运用科学技术新知识，或实质性改进技术、产品（服务）而持续进行了研究开发活动，且近3个会计年度的研究开发费用总额占销售收入的比例符合以下要求：

①最近一年销售收入小于5 000万元的企业，研究开发费用占销售收入的比例不低于6%；

②最近一年销售收入在5 000万元至20 000万元的企业，研究开发费用占销售收入的比例不低于4%；

③最近一年销售收入在20 000万元以上的企业，研究开发费用占销售收入的比例不低于3%。

其中，企业在中国境内发生的研究开发费用总额占全部研究开发费用总额的比例不低于60%。企业注册成立时间不足3年的，按实际经营年限计算。

（4）高新技术产品（服务）收入占企业总收入的比例不低于规定比例，指高新技术产品（服务）收入占企业当年总收入的60%以上。

（5）科技人员占企业职工总数的比例不低于规定比例，指具有大学专科以上学历的科技人员占企业当年职工总数的30%以上，其中研发人员占企业当年职工总数的10%以上。

（6）高新技术企业认定管理办法规定的其他条件。《国家重点支持的高新技术领域》和《高新技术企业认定管理办法》由国务院科技、财政、税务主管部门制定，报国务院批准后公布施行。

## 思政引航6-1　企业所得税优惠为高新技术企业创新解困

党的二十大报告再次强调，教育、科技、人才是全面建设社会主义现代化国家的基础性、战略性支撑。需要以国家战略需求为导向，集聚力量进行原创性、引领性科技攻关，坚决打赢关键核心技术攻坚战。加快实施一批具有战略性、全局性、前瞻性的国家重大科技项目，增强自主创新能力。加强基础研究，突出原创，鼓励自由探索。提升科技投入效能，深化财政科技经费分配使用机制改革，激发创新活力。加强企业主导的产学研深度融合，强化目标导向，提高科技成果转化和产业化水平。强化企业科技创新主体地位，发挥科技型骨干企业引领支撑作用，营造有利于科技型中小微企业成长的良好环境，推动创新链、产业链、资金链、人才链深度融合。

高新技术企业是科技创新的重要主体。而科技创新过程充满着不确定性，如果政府能够给予适当的扶持，增加企业技术创新的预期回报，将有助于企业增加技术创新的信心和投资。我国企业所得税在税率和税基等方面给予了高新技术企业极大的支持。

## 三、小型微利企业优惠

小型微利企业减按20%的税率征收企业所得税。

自2023年1月1日至2024年12月31日，对小型微利企业年应纳税所得额不超过100万元的部分，减按25%计入应纳税所得额，按20%的税率缴纳企业所得税。

依据《关于进一步实施小微企业所得税优惠政策的公告》（财政部 税务总局公告2022年第13号）规定，自2022年1月1日至2024年12月31日，对年应纳税所得额超过100万元但不超过300万元的部分，减按25%计入应纳税所得额，按20%的税率缴纳企业所得税。

为稳定预期、提振信心，支持小微企业发展，根据《财政部 税务总局关于进一步支持小微企业和个体工商户发展有关税费政策的公告》（财政部 税务总局公告2023年第12号）规定，对小型微利企业减按25%计算应纳税所得额，按20%的税率缴纳企业所得税政策，延续执行至2027年12月31日。

小型微利企业是指从事国家非限制和禁止行业，且同时符合年度应纳税所得额不超过300万元、从业人数不超过300人、资产总额不超过5 000万元三个条件的企业。

上述“从业人数”按企业全年平均从业人数计算，“资产总额”按企业年初和年末的资产总额平均计算。

小型微利企业是指企业的全部生产经营活动产生的所得均负有我国企业所得税纳税义务的企业。仅就来源于我国所得负有我国纳税义务的非居民企业，不适用上述规定。

【例6-22·单选题】某小型微利企业经主管税务机关核定，2022年度亏损200万元，2023年度盈利350万元。该企业2023年度应缴纳的企业所得税税额为（　　）万元。

A.7.5　　B.15　　C.37.5　　D.87.5

【答案】A

【解析】根据规定，企业如果上一年度发生亏损，可用当年应纳税所得额进行弥补，一年弥补不完的，可连续弥补5年，并按弥补亏损后的应纳税所得额和适用税率计算应纳税额；符合条件的小型微利企业所得税税率减按20%。因此，该企业2023年度企业应纳税所得额为150万元（350−200）；应纳税额为7.5万元（150×25%×20%）。

## 四、加计扣除优惠

### （一）研究开发费

除烟草制造业、住宿和餐饮业、批发和零售业、房地产业、租赁和商务服务业、娱乐业以外，其他行业企业开展研发活动中实际发生的研发费用，未形成无形资产计入当期损益的，在按照规定据实扣除的基础上，自2023年1月1日起，再按照研究开发费用的100%加计扣除；形成无形资产的，自2023年1月1日起，按照无形资产成本的200%摊销。

研究开发费是指从事规定范围内的研究开发活动发生的相关费用。

研究开发活动是指企业为获得科学与技术（不包括人文、社会科学）新知识，创造性运用科学技术新知识，或实质性改进技术、工艺、产品（服务）而持续进行的具有明确目标的研究开发活动。

企业从事研究开发活动，其在一个纳税年度中实际发生的下列费用，允许在计算应纳税所得额时按照规定加计扣除。

（1）新产品设计费、新工艺规程制定费以及与研发活动直接相关的技术图书资料费、资料翻译费。

（2）从事研发活动直接消耗的材料、燃料和动力的费用。

（3）在职直接从事研发活动人员的工资、薪金、奖金、津贴、补贴。

（4）专门用于研发活动的仪器、设备的折旧费或租赁费。

（5）专门用于研发活动的软件、专利权、非专利技术等无形资产的摊销费用。

（6）专门用于中间试验和产品试制的模具、工艺装备开发及制造费。

（7）勘探开发技术的现场试验费。

（8）研发成果的论证、评审、验收费用。

对企业共同合作开发的项目，由合作各方就自身承担的研发费用分别按照规定计算加计扣除。企业委托外部机构或个人进行研发活动所发生的费用，按照费用实际发生额的80%计入委托方研发费用并计算加计扣除，受托方不得再进行加计扣除。委托境外进行研发活动所发生的费用，按照费用实际发生额的80%计入委托方的委托境外研发费用。委托境外研发费用不超过境内符合条件的研发费用三分之二的部分，可以按规定在企业所得税前加计扣除。

企业集团根据生产经营和科技开发的实际情况，对技术要求高、投资数额大，需要集中研发的项目，其实际发生的研发费用，可以按照权利和义务相一致、费用支出和收益分享相配比的原则，合理确定研发费用的分摊方法，在受益成员企业间进行分摊，由相关成员企业分别计算加计扣除。

### （二）企业安置残疾人员所支付的工资

企业安置残疾人员所支付工资费用的加计扣除，是指企业安置残疾人员的，在按照支付给残疾职工工资据实扣除的基础上，按照支付给残疾职工工资的100%加计扣除。残疾人员的范围适用《中华人民共和国残疾人保障法》的有关规定。企业安置国家鼓励安置的其他就业人员所支付的工资的加计扣除办法，由国务院另行规定。

#### 知识链接6-8　安置残疾人员就业有关企业所得税优惠政策的适用条件

依据《财政部 国家税务总局关于安置残疾人员就业有关企业所得税优惠政策问题的通知》（财税〔2009〕70号），企业享受安置残疾职工工资100%加计扣除应同时具备如下条件：

1.依法与安置的每位残疾人签订了1年以上（含1年）的劳动合同或服务协议，并且安置的每位残疾人在企业实际上岗工作。

2.为安置的每位残疾人按月足额缴纳了企业所在区县人民政府根据国家政策规定的基本养老保险、基本医疗保险、失业保险和工伤保险等社会保险。

3.定期通过银行等金融机构向安置的每位残疾人实际支付了不低于企业所在区县适用的经省级人民政府批准的最低工资标准的工资。

4.具备安置残疾人上岗工作的基本设施。

## 五、创投企业优惠

创业投资企业从事国家重点扶持和鼓励的创业投资，可以按投资额的一定比例抵扣应纳税所得额。

创投企业优惠是指创业投资企业采取股权投资方式投资于未上市的中小高新技术企业2年以上的，可以按照其投资额的70%在股权持有满2年的当年抵扣该创业投资企业的应纳税所得额。当年不足抵扣的，可以在以后纳税年度结转抵扣。

【例6-23·单选题】2021年4月1日，甲创业投资企业采取股权投资方式向未上市的已取得高新技术企业资格的乙公司（该公司属于中小企业）投资120万元，股权持有至2023年6月1日，甲创业投资企业2023年度计算应纳税所得额时，对乙公司的投资额可以抵免的数额为（　）万元。

A.0　　B.84　　C.96　　D.108

【答案】B

【解析】根据规定，创业投资企业采取股权投资方式投资于未上市的中小高新技术企业2年以上的，可以按照其投资额的70%在满2年的当年抵扣该企业的应纳税所得额。则甲创业投资企业2023年度计算应纳税所得额时，对乙公司的投资额可以抵免的数额为84万元（120×70%）。

## 六、加速折旧优惠

企业的固定资产由于技术进步等原因，确需加速折旧的，可以缩短折旧年限或者采取加速折旧的方法。可采用以上折旧方法的固定资产是指：

（1）由于技术进步，产品更新换代较快的固定资产；

（2）常年处于强震动、高腐蚀状态的固定资产。

采取缩短折旧年限方法的，最低折旧年限不得低于规定折旧年限的60%；采取加速折旧方法的，可以采取双倍余额递减法或者年数总和法。

依据财税〔2014〕75号文件，生物药品制造业，专用设备制造业，铁路、船舶、航空航天和其他运输设备制造业，计算机、通信和其他电子设备制造业，仪器仪表制造业，信息传输、软件和信息技术服务业6个行业的企业2014年1月1日后新购进的固定资产，可选择缩短折旧年限或采取加速折旧的方法。

依据财税〔2015〕106号，对轻工、纺织、机械、汽车4个领域重点行业的企业2015年1月1日后新购进的固定资产，可由企业选择缩短折旧年限或采取加速折旧的方法。

自2019年1月1日起，适用《财政部 国家税务总局关于完善固定资产加速折旧企业所得税政策的通知》（财税〔2014〕75号）和《财政部 国家税务总局关于进一步完善固定资产加速折旧企业所得税政策的通知》（财税〔2015〕106号）规定的固定资产加速折旧优惠的行业范围，扩大至全部制造业领域。

企业在2018年1月1日至2027年12月31日期间新购进（包括自行建造）的设备、器具，单位价值不超过500万元的，允许一次性计入当期成本费用在计算应纳税所得额时扣除，不再分年度计算折旧。

## 七、减计收入优惠

企业综合利用资源生产符合国家产业政策规定的产品所取得的收入，可以在计算应纳税所得额时减计收入。

综合利用资源指企业以《资源综合利用企业所得税优惠目录》规定的资源作为主要原材料，生产国家非限制和禁止并符合国家和行业相关标准的产品取得的收入，减按90%计入收入总额。上述原材料占生产产品材料的比例不得低于《资源综合利用企业所得税优惠目录》规定的标准。

## 八、税额抵免优惠

企业购置并实际使用《环境保护专用设备企业所得税优惠目录》《节能节水专用设备企业所得税优惠目录》《安全生产专用设备企业所得税优惠目录》规定的环境保护、节能节水、安全生产等专用设备的，该专用设备的投资额的10%可以从企业当年的应纳税额中抵免；当年不足抵免的，可以在以后5个纳税年度结转抵免。

享受前款规定的企业所得税优惠的企业，应当实际购置并自身实际投入使用前款规定的专用设备；企业购置上述专用设备在5年内转让、出租的，应当停止享受企业所得税优惠，并补缴已经抵免的企业所得税税款。转让的受让方可以按照该专用设备投资额的10%抵免当年企业所得税应纳税额；当年应纳税额不足抵免的，可以在以后5个纳税年度结转抵免。

增值税一般纳税人购进固定资产发生的进项税额可从其销项税额中抵扣。如增值税进项税额允许抵扣，其专用设备投资额不再包括增值税进项税额；如增值税进项税额不允许抵扣，其专用设备投资额应为增值税专用发票上注明的价税合计金额。企业购买专用设备取得普通发票的，其专用设备投资额为普通发票上注明的金额。

## 九、民族自治地方的优惠

民族自治地方的自治机关对本民族自治地方的企业应缴纳的企业所得税中属于地方分享的部分，可以决定减征或者免征。自治州、自治县决定减征或者免征的，须报省、自治区、直辖市人民政府批准。

《企业所得税法》所称民族自治地方是指依照《中华人民共和国民族区域自治法》的规定，实行民族区域自治的自治区、自治州、自治县。

对民族自治地方内国家限制和禁止行业的企业，不得减征或者免征企业所得税。

### 十、非居民企业优惠

非居民企业减按10%的税率征收企业所得税。这里的非居民企业是指在中国境内未设立机构、场所的，或者虽设立机构、场所但取得的所得与其所设机构、场所没有实际联系的企业。非居民企业取得下列所得免征企业所得税：

（1）外国政府向中国政府提供贷款取得的利息所得。

（2）国际金融组织向中国政府和居民企业提供优惠贷款取得的利息所得。

（3）经国务院批准的其他所得。

## 第六节　企业所得税应纳税额的计算

### 一、居民企业应纳税额的计算

微课6-6

企业所得税的计算

计算居民企业应纳税额的基本公式为：

应纳税额=应纳税所得额×适用税率−减免税额−抵免税额

根据计算公式可以看出，应纳税额的多少，主要取决于应纳税所得额和适用税率两个因素。在实际计算过程中，应纳税所得额的计算一般有两种方法。

#### （一）直接计算法

在直接计算法下，企业每一纳税年度的收入总额减除不征税收入、免税收入、各项扣除以及允许弥补的以前年度亏损后的余额为应纳税所得额。计算公式为：

应纳税所得额=收入总额−不征税收入−免税收入−各项扣除−弥补亏损

#### （二）间接计算法

微课6-7

企业所得税：例题计算

在间接计算法下，应纳税所得额是在会计利润总额的基础上加或减按照税法规定调整的项目金额。计算公式为：

应纳税所得额=会计利润总额±纳税调整项目金额

纳税调整项目金额包括两方面的内容：一是企业的财务会计处理和税收规定不一致应予以调整的金额；二是企业按税法规定准予扣除的税收金额。

【例6-24·计算题】某企业为居民企业，2023年发生经营业务如下：

（1）取得产品销售收入4 000万元；

（2）发生产品销售成本2 600万元；

（3）发生销售费用770万元（其中广告费650万元）；管理费用480万元（其中业务招待费25万元）；财务费用60万元；

（4）销售税金160万元（含增值税120万元）；

（5）营业外收入80万元，营业外支出50万元（含通过公益性社会团体向贫困山区捐款30万元，支付税收滞纳金6万元）；

（6）计入成本、费用中的实发工资总额200万元、拨缴职工工会经费5万元、发生职工福利费31万元、发生职工教育经费18万元。

请计算该企业2023年度实际应缴纳的企业所得税税额。

【解析】（1）会计利润总额=4 000+80−2 600−770−480−60−40−50=80（万元）

（2）广告费和业务宣传费调增所得额=650−4 000×15%=650−600=50（万元）

（3）业务招待费调增所得额=25−25×60%=25−15=10（万元）

4 000×5‰=20万元＞25×60%=15（万元）

（4）捐赠支出应调增所得额=30−80×12%=20.4（万元）

（5）工会经费应调增所得额=5−200×2%=1（万元）

（6）职工福利费应调增所得额=31−200×14%=3（万元）

（7）职工教育经费应调增所得额=18−200×8%=2（万元）

（8）应纳税所得额=80+50+10+20.4+6+1+3+2=172.4（万元）

（9）2023年应缴纳企业所得税税额=172.4×25%=43.1（万元）

## 二、境外所得抵扣税额的计算

企业取得的下列所得已在境外缴纳的所得税税额，可以从其当期应纳税额中抵免，抵免限额为该项所得依照《企业所得税法》规定计算的应纳税额；超过抵免限额的部分，可以在以后5个年度内，用每年度抵免限额抵免当年应抵税额后的余额进行抵补。

（1）居民企业来源于中国境外的应税所得。

（2）非居民企业在中国境内设立机构、场所，取得发生在中国境外但与该机构、场所有实际联系的应税所得。

居民企业从其直接或者间接控制的外国企业分得的来源于中国境外的股息、红利等权益性投资收益，外国企业在境外实际缴纳的所得税税额中属于该项所得负担的部分，可以作为该居民企业的可抵免境外所得税税额，在《企业所得税法》规定的抵免限额内抵免。

上述所称直接控制，是指居民企业直接持有外国企业20%以上股权。

上述所称间接控制，是指居民企业以间接持股方式持有外国企业20%以上股权，具体认定办法由国务院财政、税务主管部门另行制定。

已在境外缴纳的所得税税额，是指企业来源于中国境外的所得依照中国境外税收法律以及相关规定应当缴纳并已经实际缴纳的企业所得税性质的税款。企业依照《企业所得税法》的规定抵免企业所得税税额时，应当提供中国境外税务机关出具的税款所属年度的有关纳税凭证。

除国务院财政、税务主管部门另有规定外，企业可以选择按国别（地区）分别计算（即“分国（地区）不分项”），或者不按国别（地区）汇总计算（即“不分国（地区）不分项”）其来源于境外的应纳税所得，并按照税法规定的税率，分别计算其可抵免境外所得税税额和抵免限额。上述方法一经选择，5年内不得改变。

抵免限额的计算公式为：

抵免限额 = 中国境内、境外所得依照《企业所得税法》及其实施条例计算的应纳税总额 × 来源于某国（地区境外）的应纳税所得额 ÷ 中国境内、境外应纳税所得总额

前述5个年度，是指从企业取得的来源于中国境外的所得，已经在中国境外缴纳的企业所得税性质的税额超过抵免限额的当年的次年起连续5个纳税年度。

**思政引航6-2　　避免国际双重征税，共建国际税收秩序**

2013年9月5日，习近平同志在俄罗斯圣彼得堡举行的二十国集团领导人峰会第一阶段会议上发表了《共同维护和发展开放型世界经济》的讲话，他指出：要放眼长远，努力塑造各国发展创新、增长联动、利益融合的世界经济，坚定维护和发展开放型世界经济。我们必须顺应时代潮流，反对各种形式的保护主义，维护自由、开放、非歧视的多边贸易体制。

在实行居民管辖权的国际税收体系中，居民企业跨国（境）经营取得的所得均需向来源国与居住国申报纳税，就会造成国（境）与国（境）之间对同一笔所得重复征税的问题，通过税收制度境外对已纳税款的所得进行抵扣（免），有助于维护和谐的国际税收秩序，促进国际对外投资与经济合作。

【例6-25·计算题】某企业2023年度境内应纳税所得额为100万元，适用25%的企业所得税税率。另外，该企业分别在A、B两国设有分支机构（我国与A、B两国已经缔结避免双重征税协定），在A国分支机构的应纳税所得额为50万元，A国税率为20%；在B国分支机构的应纳税所得额为30万元，B国税率为30%。假设该企业在A、B两国所得按我国税法计算的应纳税所得额和按A、B两国税法计算的应纳税所得额一致，两个分支机构在A、B两国分别缴纳了10万元和9万元的企业所得税。请计算该企业汇总时在我国应缴纳的企业所得税税额。

【解析】(1) 该企业按我国税法计算的境内、境外所得的应纳税额

应纳税额=（100+50+30）×25%=45（万元）

(2) A、B两国的抵免限额

A国抵免限额=45×［50÷（100+50+30）］=12.5（万元）

B国抵免限额=45×［30÷（100+50+30）］=7.5（万元）

(3) 若该企业选择采取“分国不分项”的方法

在A国缴纳的所得税为10万元，低于抵免限额12.5万元，可全额扣除。

在B国缴纳的所得税为9万元，高于抵免限额7.5万元，其超过抵免限额的部分1.5万元当年不能扣除。

汇总计算在我国应缴纳的所得税=45−10−7.5=27.5（万元）

（4）若该企业选择采取“不分国不分项”的方法

A国与B国抵免限额之和=12.5+7.5=20（万元）

A国与B国缴纳所得税之和=10+9=19（万元）

缴纳所得税之和19万元低于抵免限额20万元，可全额扣除。

汇总计算在我国应缴纳的所得税=45-19=26（万元）

## 三、居民企业核定征收应纳税额的计算

### （一）核定征收企业所得税的范围

本办法适用于居民企业纳税人，纳税人具有下列情形之一的，核定征收企业所得税：

（1）依照法律、行政法规的规定可以不设置账簿的。

（2）依照法律、行政法规的规定应当设置但未设置账簿的。

（3）擅自销毁账簿或者拒不提供纳税资料的。

（4）虽设置账簿，但账目混乱或者成本资料、收入凭证、费用凭证残缺不全，难以查账的。

（5）发生纳税义务，未按照规定的期限办理纳税申报，经税务机关责令限期申报，逾期仍不申报的。

（6）申报的计税依据明显偏低，又无正当理由的。

特殊行业、特殊类型的纳税人和一定规模以上的纳税人不适用本办法。上述特定纳税人由国家税务总局另行明确。

### （二）核定征收的办法

税务机关应根据纳税人具体情况，对核定征收企业所得税的纳税人，核定应税所得率或者核定应纳所得税额。

（1）具有下列情形之一的，核定其应税所得率：

①能正确核算（查实）收入总额，但不能正确核算（查实）成本费用总额的；

②能正确核算（查实）成本费用总额，但不能正确核算（查实）收入总额的；

③通过合理方法，能计算和推定纳税人收入总额或成本费用总额的。

纳税人不属于以上情形的，核定其应纳所得税额。

（2）税务机关采用下列方法核定征收企业所得税：

①参照当地同类行业或者类似行业中经营规模和收入水平相近的纳税人的税负水平核定；

②按照应税收入额或成本费用支出额定率核定；

③按照耗用的原材料、燃料和动力等推算或测算核定；

④按照其他合理方法核定。

采用前款所列一种方法不足以正确核定应纳税所得额或应纳税额的，可以同时采用

两种以上的方法核定。采用两种以上方法测算的应纳税额不一致时，可按测算的应纳税额从高核定。

采用应税所得率方式核定征收企业所得税的，应纳所得税额计算公式如下：

应纳所得税额=应纳税所得额×适用税率

应纳税所得额=应税收入额×应税所得率

或：应纳税所得额=成本费用支出额÷（1-应税所得率）×应税所得率

实行应税所得率方式核定征收企业所得税的纳税人，经营多业的，无论其经营项目是否单独核算，均由税务机关根据其主营项目确定适用的应税所得率。

主营项目应为纳税人所有经营项目中，收入总额或者成本费用支出额或者耗用原材料、燃料和动力数量所占比重最大的项目。

应税所得率按表6-1规定的标准确定。

表6-1　企业所得税核定征收应税所得率标准

| 行　业 | 应税所得率 |
|---|---|
| 农、林、牧、渔业 | 3%～10% |
| 制造业 | 5%～15% |
| 批发和零售贸易业 | 4%～15% |
| 交通运输业 | 7%～15% |
| 建筑业 | 8%～20% |
| 饮食业 | 8%～25% |
| 娱乐业 | 15%～30% |
| 其他行业 | 10%～30% |

纳税人的生产经营范围、主营业务发生重大变化，或者应纳税所得额或应纳税额增减变化达到20%的，应及时向税务机关申报调整已确定的应纳税额或应税所得率。

【例6-26·单选题】某居民企业适用25%的企业所得税税率。2023年该企业向主管税务机关申报应纳税收入总额140万元，成本费用总额150万元。经税务机关检查，收入总额核算正确，但成本费用总额不能确定。税务机关对该企业采用以应税所得率方式核定征收企业所得税。应税所得率为25%。2023年该企业应缴纳的企业所得税税额为（　　）万元。

A.12.5　　B.11.6　　C.8.75　　D.2.5

【答案】C

【解析】应纳税所得额=应税收入额×应税所得率=140×25%=35（万元）

应纳企业所得税税额=应纳税所得额×税率=35×25%=8.75（万元）

## 四、非居民企业应纳税额的计算

对于在中国境内未设立机构、场所的，或者虽设立机构、场所但取得的所得与其所设机构、场所没有实际联系的非居民企业的所得，按照下列方法计算应纳税所得额：

（1）股息、红利等权益性投资收益和利息、租金、特许权使用费所得，以收入全额为应纳税所得额。

（2）转让财产所得，以收入全额减除财产净值后的余额为应纳税所得额。

（3）其他所得，参照前两项规定的方法计算应纳税所得额。

财产净值是指财产的计税基础减除已经按照规定扣除的折旧、折耗、摊销、准备金等后的余额。

具体征收管理规定如下：

（1）扣缴义务人在每次向非居民企业支付或者到期应支付所得时，应从支付或者到期应支付的款项中扣缴企业所得税。

到期应支付的款项，是指支付人按照权责发生制原则应当计入相关成本、费用的应付款项。

扣缴义务人每次代扣代缴税款时，应当向其主管税务机关报送《中华人民共和国扣缴企业所得税报告表》及相关资料，并自代扣之日起7日内缴入国库。

（2）扣缴企业所得税应纳税额计算。

扣缴企业所得税应纳税额=应纳税所得额×实际征收率

应纳税所得额的计算，以前述规定为标准；实际征收率是指《企业所得税法》及其实施条例等相关法律法规规定的税率或者税收协定规定的更低的税率。

【例6-27·单选题】境外甲企业在我国境内未设立机构、场所。2023年8月，甲企业向我国居民纳税人乙公司转让了一项配方，取得转让费1 000万元。甲企业就该项转让费所得应向我国缴纳企业所得税（　　）万元。

A.250　　B.200　　C.150　　D.100

【答案】D

【解析】非居民企业在我国境内未设立机构、场所的，减按10%的税率征收企业所得税，因此甲企业应纳企业所得税为100万元（1 000×10%）。

## 五、非居民企业所得税核定征收办法

非居民企业因会计账簿不健全，资料残缺难以查账，或者其他原因不能准确计算并据实申报其应纳税所得额的，税务机关有权采取以下方法核定其应纳税所得额。

### 1.按收入总额核定应纳税所得额

适用于能够正确核算收入或通过合理方法推定收入总额，但不能正确核算成本费用的非居民企业。计算公式如下：

应纳税所得额=收入总额×经税务机关核定的利润率

### 2.按成本费用核定应纳税所得额

适用于能够正确核算成本费用，但不能正确核算收入总额的非居民企业。计算公式如下：

应纳税所得额=成本费用总额÷（1−经税务机关核定的利润率）×经税务机关核定的利润率

### 3.按经费支出推算收入核定应纳税所得额

适用于能够正确核算经费支出总额，但不能正确核算收入总额和成本费用的非居民企业。计算公式如下：

应纳税所得额=经费支出总额÷（1-经税务机关核定的利润率）×经税务机关核定的利润率

### 4.税务机关可按照一定标准确定非居民企业的利润率

（1）从事承包工程作业、设计和咨询劳务的，利润率为15%～30%。

（2）从事管理服务的，利润率为30%～50%。

（3）从事其他劳务或劳务以外经营活动的，利润率不低于15%。

税务机关有根据认为非居民企业的实际利润率明显高于上述标准的，可以按照比上述标准更高的利润率核定其应纳税所得额。

# 第七节　特别纳税调整

## 一、调整范围

特别纳税调整是指企业与其关联方之间的业务往来，不符合独立交易原则而减少企业或者其关联方应纳税收入或者所得额的，税务机关有权按照合理方法调整。企业与其关联方共同开发、受让无形资产，或者共同提供、接受劳务发生的成本，在计算应纳税所得额时应当按照独立交易原则进行分摊。

独立交易原则是指没有关联关系的交易各方，按照公平成交价格和营业常规进行业务往来遵循的原则。

### （一）关联方

关联方是指与企业有下列关联关系之一的企业、其他组织或者个人，具体指：

（1）在资金、经营、购销等方面存在直接或者间接的控制关系。

（2）直接或者间接地同为第三者控制。

（3）在利益上具有相关联的其他关系。

### （二）关联企业之间关联业务的税务处理

（1）企业与其关联方共同开发、受让无形资产，或者共同提供、接受劳务发生的成本，在计算应纳税所得额时应当按照独立交易原则进行分摊。

（2）企业与其关联方分摊成本时，应当按照成本与预期收益相配比的原则进行分摊，并在税务机关规定的期限内，按照税务机关的要求报送有关资料。

（3）企业与其关联方分摊成本时违反以上2条规定的，其自行分摊的成本不得在计算应纳税所得额时扣除。

（4）企业可以向税务机关提出与其关联方之间业务往来的定价原则和计算方法，税务机关与企业协商、确认后，达成预约定价安排。

预约定价安排是指企业就其未来年度关联交易的定价原则和计算方法，向税务机关提出申请，与税务机关按照独立交易原则协商、确认后达成的协议。

（5）企业向税务机关报送年度企业所得税纳税申报表时，应当就其与关联方之间的业务往来，附送年度关联业务往来报告表。税务机关在进行关联业务调查时，企业及其关联方以及与关联业务调查有关的其他企业，应当按照规定提供相关资料。相关资料是指：

①与关联业务往来有关的价格、费用的制定标准、计算方法和说明等同期资料。

②关联业务往来所涉及的财产、财产使用权、劳务等的再销售（转让）价格或者最终销售（转让）价格的相关资料。

③与关联业务调查有关的其他企业应当提供的与被调查企业可比的产品价格、定价方式以及利润水平等资料；

④其他与关联业务往来有关的资料。

（6）由居民企业或者由居民企业和中国居民控制的设立在实际税负明显低于25%的税率水平的国家（地区）的企业，并非由于合理的经营需要而对利润不进行分配或者减少分配的，上述利润中应归属于该居民企业的部分，应当计入该居民企业的当期收入。

上述所指控制包括：

①居民企业或者中国居民直接或者间接单一持有外国企业10%以上有表决权股份，且由其共同持有该外国企业50%以上股份。

②居民企业或者居民企业和中国居民持股比例没有达到第（1）项规定的标准，但在股份、资金、经营、购销等方面对该外国企业构成实质控制。

上述所指的实际税负明显偏低是指实际税负明显低于《企业所得税法》规定的25%税率的50%。

（7）企业从其关联方接受的债权性投资与权益性投资的比例超过规定标准而发生的利息支出，不得在计算应纳税所得额时扣除。企业间接从关联方获得的债权性投资，包括：

①关联方通过无关联第三方提供的债权性投资。

②无关联第三方提供的、由关联方担保且负有连带责任的债权性投资。

③其他间接从关联方获得的具有负债实质的债权性投资。

上述权益性投资是指企业接受的不需要偿还本金和支付利息，投资人对企业净资产拥有所有权的投资。

（8）母子公司间提供服务支付费用有关企业所得税的处理。

①母公司为其子公司提供各种服务而发生的费用，应按照独立企业之间公平交易原则确定服务的价格，作为企业正常的劳务费用进行税务处理。

母子公司未按照独立企业之间的业务往来收取价款的，税务机关有权予以调整。

②母公司向其子公司提供各项服务，双方应签订服务合同或协议，明确规定提供服务的内容、收费标准及金额等，凡按上述合同或协议规定所发生的服务费，母公司应作

为营业收入申报纳税；子公司作为成本费用在税前扣除。

③母公司向其多个子公司提供同类项服务，其收取的服务费可以采取分项签订合同或协议收取，也可以采取服务分摊协议的方式，即由母公司与各子公司签订服务费用分摊合同或协议，以母公司为其子公司提供服务发生的实际费用并附加一定比例利润作为向子公司收取的总服务费，在各服务受益子公司（包括盈利企业、亏损企业和享受减免税企业）之间按规定合理分摊。

④母公司以管理费形式向子公司提取费用，子公司因此支付给母公司的管理费，不得在税前扣除。

⑤子公司申报税前扣除向母公司支付的服务费，应向主管税务机关提供与母公司签订的服务合同或者协议等与税前扣除该项费用相关的材料。不能提供相关材料的，支付的服务费不得税前扣除。

## 二、调整方法

税法规定，对关联企业间应纳税所得额的确定不实的，调整方法如下：

（1）可比非受控价格法。该法是指按照没有关联关系的交易各方进行相同或者类似业务往来的价格进行定价的方法。

（2）再销售价格法。该法是指按照从关联方购进商品再销售给没有关联关系的交易方的价格，减除相同或者类似业务的销售毛利进行定价的方法。

（3）成本加成法。该法是指按照成本加合理的费用和利润进行定价的方法。

（4）交易净利润法。该法是指按照没有关联关系的交易各方进行相同或者类似业务往来取得的净利润水平确定利润的方法。

（5）利润分割法。该法是指将企业与其关联方的合并利润或者亏损在各方之间采用合理标准进行分配的方法。

（6）其他符合独立交易原则的方法。

## 三、核定征收

企业不提供与其关联方之间业务往来资料，或者提供虚假、不完整资料，未能真实反映其关联业务往来情况的，税务机关有权依法核定其应纳税所得额。核定方法有：

（1）参照同类或者类似企业的利润率水平核定；

（2）按照企业成本加合理的费用和利润的方法核定；

（3）按照关联企业集团整体利润的合理比例核定；

（4）按照其他合理方法核定。

企业对税务机关按照前款规定的方法核定的应纳税所得额有异议的，应当提供相关证据，经税务机关认定后，调整核定的应纳税所得额。

## 四、加收利息

企业实施不具有合理商业目的的安排而减少其应纳税收入或者所得额的，税务机关有权按照合理方法进行调整。不具有合理商业目的的安排是指以减少、免除或者推迟缴纳税款为主要目的的商业活动。

税务机关依照规定进行特别纳税调整后，除了应当补征税款外，还应按照国务院规定加收利息。应当对补征的税款，自税款所属纳税年度的次年6月1日起至补缴税款之日止的期间，按日加收利息。加收的利息不得在计算应纳税所得额时扣除。

加收的利息应当按照税款所属纳税年度中国人民银行公布的与补税期间同期的人民币贷款基准利率加5个百分点计算。

企业依照《企业所得税法》规定，在报送年度企业所得税纳税申报表时，附送了年度关联业务往来报告表的，可以只按规定的人民币贷款基准利率计算利息。

企业与其关联方之间的业务往来，不符合独立交易原则，或者企业实施其他不具有合理商业目的安排的，税务机关有权在该业务发生的纳税年度起10年内，进行纳税调整。

# 第八节 征收管理

## 一、纳税地点

除税收法律、行政法规另有规定外，居民企业以企业登记注册地为纳税地点；登记注册地在境外的，以实际管理机构所在地为纳税地点。企业注册登记地是指企业依照国家有关规定登记注册的住所地。

微课 6-8

企业所得税征收管理

居民企业在中国境内设立不具有法人资格的营业机构的，应当汇总计算并缴纳企业所得税。企业汇总计算并缴纳企业所得税时，应当统一核算应纳税所得额，具体办法由国务院财政、税务主管部门另行制定。

非居民企业在中国境内设立机构、场所的，应当就其所设机构、场所取得的来源于中国境内的所得以及发生在中国境外但与其所设机构、场所有实际联系的所得，以机构、场所所在地为纳税地点。非居民企业在中国境内设立两个或者两个以上机构、场所的，经税务机关审核批准，可以选择由其主要机构、场所汇总缴纳企业所得税。非居民企业经批准汇总缴纳企业所得税后，需要增设、合并、迁移、关闭机构、场所或者停止机构、场所业务的，应当事先由负责汇总申报缴纳企业所得税的主要机构、场所向其所在地税务机关报告；需要变更汇总缴纳企业所得税的主要机构、场所的，依照前款规定办理。

非居民企业在中国境内未设立机构、场所的，或者虽设立机构、场所但取得的所得与其所设机构、场所没有实际联系的，以扣缴义务人所在地为纳税地点。

除国务院另有规定外，企业之间不得合并缴纳企业所得税。

## 二、纳税期限

企业所得税按年计征，分月或者分季预缴，年终汇算清缴，多退少补。

企业所得税的纳税年度，自公历1月1日起至12月31日止。企业在一个纳税年度的中间开业，或者由于合并、关闭等原因终止经营活动，使该纳税年度的实际经营期不足12个月的，应当以其实际经营期为1个纳税年度。企业清算时，应当以清算期间作为1个纳税年度。

自年度终了之日起5个月内，企业应向税务机关报送年度企业所得税纳税申报表，并汇算清缴，结清应缴应退税款。

企业在年度中间终止经营活动的，应当自实际经营终止之日起60日内，向税务机关办理当期企业所得税汇算清缴。

## 三、纳税申报

企业按月或按季预缴企业所得税的，应当自月份或者季度终了之日起15日内，向税务机关报送预缴企业所得税纳税申报表，预缴税款。

企业在报送企业所得税纳税申报表时，应当按照规定附送财务会计报告和其他有关资料。

企业应当在办理注销登记前，就其清算所得向税务机关申报并依法缴纳企业所得税。

依照《企业所得税法》缴纳的企业所得税，以人民币计算。所得以人民币以外的货币计算的，应当折合成人民币计算并缴纳税款。

企业在纳税年度内无论盈利还是亏损，都应当依照《企业所得税法》第五十四条规定的期限，向税务机关报送预缴企业所得税纳税申报表、年度企业所得税纳税申报表、财务会计报告和税务机关规定应当报送的其他有关资料。

## 四、合伙企业所得税的征收管理

自2008年1月1日起，合伙企业缴纳的所得税按下列规定处理，此前规定与下列规定有抵触的，以下列规定为准。

（1）合伙企业以每一个合伙人为纳税义务人。合伙企业合伙人是自然人的，缴纳个人所得税；合伙人是法人和其他组织的，缴纳企业所得税。

（2）合伙企业生产经营所得和其他所得采取“先分后税”的原则。具体应纳税所得额的计算按照《关于个人独资企业和合伙企业投资者征收个人所得税的规定》（财税〔2000〕91号）和《财政部 国家税务总局关于调整个体工商户个人独资企业和合伙企业个人所得税税前扣除标准有关问题的通知》（财税〔2008〕65号）的有关规定执行。

前款所称生产经营所得和其他所得，包括合伙企业分配给所有合伙人的所得和企业当年留存的所得（利润）。

（3）合伙企业的合伙人按照下列原则确定应纳税所得额：

①合伙企业的合伙人以合伙企业的生产经营所得和其他所得，按照合伙协议约定的分配比例确定应纳税所得额。合伙协议不得约定将全部利润分配给部分合伙人。

②合伙协议未约定或者约定不明确的，以全部生产经营所得和其他所得，按照合伙

人协商决定的分配比例确定应纳税所得额。

③协商不成的，以全部生产经营所得和其他所得，按照合伙人实缴出资比例确定应纳税所得额。

④无法确定出资比例的，以全部生产经营所得和其他所得，按照合伙人数量平均计算每个合伙人的应纳税所得额。

⑤合伙企业的合伙人是法人和其他组织的，合伙人在计算其缴纳企业所得税时，不得用合伙企业的亏损抵减其盈利。

## 本章小结

❶ 企业所得税是对我国境内的企业和其他取得收入的组织的生产经营所得和其他所得征收的税。它以量能负担为征税原则，是目前世界通用的税种之一，在各国税收收入中都占有很大比重。

❷ 目前，我国企业所得税的纳税义务人分为居民企业和非居民企业。对于居民企业，境内外所得都要征收企业所得税，税率为25%。对于在中国境内设有机构、场所的非居民企业，只对其境内应纳税所得额按照25%的税率征税。而对于在中国境内未设立机构、场所的非居民企业，对其来源于中国境内的所得征税，按照20%的税率，实际减按10%征收。

❸ 企业所得税的计税依据是应纳税所得额，这是企业所得税计算的核心。理论上应纳税所得额等于用收入总额减去不征税收入、免税收入，扣除税法规定的可扣除项目金额，再减去弥补之前年度亏损的金额。在实践中，可以从会计利润总额出发，纳税调增或调减相应项目得到应纳税所得额。

❹ 纳税人的收入总额包括以货币形式和非货币形式从各种来源取得的收入。除了一般收入形式之外，在实践中需要注意视同销售收入、不征税收入与免税收入等特殊形式。

❺ 税前扣除直接关乎企业所得税的核算，计算应纳税所得额准予扣除的项目主要是企业实际发生的与取得收入有关的、合理的支出，包括成本、费用、税金、损失和其他支出。尤其需要注意扣除项目中特殊项目的处理。

❻ 在确认企业所得税应纳税所得额的过程中，不能忽视各种税收优惠对应纳税额的影响。同时，对于特殊的居民企业和非居民企业，也存在核定征收与扣缴税款的特殊处理。

## 本章练习

### （一）名词解释

居民企业　非居民企业　实际管理机构　应纳税所得额　权责发生制原则　独立交易原则

# 第七章
# 个人所得税

## 学习目标

个人所得税不仅是国家取得财政收入的重要方式之一，也是调节社会成员收入分配、促进经济稳定增长的重要经济杠杆。党的二十大报告明确指出，“完善个人所得税制度，规范收入分配秩序，规范财富积累机制”，加强个人所得税制度建设对实现社会公平具有重要意义。通过本章的学习，熟悉《中华人民共和国个人所得税法》的基本要素，掌握个人所得税的计算，了解个人所得税的征收管理制度。

## 教学引例

近年来，明星逃税案被人们广泛关注，当然，这里所说的逃税主要是逃避缴纳个人所得税，而逃税的金额、方式以及处罚也自然成为老百姓茶余饭后的谈资。明星逃税金额数目之大让普通老百姓感叹自己赚得实在太少，其逃税方式让人大开眼界，而相应的处罚更让人们时刻警醒。个人所得税就是对个人取得的所得征税，它从诞生之初就备受关注，而后的每一次改革都具有重要意义。

请思考：

1.为什么要征收个人所得税？

2.从社会公平与共同富裕的角度看，个人所得税如何设计更加合理？

问题参考

# 第一节 个人所得税概述

## 一、个人所得税的概念

微课7-1

个人所得税概述

个人所得税是以个人（自然人）取得的应税所得为征税对象所征收的税，它于1799年诞生于英国。由于个人所得税同时具有组织财政收入、调节个人收入和维持宏观经济稳定等多重功能，因而成为世界上大多数国家，尤其是西方发达国家税制结构中最为重要的税种。

我国个人所得税的正式征收始于改革开放之后，由于当时我国居民收入普遍较低，个人所得税实际上仅适用于外籍个人。随着我国经济社会不断发展，为适应社会发展状况，我国个人所得税法进行了多次修改，2018年8月31日，第十三届全国人大常委会第五次会议通过了新修改的《中华人民共和国个人所得税法》，这是1980年个人所得税法出台以来第7次改革，被舆论称为是一次根本性变革。我国现行的个人所得税是2019年1月1日起施行的《中华人民共和国个人所得税法》（以下简称《个人所得税法》）。

**税收史话7-1　　个人所得税的诞生**

个人所得税最早产生于十八世纪的英国，因英法战争需筹集经费以解决本国财政问题，英国被迫开辟新的财源，于1798年颁布了一个新的税种。该税以纳税人上一年度的纳税额为计税依据，并且对富人课以重税，同时制定各种扣除项目，这便是个人所得税的雏形。1799年年末，英国正式颁布了所得税法案，此时的所得税还是以临时税的身份出现的。该法案规定中上等阶层的纳税人负有定期自行申报所得的义务，将纳税人经法定减免扣除后的综合所得，按照10%的税率计征。这种“申报所得”的规定有侵犯纳税人隐私之嫌，引起英国市民普遍不满，导致该法案于1802年随战争的结束而废止。随着英法第二次战争的爆发，处于巨大财政压力下的英国又开征了新的所得税，根据纳税人的收入来源，将其所得划分为薪金、营业、利息所得和土地及土地利用所得五类，税率为累进税率1%至10%。但随着战争的结束，1816年个人所得税再次被废除。而后的1842年，因政府财政赤字过重，英国重新启用了个人所得税，从此一直以“临时税”的身份存在。直到1874年，才逐渐趋于稳定并发展成熟，正式成为英国的“永久性税收”。

## 二、我国个人所得税特点

### （一）综合与分类相结合的征收模式

世界各国施行的个人所得税制度一般有三种征收模式，即分类所得税制、综合所得税制和混合所得税制，这三种模式各有特点。我国现行的个人所得税实行综合+分类所得税制，将个人取得的收入分为九类，并将其中的工资薪金所得、劳务报酬所得、稿酬所得和特许权使用费所得合并为综合所得，单独适用计税方法，其他五类所得分别计税。

### （二）超额累进税率与比例税率并用

累进税率体现公平，比例税率体现效率，我国个人所得税利用了这两种税率的优点，对综合所得和经营所得适用累进税率，对其他所得适用比例税率。

### （三）费用扣除办法具有多样性

个人所得税的纳税人取得的不同类别的所得，在减除费用时采用定额、定率或计算扣除办法。比如综合所得中的劳务报酬、稿酬所得和特许权使用费所得，采用定率扣除20%计算收入额，财产租赁所得采用定额和定率相结合的费用扣除办法，而经营所得采用计算扣除。

### （四）采取源泉扣缴和个人申报两种征纳方法

《个人所得税法》规定，纳税人的应纳税额分别采取由支付单位或个人源泉扣缴和纳税人纳税申报两种方法。凡是可以在应税所得的支付环节扣缴个人所得税税款的，均由扣缴义务人代扣代缴税款，没有扣缴义务人或扣缴义务人未扣缴税款或按照税法要求需要自行申报的，由纳税人自行纳税申报。

# 第二节 征税范围、纳税人与税率

## 一、征税范围

居民个人取得的下列第一项至第四项所得（以下称综合所得），按纳税年度合并计算个人所得税；非居民个人取得的下列第一项至第四项所得，按月或者按次分项计算个人所得税。纳税人取得的下列第五项至第九项所得，分别计算个人所得税。

### （一）工资、薪金所得

工资、薪金所得是指个人因任职或者受雇而取得的工资、薪金、奖金、年终加薪、劳动分红、津贴、补贴以及与任职或受雇有关的其他所得。

一般来说，工资、薪金所得属于非独立个人劳动所得。所谓非独立个人劳动，是指个人从事的是由他人指定、安排并接受管理的劳动，工作或服务于各公司、工厂、行政机关、事业单位的人员（私营企业主除外）均为非独立劳动者，他们从上述单位取得的劳动报酬，是以工资、薪金的形式体现的。

除工资、薪金以外，奖金、年终加薪、劳动分红、津贴、补贴也属于工资、薪金所得范畴。其中，年终加薪、劳动分红不分种类和取得的情况，一律予以征税，而津贴、补贴等则有所不同。根据我国目前个人收入的构成情况，税法规定对于一些不属于工资、津贴或者不属于纳税人本人工资、薪金所得项目的收入不征税。这些项目是：独生子女补贴、执行公务员工和家属成员的副食品补贴、托儿补助费、差旅费津贴、误餐补助。此外，这里的奖金仅指工资性质的奖金，税法中单列有免税奖金的范围。

个人在公司（包括关联公司）任职、受雇，同时兼任董事、监事的，应将董事费、监事费与个人工资收入合并，统一按工资、薪金所得项目缴纳个人所得税。

### （二）劳务报酬所得

劳务报酬所得是指个人独立从事非雇佣的各种劳务取得的所得，具体包括设计、装潢、安装、制图、化验、测试、医疗、法律、会计、咨询、讲学、翻译、审稿、书画、雕刻、影视、录音、录像、演出、表演、广告、展览、技术服务、介绍服务、经纪服务、代办服务以及其他劳务取得的所得。

#### 知识链接 7-1　工资、薪金所得与劳务报酬所得的区别

工资、薪金所得存在雇佣与被雇佣的关系，而劳务报酬所得则不存在这种关系，劳务报酬所得是个人独立从事某种技艺、独立提供劳动取得的报酬。这一区别是判断一种收入是否属于劳务报酬所得的标准。如果从事某项劳务活动取得的报酬是以工资、薪金形式体现的，如演员从剧团领取工资、教师从学校领取工资，均属于工资、薪金项目，不属于劳务报酬范围。如果从事某项劳务活动取得的报酬不来自聘用、雇用或工作的单位，如演员自己“走穴”或与他人组合“走穴”演出取得报酬，教师到校外办班讲学取得收入，就属于劳务报酬的范围了。

【例 7-1 · 多选题】下列项目中，按照劳务报酬所得征收个人所得税的有（　　）。

A.个人举办书画展取得的报酬

B.提供著作的版权而取得的报酬

C.个人开设牙科诊所的收入

D.高校教师受出版社委托进行审稿取得的报酬

【答案】AD

【解析】选项B属于特许权使用费所得，选项C属于经营所得。

### （三）稿酬所得

稿酬所得是指个人因其作品以图书、报刊形式出版、发表而取得的所得。个人所得税将稿酬单独列为一类，而将翻译、审稿等所得归为劳务报酬所得区别开来，给予某些税收优惠，以体现国家的政策。

【例 7-2 · 单选题】根据个人所得税法律制度的规定，个人从事下列非雇佣劳动取得的收入中，应按稿酬所得缴纳个人所得税的是（　　）。

A.审稿收入　　　　B.翻译收入　　　　C.题字收入　　　　D.出版作品收入

【答案】D

【解析】选项A、B、C应按劳务报酬所得计算缴纳个人所得税。

### （四）特许权使用费所得

特许权使用费所得是指个人提供专利权、商标权、著作权、非专利技术以及其他特许权的使用权取得的所得；提供著作权的使用权取得的所得，不包括稿酬所得。

此外，对于作者将自己的文学作品手稿或复印件公开拍卖（竞价）取得的所得，也应按特许权使用费所得征收个人所得税。

### （五）经营所得

经营所得是指：

（1）个体工商户从事生产、经营活动取得的所得，个人独资企业投资人、合伙企业的个人合伙人来源于境内注册的个人独资企业、合伙企业生产、经营的所得。

个体工商户以业主为个人所得税纳税义务人。

（2）个人依法从事办学、医疗、咨询以及其他有偿服务活动取得的所得。

（3）个人对企业、事业单位承包经营、承租经营以及转包、转租取得的所得。

对企事业单位的承包经营、承租经营所得是指个人承包经营或承租经营以及转包、转租取得的所得。承包项目可分多种，如生产经营、采购、销售、建筑安装等各种承包。转包包括全部转包或部分转包。

（4）个人从事其他生产、经营活动取得的所得。

个体工商户和从事生产、经营的个人，取得与生产、经营活动无关的其他各项应税所得，应分别按照其他应税项目的有关规定，计算征收个人所得税。如取得银行存款的利息所得、对外投资取得的股息所得，应按股息、利息、红利所得的规定单独计征个人所得税。个人独资企业、合伙企业的个人投资者以企业资金为本人、家庭成员及其相关人员支付与企业生产经营无关的消费性支出及购买汽车、住房等财产性支出，视为企业对个人投资者利润分配，并入投资者个人的生产经营所得，依照经营所得计征个人所得税。

【例7-3·单选题】下列各项中，应按经营所得征收个人所得税的是（　　）。

A.个人独资企业的个人投资者以企业资金为本人购买住房并归入个人名下

B.个体工商户对外投资取得的所得

C.股份制企业的个人投资者以该企业的资金为本人购买汽车并归入个人名下

D.股份制企业的个人投资者从该企业借款，在该纳税年度终了后既未归还又未用于企业生产经营的

【答案】A

【解析】选项B、C、D按利息、股息、红利所得计征个人所得税。

### （六）利息、股息、红利所得

利息、股息、红利所得是指个人拥有债权、股权而取得的利息、股息、红利所得。利息指个人拥有债权而取得的利息，包括存款利息、贷款利息和各种债券的利息。税法规定，个人取得的利息所得，除国债和国家发行的金融债券利息外，均应当依法缴纳个人所得税。股息、红利指个人拥有股权取得的股息、红利。公司、企业按照一定的比率对每股发放的息金，叫股息；公司、企业应分配的利润，按股份分配的，叫红利。股息、红利所得，除另有规定外，都应当缴纳个人所得税。

除个人独资企业、合伙企业以外的其他企业的个人投资者，以企业资金为本人、家庭成员及其相关人员支付与企业生产经营无关的消费性支出及购买汽车、住房等财产性支出，视为企业对个人投资者的红利分配，依照利息、股息、红利所得计征个人所得税。企业的上述支出不允许在税前扣除。

纳税年度内个人投资者从其投资企业（个人独资企业、合伙企业除外）借款，在该纳税年度终了后既不归还，又未用于企业生产经营的，其未归还的借款可视为企业对个人投资者的红利分配，依照利息、股息、红利所得计征个人所得税。

### （七）财产租赁所得

财产租赁所得是指个人出租不动产、机器设备、车船以及其他财产取得的所得。

财产租赁所得不包括购买该项财产的价款。如果租金中包含不属于租金的分期支付的财产价款，则要将其扣除。

个人将承租房屋转租取得的租金收入，属于个人所得税应税所得，应按财产租赁所得计算缴纳个人所得税。

### （八）财产转让所得

财产转让所得是指个人转让有价证券、股权、合伙企业中的财产份额、不动产、机器设备、车船以及其他财产取得的所得。

在现实生活中，个人进行的财产转让主要是个人财产所有权的转让。财产转让实际上是一种买卖行为，当事人双方通过签订、履行财产转让合同，形成财产买卖的法律关系，使出让财产的个人从对方取得价款（收入）或其他经济利益。

### （九）偶然所得

偶然所得主要是指中奖、中彩等偶然性质的所得。

## 二、个人所得税的纳税义务人

个人所得税的纳税义务人，包括中国公民、个体工商户、个人独资企业投资者、合伙企业投资者、在中国有所得的外籍人员（包括无国籍人员，下同）和香港、澳门、台湾同胞。上述纳税义务人依据住所和居住时间两个标准，区分为居民个人和非居民个人，分别承担不同的纳税义务。

## （一）居民个人

微课 7-2

个人所得税纳税人

居民个人负有无限纳税义务。其所取得的应纳税所得，无论是来源于中国境内还是中国境外任何地方，都要在中国缴纳个人所得税。《个人所得税法》规定，居民个人是指在中国境内有住所，或者无住所而一个纳税年度在中国境内居住累计满183天的个人。

在中国境内有住所的个人，是指因户籍、家庭、经济利益关系，而在中国境内习惯性居住的个人。这里所说的习惯性居住，是判定纳税义务人属于居民个人还是非居民个人的一个重要依据。它是指个人因学习、工作、探亲等原因消除之后，没有理由在其他地方继续居留时，所要回到的地方，而不是指实际居住或在某一个特定时期内的居住地。一个纳税人因学习、工作、探亲、旅游等原因，在中国境外居住，但是在这些原因消除之后，如果必须回到中国境内居住的，则中国为该纳税人的习惯性居住地。即使该纳税人在一个纳税年度内，甚至连续几个纳税年度，都未在中国境内居住过1天，他仍然是中国的居民个人，应就其来自全球的应纳税所得，向中国缴纳个人所得税。

一个纳税年度在境内居住累计满183天，是指在一个纳税年度（即公历1月1日起至12月31日止，下同）内，在中国境内居住累计满183日。在计算居住天数时，按其一个纳税年度内在境内的实际居住时间确定，取消了原有的临时离境规定。即境内无住所的某人在一个纳税年度内无论出境多少次，只要在我国境内累计住满183天，就可判定为我国的居民个人。综上可知，个人所得税的居民个人包括以下两类：

（1）在中国境内定居的中国公民和外国侨民，但不包括虽具有中国国籍，却并没有在中国境内定居，而是侨居海外的华侨和居住在香港、澳门、台湾的同胞。

（2）从公历1月1日起至12月31日止，在中国境内累计居住满183天的外国人、海外侨胞和香港、澳门、台湾同胞。例如，一个外籍人员从2019年10月起到中国境内的公司任职，在2020年纳税年度内，虽然曾多次离境回国，但由于该外籍个人在我国境内的居住停留时间累计达200天，超过了一个纳税年度内在境内累计居住满183天的标准。因此，该纳税义务人应为我国的居民个人。

现行税法中关于"中国境内"的概念，是指中国大陆（内地）地区，目前还不包括中国香港、澳门和台湾地区。

## （二）非居民个人

非居民个人是指不符合居民个人判定标准（条件）的纳税义务人，非居民个人承担有限纳税义务，即仅就其来源于中国境内的所得，向中国缴纳个人所得税。《个人所得税法》规定，非居民个人是"在中国境内无住所又不居住，或者无住所而一个纳税年度内在境内居住累计不满183天的个人"。也就是说，非居民个人是指习惯性居住地不在中国境内，而且不在中国居住；或者在一个纳税年度内，在中国境内居住累计不满183

天的个人。在现实生活中，习惯性居住地不在中国境内的个人，只有外籍人员、华侨或香港、澳门和台湾同胞。因此，非居民个人，实际上只能是在一个纳税年度中，没有在中国境内居住，或者在中国境内居住天数累计不满183天的外籍人员、华侨或香港、澳门、台湾同胞。

自2004年7月1日起，对境内居住的天数和境内实际工作期间的确定以下列规定为准：

（1）判定纳税义务时如何计算在中国境内居住的天数。

对在中国境内无住所的个人，需要计算确定其在中国境内实际累计居住天数，以便依照税法和协定或安排的规定判定其负有何种纳税义务时，均应以该个人实际在中国境内逗留天数计算。在中国境内停留的当天满24小时的，计入在中国境内居住天数，在中国境内停留的当天不足24小时的，不计入在中国境内居住天数。

（2）个人入境、离境当日及在中国境内实际工作期间的判定。

对在中国境内、境外机构同时担任职务或仅在境外机构任职的境内无住所个人，依据《国家税务总局关于在中国境内无住所的个人计算缴纳个人所得税若干具体问题的通知》（国税函发〔1995〕125号）第一条的规定，在计算其境内工作期间时，对其入境、离境、往返或多次往返境内外的当日，均按半天计算在中国境内实际工作天数。

【例7-4·单选题】下列人员属于个人所得税居民个人的是（　　）。

A.2023年在中国境内居住时间为156天的台湾同胞

B.自2023年7月12日至2024年3月11日，在中国境内工作的外籍专家

C.在中国境内无住所且不居住的华侨人员

D.在北京开设小卖部的个体工商户王某

【答案】D

【解析】选项A、B不满足居民个人183天的规定；选项C不满足住所和居住时间的规定。

【例7-5·单选题】某外籍个人接受总部派遣，于2023年6月5日来华，其任务是对境内的某外商投资企业进行考察调研，并于2023年8月25日离境，该外籍个人境内工作天数为（　　）天。

A.79　　B.80　　C.81　　D.82

【答案】C

【解析】该外籍个人6月在华天数为25.5天，7月份为31天，8月为24.5天，因此一共是81天。

## 三、所得来源地的确定

判断所得来源地，是确定该项所得是否应该征收个人所得税的重要依据。对于居民纳税义务人，因为要承担无限纳税义务，因此，判断其所得来源地，相对来说不是非常重要。但是，对于非居民纳税义务人，由于仅就其来源于中国境内的所得征税，因此，判断其所得来源地，就显得十分重要。所得来源地的判断应反映经济活动的实质，要遵

循方便税务机关实行有效征管的原则，具体规定如下：

除国务院财政、税务主管部门另有规定外，下列所得，不论支付地点是否在中国境内，均为来源于中国境内的所得：

（1）因任职、受雇、履约等而在中国境内提供劳务取得的所得。

（2）将财产出租给承租人在中国境内使用而取得的所得。

（3）转让中国境内的不动产等财产或者在中国境内转让其他财产取得的所得。

（4）许可各种特许权在中国境内使用而取得的所得。

（5）从中国境内企业、事业单位、其他组织以及居民个人取得的利息、股息、红利所得。

在中国境内无住所的个人，在中国境内居住累计满183天的年度连续不满6年的，其来源于中国境外的所得，经向主管税务机关备案，其来源于中国境外且由境外单位或者个人支付的所得，免予缴纳个人所得税；在中国境内居住累计满183天的任一年度中有一次离境超过30天的，其在中国境内居住累计满183天的年度的连续年限重新起算。

在中国境内无住所，且在一个纳税年度中在中国境内居住累计不超过90天的个人，其来源于中国境内的所得，由境外雇主支付并且不由该雇主在中国境内的机构、场所负担的部分，免予缴纳个人所得税。

### 思政引航7-1　为优秀的国外人才提供有竞争力的税收设计

2016年5月6日，中共中央总书记、国家主席、中央军委主席习近平就深化人才发展体制机制改革作出重要指示，强调办好中国的事情，关键在党，关键在人，关键在人才。综合国力竞争说到底是人才竞争。要加大改革落实工作力度，把《关于深化人才发展体制机制改革的意见》落到实处，加快构建具有全球竞争力的人才制度体系，聚天下英才而用之。

我国社会主义建设的伟大事业需要国内外一切有识之士共同参与建设，引进国外优秀人才，体现了我国开放与自信的态度，通过建设有国际竞争力的税收制度，为国外优秀人才提供必要的政策支持，体现了我国政府对全世界人才的求贤之心与关爱之意。

【例7-6·单选题】下列属于来源于中国境内所得的是（　　）。

A.居民纳税人转让非专利技术在中国境外使用的所得

B.中国人在境外取得的提供各种劳务的劳务报酬所得

C.将财产出租给承租人在中国境外使用而取得的所得

D.转让中国境内的建筑物给外国人取得的所得

【答案】D

【解析】选项A、C资产的使用地不在中国境内，因此不是境内所得；选项B的劳务发生地不在境内，因此不是境内所得。

## 四、个人所得税的税率

微课 7-3

个人所得税征税对象与税率

### （一）综合所得适用税率

综合所得适用七级超额累进税率，税率为3%～45%，见表7-1。

居民个人每一纳税年度内取得综合所得包括：工资、薪金所得，劳务报酬所得，稿酬所得和特许权使用费所得。

表7-1　　综合所得个人所得税税率表

| 级数 | 全年应纳税所得额 | 税率（%） | 速算扣除数（元） |
|---|---|---|---|
| 1 | 不超过36 000元的 | 3 | 0 |
| 2 | 超过36 000元至144 000元的部分 | 10 | 2 520 |
| 3 | 超过144 000元至300 000元的部分 | 20 | 16 920 |
| 4 | 超过300 000元至420 000元的部分 | 25 | 31 920 |
| 5 | 超过420 000元至660 000元的部分 | 30 | 52 920 |
| 6 | 超过660 000元至960 000元的部分 | 35 | 85 920 |
| 7 | 超过960 000元的部分 | 45 | 181 920 |

注1：本表所称全年应纳税所得额，是指依照《个人所得税法》第六条的规定，居民个人取得综合所得以每一纳税年度收入额减除费用6万元以及专项扣除、专项附加扣除和依法确定的其他扣除后的余额。

注2：非居民个人取得工资薪金所得，劳务报酬所得，稿酬所得和特许权使用费所得，依照本表按月换算后计算应纳税额。

### （二）经营所得适用税率

经营所得适用五级超额累进税率，税率为5%～35%，见表7-2。

表7-2　　经营所得个人所得税税率表

| 级数 | 全年应纳税所得额 | 税率（%） | 速算扣除数（元） |
|---|---|---|---|
| 1 | 不超过30 000元的部分 | 5 | 0 |
| 2 | 超过30 000元至90 000元的部分 | 10 | 1 500 |
| 3 | 超过90 000元至300 000元的部分 | 20 | 10 500 |
| 4 | 超过300 000元至500 000元的部分 | 30 | 40 500 |
| 5 | 超过500 000元的部分 | 35 | 65 500 |

注：本表所称全年应纳税所得额是指依照《个人所得税法》第六条的规定，以每一纳税年度的收入总额减除成本、费用以及损失后的余额。

这里值得注意的是，由于目前实行承包（租）经营的形式较多，分配方式也不相同，因此，承包、承租人按照承包、承租经营合同（协议）规定取得所得的适用税率也不一致。

（1）承包、承租人对企业经营成果不拥有所有权，仅是按合同（协议）规定取得一定所得的，其所得按工资、薪金所得计算缴纳个人所得税，纳税人年度综合所得适用3%～45%的七级超额累进税率（见表7-1）。

（2）承包、承租人按合同（协议）的规定只向发包、出租方缴纳一定费用后，企业经营成果归其所有的，承包、承租人取得的所得，按对企事业单位的承包经营、承租经营所得，适用5%～35%的五级超额累进税率（见表7-2）。

**知识链接7-2　个体工商户经营所得的特殊待遇**

依据《财政部 税务总局关于进一步支持小微企业和个体工商户发展有关税费政策的公告》（2023年第12号）的规定，自2023年1月1日至2027年12月31日，对个体工商户经营所得年应纳税所得额不超过200万元的部分，减半征收个人所得税。个体工商户在享受现行其他个人所得税优惠政策的基础上，可叠加享受本条优惠政策。

### （三）其他所得适用税率

利息、股息、红利所得，财产租赁所得，财产转让所得和偶然所得，适用税率为20%的比例税率。

**思政引航7-2　个人所得税在完善分配制度中的重要价值**

党的二十大报告指出，分配制度是促进共同富裕的基础性制度。坚持按劳分配为主体、多种分配方式并存，构建初次分配、再分配、第三次分配协调配套的制度体系。努力提高居民收入在国民收入分配中的比重，提高劳动报酬在初次分配中的比重。坚持多劳多得，鼓励勤劳致富，促进机会公平，增加低收入者收入，扩大中等收入群体。完善按要素分配政策制度，探索多种渠道增加中低收入群众要素收入，多渠道增加城乡居民财产性收入。加大税收、社会保障、转移支付等的调节力度。完善个人所得税制度，规范收入分配秩序，规范财富积累机制，保护合法收入，调节过高收入，取缔非法收入。

## 第三节　个人所得税的计税依据

个人所得税的计税标准是纳税人各项所得的货币金额。除现金外，纳税人所得为实物的，应当按照所取得实物的凭证上注明的价格计算应纳税所得额，无凭证的实物或者凭证上所注明的价格明显偏低的，由主管税务机关参照当地市场价格核定应纳税所得额；纳税人所得为有价证券的，由主管税务机关根据票面价格和市场价格核定应纳税所得额。

个人所得税的计税依据为应纳税所得额。除特殊项目外，一般是指个人的应税收入减去必要成本或费用后的余额。正确计算应纳税所得，是依法计征所得税的基础和前提。

个人收入或所得在未计算征税之前属于“毛收入”。这是因为个人在取得收入或所得过程中，需支付一些必要的成本或费用。从世界各国征收个人所得税的实践来看，一般都允许纳税人从其收入或所得总额中扣除必要的费用，仅就扣除费用后的余额征税。两个以上的个人共同取得同一项目收入的，应当对每个人取得的收入分别按照个人所得税法的规定计算纳税。由于各国具体情况不同，各自的扣除项目、扣除标准及方法也不同。

微课 7-4

应纳税所得额的基本计算公式

## 一、每次收入的确定

个人所得税的征税方法有三种：一是按年计征，如经营所得，居民个人取得的综合所得；二是按月计征，如非居民个人取得的工资、薪金所得；三是按次计征，如利息、股息、红利所得，财产租赁所得，偶然所得和非居民个人取得的劳务报酬所得，稿酬所得，特许权使用费所得6项所得。在按次征收情况下，扣除费用依据每次应纳税所得额的大小，分别规定了定额和定率两种标准。无论是从正确贯彻税法的立法精神、维护纳税义务人的合法权益方面来看，还是从避免税收漏洞、防止税款流失、保证国家税收收入方面来看，如何准确划分“次”，都是十分重要的。对前述6个项目的“次”，《中华人民共和国个人所得税法实施条例》作出了明确规定。具体是：

非居民个人取得劳务报酬所得、稿酬所得、特许权使用费所得，根据不同所得项目的特点，分别规定为：

(1) 属于一次性收入的，以取得该项的收入为一次。就劳务报酬所得来看，从事设计、安装、装潢、制图、化验、测试等劳务，往往是接受客户的委托，按照客户的要求，完成一次劳务后取得收入。因此，属于一次性的收入，应以每次提供劳务取得的收入为一次。但需要注意的是，如果一次性劳务报酬收入以分月支付方式取得，就适用同一事项连续取得收入，以1个月内取得的收入为一次的规定。

就稿酬来看，以每次出版、发表取得的收入为一次，不论出版单位是预付还是分笔支付稿酬，或者加印该作品后再付稿酬，均应合并其稿酬所得按一次计征个人所得税。具体又可细分为：同一作品再版取得的所得，应视作另一次稿酬所得计征个人所得税；同一作品先在报刊上连载，然后再出版，或先出版，再在报刊上连载的，应视为两次稿酬所得征税；同一作品在报刊上连载取得收入的，以连载完成后取得的所有收入合并为一次，计征个人所得税；同一作品在出版和发表时，以预付稿酬或分次支付稿酬等形式取得稿酬收入的，应合并计算为一次；同一作品出版、发表后，因添加印数而追加稿酬的，应与以前出版、发表时取得的稿酬合并计算为一次，计征个人所得税；在两处或两处以上出版、发表或再版同一作品而取得稿酬所得的，可分别各处取得的所得或再版所得按分次所得计征个人所得税；作者去世后，对取得其遗作稿酬的个人，按稿酬所得征收个人所得税。

就特许权使用费来看，以某项使用权的一次转让取得的收入为一次。一个非居民个人，可能拥有不止一项特许权利，每一项特许权的使用权也可能不止一次地向我国境内提供。因此，对特许权使用费所得的“次”的界定，明确为每一项使用权的每次转让所取得的收入为一次。如果该次转让取得的收入是分笔支付的，则应将各笔收入相加为一次的收入，计征个人所得税。

（2）属于同一事项连续取得收入的，以1个月内取得的收入为一次。例如，某歌手（非居民个人）与一歌厅签约，在一定时期内每天到歌厅演唱一次，每次演出后付酬500元。在计算其劳务报酬所得时，应视为同一事项的连续性收入，以其1个月内取得的收入为一次计征个人所得税，而不能以每天取得的收入为一次。

微课7-5

各项所得应纳税所得额的确定

财产租赁所得，以1个月内取得的收入为一次。

利息、股息、红利所得，以支付利息、股息、红利时取得的收入为一次。

偶然所得，以每次收入为一次。

## 二、应纳税所得额和费用减除标准

居民个人取得综合所得，以每年收入额减除费用60 000元以及专项扣除、专项附加扣除和依法确定的其他扣除后的余额，为应纳税所得额。

（1）专项扣除，包括居民个人按照国家规定的范围和标准缴纳的基本养老保险、基本医疗保险、失业保险等社会保险费和住房公积金等。

（2）专项附加扣除，包括子女教育、继续教育、大病医疗、住房贷款利息或者住房租金、赡养老人等支出，具体范围、标准和实施步骤由国务院确定，并报全国人民代表大会常务委员会备案。个人所得税专项附加扣除遵循公平合理、利于民生、简便易行的原则。根据教育、医疗、住房、养老等民生支出变化情况，将适时调整专项附加扣除范围和标准。

①子女教育。

纳税人的子女接受全日制学历教育的相关支出，按照每个子女每月2 000元的标准定额扣除。学历教育包括义务教育（小学、初中教育）、高中阶段教育（普通高中、中等职业、技工教育）、高等教育（大学专科、大学本科、硕士研究生、博士研究生教育）。年满3岁至小学入学前处于学前教育阶段的子女，按照每个子女每月1 000元的标准定额扣除。父母可以选择由其中一方按扣除标准的100%扣除，也可以选择由双方分别按扣除标准的50%扣除，具体扣除方式在一个纳税年度内不能变更。纳税人子女在中国境外接受教育的，纳税人应当留存境外学校录取通知书、留学签证等相关教育的证明资料备查。

②继续教育。

纳税人在中国境内接受学历（学位）继续教育的支出，在学历（学位）继续教育期间按照每月400元定额扣除。同一学历（学位）继续教育的扣除期限不能超过48个月。

纳税人接受技能人员职业资格继续教育、专业技术人员职业资格继续教育的支出，在取得相关证书的当年，按照3 600元定额扣除。个人接受本科及以下学历（学位）继续教育，符合规定扣除条件的，可以选择由其父母扣除，也可以选择由本人扣除。纳税人接受技能人员职业资格继续教育、专业技术人员职业资格继续教育的，应当留存相关证书等资料备查。

③大病医疗。

在一个纳税年度内，纳税人发生的与基本医保相关的医药费用支出，扣除医保报销后个人负担（指医保目录范围内的自付部分）累计超过15 000元的部分，由纳税人在办理年度汇算清缴时，在80 000元限额内据实扣除。纳税人发生的医药费用支出可以选择由本人或者其配偶扣除；未成年子女发生的医药费用支出可以选择由其父母一方扣除。纳税人及其配偶、未成年子女发生的医药费用支出，按规定分别计算扣除额。纳税人应当留存医药服务收费及医保报销相关票据原件（或者复印件）等资料备查。医疗保障部门应当向患者提供在医疗保障信息系统记录的本人年度医药费用信息查询服务。

④住房贷款利息。

纳税人本人或者配偶单独或者共同使用商业银行或者住房公积金个人住房贷款为本人或者其配偶购买中国境内住房，发生的首套住房贷款利息支出，在实际发生贷款利息的年度，按照每月1 000元的标准定额扣除，扣除期限最长不超过240个月。纳税人只能享受一次首套住房贷款的利息扣除。首套住房贷款是指购买住房享受首套住房贷款利率的住房贷款。经夫妻双方约定，可以选择由其中一方扣除，具体扣除方式在一个纳税年度内不能变更。夫妻双方婚前分别购买住房发生的首套住房贷款，其贷款利息支出，婚后可以选择其中一套购买的住房，由购买方按扣除标准的100%扣除，也可以由夫妻双方对各自购买的住房分别按扣除标准的50%扣除，具体扣除方式在一个纳税年度内不能变更。纳税人应当留存住房贷款合同、贷款还款支出凭证备查。

⑤住房租金。

纳税人在主要工作城市没有自有住房而发生的住房租金支出，可以按照以下标准定额扣除：

直辖市、省会（首府）城市、计划单列市以及国务院确定的其他城市，扣除标准为每月1 500元；除第一项所列城市以外，市辖区户籍人口超过100万的城市，扣除标准为每月1 100元；市辖区户籍人口不超过100万的城市，扣除标准为每月800元。

纳税人的配偶在纳税人的主要工作城市有自有住房的，视同纳税人在主要工作城市有自有住房。市辖区户籍人口，以国家统计局公布的数据为准。所称主要工作城市是指纳税人任职受雇的直辖市、计划单列市、副省级城市、地级市（地区、州、盟）全部行政区域范围；纳税人无任职受雇单位的，为受理其综合所得汇算清缴的税务机关所在城市。夫妻双方主要工作城市相同的，只能由一方扣除住房租金支出。住房租金支出由签订租赁住房合同的承租人扣除。纳税人及其配偶在一个纳税年度内不能同时分别享受住房贷款利息和住房租金专项附加扣除。纳税人应当留存住房租赁合同、协议等有关资料备查。

不得重复扣除。

（9）个体工商户下列支出不得扣除：个人所得税税款；税收滞纳金；罚金、罚款和被没收财物的损失；不符合扣除规定的捐赠支出；赞助支出；用于个人和家庭的支出；与取得生产经营收入无关的其他支出；国家税务总局规定不准扣除的支出。

（10）个体工商户生产经营活动中，应当分别核算生产经营费用和个人、家庭费用。对于生产经营与个人、家庭生活混用难以分清的费用，其40%视为与生产经营有关的费用，准予扣除。

（11）个体工商户纳税年度发生的亏损，准予向以后年度结转，用以后年度的生产经营所得弥补，但结转年限最长不得超过五年。

（12）个体工商户使用或者销售存货，按照规定计算的存货成本，准予在计算应纳税所得额时扣除。

（13）个体工商户转让资产，该项资产的净值，准予在计算应纳税所得额时扣除。

（14）亏损，是指个体工商户依照规定计算的应纳税所得额小于0的数额。

（15）个体工商户与企业联营而分得的利润，按利息、股息、红利所得项目征收个人所得税。

（16）个体工商户和从事生产、经营的个人，取得与生产、经营活动无关的各项应税所得，应按规定分别计算征收个人所得税。

2.扣除项目及标准

（1）个体工商户实际支付给从业人员的、合理的工资薪金支出，准予扣除。

个体工商户业主的费用扣除标准为60 000元／年。

个体工商户业主的工资薪金支出不得税前扣除。

（2）个体工商户按照国务院有关主管部门或者省级人民政府规定的范围和标准为其业主和从业人员缴纳的基本养老保险费、基本医疗保险费、失业保险费、生育保险费、工伤保险费和住房公积金，准予扣除。

个体工商户为其从业人员缴纳的补充养老保险费、补充医疗保险费，分别在不超过从业人员工资总额5%标准内的部分据实扣除；超过部分，不得扣除。

个体工商户业主本人缴纳的补充养老保险费、补充医疗保险费，以当地（地级市）上年度社会平均工资的3倍为计算基数，分别在不超过该计算基数5%标准内的部分据实扣除；超过部分，不得扣除。

（3）除个体工商户依照国家有关规定为特殊工种从业人员支付的人身安全保险费和财政部、国家税务总局规定可以扣除的其他商业保险费外，为个体工商户业主本人或者其从业人员支付的商业保险费，不得扣除。

（4）个体工商户在生产经营活动中发生的合理的不需要资本化的借款费用，准予扣除。

个体工商户为购置、建造固定资产、无形资产和经过12个月以上的建造才能达到预定可销售状态的存货发生借款的，在有关资产购置、建造期间发生的合理的借款费用，应当作为资本性支出计入有关资产的成本，并依照规定扣除。

（5）个体工商户在生产经营活动中发生的下列利息支出，准予扣除：向金融企业借款的利息支出；向非金融企业和个人借款的利息支出，不超过按照金融企业同期同类贷款利率计算的数额的部分。

（6）个体工商户在货币交易中以及纳税年度终了时将人民币以外的货币性资产、负债按照期末即期人民币汇率中间价折算为人民币时产生的汇兑损失，除已经计入有关资产成本部分外，准予扣除。

（7）个体工商户向当地工会组织拨缴的工会经费、实际发生的职工福利费支出、职工教育经费支出分别在工资薪金总额的2%、14%、2.5%的标准内据实扣除。

工资薪金总额是指允许在当期税前扣除的工资薪金支出数额。

职工教育经费的实际发生数额超出规定比例当期不能扣除的部分，准予在以后纳税年度结转扣除。

个体工商户业主本人向当地工会组织缴纳的工会经费、实际发生的职工福利费支出、职工教育经费支出，以当地（地级市）上年度社会平均工资的3倍为计算基数，在前款规定比例内据实扣除。

（8）个体工商户发生的与生产经营活动有关的业务招待费，按照实际发生额的60%扣除，但最高不得超过当年销售（营业）收入的5‰。

业主自申请营业执照之日起至开始生产经营之日止所发生的业务招待费，按照实际发生额的60%计入个体工商户的开办费。

（9）个体工商户每一纳税年度发生的与其生产经营活动直接相关的广告费和业务宣传费不超过当年销售（营业）收入15%的部分，可以据实扣除；超过部分，准予在以后纳税年度结转扣除。

（10）个体工商户代其从业人员或者他人负担的税款，不得税前扣除。

（11）个体工商户按照规定缴纳的摊位费、行政性收费、协会会费等，按实际发生数额扣除。

（12）个体工商户根据生产经营活动的需要租入固定资产支付的租赁费，按照以下方法扣除：以经营租赁方式租入固定资产发生的租赁费支出，按照租赁期限均匀扣除；以融资租赁方式租入固定资产发生的租赁费支出，按照规定构成融资租入固定资产价值的部分应当提取折旧费用，分期扣除。

（13）个体工商户参加财产保险，按照规定缴纳的保险费，准予扣除。

（14）个体工商户发生的合理的劳动保护支出，准予扣除。

（15）个体工商户自申请营业执照之日起至开始生产经营之日止发生的符合规定的费用，除为取得固定资产、无形资产的支出以及应计入资产价值的汇兑损益、利息支出外，作为开办费，个体工商户可以选择在开始生产经营的当年一次性扣除，也可自生产经营月份起在不短于3年期限内摊销扣除，但一经选定，不得改变。

开始生产经营之日为个体工商户取得第一笔销售（营业）收入的日期。

（16）个体工商户通过公益性社会团体或者县级以上人民政府及其部门，用于《中华人民共和国公益事业捐赠法》规定的公益事业的捐赠，捐赠额不超过其应纳税所得额

30%的部分可以据实扣除。

财政部、国家税务总局规定可以全额在税前扣除的捐赠支出项目，按有关规定执行。

个体工商户直接对受益人的捐赠不得扣除。

公益性社会团体的认定，按照财政部、国家税务总局、民政部有关规定执行。

（17）个体工商户研究开发新产品、新技术、新工艺所发生的开发费用，以及研究开发新产品、新技术而购置单台价值在10万元以下的测试仪器和试验性装置的购置费准予直接扣除；单台价值在10万元以上（含10万元）的测试仪器和试验性装置，按固定资产管理，不得在当期直接扣除。

【例7-10·计算题】某小型运输公司系个体工商户，账证健全，2023年12月取得经营收入320 000元，准许扣除的当月成本、费用（不含业主工资）及相关税金共计250 600元。1—11月累计应纳税所得额88 400元（未扣除业主费用减除标准），1—11月累计预缴个人所得税10 200元。除经营所得外，业主本人没有其他收入，且2023年全年均享受赡养老人一项专项附加扣除。不考虑专项扣除和符合税法规定的其他扣除，请计算该个体工商户2023年度汇算清缴时应申请的个人所得税退税额。

【解析】（1）全年应纳税所得额=320 000−250 600+88 400−60 000−36 000=61 800（元）

（2）全年应缴纳个人所得税=61 800×10%−1 500=4 680（元）

（3）该个体工商户2023年度应申请的个人所得税退税额=10 200−4 680=5 520（元）

### （二）个人独资企业和合伙企业应纳税额的计算

对个人独资企业和合伙企业生产经营所得，其个人所得税应纳税额的计算有以下两种方法：

第一种：查账征收。

（1）自2019年1月1日起，个人独资企业和合伙企业投资者的生产经营所得依法计征个人所得税时，个人独资企业和合伙企业投资者本人的费用扣除标准统一确定为60 000元/年，即5 000元/月。投资者的工资不得在税前扣除。

（2）投资者及其家庭发生的生活费用不允许在税前扣除。投资者及其家庭发生的生活费用与企业生产经营费用混合在一起，并且难以划分的，全部视为投资者个人及其家庭发生的生活费用，不允许在税前扣除。

【例7-11·单选题】某个人独资企业2023年自行计算的生产经营费用为50万元，该企业的生产经营费用与其家庭生活费用无法划分。该企业允许税前扣除的生产经营费用为（　　）元。

A.0　　B.25　　C.20　　D.30

【答案】A

【解析】投资者及其家庭发生的生活费用不允许在税前扣除，生活费用同经营费用难以划分的，则全部视同生活费用，不允许扣除。

（3）企业生产经营和投资者及其家庭生活共用的固定资产，难以划分的，由主管税务机关根据企业的生产经营类型、规模等具体情况，核定准予在税前扣除的折旧费用的数额或比例。

（4）企业向其从业人员实际支付的合理的工资、薪金支出，允许在税前据实扣除。

（5）企业拨缴的工会经费、发生的职工福利费、职工教育经费支出分别在工资、薪金总额2%、14%、2.5%的标准内据实扣除。

（6）每一纳税年度发生的广告费和业务宣传费用不超过当年销售（营业）收入15%的部分，可据实扣除；超过部分，准予在以后纳税年度结转扣除。

（7）每一纳税年度发生的与其生产经营业务直接相关的业务招待费支出，按照发生额的60%扣除，但最高不得超过当年销售（营业）收入的5‰。

（8）企业计提的各种准备金不得扣除。

（9）企业的年度亏损，允许用本企业下一年度的生产经营所得弥补，下一年度所得不足弥补的，允许逐年延续弥补，但最长不得超过5年。投资者兴办两个或两个以上企业的，企业的年度经营亏损不能跨企业弥补。

### 知识链接7-3　投资者兴办两个或两个以上独资企业的汇算清缴

投资者兴办两个或两个以上企业，并且企业性质全部是独资的，年度终了后，汇算清缴时，应纳税额的计算按以下方法进行：汇总其投资兴办的所有企业的经营所得作为应纳税所得额，以此确定适用税率，计算出全年经营所得的应纳税额，再根据每个企业的经营所得占所有企业经营所得的比例，分别计算出每个企业的应纳税额和应补缴税额。计算公式如下：

应纳税所得额=$\sum$各个企业的经营所得

应纳税额=应纳税所得额×税率-速算扣除数

某企业应纳税额=应纳税额×该企业的经营所得÷$\sum$各个企业的经营所得

某企业应补缴的税额=该企业应纳税额-该企业预缴的税额

投资者兴办两个或两个以上企业的，根据前述规定准予扣除的个人费用，由投资者选择在其中一个企业的生产经营所得中扣除。

第二种：核定征收。

核定征收包括定额征收、核定应税所得率征收以及其他合理的征收方式。

（1）有下列情形之一的，主管税务机关应采取核定征收方式征收个人所得税：

①企业依照国家有关规定应当设置但未设置账簿的。

②企业虽设置账簿，但账目混乱或者成本资料、收入凭证、费用凭证残缺不全，难以查账的。

③纳税人发生纳税义务，未按照规定的期限办理纳税申报，经税务机关责令限期申报，逾期仍不申报的。

（2）实行核定应税所得率征收方式的，应纳税额的计算公式如下：

应纳税额=应纳税所得额×适用税率

应纳税所得额=收入总额×应税所得率

或=成本费用支出额÷（1-应税所得率）×应税所得率

应税所得率应按规定的标准执行，见表7-4。

表7-4　　个人所得税核定征收各行业应税所得率表

| 行业 | 应税所得率 |
|---|---|
| 工业、交通运输业、商业 | 5%～20% |
| 建筑业、房地产开发业 | 7%～20% |
| 饮食服务业 | 7%～25% |
| 娱乐业 | 20%～40% |
| 其他行业 | 10%～30% |

企业经营多业的，无论其经营项目是否单独核算，均应根据其主营项目确定其适用的应税所得率。

（3）实行核定征收的投资者，不能享受个人所得税的优惠政策。

（4）实行查账征收方式的个人独资企业和合伙企业改为核定征收方式后，在查账征收方式下认定的年度经营亏损未弥补完的部分，不得再继续弥补。

（5）个体工商户、个人独资企业和合伙企业因在纳税年度中间开业、合并、注销及其他原因，导致该纳税年度的实际经营期不足1年的，对个体工商户业主、个人独资企业投资者与合伙企业自然人和合伙人的生产经营所得计算个人所得税时，以其实际经营期为1个纳税年度计算。投资者本人的费用扣除标准，应按照其实际经营月份数，以每月5 000元的减除标准确定。计算公式如下：

应纳税所得额=该年度收入总额-成本、费用及损失-当年投资者本人的费用扣除额

当年投资者本人的费用扣除额=月减除费用（5 000元／月）×当年实际经营月份数

应纳税额=应纳税所得额×适用税率-速算扣除数

## 知识链接7-4　　个人独资企业和合伙企业分回的利息、股息、红利

个人独资企业和合伙企业对外投资分回的利息、股息、红利，不并入企业的收入，而应单独作为投资者个人取得的利息、股息、红利所得，按利息、股息、红利所得应税项目计算缴纳个人所得税。以合伙企业名义对外投资分回利息、股息、红利的，按有关规定确定为各个投资者的利息、股息、红利所得，分别按利息、股息、红利所得计算缴纳个人所得税。

【例7-12·单选题】计算个人独资企业的所得税时，下列费用不得在税前扣除的是（　　）。

A.企业缴纳的行政性收费

B.投资者的亲属就职于该独资企业而取得的工资、薪金

C.企业生产经营和投资者及其家庭生活共用但难以划分的固定资产折旧费

D.企业计提的坏账准备金

【答案】D

【解析】企业计提的坏账准备金不得税前扣除。

【例7-13·多选题】下列税务处理中，符合个人独资企业和合伙企业征税规定的有（　　）。

A.投资者的工资不得税前扣除

B.企业计提的各种准备金不得税前扣除

C.分配给投资者的股息、红利，允许税前扣除

D.企业发生的与生产经营有关的业务招待费可据实扣除

【答案】AB

【解析】分配给投资者的股息、红利，不得税前扣除；企业发生的与生产经营有关的业务招待费可以限额扣除。

## 四、利息、股息、红利所得的计税方法

### （一）一般规定

利息、股息、红利所得以个人每次收入额为应纳税所得额，不扣除任何费用。即除特殊规定外，每次收入额直接就是应纳税所得额。上述的每次收入，是指单位或个人每次支付利息、红利时个人所取得的收入。利息、股息、红利所得适用20%的比例税率。其应纳税额的计算公式为：

应纳税额=应纳税所得额（每次收入额）×税率

微课7-8

应纳税额的计算（经营所得和利息、股息、红利所得）

### （二）特殊计算

自2008年10月9日起，存款利息所得暂免征收个人所得税。对企业和个人取得的2012年及以后年度发行的地方政府债券利息收入，免征企业所得税和个人所得税。地方政府债券是指经国务院批准同意，以省、自治区、直辖市、计划单列市政府为发行和偿还主体的债券。

#### 知识链接7-5　上市公司股息红利差别化个人所得税的计算方法

（1）个人从公开发行和转让市场取得的上市公司股票，持股期限超过1年的，股息、红利所得暂免征收个人所得税；个人从公开发行和转让市场取得的上市公司股票，持股期限在1个月以内（含1个月）的，其股息、红利所得全额计入应纳税所得额；持股期限在1个月以上至1年（含1年）的，暂减按50%计入应纳税所得额。股息、红利所得统一适用20%的税率计征个人所得税。

（2）上市公司派发股息、红利时，对个人持股1年以内（含1年）的，上市公司暂不扣缴个人所得税。待个人转让股票时，证券登记结算公司根据其持股期限计算应纳税

额，由证券公司等股份托管机构从个人资金账户中扣收并划付证券登记结算公司，证券登记结算公司应于次月5个工作日内划付上市公司，上市公司在收到税款当月的法定申报期内向主管税务机关申报缴纳。

（3）个人转让股票时，按照先进先出的原则计算持股期限，即证券账户中先取得的股票视为先转让。

【例7-14·多选题】下列各项中，应按利息、股息、红利所得征收个所得税的是（　　）。

A.法人企业为其股东购买小汽车并将车办理在个人名下

B.个人取得国债转让所得

C.个人独资企业业主用企业资金进行个人消费

D.职工拥有股票期权且在行权后，取得企业的税收利润分配收益

【答案】AD

【解析】选项B，按财产转让所得征税；选项C，按经营所得征税。

## 五、财产租赁所得的计税方法

### （一）一般规定

微课7-9

应纳税额的计算（财产租赁、转让所得与偶然所得）

财产租赁所得一般以个人每次收入定额或定率减除规定费用后的余额为应纳税所得额。每次收入不超过4 000元的，定额减除费用800元；每次收入在4 000元以上的，定率减除20%的费用。财产租赁所得以1个月内取得的收入为一次。

### （二）特殊规定

个人出租财产取得的财产租赁收入，在计算缴纳个人所得税时，应依次扣除以下费用：

（1）财产租赁过程中缴纳的税费。纳税人在出租财产过程中缴纳的税金和教育费附加，可持完税（缴款）凭证，从其财产租赁收入中扣除。

（2）向出租方支付的租金。取得转租收入的个人向房屋出租方支付的租金，凭房屋租赁合同和合法支付凭据允许在计算个人所得税时，从该项转租收入中扣除。

（3）由纳税人负担的该出租财产实际发生的修缮费用。能够提供有效、准确凭证，证明由纳税人负担的该出租财产实际发生的修缮费用，准予从该项租赁收入中扣除。允许扣除的修缮费用，以每次800元为限。一次扣除不完的，准予在下一次继续扣除，直到扣完为止。

### （三）应纳税额的计算

应纳税所得额的计算公式为：

（1）每次（月）收入不超过4 000元的：

应纳税所得额=每次（月）收入额-准予扣除项目-修缮费用（800元为限）-800

（2）每次（月）收入超过4 000元的：

应纳税所得额=［每次（月）收入额-准予扣除项目-修缮费用（800元为限）］×（1-20%）

财产租赁所得适用20%的比例税率。但对个人按市场价格出租的居民住房取得的所得，自2001年1月1日起暂减按10%的税率征收个人所得税。其应纳税额的计算公式为：

应纳税额=应纳税所得额×适用税率

【例7-15·计算题】李某于本年1月将自有房屋出租给王某居住，租期一年。该居民每月取得的租金收入扣除与出租活动相关税费后的收入为1 500元，全年共计18 000元。请计算每月应纳税额和全年应纳税额。

【解析】（1）每月应纳税额=（1 500-800）×10%=70（元）

（2）全年应纳税额=70×12=840（元）

上例中，如果当年2月份因下水道堵塞找人修理，发生修理费用400元，有维修部门开具的正式收据，则：

2月份的应纳税额=（1500-400-800）×10%=30（元）

全年应纳税额=70×11+30=800（元）

## 六、财产转让所得的计税方法

### （一）一般规定

财产转让所得以个人转让财产的收入减除财产原值和合理费用后的余额为应纳税所得额。财产转让所得中允许减除的财产原值是指：

（1）有价证券。其原值为买入价及买入时按照有关规定交纳的有关费用。

（2）建筑物。其原值为建造或者购进价格以及其他有关费用。

（3）土地使用权。其原值为取得土地使用权所支付的金额、开发土地的费用以及其他有关费用。

（4）机器设备、车船。其原值为购进价格、运输费、安装费以及其他有关费用。

（5）其他财产。其原值参照以上方法确定。

纳税人未提供完整、准确的财产原值凭证，不能正确计算财产原值的，由主管税务机关核定其财产原值。

财产转让所得中允许减除的合理费用，是指转让财产时按照规定支付的有关费用。

财产转让所得应纳税所得额的计算公式为：

应纳税所得额=每次收入额-财产原值-合理费用

### （二）应纳税额的计算

财产转让所得适用20%的比例税率。其应纳税额的计算公式为：

应纳税额=应纳税所得额×适用税率

【例7-16·计算题】某居民于本年2月将一台复印机转让给本市某企业，取得转让收入120 000元。该复印机购进时原价为100 000元，转让时支付有关费用500元。试计算该居民应纳的个人所得税。

【解析】（1）应纳税所得额=120 000-100 000-500=19 500（元）

（2）应纳税额=19 500×20%=3 900（元）

## 七、偶然所得的计税方法

偶然所得以个人每次收入额为应纳税所得额，不扣除任何费用。除有特殊情况规定外，每次收入额就是应纳税所得额，以每次取得该项收入为一次。

偶然所得适用20%的比例税率。其应纳税额的计算公式为：

应纳税额=应纳税所得额（每次收入额）×适用税率

**知识链接7-6　　偶然所得的特殊规定**

个人取得单张有奖发票奖金不超过800元（含800元）的，暂免征收个人所得税；个人取得单张有奖发票奖金所得超过800元的，应按照个人所得税法规定的偶然所得征收个人所得税。个人购买社会福利有奖募捐奖券、福利赈灾彩票及体育彩票一次中奖收入不超过10 000元的暂免征收个人所得税，对一次中奖收入超过10 000元的，应按税法规定全额征收个人所得税。

# 第五节　应纳税额计算中特殊问题的处理

## 一、关于全年一次性奖金、中央企业负责人年度绩效薪金延期兑现收入和任期奖励的规定

微课7-10

应纳税额的计算（全年一次性奖金）

全年一次性奖金是指行政机关、企事业单位等扣缴义务人根据其全年经济效益和对雇员全年工作业绩的综合考核情况，向雇员发放的一次性奖金。一次性奖金也包括年终加薪、实行年薪制和绩效工资办法的单位根据考核情况兑现的年薪和绩效工资。

居民个人取得全年一次性奖金，在2027年12月31日前，可选择不并入当年综合所得，按以下计税办法，由扣缴义务人发放时代扣代缴：将居民个人取得的全年一次性奖金，除以12个月，按其商数根据按月换算后的综合所得税率表确定适用税率和速算扣除数（见表7-5），计算缴纳个人所得税。

表7-5　　　　　　　　　　按月换算后的综合所得税率表

| 级数 | 全月应纳税所得额 | 税率（%） | 速算扣除数（元） |
|---|---|---|---|
| 1 | 不超过3 000元的 | 3 | 0 |
| 2 | 超过3 000元至12 000元的部分 | 10 | 210 |
| 3 | 超过12 000元至25 000元的部分 | 20 | 1 410 |
| 4 | 超过25 000元至35 000元的部分 | 25 | 2 660 |
| 5 | 超过35 000元至55 000元的部分 | 30 | 4 410 |
| 6 | 超过55 000元至80 000元的部分 | 35 | 7 160 |
| 7 | 超过80 000元的部分 | 45 | 15 160 |

在一个纳税年度内，对每一个纳税人，该计税办法只允许采用一次。

实行年薪制和绩效工资的单位，居民个人取得年终兑现的年薪和绩效工资按上述方法执行。居民个人取得全年一次性奖金，也可以选择并入当年综合所得计算纳税。

居民个人取得除全年一次性奖金以外的其他各种名目奖金，如半年奖、季度奖、加班奖、先进奖、考勤奖等，一律与当月工资、薪金收入合并，按税法规定缴纳个人所得税。

自2022年1月1日起，居民个人取得全年一次性奖金，应并入当年综合所得计算缴纳个人所得税。

【例7-17·计算题】假定中国居民个人李某2023年在我国境内1—12月每月的税后工资为3 800元，12月31日又一次性领取年终含税奖金60 000元。请计算李某取得年终奖金（选择不并入当年综合所得）应缴纳的个人所得税。

【解析】（1）年终奖金适用的税率和速算扣除数为：

按12个月分摊后，每月的奖金5 000元（60 000÷12），根据按月换算后的综合所得税率表，适用的税率和速算扣除数分别为10%、210元。

（2）年终奖应缴纳个人所得税为：

应纳税额=年终奖金收入×适用的税率-速算扣除数

=60 000×10%-210

=6 000-210

=5 790（元）

## 二、企事业单位将自建住房以低于购置或建造成本价格销售给职工的个人所得税的征税规定

根据住房制度改革政策的有关规定，国家机关、企事业单位及其他组织（以下简称单位）在住房制度改革期间，按照所在地县级以上人民政府规定的房改成本价格向职工出售公有住房，职工因支付的房改成本价格低于房屋建造成本价格或市场价格而取得的差价收益，免征个人所得税。

除上述符合规定的情形外，根据《个人所得税法》及其实施条例的有关规定，单位按低于购置或建造成本价格出售住房给职工，职工因此而少支出的差价部分，不并入当年综合所得，以差价收入除以12个月得到的数额，根据按月换算后的综合所得税率表（见表7-5）确定适用税率和速算扣除数，单独计算纳税。计算公式为：

应纳税额=职工实际支付的购房价款低于该房屋的购置或建造成本价格的差额×适用税率-速算扣除数

其中“差价部分”，是指职工实际支付的购房价款低于该房屋的购置或建造成本价格的差额。

对职工取得的上述应税所得，比照《国家税务总局关于调整个人取得全年一次性奖金等计算征收个人所得税方法问题的通知》（国税发〔2005〕9号）规定的全年一次性奖金的征税办法计算征收个人所得税。此前未征税款不再追征，已征税款不予退还。

## 三、房屋赠与个人所得税的规定

房屋产权所有人将房屋产权无偿赠与他人的，受赠人因无偿受赠房屋取得的受赠收入，按照偶然所得计算缴纳个人所得税。按照《财政部国家税务总局关于个人无偿受赠房屋有关个人所得税问题的通知》（财税〔2009〕78号）第一条的规定，符合以下情形的，对当事双方不征收个人所得税：

（1）房屋产权所有人将房屋产权无偿赠与配偶、父母、子女、祖父母、外祖父母、孙子女、外孙子女、兄弟姐妹；

（2）房屋产权所有人将房屋产权无偿赠与对其承担直接抚养或者赡养义务的抚养人或者赡养人；

（3）房屋产权所有人死亡，依法取得房屋产权的法定继承人、遗嘱继承人或者受遗赠人。

对受赠人无偿受赠房屋计征个人所得税时，其应纳税所得额为房地产赠与合同上标明的赠与房屋价值减除赠与过程中受赠人支付的相关税费后的余额。赠与合同标明的房屋价值明显低于市场价格或房地产赠与合同未标明赠与房屋价值的，税务机关可依据受赠房屋的市场评估价格或采取其他合理方式确定受赠人的应纳税所得额。

受赠人转让受赠房屋的，以其转让受赠房屋的收入减除原捐赠人取得该房屋的实际购置成本以及赠与和转让过程中受赠人支付的相关税费后的余额，为受赠人的应纳税所得额，依法计征个人所得税。受赠人转让受赠房屋价格明显偏低且无正当理由的，税务机关可以依据该房屋的市场评估价格或以其他合理方式确定的价格核定其转让收入。

## 四、关于个人取得公务交通、通信补贴收入的征税问题

个人因公务用车和通信制度改革而取得的公务用车、通信补贴收入，扣除一定标准的公务费用后，按照工资、薪金所得计征个人所得税。按月发放的，并入当月工资、薪金所得计征个人所得税；不按月发放的，分解到所属月份并与该月份工资、薪金所得合并后计征个人所得税。

公务费用扣除标准，由省级税务机关根据纳税人公务交通、通信费用实际发生情况

调查测算，报经省级人民政府批准后确定，并报国家税务总局备案。

## 五、对个人因解除劳动合同取得经济补偿金的征税方法

根据《财政部国家税务总局关于个人与用人单位解除劳动关系取得的一次性补偿收入征免个人所得税问题的通知》（财税〔2001〕157号）和《国家税务总局关于国有企业职工因解除劳动合同取得一次性补偿收入征免个人所得税问题的通知》（国税发〔2000〕77号），个人因与用人单位解除劳动关系而取得的一次性补偿收入，按以下规定处理：

（1）企业依照国家有关法律规定宣告破产，企业职工从该破产企业取得的一次性安置费收入，免征个人所得税。

（2）个人因与用人单位解除劳动关系而取得的一次性补偿收入（包括用人单位发放的经济补偿金、生活补助费和其他补助费用），其收入在当地上年职工平均工资3倍数额以内的部分，免征个人所得税；超过3倍数额的部分，不并入当年综合所得，单独适用综合所得税率表，计算纳税。个人在解除劳动合同后又再次任职、受雇的，已纳税的一次性补偿收入不再与再次任职、受雇的工资薪金所得合并计算补缴个人所得税。

（3）个人领取一次性补偿收入时按照国家和地方政府规定的比例实际缴纳的住房公积金、医疗保险费、基本养老保险费、失业保险费，可以在计征其一次性补偿收入的个人所得税时予以扣除。

## 六、关于企业减员增效和行政事业单位、社会团体在机构改革过程中实行内部退养办法人员取得收入的征税问题

实行内部退养的个人在其办理内部退养手续后至法定离退休年龄之间从原任职单位取得的工资、薪金，不属于离退休工资，应按工资、薪金所得计征个人所得税，个人在办理内部退养手续后从原任职单位取得的一次性收入，应在办理内部退养手续后至法定离退休年龄之间的所属月份进行平均，并与领取当月的工资、薪金所得合并后减除当月费用扣除标准，以余额为基数确定适用税率，再将当月工资、薪金加上取得的一次性收入，减去费用扣除标准，按适用税率计征个人所得税。

个人在办理内部退养手续后至法定离退休年龄之间重新就业取得的“工资、薪金”所得，应与其从原任职单位取得的同一月份的“工资、薪金”所得合并，并依法自行向主管税务机关申报缴纳个人所得税。

## 七、个人提前退休取得补贴收入征收个人所得税的规定

自2019年1月1日起，个人提前退休取得一次性补贴收入征收个人所得税按以下规定执行：个人办理提前退休手续而取得的一次性补贴收入，应按照办理提前退休手续至法定离退休年龄之间实际年度数平均分摊，确定适用税率和速算扣除数，单独适用综合所得税率表，计算纳税。计算公式：

4.应纳税款的计算

（1）认购股票所得（行权所得）的税款计算。员工因参加股票期权计划而从中国境内取得的所得，按规定应按工资、薪金所得计算纳税的，在2023年12月31日前，对该股票期权形式的工资、薪金所得不并入当年综合所得，全额单独适用综合所得税率表（见表7-1）计算纳税。计算公式为：

应纳税额=股权激励收入×适用税率-速算扣除数

居民个人一个纳税年度内取得两次以上（含两次）股权激励的，应合并按上述规定计算纳税。

（2）转让股票取得所得的税款计算。对于员工转让股票等有价证券取得的所得，按现行税法和政策规定征免个人所得税。个人将行权后的境内上市公司股票再行转让而取得的所得，暂不征收个人所得税；个人转让境外上市公司的股票而取得的所得，应按税法的规定计算应纳税所得额和应纳税额，依法缴纳税款。

（3）参与税后利润分配取得所得的税款计算。员工因拥有股权参与税后利润分配而取得的股息、红利所得，除依照有关规定可以免税或减税的外，应全额按规定税率计算纳税。

# 第六节 税收优惠

《个人所得税法》及其实施条例以及财政部、国家税务总局的若干规定等，都对个人所得项目给予了减税、免税的优惠，主要有：

## 一、免征个人所得税的优惠

（1）省级人民政府、国务院部委和中国人民解放军军以上单位以及外国组织颁发（颁布）的科学、教育、技术、文化、卫生、体育、环境保护等方面的奖金（奖学金），免征个人所得税。

（2）国债和国家发行的金融债券利息，免征个人所得税。国债利息，是指个人持有中华人民共和国财政部发行的债券而取得的利息所得和2012年及以后年度发行的地方政府债券（以省、自治区、直辖市和计划单列市政府为发行和偿还主体）利息所得；国家发行的金融债券利息，是指个人持有经国务院批准发行的金融债券而取得的利息所得。

（3）按照国家统一规定发给的补贴、津贴，免征个人所得税。按照国家统一规定发给的补贴、津贴，是指按照国务院规定发给的政府特殊津贴、院士津贴以及国务院规定免予缴纳个人所得税的其他补贴、津贴。

（4）福利费、抚恤金、救济金，免征个人所得税。福利费，是指根据国家有关规定，从企业、事业单位、国家机关、社会团体提留的福利费或者工会经费中支付给个人的生活补助费；救济金，是指各级人民政府民政部门支付给个人的生活困难补助费。

（5）保险赔款，免征个人所得税。

（6）军人的转业费、复员费，免征个人所得税。对退役士兵按照《退役士兵安置条例》的规定，取得的一次性退役金以及地方政府发放的一次性经济补助，免征个人所得税。

（7）按照国家统一规定发给干部、职工的安家费、退职费、退休工资、离休工资、离休生活补助费，免征个人所得税。

（8）依照我国有关法律规定应予免税的各国驻华使馆、领事馆的外交代表、领事官员和其他人员的所得，免征个人所得税。

上述“所得”，是指依照《中华人民共和国外交特权与豁免条例》和《中华人民共和国领事特权与豁免条例》规定免税的所得。

（9）中国政府参加的国际公约以及签订的协议中规定免税的所得。

（10）对乡、镇（含乡、镇）以上人民政府或经县（含县）以上人民政府主管部门批准成立的有机构、有章程的见义勇为基金或者类似性质组织，奖励见义勇为者的奖金或奖品，经主管税务机关核准，免征个人所得税。

（11）企业和个人按照省级以上人民政府规定的比例缴付的住房公积金、医疗保险金、基本养老保险金、失业保险金，允许在个人应纳税所得额中扣除，免予征收个人所得税。超过规定的比例缴付的部分并入个人当期的工资、薪金所得，计征个人所得税。

个人领取原提存的住房公积金、医疗保险金、基本养老保险金时，免予征收个人所得税。

对按照国家或省级地方政府规定的比例缴付的住房公积金、医疗保险金、基本养老保险金和失业保险金存入银行个人账户所取得的利息收入，免征个人所得税。

（12）对个人取得的教育储蓄存款利息所得以及国务院财政部门确定的其他专项储蓄存款或者储蓄性专项基金存款的利息所得，免征个人所得税。自2008年10月9日起，对居民储蓄存款利息，暂免征收个人所得税。

（13）储蓄机构内从事代扣代缴工作的办税人员取得的扣缴利息税手续费所得，免征个人所得税。

（14）生育妇女按照县级以上人民政府根据国家有关规定制定的生育保险办法，取得的生育津贴、生育医疗费或其他属于生育保险性质的津贴、补贴，免征个人所得税。

（15）对工伤职工及其近亲属按照《工伤保险条例》规定取得的工伤保险待遇，免征个人所得税。

（16）对个体工商户或个人以及个人独资企业和合伙企业从事种植业、养殖业、饲养业和捕捞业（以下简称“四业”），取得的“四业”所得，暂不征收个人所得税。

（17）个人举报、协查各种违法、犯罪行为而获得的奖金，免征个人所得税。

（18）个人办理代扣代缴税款手续，按规定取得的扣缴手续费，免征个人所得税。

（19）个人转让自用达5年以上并且是唯一的家庭居住用房取得的所得，免征个人所得税。

（20）对按《国务院关于高级专家离休退休若干问题的暂行规定》和《国务院办公厅关于杰出高级专家暂缓离休审批问题的通知》精神，达到离休、退休年龄，但确因工作需要，适当延长离休、退休年龄的高级专家，其在延长离休、退休期间的工资、薪金所得，视同退休工资、离休工资免征个人所得税。

（21）外籍个人从外商投资企业取得的股息、红利所得，免征个人所得税。

## 二、减征个人所得税的优惠

微课 7-11
减免税优惠和专项附加扣除

有下列情形之一的，可以减征个人所得税，具体幅度和期限，由省、自治区、直辖市人民政府规定，并报同级人民代表大会常务委员会备案：

（1）残疾、孤老人员和烈属的所得。

（2）因严重自然灾害造成重大损失的。

（3）国务院可以规定其他减税情形，报全国人民代表大会常务委员会备案。

# 第七节 境外所得的税款抵扣

微课 7-12
境外已纳税款抵免

在对纳税人的境外所得征税时，会存在其境外所得已在来源国家或者地区缴税的实际情况。基于国家之间对同一所得应避免双重征税的原则，我国在对纳税人的境外所得行使税收管辖权时，对该所得在境外已纳税额采取了分不同情况从应征税额中予以扣除的做法。

## 一、境外所得判定

境外所得的判定如下：

（1）因任职、受雇、履约等在中国境外提供劳务取得的所得。

（2）中国境外企业以及其他组织支付且负担的稿酬所得。

（3）许可各种特许权在中国境外使用而取得的所得。

（4）在中国境外从事生产、经营活动而取得的与生产、经营活动相关的所得。

（5）从中国境外企业、其他组织以及非居民个人取得的利息、股息、红利所得。

（6）将财产出租给承租人在中国境外使用而取得的所得。

（7）转让中国境外的不动产、转让对中国境外企业以及其他组织投资形成的股票、股权以及其他权益性资产（下称权益性资产）或者在中国境外转让其他财产取得的所得。但转让对中国境外企业以及其他组织投资形成的权益性资产，该权益性资产被转让前三年（连续 36 个公历月份）内的任一时间，被投资企业或其他组织的资产公允价值 50% 以上直接或间接来自位于中国境内的不动产的，取得的所得为来源于中国境内的所得。

（8）中国境外企业、其他组织以及非居民个人支付且负担的偶然所得。

（9）财政部、税务总局另有规定的，按照相关规定执行。

## 二、居民个人当期境内和境外所得应纳税额的计算

居民个人当期境内和境外所得应纳税额的计算如下：

（1）居民个人来源于中国境外的综合所得，应当与境内综合所得合并计算应纳税额。

（2）居民个人来源于中国境外的经营所得，应当与境内经营所得合并计算应纳税额。居民个人来源于境外的经营所得，按照我国个人所得税法及其实施条例的有关规定计算的亏损，不得抵减其境内或他国（地区）的应纳税所得额，但可以用来源于同一国家（地区）以后年度的经营所得按中国税法规定弥补。

（3）居民个人来源于中国境外的利息、股息、红利所得，财产租赁所得，财产转让所得和偶然所得（以下称其他分类所得），不与境内所得合并，应当分别单独计算应纳税额。

## 三、抵免限额的计算

居民个人在一个纳税年度内来源于中国境外的所得，依照所得来源国家（地区）税收法律规定在中国境外已缴纳的所得税税额允许在抵免限额内从其该纳税年度应纳税额中抵免。

居民个人来源于一国（地区）的综合所得、经营所得以及其他分类所得项目的应纳税额为其抵免限额，按照下列公式计算：

来源于一国（地区）综合所得的抵免限额 = 中国境内和境外综合所得依照规定计算的综合所得应纳税额 ×（来源于该国（地区）的综合所得收入额 ÷ 中国境内和境外综合所得收入额合计）

来源于一国（地区）经营所得的抵免限额 = 中国境内和境外经营所得依照规定计算的经营所得应纳税额 ×（来源于该国（地区）的经营所得应纳税所得额 ÷ 中国境内和境外经营所得应纳税所得额合计）

来源于一国（地区）其他分类所得的抵免限额 = 该国（地区）的其他分类所得依照规定计算的应纳税额

来源于一国（地区）所得的抵免限额 = 来源于该国（地区）综合所得抵免限额 + 来源于该国（地区）经营所得抵免限额 + 来源于该国（地区）其他分类所得抵免限额

## 四、可抵免的境外所得税税额

可抵免的境外所得税税额是指居民个人取得境外所得，依照该所得来源国（地区）税收法律应当缴纳且实际已经缴纳的所得税性质的税额。

居民个人从与我国签订税收协定的国家（地区）取得的所得，按照该国（地区）税收法律享受免税或减税待遇，且该免税或减税的数额按照税收协定饶让条款规定应视同已缴税额在中国的应纳税额中抵免的，该免税或减税数额可作为居民个人实际缴纳的境

外所得税税额按规定申报税收抵免。

居民个人一个纳税年度内来源于一国（地区）的所得实际已经缴纳的所得税税额，低于计算出的来源于该国（地区）该纳税年度所得的抵免限额的，应以实际缴纳税额作为抵免额进行抵免；超过来源于该国（地区）该纳税年度所得的抵免限额的，应在限额内进行抵免，超过部分可以在以后五个纳税年度内结转抵免。

居民个人从中国境外取得所得的，应当在取得所得的次年3月1日至6月30日内申报纳税。

居民个人取得境外所得，应当向中国境内任职、受雇单位所在地主管税务机关办理纳税申报；在中国境内没有任职、受雇单位的，向户籍所在地或中国境内经常居住地主管税务机关办理纳税申报；户籍所在地与中国境内经常居住地不一致的，选择其中一地主管税务机关办理纳税申报；在中国境内没有户籍的，向中国境内经常居住地主管税务机关办理纳税申报。

居民个人取得境外所得的境外纳税年度与公历年度不一致的，取得境外所得的境外纳税年度最后一日所在的公历年度，为境外所得对应的我国纳税年度。

居民个人申报境外所得税收抵免时，除另有规定外，应当提供境外征税主体出具的税款所属年度的完税证明、税收缴款书或者纳税记录等纳税凭证，未提供符合要求的纳税凭证，不予抵免。

居民个人已申报境外所得、未进行税收抵免，在以后纳税年度取得纳税凭证并申报境外所得税收抵免的，可以追溯至该境外所得所属纳税年度进行抵免，但追溯年度不得超过五年。自取得该项境外所得的五个年度内，境外征税主体出具的税款所属纳税年度纳税凭证载明的实际缴纳税额发生变化的，按实际缴纳税额重新计算并办理补退税，不加收税收滞纳金，不退还利息。

【例7-18·计算题】假定某中国居民个人2023年5月转让美国一套私有住房取得400万元（折合成人民币，下同），该住房的买价和转让时发生的费用共计300万元，已被扣缴个人所得税12万元，经核查境外完税凭证无误，请依照现行税法规定计算该居民个人境外所得在我国境内应补缴的个人所得税。

【解析】

（1）来自美国所得的抵免限额=（400-300）×20%=20（万元）

（2）来自美国所得实缴税额=12万元

（3）应补缴个人所得税=20-12=8（万元）

## 第八节 征收管理

个人所得税的纳税办法，有自行申报纳税和全员全额扣缴申报纳税两种。此外，税收征管法还对无法查账征收的纳税人规定了核定征收的方式，但由于核定征收由各地税务局依据自身情况制定，因此此部分内容本书不作详述。

## 一、自行申报纳税

微课 7-13
个人所得税征收管理

自行申报纳税，是由纳税人自行在税法规定的纳税期限内，向税务机关申报取得的应税所得项目和数额，如实填写个人所得税纳税申报表，并按照税法规定计算应纳税额，据此缴纳个人所得税的一种方法。

有下列情形之一的，纳税人应当依法办理纳税申报：

（1）取得综合所得需要办理汇算清缴。

（2）取得应税所得没有扣缴义务人。

（3）取得应税所得，扣缴义务人未扣缴税款。

（4）取得境外所得。

（5）因移居境外注销中国户籍。

（6）非居民个人在中国境内从两处以上取得工资、薪金所得。

（7）国务院规定的其他情形。

### （一）取得综合所得需要办理汇算清缴的纳税申报

取得综合所得且符合下列情形之一的纳税人，应当依法办理汇算清缴：

（1）从两处以上取得综合所得，且综合所得年收入额减除专项扣除后的余额超过6万元。

（2）取得劳务报酬所得、稿酬所得、特许权使用费所得中一项或者多项所得，且综合所得年收入额减除专项扣除的余额超过6万元。

（3）纳税年度内预缴税额低于应纳税额。

（4）纳税人申请退税。

需要办理汇算清缴的纳税人，应当在取得所得的次年3月1日至6月30日内，向任职、受雇单位所在地主管税务机关办理纳税申报，并报送《个人所得税年度自行纳税申报表》。纳税人有两处以上任职、受雇单位的，选择向其中一处任职、受雇单位所在地主管税务机关办理纳税申报；纳税人没有任职、受雇单位的，向户籍所在地或经常居住地主管税务机关办理纳税申报。

纳税人办理综合所得汇算清缴，应当准备与收入、专项扣除、专项附加扣除、依法确定的其他扣除、捐赠、享受税收优惠等相关的资料，并按规定留存备查或报送。

纳税人办理汇算清缴退税或者扣缴义务人为纳税人办理汇算清缴退税的，税务机关审核后，按照国库管理的有关规定办理退税。纳税人申请退税时提供的汇算清缴信息有错误的，税务机关应当告知其更正；纳税人更正后，税务机关应当及时办理退税。纳税人申请退税，应当提供其在中国境内开设的银行账户，并在汇算清缴地就地办理税款退库。

### （二）取得经营所得的纳税申报

个体工商户业主、个人独资企业投资者、合伙企业个人合伙人、承包承租经营者个人以及其他从事生产、经营活动的个人取得应税经营所得，包括以下情形：

（1）个体工商户从事生产、经营活动取得的所得，个人独资企业投资人、合伙企业的个人合伙人来源于境内注册的个人独资企业、合伙企业生产、经营的所得。

（2）个人依法从事办学、医疗、咨询以及其他有偿服务活动取得的所得。

（3）个人对企业、事业单位承包经营、承租经营以及转包、转租取得的所得。

（4）个人从事其他生产、经营活动取得的所得。

纳税人取得经营所得，按年计算个人所得税，由纳税人在月度或季度终了后15日内，向经营管理所在地主管税务机关办理预缴纳税申报。

### （三）取得应税所得，扣缴义务人未扣缴税款的纳税申报

纳税人取得应税所得，扣缴义务人未扣缴税款的，应当区别以下情形办理纳税申报：

（1）居民个人取得综合所得，且取得综合所得需要办理汇算清缴的，应当依法办理汇算清缴。

（2）非居民个人取得工资、薪金所得，劳务报酬所得，稿酬所得，特许权使用费所得的，应当在取得所得的次年6月30日前，向扣缴义务人所在地主管税务机关办理纳税申报。有两个以上扣缴义务人且均未扣缴税款的，选择向其中一处扣缴义务人所在地主管税务机关办理纳税申报。

非居民个人在次年6月30日前离境（临时离境除外）的，应当在离境前办理纳税申报。

（3）纳税人取得利息、股息、红利所得，财产租赁所得，财产转让所得和偶然所得的，应当在取得所得的次年6月30日前，按相关规定向主管税务机关办理纳税申报。

税务机关通知限期缴纳的，纳税人应当在期限内缴纳税款。

纳税人取得应税所得没有扣缴义务人的，应当在取得所得的次月15日内报送纳税申报表，并缴纳税款。

### （四）取得境外所得的纳税申报

居民个人从中国境外取得所得的，应当在取得所得的次年3月1日至6月30日内，向中国境内任职、受雇单位所在地主管税务机关办理纳税申报；在中国境内没有任职、受雇单位的，向户籍所在地或中国境内经常居住地主管税务机关办理纳税申报；户籍所在地与中国境内经常居住地不一致的，选择其中一地主管税务机关办理纳税申报；在中国境内没有户籍的，向中国境内经常居住地主管税务机关办理纳税申报。

### （五）因移居境外注销中国户籍的纳税申报

纳税人因移居境外注销中国户籍的，应当在申请注销中国户籍前，向户籍所在地主管税务机关办理纳税申报，进行税款清算。

## 二、全员全额扣缴申报纳税

税法规定，扣缴义务人向个人支付应税款项时，应当依照个人所得税法规定预扣或者代扣税款，按时缴库，并专项记载备查。

全员全额扣缴申报，是指扣缴义务人应当在代扣税款的次月15日内，向主管税务机关报送其支付所得的所有个人的有关信息、支付所得数额、扣除事项和数额、扣缴税款的具体金额和总额以及其他相关涉税信息资料。

### （一）扣缴义务人和应税所得的范围

扣缴义务人，是指向个人支付所得的单位或者个人。所称支付，包括现金支付、汇拨支付、转账支付和以有价证券、实物以及其他形式的支付。

实行个人所得税全员全额扣缴申报的应税所得包括：

（1）工资、薪金所得。

（2）劳务报酬所得。

（3）稿酬所得。

（4）特许权使用费所得。

（5）利息、股息、红利所得。

（6）财产租赁所得。

（7）财产转让所得。

（8）偶然所得。

扣缴义务人应当依法办理全员全额扣缴申报。

### （二）不同项目所得扣缴方法

扣缴义务人向居民个人支付工资、薪金所得时，应当按照累计预扣法计算预扣税款，并按月办理扣缴申报。

微课 7-14

应纳税额的计算（工薪所得累计预扣预缴）

累计预扣法，是指扣缴义务人在一个纳税年度内预扣预缴税款时，以纳税人在本单位截至当前月份工资、薪金所得累计收入减除累计免税收入、累计减除费用、累计专项扣除、累计专项附加扣除和累计依法确定的其他扣除后的余额为累计预扣预缴应纳税所得额，适用居民个人工资、薪金所得预扣预缴率表（见表7-6），计算累计应预扣预缴税额，再减除累计减免税额和累计已预扣预缴税额，其余额为本期应预扣预缴税额。余额为负值时，暂不退税。纳税年度终了后余额仍为负值的，由纳税人通过办理综合所得年度汇算清缴，税款多退少补。具体计算公式如下：

$$\text{本期应预扣预缴税额}=(\text{累计预扣预缴应纳税所得额}\times\text{预扣率}-\text{速算扣除数})-\text{累计减免税额}-\text{累计已预扣预缴税额}$$

$$\text{累计预扣预缴应纳税所得额}=\text{累计收入}-\text{累计免税收入}-\text{累计减除费用}-\text{累计专项扣除}-\text{累计专项附加扣除}-\text{累计依法确定的其他扣除}$$

其中：累计减除费用，按照5 000元/月乘以纳税人当年截至本月在本单位的任职受雇月份数计算。

表7-6　　　　**居民个人工资、薪金预扣预缴率表**

| 级数 | 累计预扣预缴应纳税所得额 | 税率（%） | 速算扣除数（元） |
|---|---|---|---|
| 1 | 不超过36 000元的 | 3 | 0 |
| 2 | 超过36 000元至144 000元的部分 | 10 | 2 520 |
| 3 | 超过144 000元至300 000元的部分 | 20 | 16 920 |
| 4 | 超过300 000元至420 000元的部分 | 25 | 31 920 |
| 5 | 超过420 000元至660 000元的部分 | 30 | 52 920 |
| 6 | 超过660 000元至960 000元的部分 | 35 | 85 920 |
| 7 | 超过960 000元的部分 | 45 | 181 920 |

居民个人向扣缴义务人提供有关信息并依法要求办理专项附加扣除的，扣缴义务人应当按照规定在工资、薪金所得按月预扣预缴税款时予以扣除，不得拒绝。

年度预扣预缴税额与年度应纳税额不一致的，由居民个人于次年3月1日至6月30日向主管税务机关办理综合所得年度汇算清缴，税款多退少补。

【例7-19·计算题】某居民个人2023年每月取得工资收入10 000元，每月缴纳社保费用和住房公积金1 500元，该居民个人全年均享受住房贷款利息专项附加扣除，请计算该居民个人的工资薪金扣缴义务人2023年每月代扣代缴的税款金额。

【解析】（1）2023年1月：

累计预扣预缴应纳税所得额=累计收入-累计免税收入-累计基本减除费用-累计专项扣除-累计专项附加扣除-累计依法确定的其他扣除

=10 000-5 000-1 500-1 000=2 500（元）

本期应预扣预缴税额=2 500×3%-0=75（元）

（2）2023年2月：

累计预扣预缴应纳税所得额=累计收入-累计免税收入-累计基本减除费用-累计专项扣除-累计专项附加扣除-累计依法确定的其他扣除

=20 000-10 000-3 000-2 000=5 000（元）

本期应预扣预缴税额=（累计预扣预缴应纳税所得额×预扣率-速算扣除数）-累计减免税额-累计已预扣预缴税额

=（5 000×3%-0）-75=75（元）

（3）2023年12月：

累计预扣预缴应纳税所得额=累计收入-累计免税收入-累计基本减除费用-累计专项扣除-累计专项附加扣除-累计依法确定的其他扣除

=120 000-60 000-18 000-12 000=30 000（元）

本期应预扣预缴税额=（累计预扣预缴应纳税所得额×预扣率-速算扣除数）-累计减免税额-累计已预扣预缴税额

=（30 000×3%-0）-75×11=75（元）

扣缴义务人向居民个人支付劳务报酬所得、稿酬所得、特许权使用费所得时，应当按照以下方法按次或者按月预扣预缴税款：

（1）劳务报酬所得、稿酬所得、特许权使用费所得以收入减除费用后的余额为收入额。其中，稿酬所得的收入额减按70%计算。

（2）减除费用：预扣预缴税款时，劳务报酬所得、稿酬所得、特许权使用费所得每次收入不超过4 000元的，减除费用按800元计算；每次收入超过4 000元的，减除费用按收入的20%计算。

（3）应纳税所得额：劳务报酬所得、稿酬所得、特许权使用费所得，以每次收入额为预扣预缴应纳税所得额，计算应预扣预缴税额。劳务报酬所得适用居民个人劳务报酬所得预扣预缴率表（见表7-7），稿酬所得、特许权使用费所得适用20%的比例预扣率。

表7-7　居民个人劳务报酬所得预扣预缴率表

| 级数 | 预扣预缴应纳税所得额 | 预扣率（%） | 速算扣除数（元） |
|---|---|---|---|
| 1 | 不超过20 000元 | 20 | 0 |
| 2 | 超过20 000元至50 000元的部分 | 30 | 2 000 |
| 3 | 超过50 000元的部分 | 40 | 7 000 |

（4）预扣预缴税额计算公式：

劳务报酬所得应预扣预缴税额=预扣预缴应纳税所得额×预扣率－速算扣除数

稿酬所得、特许权使用费所得应预扣预缴税额=预扣预缴应纳税所得额×20%

微课7-15

应纳税额的计算（劳务报酬等预扣预缴）

居民个人办理年度综合所得汇算清缴时，应当依法计算劳务报酬所得、稿酬所得、特许权使用费所得的收入额，并入年度综合所得计算应纳税款，税款多退少补。

【例7-20·计算题】歌星王某一次取得表演收入40 000元，扣除20%的费用后，应纳税所得额为32 000元。请计算其应预扣预缴个人所得税税额。

【解析】应预扣预缴税额=预扣预缴应纳税所得额×（1－20%）×预扣率－速算扣除数

=40 000×（1－20%）×30%－2 000=7 600（元）

【例7-21·计算题】某作家为居民个人，2023年3月取得一次未扣除个人所得税的稿酬收入20 000元，请计算其应预扣预缴的个人所得税税额。

【解析】应预扣预缴税额=预扣预缴应纳税所得额×20%

=20 000×（1－20%）×（1－30%）×20%=2 240（元）

非居民个人取得工资、薪金所得，劳务报酬所得，稿酬所得和特许权使用费所得，有扣缴义务人的，由扣缴义务人按月或者按次代扣代缴税款，不办理汇算清缴。

扣缴义务人向非居民个人支付工资、薪金所得，劳务报酬所得，稿酬所得和特许权使用费所得时，应当按照以下方法按月或者按次代扣代缴税款：

（1）非居民个人的工资、薪金所得，以每月收入额减除费用5 000元后的余额为应纳税所得额。

（2）劳务报酬所得、稿酬所得、特许权使用费所得，以每次收入额为应纳税所得额，适用非居民个人工资、薪金所得，劳务报酬所得，稿酬所得，特许权使用费所得适用税率表（见表7-3）计算应纳税额。劳务报酬所得、稿酬所得、特许权使用费所得以收入减除20%的费用后的余额为收入额；其中，稿酬所得的收入额减按70%计算。

（3）税款扣缴计算公式：

$$\text{非居民个人工资、薪金所得，劳务报酬所得，稿酬所得，特许权使用费所得应纳税额}=\text{应纳税所得额}\times\text{税率}-\text{速算扣除数}$$

非居民个人在一个纳税年度内税款扣缴方法保持不变，达到居民个人条件时，应当告知扣缴义务人基础信息变化情况，年度终了后按照居民个人有关规定办理汇算清缴。

扣缴义务人支付利息、股息、红利所得，财产租赁所得，财产转让所得或者偶然所得时，应当依法按次或者按月代扣代缴税款。

扣缴义务人未将扣缴的税款解缴入库的，不影响纳税人按照规定申请退税，税务机关应当凭纳税人提供的有关资料办理退税。

## 三、反避税规定

### （一）纳税调整

有下列情形之一的，税务机关有权按照合理方法进行纳税调整：

（1）个人与其关联方之间的业务往来不符合独立交易原则而减少本人或者其关联方应纳税额，且无正当理由的。

（2）居民个人控制的或居民个人和居民企业共同控制的设立在实际税负明显偏低的国家（地区）的企业，无合理经营需要，对应当归属于居民个人的利润不作分配或者减少分配的。

（3）个人实施其他不具有合理商业目的的安排而获取不当税收利益的。

### （二）补税及加征利息

税务机关依照前述规定情形作出纳税调整，需要补征税款的，应当补征税款，并依法加收利息。

依法加收的利息，应当按照税款所属纳税申报期最后一日中国人民银行公布的与补税期间同期的人民币贷款基准利率计算，自税款纳税申报期满次日起至补缴税款期限届满之日止按日加收。纳税人在补缴税款期限届满前补缴税款的，利息加收至补缴税款之日。

## 本章小结

❶个人所得税是以个人（自然人）取得的应税所得为征税对象所征收的税。我国个人所得税实行综合与分类相结合的征税模式。

❷我国个人所得税纳税人根据住所和居住时间标准分为居民个人和非居民个人。

❸居民个人取得的工资、薪金所得，劳务报酬所得，稿酬所得和特许权使用费所得

称为综合所得，按年计征个人所得税。

❹我国个人所得税税率分为比例税率和超额累进税率。

❺居民个人取得综合所得实行预扣预缴制度，于次年3月1日至6月30日进行汇算清缴。

## 本章练习

### (一) 名词解释

个人所得税　居民个人　个人所得税综合所得　累计预扣预缴法

### (二) 简答题

1.我国现行个人所得税的特点有哪些？

2.我国个人所得税的征税对象包括哪些？

### (三) 计算题

参考提示

1.公民王某是高校教授，2023年取得以下各项收入：

(1) 每月取得工资6 200元，6月份取得上半年学期奖金6 000元，12月份取得下半年学期奖金8 000元，12月份学校为其家庭财产购买商业保险4 000元。王某通过学校申报的专项附加扣除为1 000元/月。

(2) 2月份以10万元购买A企业股权，并于10月份以35万元将股权转让给B，不考虑相关的税费。

(3) 5月份出版一本税收学专著，取得稿酬40 000元。

(4) 6月份为B公司进行税收筹划，取得报酬收入35 000元。

【要求】根据上述资料，回答下列问题：

(1) 计算王某取得的稿酬所得应预扣预缴的个人所得税。

(2) 计算王某取得的工资、学期奖金以及学校为其购买的商业保险全年应预扣预缴的个人所得税。

(3) 计算王某股权转让行为应缴纳的个人所得税。

(4) 计算王某为B公司进行税收筹划取得的所得应预扣预缴的个人所得税。

2.中国公民张某是某民营非上市公司的股东，同时也是一位作家。2023年4月取得的部分实物或现金收入如下：

(1) 公司为其购买了一辆轿车并将车辆所有权办到其名下，该车购买价为35万元。经当地主管税务机关核定，公司在代扣个人所得税税款时允许税前减除的数额为7万元。

(2) 将本人一部长篇小说手稿的著作权拍卖，取得收入5万元，同时拍卖一幅名人书法作品取得收入35万元。经税务机关确认，所拍卖的书法作品原值及相关费用为20万元。

(3) 受邀为某企业家培训班讲课两天，取得讲课费3万元。

(4) 当月转让半年前购入的境内某上市公司股票，扣除印花税和交易手续费等，净盈利3 500元，同时因持有该上市公司的股票6个月取得公司分配股利2 000元。

【要求】根据上述资料，回答下列问题：

（1）计算公司为张某购买轿车应代扣代缴的个人所得税。

（2）计算小说手稿著作权拍卖收入和书法作品拍卖所得应预扣预缴的个人所得税。

（3）计算取得讲课费收入应预扣预缴的个人所得税。

（4）销售股票净盈利和取得的股票红利共应缴纳的个人所得税。

3.我国居民个人王某2023年全年取得任职公司支付的工资薪金收入240 000元，全年取得境外A国支付的劳务报酬100 000元，已按该国税法缴纳所得税25 000元；境外B国支付的稿酬60 000元，股息所得30 000元，两项所得已按该国税法缴纳所得税3 000元。境内工资、薪金已预扣预缴税款12 360元。已知王某全年可扣除的符合规定的专项扣除和专项附加扣除合计33 600元，无其他扣除。

【要求】根据上述资料，请计算王某2023年全年汇算清缴应补（退）的个人所得税税额。

# 第八章

# 资源税与环境保护税

## 学习目标

资源税法与环境保护税法是贯彻习近平生态文明思想、落实税收法定原则、完善地方税体系的重要举措，也是绿色税制建设的重要组成部分。通过学习本章，可以了解我国资源税与环境保护税的改革历程，熟悉资源税与环境保护税的纳税人、税目和税率的具体设计，掌握应纳税额的计算。

## 教学引例

我国在过去数十年中经历了粗放型发展模式，这种模式以自然资源的过度开采和环境污染为代价，由此带来严重的自然资源浪费与生态环境恶化。目前，我国经济正处于由高速增长向高质量发展的转型期，优质的自然环境将为经济社会和谐发展带来新动力。《中华人民共和国环境保护税法》自2018年1月1日起正式实施，《中华人民共和国资源税法》自2020年9月1日正式实施，以充分发挥税收在资源环境领域方面的调节作用，实现经济社会发展与资源可持续利用、生态环境良性发展的协调。

在新时代，树立绿色发展理念，以习近平总书记生态文明建设战略思想为统领，贯彻党的二十大精神，坚持“绿水青山就是金山银山”的宗旨，我国税制的“绿色化”进程明显提速。

请思考：

如何充分发挥税收制度在资源环境领域的调节作用？

问题参考

## 第一节　资源税

微课 8-1

资源税概述

资源税是对在中华人民共和国领域和中华人民共和国管辖的其他海域开发应税资源的单位和个人征收的一种税。它属于对自然资源占用课税的范畴。一般认为征收资源税主要依据的是受益原则、公平原则和效率原则。从受益角度考虑，资源属国家所有，开采者因开采国有资源而得益，有责任向所有者支付地租；从公平角度来看，条件公平是有效竞争的前提，资源级差收入的存在影响资源开采者利润的真实性，故级差收入以归政府支配为宜；从效率角度分析，稀缺资源应由社会净效率高的企业来开采，对资源开采中出现的掠夺和浪费行为，国家有权采取经济手段促其转变。

### 税收史话 8-1　　我国资源税的发展进程

1984年国务院颁布了《中华人民共和国资源税条例（草案）》，决定自1984年10月1日起对我国境内从事原油、天然气、煤炭、金属矿产品和其他非金属矿产品资源开发的单位和个人征收资源税。考虑到当时企业实际经营情况，实际上暂时只针对原油、天然气和煤炭3个品目征收资源税。本着“普遍征收、级差调节”的原则，国务院于1993年重新修订颁布了《中华人民共和国资源税暂行条例》，延续了资源税从量定额征收办法，并扩大了征收范围（原油、天然气、煤炭、其他非金属矿原矿、黑色金属矿原矿、有色金属矿原矿和盐7大类）。

为了合理发挥资源税的调节作用，2010年5月，国务院批准自2010年6月1日起在新疆率先实施原油、天然气资源税的从价计税改革，税率为5%；自2010年12月1日起，改革扩大到整个西部地区。在总结改革试点成功经验的基础上，国务院于2011年9月30日重新修订发布《中华人民共和国资源税暂行条例》（国务院令第605号），增加了从价计征办法，规定自2011年11月1日起在全国范围内实施原油、天然气资源税从价计税改革。

自2014年12月1日起，在全国范围内实施改革，煤炭资源税税率幅度定为2%—10%，并全面清理相关收费基金。同时，将油气资源税税率由5%提高到6%。自2015年5月1日起，在全国范围实施稀土、钨、钼资源税从价计征改革，并清理相关收费基金。自2016年7月1日起，按照《关于全面推进资源税改革的通知》（财税〔2016〕53号）的要求，对列举名称的21种资源品目和未列举名称的其他金属矿实行从价计征改革。

为了进一步规范资源税征收，提高资源税立法层级，2019年8月26日第十三届全国人民代表大会常务委员会第十二次会议通过的《中华人民共和国资源税法》，自2020年9月1日起施行。1993年12月25日国务院发布的《中华人民共和国资源税暂行条例》同时废止。

**思政引航 8-1　　资源税为可持续发展保驾护航**

2017年5月26日，中共中央总书记、国家主席、中央军委主席习近平在十八届中央政治局第四十一次集体学习时的讲话中指出，生态环境问题，归根到底是资源过度开发、粗放利用、奢侈消费造成的。资源开发利用既要支撑当代人过上幸福生活，也要为子孙后代留下生存根基。要解决这个问题，就必须在转变资源利用方式、提高资源利用效率上下功夫。

自然资源是有限的，有许多资源短期内是不可再生的，通过征收资源税可以有效防止资源的过度开采、促进资源集约化使用。

## 一、纳税人

微课 8-2

资源税纳税人

在中华人民共和国领域和中华人民共和国管辖的其他海域开发应税资源的单位和个人，为资源税的纳税人，应当依法缴纳资源税。

单位是指国有企业、集体企业、私营企业、股份制企业、其他企业和行政单位、事业单位、军事单位、社会团体及其他单位；个人是指个体经营者和其他个人；其他单位和其他个人包括外商投资企业、外国企业及外籍人员。

进口的矿产品和盐不征收资源税。由于对进口应税产品不征收资源税，相应的，对出口应税产品也不免征或退还已纳资源税。

单位和个人以应税产品投资、分配、抵债、赠与、以物易物等，视同销售，应按规定计算缴纳资源税。

**知识链接 8-1　　矿区使用费与资源税的衔接**

2011年11月1日前已依法订立中外合作开采陆上、海上石油资源合同的，在该合同有效期内，继续依照国家有关规定缴纳矿区使用费，不缴纳资源税；合同期满后，依法缴纳资源税。

微课 8-3

资源税税目与税率

## 二、税目与税率

应税资源的具体范围，由资源税法所附《资源税税目税率表》（以下称《税目税率表》）确定。资源税的税目、税率依照《税目税率表》执行。应税产品为矿产品的，包括原矿和选矿产品。

《税目税率表》中规定实行幅度税率的，其具体适用税率由省、自治区、直辖市人民政府统筹考虑该应税资源的品位、开采条件以及对生态环境的影响等情况，在《税目税率表》规定的税率幅度内提出，报同级人民代表大会常务委员会决定，并报全国人民代表大会常务委员会和国务院备案。《税目税率表》中规定征税对象为原矿或者选矿的，应当分别确定具体适用税率。

资源税按照《税目税率表》实行从价计征或者从量计征。《税目税率表》中规定可以选择实行从价计征或者从量计征的，具体计征方式由省、自治区、直辖市人民政府提出，报同级人民代表大会常务委员会决定，并报全国人民代表大会常务委员会和国务院备案。

## 三、计税依据

资源税的计税依据为应税产品的销售额或销售数量。纳税人开采或者生产不同税目应税产品的，应当分别核算不同税目应税产品的销售额或者销售数量；未分别核算或者不能准确提供不同税目应税产品的销售额或者销售数量的，从高适用税率。

### （一）从价定率征收的计税依据

#### 1.销售额的基本规定

从价定率征收的计税依据为计税销售额。计税销售额是指纳税人销售应税产品向购买方收取的全部价款和价外费用，不包括增值税销项税额。其中，价外费用，包括价外向购买方收取的手续费、补贴、基金、集资费、返还利润、奖励费、违约金、滞纳金、延期付款利息、赔偿金、代收款项、代垫款项、包装费、包装物租金、储备费、优质费以及其他各种性质的价外收费。但下列项目不包括在内：

（1）同时符合以下条件的代垫运输费用：

①承运部门的运输费用发票开具给购买方的；

②纳税人将该项发票转交给购买方的。

（2）同时符合以下条件代为收取的政府性基金或者行政事业性收费：

①由国务院或者财政部批准设立的政府性基金，由国务院或者省级人民政府及其财政、价格主管部门批准设立的行政事业性收费；

②收取时开具省级以上财政部门印制的财政票据；

③所收款项全额上缴财政。

纳税人以人民币以外的货币结算销售额的，应当折合成人民币计算。其销售额的人民币折合率可以选择销售额发生的当天或者当月1日的人民币汇率中间价。纳税人应事先确定采用何种折合率计算方法，确定后1年内不得变更。

#### 2.运杂费用的扣减

对同时符合以下条件的运杂费用，纳税人在计算应税产品计税销售额时，可予以扣减：

①包含在应税产品销售收入中；

②属于纳税人销售应税产品环节发生的运杂费用，具体是指运送应税产品从坑口或者洗选（加工）地到车站、码头或者购买方指定地点的运杂费用；

③取得相关运杂费用发票或者其他合法有效凭据；

④将运杂费用与计税销售额分别进行核算。

纳税人扣减的运杂费用明显偏高导致应税产品价格偏低且无正当理由的，主管税务机关可以合理调整计税价格。

3.原矿销售额与选矿销售额的换算或折算

（1）为公平原矿与选矿之间的税负，对同一种应税产品，征税对象为选矿的，纳税人销售原矿时，应将原矿销售额换算为选矿销售额缴纳资源税；征税对象为原矿的，纳税人销售自采原矿加工的选矿，应将选矿销售额折算为原矿销售额缴纳资源税。换算比或折算率原则上应通过原矿售价、选矿售价和选矿比计算，也可通过原矿销售额、加工环节平均成本和利润计算。

金矿以标准金锭为征税对象，纳税人销售金原矿、金选矿的，应比照上述规定将其销售额换算为金锭销售额缴纳资源税。

（2）纳税人既有对外销售应税产品，又有将应税产品用于除连续生产应税产品以外的其他方面的（包括用于非生产项目和生产非应税产品），则自用的这部分应税产品按纳税人对外销售应税产品的平均价格计算销售额征收资源税。

纳税人将其开采的应税产品直接出口的，按其离岸价格（不含增值税）计算销售额征收资源税。

纳税人有视同销售应税产品行为而无销售价格的，或者申报的应税产品销售价格明显偏低且无正当理由的，税务机关应按下列顺序确定其应税产品计税价格：

①按纳税人最近时期同类产品的平均销售价格确定。

②按其他纳税人最近时期同类产品的平均销售价格确定。

③按应税产品组成计税价格确定。

组成计税价格=成本×（1+成本利润率）÷（1-资源税税率）

公式中的成本是指应税产品的实际生产成本。公式中的成本利润率由省、自治区、直辖市税务机关确定。

④按后续加工非应税产品销售价格，减去后续加工环节的成本利润后确定。

⑤按其他合理方法确定。

外购原矿或者选矿形态的已税产品与本产品征税对象不同的，在计算应税产品计税销售额时，应对混合销售额或者外购已税产品的购进金额进行换算或者折算。

## （二）从量定额征收的计税依据

实行从量定额征收的以销售数量为计税依据。销售数量的具体规定为：

（1）销售数量，包括纳税人开采或者生产应税产品的实际销售数量和视同销售的自用数量。

（2）纳税人不能准确提供应税产品销售数量的，以应税产品的产量或者主管税务机关确定的折算比换算成的数量为计征资源税的销售数量。

（3）纳税人以自产的液体盐加工固体盐，按固体盐税额征税，以加工的固体盐数量为课税数量。纳税人以外购的液体盐加工固体盐，其加工固体盐所耗用液体盐的已纳税额准予抵扣。

### （三）视同销售的情形

计税销售额或者销售数量，包括应税产品实际销售和视同销售两部分。应当征收资源税的视同销售的自产自用产品，包括用于非生产项目和生产非应税产品两类。视同销售具体包括以下情形：

（1）纳税人以自采原矿直接加工为非应税产品的，视同原矿销售。

（2）纳税人以自采原矿洗选（加工）后的选矿连续生产非应税产品的，视同选矿销售。

（3）以应税产品投资、分配、抵债、赠与、以物易物等，视同应税产品销售。

## 四、应纳税额的计算

微课 8-4

资源税应纳税额的计算

### （一）从价定率方式应纳税额的计算

实行从价定率方式征收资源税的，根据应税产品的销售额和规定的适用税率计算应纳税额，具体计算公式为：

应纳税额=销售额×适用税率

【例 8-1·计算题】某油田 2023 年 5 月销售原油 40 000 吨，开具增值税专用发票取得销售额 15 000 万元、增值税税额 1 950 万元，按《资源税税目税率表》的规定，其适用的税率为 8%。请计算该油田 5 月应缴纳的资源税。

【解析】应纳税额=15 000×8% =1 200（万元）

### （二）从量定额方式应纳税额的计算

应纳税额=课税数量×单位税额

【例 8-2·计算题】某砂石开采企业 2023 年 3 月销售砂石 5 000 立方米，资源税税率为 2 元/立方米。请计算该企业 3 月应缴纳的资源税。

【解析】应纳税额=5 000×2=10 000（元）

## 五、税收优惠

微课 8-5

资源税税收优惠

### （一）法定免征资源税

有下列情形之一的，免征资源税：

（1）开采原油以及在油田范围内运输原油过程中用于加热的原油、天然气。

（2）煤炭开采企业因安全生产需要抽采的煤成（层）气。

有下列情形之一的，减征资源税：

（1）从低丰度油气田开采的原油、天然气，减征 20% 资源税。

（2）高含硫天然气、三次采油和从深水油气田开采的原油、天然气，减征 30% 资源税。

（3）稠油、高凝油减征40%资源税。

（4）从衰竭期矿山开采的矿产品，减征30%资源税。

根据国民经济和社会发展需要，国务院对有利于促进资源节约集约利用、保护环境等情形可以规定免征或者减征资源税，报全国人民代表大会常务委员会备案。

### （二）地方依据实际情况减征或免征

有下列情形之一的，省、自治区、直辖市可以决定免征或者减征资源税：

（1）纳税人开采或者生产应税产品过程中，因意外事故或者自然灾害等原因遭受重大损失。

（2）纳税人开采共伴生矿、低品位矿、尾矿。

免征或者减征资源税的具体办法，由省、自治区、直辖市人民政府提出，报同级人民代表大会常务委员会决定，并报全国人民代表大会常务委员会和国务院备案。

纳税人的免税、减税项目，应当单独核算销售额或者销售数量；未单独核算或者不能准确提供销售额或者销售数量的，不予免税或者减税。

微课8-6

资源税征收管理

## 六、税收征管

纳税人销售应税产品，纳税义务发生时间为收讫销售款或者取得索取销售款凭据的当日；自用应税产品的，纳税义务发生时间为移送应税产品的当日。

资源税按月或者按季申报缴纳；不能按固定期限计算缴纳的，可以按次申报缴纳。

纳税人按月或者按季申报缴纳的，应当自月度或者季度终了之日起15日内，向税务机关办理纳税申报并缴纳税款；按次申报缴纳的，应当自纳税义务发生之日起15日内，向税务机关办理纳税申报并缴纳税款。

纳税人应当向应税产品开采地或者生产地的税务机关申报缴纳资源税。扣缴义务人代扣代缴的资源税，应当向收购地主管税务机关缴纳。

国务院根据国民经济和社会发展需要，对取用地表水或者地下水的单位和个人试点征收水资源税。征收水资源税的，停止征收水资源费。

# 第二节　环境保护税

环境保护税是我国首个明确以环境保护为目标的独立型环境税税种，有利于解决排污费制度存在的执法刚性不足等问题，有利于提高纳税人环保意识和强化企业治污减排责任。

## 一、环境保护税概述

环境保护税是对在我国领域以及管辖的其他海域直接向环境排放应税污染物的企事业单位和其他生产经营者征收的一种税。我国现行环境保护税具有以下特点。

### （一）属于调节型税种

微课 8-7

环境保护税概述

环境保护税的立法目的是保护和改善环境，减少污染物排放，推进生态文明建设。因此，环境保护税的首要功能是减少污染排放，而非增加财政收入。

### （二）是排污收费改革的成果

十八届三中全会明确要求“推动环境保护费改税”，环境保护税基本平移了原排污费的制度框架，环境保护税于2018年1月1日起正式实施，排污费同时停征。

### （三）属于综合型环境税

环境保护税的征税范围包括大气污染物、水污染物、固体废物和噪声四大类，与对单一污染物征收的税种不同，属于综合型环境税。

### （四）属于直接排放税

环境保护税是对直接向环境排放应税污染物的企业事业单位和其他生产经营者征税。如果企业事业单位和其他生产经营者向依法设立的污水集中处理、生活垃圾集中处理场所排放应税污染物，不属于直接排放，不征收环境保护税。

### （五）属于地方税

环境保护税收入纳入一般预算收入，全部划归地方。为促进各地保护和改善环境、增加环境保护投入，国务院决定，环境保护税收入全部作为地方收入。

### （六）征税管理体现多部门协作共治

环境保护税采用“企业申报，税务征收，环保监测，信息共享”的征管方式，税务机关负责征收管理，环境保护主管部门负责对污染物监测管理，高度依赖税务、环保的部门配合与协作。

## 二、纳税义务人、税目与税率

微课 8-8

环境保护税纳税义务人

### （一）纳税义务人

环境保护税的纳税义务人是在中华人民共和国领域和中华人民共和国管辖的其他海域直接向环境排放应税污染物的企业事业单位和其他生产经营者。

应税污染物，是指《环境保护税法》所附《环境保护税税目税额表》《应税污染物和当量值表》所规定的大气污染物、水污染物、固体废物和噪声。

有下列情形之一的，不属于直接向环境排放污染物，不缴纳相应污染物的环境保护税。

（1）企业事业单位和其他生产经营者向依法设立的污水集中处理、生活垃圾集中处理场所排放应税污染物的。

（2）企业事业单位和其他生产经营者在符合国家和地方环境保护标准的设施、场所贮存或者处置固体废物的。

（3）达到省级人民政府确定的规模标准并且有污染物排放口的畜禽养殖场，应当依法缴纳环境保护税，但依法对畜禽养殖废弃物进行综合利用和无害化处理的。

微课 8-9

环境保护税税目

### （二）税目

环境保护税税目包括大气污染物、水污染物、固体废物和噪声四大类。应税噪声污染目前只包括工业噪声。

### 思政引航 8-2　人与自然和谐共生视阈下的环境保护税

党的二十大报告指出，大自然是人类赖以生存发展的基本条件。尊重自然、顺应自然、保护自然，是全面建设社会主义现代化国家的内在要求。必须牢固树立和践行“绿水青山就是金山银山”的理念，站在人与自然和谐共生的高度谋划发展。要求坚持精准治污、科学治污、依法治污，持续深入打好蓝天、碧水、净土保卫战。加强污染物协同控制，基本消除重污染天气。统筹水资源、水环境、水生态治理，推动重要江河湖库生态保护治理，基本消除城市黑臭水体。加强土壤污染源头防控，开展新污染物治理。

环境保护税的现有税目直击环境污染的重要内容，它就是利用税收手段对产生污染的单位进行校正，限制污染物排放，激励污染排放单位采取节能减排措施，为人民营造一个和谐、美丽的生态环境。

微课 8-10

环境保护税税率

### （三）税率

环境保护税采用定额税率，其中，对应税大气污染物和水污染物规定了幅度定额税率，具体适用税额的确定和调整由省、自治区、直辖市人民政府统筹考虑本地区环境承载能力、污染物排放现状和经济社会生态发展目标要求，在规定的税额幅度内提出，报同级人民代表大会常务委员会决定，并报全国人民代表大会常务委员会和国务院备案。

## 三、计税依据

### （一）计税依据确定的基本方法

1.应税大气污染物、水污染物按照污染物排放量折合的污染当量数确定计税依据

污染当量数以该污染物的排放量除以该污染物的污染当量值计算。计算公式为：

应税大气污染物、水污染物的污染当量数=该污染物的排放量÷该污染物的污染当量值

污染当量，是指根据污染物或者污染排放活动对环境的有害程度以及处理的技术经

济性，衡量不同污染物对环境污染的综合性指标或者计量单位。同一介质相同污染当量的不同污染物，其污染程度基本相当。每种应税大气污染物、水污染物的具体污染当量值，依照《环境保护税法》所附《应税污染物和当量值表》执行。

微课 8-11

大气和水污染物计税依据

每一排放口或者没有排放口的应税大气污染物，按照污染当量数从大到小排序，对前三项污染物征收环境保护税。每一排放口的应税水污染物，按照《环境保护税法》所附《应税污染物和当量值表》，区分第一类水污染物和其他类水污染物，按照污染当量数从大到小排序，对第一类水污染物按照前五项征收环境保护税，对其他类水污染物按照前三项征收环境保护税。

省、自治区、直辖市人民政府根据本地区污染物减排的特殊需要，可以增加同一排放口征收环境保护税的应税污染物项目数，报同级人民代表大会常务委员会决定，并报全国人民代表大会常务委员会和国务院备案。

## 知识链接 8-2　特殊排放量的确认方法

纳税人有下列情形之一的，以其当期应税大气污染物、水污染物的产生量作为污染物的排放量：

（1）未依法安装使用污染物自动监测设备或者未将污染物自动监测设备与环境保护主管部门的监控设备联网。

（2）损毁或者擅自移动、改变污染物自动监测设备。

（3）篡改、伪造污染物监测数据。

（4）通过暗管、渗井、渗坑、灌注或者稀释排放以及不正常运行防治污染设施等方式违法排放应税污染物。

（5）进行虚假纳税申报。

【例 8-3 · 计算题】某企业 2023 年 3 月向水体直接排放第一类水污染物总汞 15 千克，根据第一类水污染物污染当量值表，总汞的污染当量值为 0.0005，请确定该企业的污染当量数。

【解析】该企业的污染当量数=该污染物的排放量÷该污染物的污染当量值=15÷0.0005=30 000

### 2.应税固体废物按照固体废物的排放量确定计税依据

固体废物的排放量为当期应税固体废物的产生量减去当期应税固体废物的贮存量、处置量、综合利用量的余额。计算公式为：

固体废物的排放量=当期固体废物的产生量−当期固体废物的贮存量−当期固体废物的处置量−当期固体废物的综合利用量

纳税人有下列情形之一的，以其当期应税固体废物的产生量作为固体废物的排放量：

（1）非法倾倒应税固体废物。

（2）进行虚假纳税申报。

微课 8-12

固体和噪声计税依据

### 3.应税噪声按照超过国家规定标准的分贝数确定计税依据

工业噪声按超过国家规定标准的分贝数确定每月税额，超过国家规定标准的分贝数是指实际产生的工业噪声与国家规定的工业噪声排放标准限值之间的差值。

### （二）应税大气污染物、水污染物、固体废物的排放量和噪声分贝数的确定方法

应税大气污染物、水污染物、固体废物的排放量和噪声的分贝数，按照下列方法和顺序计算：

（1）纳税人安装使用符合国家规定和监测规范的污染物自动监测设备的，按照污染物自动监测数据计算。

（2）纳税人未安装使用污染物自动监测设备的，按照监测机构出具的符合国家有关规定和监测规范的监测数据计算。

（3）因排放污染物种类多等原因不具备监测条件的，按照国务院环境保护主管部门规定的排污系数、物料衡算方法计算。

（4）不能按照上述第一项至第三项规定的方法计算的，按照省、自治区、直辖市人民政府环境保护主管部门规定的抽样测算的方法核定计算。

微课 8-13

环境保护税应纳税额的计算

## 四、应纳税额的计算

### （一）大气污染物应纳税额的计算

应税大气污染物应纳税额为污染当量数乘以具体适用税额。计算公式为：

大气污染物的应纳税额=污染当量数×适用税额

【例 8-4 · 计算题】某企业 2023 年 3 月向大气直接排放二氧化硫、氟化物各 100 千克，一氧化碳 200 千克，氯化氢 80 千克，假设当地大气污染物每污染当量税额 1.2 元，该企业只有一个排放口。请计算该企业当期应缴纳的环境保护税。（二氧化硫、氟化物、一氧化碳和氯化氢的污染当量值分别为 0.95、0.87、16.7 和 10.75）

【解析】其应纳税额计算如下：

1.计算各污染物的污染当量数。

污染当量数=该污染物的排放量÷该污染物的污染当量值

据此计算各污染物的污染当量数为：

二氧化硫污染当量数=100÷0.95=105.26

氟化物污染当量数=100÷0.87=114.94

一氧化碳污染当量数=200÷16.7=11.98

氯化氢污染当量数=80÷10.75=7.44

2.按污染当量数排序。

氟化物污染当量数（114.94）＞二氧化硫污染当量数（105.26）＞一氧化碳污染当

量数（11.98）＞氯化氢污染当量数（7.44）

该企业只有一个排放口，排序选取前三项污染物计税：氟化物、二氧化硫、一氧化碳。

3.计算应纳税额。

应纳税额=（114.94+105.26+11.98）×1.2=278.62（元）

### （二）水污染物应纳税额的计算

应税水污染物的应纳税额为污染当量数乘以具体适用税额。

【例8-5·计算题】甲化工厂是环境保护税纳税人，该厂仅有1个污水排放口且直接向河流排放污水，已安装使用符合国家规定和监测规范的污染物自动监测设备。检测数据显示，该排放口2023年2月共排放污水6万吨（折合6万立方米），应税污染物为六价铬，浓度为六价铬0.5mg/L。请计算该化工厂2月份应缴纳的环境保护税（该厂所在省的水污染物税率为2.8元/污染当量，六价铬的污染当量值为0.02）。

【解析】1.计算污染当量数：

六价铬污染当量数=排放总量×浓度值÷当量值=60 000 000×0.5÷1 000 000÷0.02=1 500

2.计算应纳税额：

应纳税额=1 500×2.8=4 200（元）

### （三）固体废物应纳税额的计算

固体废物的应纳税额为固体废物排放量乘以具体适用税额，其排放量为当期应税固体废物的产生量减去当期应税固体废物的贮存量、处置量、综合利用量的余额。计算公式为：

固体废物的应纳税额=(当期固体废物的产生量－当期固体废物的贮存量－当期固体废物的处置量－当期固体废物的综合利用量)×适用税额

【例8-6·计算题】某企业2023年3月产生尾矿1 000吨，其中综合利用的尾矿300吨（符合国家相关规定），在符合国家和地方环境保护标准的设施贮存300吨，适用税额为15元/吨。请计算该企业当月尾矿应缴纳的环境保护税。

【解析】环境保护税应纳税额=（1 000−300−300）×15=6 000（元）

### （四）噪声应纳税额的计算

应税噪声的应纳税额为超过国家规定标准的分贝数对应的具体适用税额。

【例8-7·计算题】某工业企业只有一个生产场所，只在昼间生产，边界处声环境功能区类型为1类，生产时产生噪声为60分贝，《工业企业厂界环境噪声排放标准》规定1类功能区昼间的噪声排放限值为55分贝，当月超标天数为18天。请计算该企业当月噪声污染应缴纳的环境保护税。

【解析】超标分贝数=60−55=5（分贝）

根据《环境保护税税目税额表》，超标4~6分贝适用税额标准是700元/月，因此该企业当月噪声污染应缴纳环境保护税700元。

微课8-14
环境保护税税收优惠

## 五、税收减免

### （一）暂免征税项目

下列情形，暂予免征环境保护税：

（1）农业生产（不包括规模化养殖）排放应税污染物的。

（2）机动车、铁路机车、非道路移动机械、船舶和航空器等流动污染源排放应税污染物的。

（3）依法设立的城乡污水集中处理、生活垃圾集中处理场所排放相应应税污染物，不超过国家和地方规定的排放标准的。

（4）纳税人综合利用的固体废物，符合国家和地方环境保护标准的。

（5）国务院批准免税的其他情形。

### （二）减征税额项目

下列情形，暂予减征环境保护税：

（1）纳税人排放应税大气污染物或者水污染物的浓度值低于国家和地方规定的污染物排放标准30%的，减按75%征收环境保护税。

（2）纳税人排放应税大气污染物或者水污染物的浓度值低于国家和地方规定的污染物排放标准50%的，减按50%征收环境保护税。

微课8-15
环境保护税征收管理

## 六、征收管理

### （一）征管方式

环境保护税采用“企业申报、税务征收、环保协同、信息共享”的征管方式。纳税人应当依法如实办理纳税申报，对申报的真实性和完整性承担责任；税务机关依照《税收征收管理法》和环境保护税法的有关规定征收管理；环境保护主管部门依照《环境保护税法》和有关环境保护法律法规的规定对污染物监测管理；县级以上地方人民政府应当建立税务机关、环境保护主管部门和其他相关单位分工协作工作机制；环境保护主管部门和税务机关应当建立涉税信息共享平台和工作配合机制，定期交换有关纳税信息资料。

### （二）数据传递和比对

环境保护主管部门应当将排污单位的排污许可、污染物排放数据、环境违法和受行政处罚情况等环境保护相关信息，定期交送税务机关。

税务机关应当将纳税人的纳税申报、税款入库、减免税额、欠缴税款以及风险疑点等环境保护税涉税信息，定期交送环境保护主管部门。税务机关应当将纳税人的纳税申报数据资料与环境保护主管部门交送的相关数据资料进行比对。纳税人申报的污染物排放数据与环境保护主管部门交送的相关数据不一致的，按照环境保护主管部门交送的数据确定应税污染物的计税依据。

### （三）复核

税务机关发现纳税人的纳税申报数据资料异常或者纳税人未按照规定期限办理纳税申报的，可以提请环境保护主管部门进行复核，环境保护主管部门应当自收到税务机关的数据资料之日起15日内向税务机关出具复核意见。税务机关应当按照环境保护主管部门复核的数据资料调整纳税人的应纳税额。

#### 知识链接8-3　环境保护税申报数据异常的类型

纳税人的纳税申报数据资料异常，包括但不限于下列情形：

1.纳税人当期申报的应税污染物排放量与上一年同期相比明显偏低，且无正当理由。

2.纳税人单位产品污染物排放量与同类型纳税人相比明显偏低，且无正当理由。

### （四）纳税时间

环境保护税纳税义务发生时间为纳税人排放应税污染物的当日。环境保护税按月计算，按季申报缴纳。不能按固定期限计算缴纳的，可以按次申报缴纳。

纳税人按季申报缴纳的，应当自季度终了之日起15日内，向税务机关办理纳税申报并缴纳税款。纳税人按次申报缴纳的，应当自纳税义务发生之日起15日内，向税务机关办理纳税申报并缴纳税款。纳税人申报缴纳时，应当向税务机关报送所排放应税污染物的种类、数量，大气污染物、水污染物的浓度值，以及税务机关根据实际需要要求纳税人报送的其他纳税资料。

### （五）纳税地点

纳税人应当向应税污染物排放地的税务机关申报缴纳环境保护税。应税污染物排放地是指应税大气污染物、水污染物排放口所在地，应税固体废物产生地，应税噪声产生地。

纳税人跨区域排放应税污染物，税务机关对税收征收管辖有争议的，由争议各方按照有利于征收管理的原则协商解决。

纳税人从事海洋工程向中华人民共和国管辖海域排放应税大气污染物、水污染物或者固体废物，申报缴纳环境保护税的具体办法，由国务院税务主管部门会同国务院海洋主管部门规定。

## 本章小结

❶ 资源税是对在中华人民共和国领域和中华人民共和国管辖的其他海域开发应税资源的单位和个人征收的一种税。其属于对自然资源占用课税的范畴。征收资源税的主要作用是促进企业之间开展平等竞争，促进对自然资源的合理开发利用，为国家筹集财政资金。在中华人民共和国领域和中华人民共和国管辖的其他海域开发应税资源的单位和个人，为资源税的纳税人。资源税的税目、税率，依照《税目税率表》执行。资源税的计税依据为应税产品的销售额或销售数量。实行从价计征的，应纳税额按照应税资源产品（以下称应税产品）的销售额乘以具体适用税率计算。实行从量计征的，应纳税额按照应税产品的销售数量乘以具体适用税率计算。

❷ 环境保护税的纳税人是在中国领域和管辖的其他海域，直接向环境排放应税污染物的企业事业单位和其他生产经营者。环境保护税税目有大气污染物、水污染物、固体废物和噪声（工业）等应税污染物。环境保护税采用定额税率。应税大气污染物计税依据为污染物排放量折合的污染当量数，应税水污染物计税依据为污染物排放量折合的污染当量数，应税固体废物计税依据为固体废物的排放量，应税噪声计税依据为超过国家规定标准的分贝数。

## 本章练习

### （一）名词解释

资源税　环境保护税

### （二）简答题

1.请简述资源税的特点。

2.请简述我国环境保护税的特点。

### （三）计算题

参考提示

1.某企业为增值税一般纳税人，2023年4月生产经营情况如下：

（1）专门开采天然气4 500万立方米，开采原煤450万吨。

（2）销售原煤280万吨，取得不含税销售额148 400万元。

（3）以原煤直接加工洗煤120万吨，全部对外销售，取得不含税销售额72 000万元。

（4）企业职工食堂领用原煤2 500吨，同类产品不含增值税市场售价为132.5万元。

（5）销售天然气3 700万立方米，取得不含税销售额7 400万元。

（6）购入采煤用原材料和低值易耗品，取得增值税专用发票，注明支付货款7 000万元、增值税税额910万元，原材料和低值易耗品均已验收入库。

（7）购进采煤机械设备10台，取得增值税专用发票，注明每台设备支付货款25万元、增值税3.25万元，已全部投入使用。

已知：资源税税率：原煤5%，天然气6%；洗选煤的折算率为70%。

【要求】根据上述资料，回答下列问题：

（1）计算该企业业务（3）和业务（4）应纳的资源税。

（2）计算该企业当月销售天然气应纳的资源税。

（3）计算该企业当月应纳的资源税。

（4）计算该企业当月应纳的增值税。

2. 某企业2023年3月向大气直接排放二氧化硫、氟化物各10千克，一氧化碳、氯化氢各100千克，假设当地大气污染物每污染当量税额1.5元，该企业只有一个排放口。对应污染物的污染当量值分别为0.95、0.87、16.7和10.75。

【要求】根据上述资料，请计算该企业3月排放大气污染物应缴纳的环境保护税。

3. 甲企业2023年5月产生尾矿1 200吨，其中综合利用的尾矿400吨（符合国家和地方环境保护标准），在符合国家和地方环境保护标准的设施贮存300吨，适用税额为15元/吨。

【要求】根据上述资料，请计算甲企业5月尾矿应缴纳的环境保护税。

# 第九章
# 其他税种

**学习目标**

除前面章节所学税种之外，我国现行还有许多其他税种，在我国税收体系中也发挥着十分重要的作用。本章主要介绍城市维护建设税、房产税、城镇土地使用税、印花税、契税、车辆购置税以及车船税七个税种，重点分析各税种的征税范围、纳税义务人、税率、计税依据、应纳税额计算、税收优惠以及税收征管等内容。

## 教学引例

自2019年9月1日起，《中华人民共和国耕地占用税法》（以下简称《耕地占用税法》）正式施行，2007年12月1日国务院公布的《中华人民共和国耕地占用税暂行条例》同时废止。《耕地占用税法》从征税范围、减免政策、各地适用税额以及纳税申报等方面进行优化，助力利用经济手段限制乱占滥用耕地，补偿占用耕地所造成的农业生产力的损失，为大规模的农业综合开发提供必要的资金来源，促进农业生产的稳定发展。

请思考：

1.从耕地占用税的名称，你能看出它的征税对象是什么吗？

2.请思考《耕地占用税法》是如何发挥保护耕地资源、促进土地资源合理配置作用的？

问题参考

# 第一节 城市维护建设税

城市维护建设税是对缴纳增值税、消费税的单位和个人征收的一种附加税。现行城市维护建设税主要有以下几个特点：一是属于附加税。城市维护建设税本身没有特定的课税对象，而是以纳税人实际缴纳的增值税、消费税的税额之和为计税依据。二是根据城镇规模设计地区差别比例税率。城市维护建设税根据城镇规模不同，设计不同比例税率。三是征收范围较广。增值税、消费税是我国流转环节的主体税种，缴纳增值税、消费税的纳税人就要缴纳城市维护建设税，因此城市维护建设税的征收范围也相应较广。

微课 9-1
城市维护建设税概述

## 一、纳税义务人、扣缴义务人与征税范围

微课 9-2
城市维护建设税纳税义务人

### （一）纳税义务人

在中华人民共和国境内缴纳增值税、消费税的单位和个人，为城市维护建设税的纳税人，应当依照规定缴纳城市维护建设税。对进口货物或者境外单位和个人向境内销售劳务、服务、无形资产缴纳的增值税、消费税税额，不征收城市维护建设税。采用委托代征、代扣代缴、代收代缴、预缴、补缴等方式缴纳增值税、消费税的，应当同时缴纳城市维护建设税。

### （二）扣缴义务人

城市维护建设税的扣缴义务人为负有增值税、消费税扣缴义务的单位和个人，在扣缴增值税、消费税的同时扣缴城市维护建设税。

### （三）征税范围

城市维护建设税的征税范围比较广。具体包括市区、县城、镇和不在上述区域的地区。市区、县城、镇的范围，应根据行政区划作为划分标准，不能随意扩大或缩小各自行政区域的管辖范围。

## 二、税率、计税依据和应纳税额的计算

### （一）税率

城市维护建设税按纳税人所在地的不同，设置了三档地区差别比例税率（除特殊规定外）：

（1）纳税人所在地为市区的，税率为7%。

（2）纳税人所在地为县城、镇的，税率为5%。

（3）纳税人所在地不在市区、县城、镇的，税率为1%。

上述所称“纳税人所在地”，是指纳税人住所地或者与纳税人生产经营活动相关的其他地点，具体地点由省、自治区、直辖市确定。

纳税人所在地行政区划发生变更的，自变更完成当月起适用新行政区划对应的适用税率，纳税人在变更完成当月的下一个纳税申报期按新税率申报缴纳。

城市维护建设税的适用税率，一般来说按纳税人所在地的规定税率执行。但是，由受托方代扣代缴、代收代缴增值税、消费税的单位和个人，其代扣代缴、代收代缴的城市维护建设税按受托方所在地适用税率执行。

【例9-1·单选题】设在县城的A企业代收代缴市区B企业的消费税，对B企业城市维护建设税的处理办法是（　　）。

A. 由B企业在市区按7%缴纳

B. 由B企业将7%的城市维护建设税交A企业代收代缴

C. 由B企业按7%的税率自行选择纳税地点

D. 由A企业按5%的税率代收代缴B企业的城市维护建设税

【答案】D

【解析】由受托方代扣代缴、代收代缴增值税、消费税的单位和个人，其代扣代缴、代收代缴的城市维护建设税按受托方所在地适用税率执行。

微课9-3

城市维护建设税计税依据

### （二）计税依据

城市维护建设税以纳税人依法实际缴纳的增值税、消费税税额为计税依据。依法实际缴纳的两税税额，是指纳税人依照增值税、消费税相关法律法规和税收政策规定计算的应当缴纳的两税税额（不含因进口货物或境外单位和个人向境内销售劳务、服务、无形资产缴纳的两税税额），加上增值税免抵税额，扣除直接减免的两税税额和期末留抵退税退还的增值税税额后的金额。城市维护建设税计税依据的具体确定办法，由国务院依据《中华人民共和国城市维护建设税法》（以下简称《城市维护建设税法》）和有关税收法律、行政法规规定，报全国人民代表大会常务委员会备案。

具体计算公式如下：

城市维护建设税计税依据=依法实际缴纳的增值税税额+依法实际缴纳的消费税税额

依法实际缴纳的增值税税额 = 纳税人依照增值税相关法律法规和税收政策规定计算应当缴纳的增值税税额 + 增值税免抵税额 − 直接减免的增值税税额 − 留抵退税额

依法实际缴纳的消费税税额 = 纳税人依照消费税相关法律法规和税收政策规定计算应当缴纳的消费税税额 − 直接减免的消费税税额

其中：直接减免的两税税额，是指依照增值税、消费税相关法律法规和税收政策规定，直接减征或免征的两税税额，不包括实行先征后返、先征后退、即征即退办法退还的两税税额。

需要注意的是，纳税人违反增值税、消费税有关税法而加收的滞纳金和罚款，是税务机关对纳税人违法行为的经济制裁，不作为城市维护建设税的计税依据，但纳税人在被查补增值税、消费税和被处以罚款时，应同时对其偷漏的城市维护建设税进行补税、征收滞纳金并处罚款。

### （三）应纳税额的计算

城市维护建设税纳税人的应纳税额大小是由纳税人实际缴纳的增值税、消费税税额决定的，其计算公式为：

应纳税额=纳税人实际缴纳的增值税、消费税税额×适用税率

【例9-2·单选题】位于某市区的甲企业，在2023年10月申报期，享受直接减免增值税优惠（不包含先征后退、即征即退，下同）后申报缴纳增值税60万元，9月已核准出口货物增值税免抵税额10万元，9月收到增值税留抵退税额6万元。该企业10月应申报缴纳的城市维护建设税是（　　）。

A.3.78万元　　B.4.2万元　　C.4.48万元　　D.4.9万元

【答案】C

【解析】应纳城市维护建设税=（60+10-6）×7%=4.48（万元）

【例9-3·单选题】位于市区的某企业2023年3月份共缴纳增值税、消费税和关税562万元，其中关税102万元、进口环节缴纳的增值税和消费税260万元。该企业3月份应缴纳的城市维护建设税为（　　）。

A.14万元　　B.18.2万元　　C.32.2万元　　D.39.34万元

【答案】A

【解析】关税以及进口环节的增值税和消费税不属于城市维护建设税的计税依据，因此应缴纳的城市维护建设税为14万元（（562-102-260）×7%）。

## 三、税收优惠和征收管理

### （一）税收优惠

城市维护建设税一般原则上不需要进行单独减免，因城市维护建设税具有附加税性质，当主税发生减免时，城市维护建设税即相应发生税收减免。根据《城市维护建设税法》第六条规定，根据国民经济和社会发展的需要，国务院对重大公共基础设施建设、特殊产业和群体以及重大突发事件应对等情形可以规定减征或者免征城市维护建设税，报全国人民代表大会常务委员会备案。目前，城市维护建设税的税收减免具体有以下4种情况：

第一，对黄金交易所会员单位通过黄金交易所销售且发生实物交割的标准黄金，免征城市维护建设税。

第二，对上海期货交易所会员和客户通过上海期货交易所销售且发生实物交割并已出库的标准黄金，免征城市维护建设税。

第三，对国家重大水利工程建设基金免征城市维护建设税。

第四，2022年1月1日至2024年12月31日，由省、自治区、直辖市人民政府根据

本地区实际情况，以及宏观调控需要确定，对增值税小规模纳税人、小型微利企业和个体工商户可以在50%的税额幅度内减征城市维护建设税。

### （二）征收管理

城市维护建设税的纳税义务发生时间与两税的纳税义务发生时间一致，分别在缴纳两税的同一缴纳地点、同一缴纳期限内，一并缴纳对应的城市维护建设税。

由于《城市维护建设税法》规定对进口货物或者境外单位和个人向境内销售劳务、服务、无形资产缴纳的两税税额，不征收城市维护建设税。因此，上述的代扣代缴，不含因境外单位和个人向境内销售劳务、服务、无形资产代扣代缴增值税情形。

在退税环节，因纳税人多缴发生的两税退税，同时退还已缴纳的城市维护建设税。但是，两税实行先征后返、先征后退、即征即退的，除另有规定外，不予退还随两税附征的城市维护建设税。"另有规定"主要指在增值税实行即征即退等情形下，城市维护建设税可以给予免税的特殊规定，例如，《财政部 国家税务总局关于黄金税收政策问题的通知》（财税〔2002〕142号）规定，黄金交易所会员单位通过黄金交易所销售标准黄金（持有黄金交易所开具的《黄金交易结算凭证》），发生实物交割的，由税务机关按照实际成交价格代开增值税专用发票，并实行增值税即征即退的政策，同时免征城市维护建设税。

对出口产品退还增值税、消费税的，不退还已缴纳的城市维护建设税。

【例9-4·单选题】位于某市区的丙企业，由于申报错误未享受优惠政策，2022年12月申报期，申请退还多缴增值税和消费税共200万元，同时当月享受增值税即征即退税款100万元。该企业12月应退城市维护建设税为（　　）。

A.0　　B.7万元　　C.14万元　　D.21万元

【答案】B

【解析】应退城市维护建设税=200×7% =14（万元）

### 知识链接9-1　教育费附加与地方教育附加的有关规定

教育费附加和地方教育附加是对缴纳增值税、消费税的单位和个人，就其实际缴纳的税额为计算依据征收的一种附加费。它是为加快地方教育事业，扩大地方教育经费的资金而征收的一项专用基金。教育费附加和地方教育附加分别与增值税、消费税同时缴纳。教育费附加计征比率曾几经变化。1986年开征时，规定为1%，1990年5月《国务院关于修改〈征收教育费附加的暂行规定〉的决定》中规定为2%；按照1994年2月7日《国务院关于教育费附加征收问题的紧急通知》的规定，现行教育费附加征收比率为3%，地方教育附加征收率从2010年起统一为2%。目前，对海关进口的产品征收的增值税、消费税，不征收教育费附加。对由于减免增值税、消费税而发生退税的，可同时退还已征收的教育费附加。但对出口产品退还增值税、消费税的，不退还已征的教育费附加。

## 第二节　房产税

税收是调节生产和分配的一个重要经济杠杆，对房屋所有者征收房产税，可以调节纳税人的收入水平，有利于加强对房屋的管理，提高房屋的使用效益，控制固定资产的投资规模。同时，征收房产税可以为地方财政筹集一部分市政建设资金，缓解地方财力的紧张。

微课 9-4
房产税概述

### 一、纳税义务人与征税范围

微课 9-5
房产税征税对象和纳税人

房产税是以房屋为征税对象，按照房屋的计税余值或租金收入，向产权所有人征收的一种财产税。其中，房屋是指有屋面和护围结构，能遮风避雨，可供人们在其中生产、工作、学习、娱乐、居住或储藏物资的场所。而那些独立于房屋之外的建筑物，如围墙、烟囱、水塔、酒窖菜窖、室外游泳池、玻璃暖房等，不属于房产。

#### （一）纳税义务人

房产税以在征税范围内的房屋产权所有人为纳税人。其中：

（1）产权属国家所有的，由经营管理单位纳税；产权属集体和个人所有的，由集体单位和个人纳税。

（2）产权出典的，由承典人纳税。所谓产权出典，是指产权所有人将房屋、生产资料等的产权，在一定期限内典当给他人使用，而取得资金的一种融资业务。

（3）产权所有人、承典人不在房屋所在地的，或者产权未确定及租典纠纷未解决的由房产代管人或者使用人纳税。

（4）无租使用其他房产的问题。纳税单位和个人无租使用房产管理部门、免税单位及纳税单位的房产，应由使用人代为缴纳房产税。

【例 9-5 · 多选题】下列情形中，应由房产代管人或使用人缴纳房产税的有（　　）。

A.房屋产权未确定的

B.房屋承典人不在房屋所在地的

C.房屋产权所有人不在房屋所在地的

D.房屋租典纠纷未解决的

【答案】ABCD

【解析】产权所有人、承典人不在房屋所在地的；产权未确定或者租典纠纷未解决的，应由房产代管人或者使用人纳税。

微课9-6

房产税征税范围

### （二）征税范围

房产税的征税范围为城市、县城、建制镇和工矿区。具体规定如下：

（1）城市是指国务院批准设立的市。

（2）县城是指县人民政府所在地的地区。

（3）建制镇是指经省、自治区、直辖市人民政府批准设立的建制镇。

（4）工矿区是指工商业比较发达、人口比较集中、符合国务院规定的建制镇标准但尚未设立建制镇的大中型工矿企业所在地。开征房产税的工矿区须经省、自治区、直辖市人民政府批准。

房产税的征税范围不包括农村。对农村房屋不纳入房产税征税范围，有利于农业发展，繁荣农村经济，促进社会稳定。

【例9-6·单选题】下列房屋及建筑物中，属于房产税征税范围的是（　　）。

A.农村的居住用房

B.建在室外的露天游泳池

C.个人拥有的市区经营性用房

D.尚未使用或出租而待售的商品房

【答案】C

【解析】选项A，房产税的征税范围不包括农村；选项B，以房产为征税对象，但独立于房屋之外的建筑物（如水塔、围墙、室外游泳池等）不属于房产，不征房产税；选项D，房地产开发公司已建成完工但未使用、出租和出借的商品房，不征房产税。

**知识链接9-2　房地产开发企业建造商品房的房产税**

房地产开发企业建造的商品房，在出售前，不征收房产税；但对出售前房地产开发企业已使用或出租、出借的商品房应按规定征收房产税。

## 二、税率、计税依据和应纳税额的计算

### （一）税率

房产税采用比例税率。

由于房产税的计税依据分为从价计征和从租计征两种形式，所以房产税的税率也有两种：一种是按房产原值一次减除10%~30%后的余值计征，税率为1.2%；另一种是按房产出租的租金收入计征，税率为12%。

自2008年3月1日起，对个人出租住房不区分用途，以及对企事业单位、社会团体以及其他组织向个人、专业化规模化住房租赁企业出租住房，均按4%的税率征收房产税。

## （二）计税依据

微课 9-7

房产税计税依据

房产税的计税依据是房产的计税价值或房产的租金收入。按照房产计税价值征税的，称为从价计征；按照房产租金收入计征的，称为从租计征。

### 1.从价计征

《房产税暂行条例》规定，房产税依照房产原值一次减除10%~30%后的余值计算缴纳。各地扣除比例由当地省、自治区、直辖市人民政府确定。

房产原值是指纳税人按照会计制度的规定，在会计核算账簿"固定资产"科目中记载的房屋原价。因此，凡按会计制度规定在账簿中记载有房屋原价的，应以房屋原价按规定减除一定比例后作为房产余值计征房产税；没有记载房屋原价的，按照上述原则，并参照同类房屋确定房产原值，按规定计征房产税。

房产原值应包括与房屋不可分割的各种附属设备或一般不单独计算价值的配套设施，主要有：暖气、卫生、通风、照明、煤气等设备；各种管线，如蒸汽、压缩空气、石油、给水排水等管道及电力、电信、电缆导线；电梯、升降机、过道、晒台等。属于房屋附属设备的水管、下水道、暖气管、煤气管等应从最近的探视井或三通管起，计算原值；电灯网、照明线从进线盒连接管起，计算原值。

自2006年1月1日起，为了维持和增加房屋的使用功能或使房屋满足设计要求，凡以房屋为载体，不可随意移动的附属设备和配套设施，如给排水、采暖、消防、中央空调、电气及智能化楼宇设备等，无论在会计核算中是否单独记账与核算，都应计入房产原值，计征房产税。对于更换房屋附属设备和配套设施的，在将其价值计入房产原值时，可扣减原来相应设备和设施的价值；对附属设备和配套设施中易损坏、需要经常更换的零配件，更新后不再计入房产原值。

自2010年12月21日起，对按照房产原值计税的房产，无论会计上如何核算，房产原值均应包含地价，包括为取得土地使用权支付的价款、开发土地发生的成本费用等。宗地容积率低于0.5的，按房产建筑面积的2倍计算土地面积并据此确定计入房产原值的地价。

从2007年1月1日起，对居民住宅区内业主共有的经营性房产，由实际经营（包括自营和出租）的代管人或使用人缴纳房产税。其中自营的，依照房产原值减除10%~30%后的余值计征，没有房产原值或不能将业主共有房产与其他房产的原值准确划分开的，由房产所在地税务机关参照同类房产核定房产原值；出租的，依照租金收入计征。

凡在房产税征收范围内的具备房屋功能的地下建筑，包括与地上房屋相连的地下建筑以及完全建在地面以下的建筑、地下人防设施等，均应当依照有关规定征收房产税。上述具备房屋功能的地下建筑是指有屋面和维护结构，能够遮风避雨，可供人们在其中生产、经营、工作、学习、娱乐、居住或储藏物资的场所。自用的地下建筑，按以下方式计税：

（1）工业用途房产，以房屋原价的50% ~ 60%作为应税房产原值。

（2）商业和其他用途房产，以房屋原价的70%~80%作为应税房产原值。

房屋原价折算为应税房产原值的具体比例，由各省、自治区、直辖市和计划单列市财政和税务部门在上述幅度内自行确定。

（3）对于与地上房屋相连的地下建筑，如房屋的地下室、地下停车场、商场的地下部分等，应将地下部分与地上房屋视为一个整体，按照地上房屋建筑的有关规定计算征收房产税。

2.从租计征

房产出租的，以房产租金收入为房产税的计税依据。

所谓房产的租金收入，是房屋产权所有人出租房产使用权所得的报酬，包括货币收入和实物收入。

（1）如果是以劳务或者其他形式为报酬抵付房租收入的，应根据当地同类房产的租金水平，确定一个标准租金额从租计征。

（2）对出租房产，租赁双方签订的租赁合同约定有免收租金期限的，免收租金期间由产权所有人按照房产原值缴纳房产税。

（3）出租的地下建筑，按照出租地上房屋建筑的有关规定计算征收房产税。

**知识链接 9-3　　特殊租赁方式的房产税**

①对投资联营的房产，在计征房产税时应予以区别对待。对于以房产投资联营，投资者参与投资利润分红，共担风险的，按房产余值作为计税依据计征房产税；对以房产投资，收取固定收入，不承担联营风险的，实际是以联营名义取得房产租金，应根据《房产税暂行条例》的有关规定由出租方按租金收入计缴房产税。

②对融资租赁房屋的情况，由于租赁费包括购进房屋的价款、手续费、借款利息等，与一般房屋出租的“租金”内涵不同，且租赁期满后，当承租方偿还最后一笔租赁费时，房屋产权要转移到承租方。这实际是一种变相的分期付款购买固定资产的形式，所以在计征房产税时应以房产余值计算征收。根据财税〔2009〕128号文件的规定，融资租赁的房产，由承租人自融资租赁合同约定开始日的次月起依照房产余值缴纳房产税。合同未约定开始日的，由承租人自合同签订的次月起依照房产余值缴纳房产税。

【例 9-7·多选题】下列项目中，应以房产租金作为计税依据征收房产税的有（　）。

A.以融资租赁方式租入的房屋

B.以经营租赁方式租出的房屋

C.居民住宅区内业主自营的共有经营性房屋

D.以收取固定收入、不承担联营风险方式投资的房屋

【答案】BD

【解析】选项A，以融资租赁方式租入的房屋，由承租人按房产余值从价计征；选项C，居民住宅区内业主自营的共有经营性房屋，从价计征。

### （三）应纳税额的计算

房产税的计税依据有两种，与之相适应的应纳税额计算也分为两种：一是从价计征的计算；二是从租计征的计算。

1.从价计征的计算

从价计征是按房产的原值减除一定比例后的余值计征，其计算公式为：

应纳税额=应税房产原值×（1-扣除比例）×1.2%

其中，房产原值是“固定资产”科目中记载的房屋原价；减除一定比例是省、自治区、直辖市人民政府规定的10%~30%的减除比例；计征的适用税率为1.2%。

2.从租计征的计算

从租计征是按房产的租金收入计征，其计算公式为：

应纳税额=租金收入×12%（或4%）

【例9-8·单选题】某单独建造的地下商业用房，房屋原价为3 000万元，1—6月份该房屋为自用，7—12月份该房屋出租，月租金30万元。当地规定的房屋原价折算为应税房产原值的比例为70%，计算房产余值扣除比例为30%。则该房产当年应纳房产税（　　）万元。

A.23.94　　B.25.2　　C.30.42　　D.39.42

【答案】C

【解析】应纳房产税=3 000×70%×（1-30%）×1.2%×6÷12+30×6×12%=30.42（万元）

## 三、税收优惠

房产税的税收优惠是根据国家政策需要和纳税人的负担能力制定的。由于房产税属地方税，因此，给予地方一定的减免权限，有利于地方因地制宜地处理问题。

目前，房产税的税收优惠政策主要有：

（1）国家机关、人民团体、军队自用的房产免征房产税。但上述免税单位的出租房产以及非自身业务使用的生产、营业用房，不属于免税范围。

（2）由国家财政部门拨付事业经费的单位，如学校、医疗卫生单位、托儿所、幼儿园、敬老院、文化、体育、艺术这些实行全额或差额预算管理的事业单位所有的，本身业务范围内使用的房产免征房产税。

（3）宗教寺庙、公园、名胜古迹自用的房产免征房产税。

宗教寺庙、公园、名胜古迹中附设的营业单位，如影剧院、饮食部、茶社、照相馆等所使用的房产及出租的房产，不属于免税范围，应照章纳税。

（4）个人所有非营业用的房产免征房产税。

个人所有的非营业用房，主要是指居民住房，不分面积多少，一律免征房产税。

对个人拥有的营业用房或者出租的房产，不属于免税房产，应照章纳税。

（5）经财政部批准免税的其他房产，主要有：

①对非营利性医疗机构、疾病控制机构和妇幼保健机构等卫生机构自用的房产免征

房产税。

②从2001年1月1日起，对按政府规定价格出租的公有住房和廉租住房，包括企业和自收自支事业单位向职工出租的单位自有住房，房管部门向居民出租的公有住房，落实私房政策中带户发还产权并以政府规定租金标准向居民出租的私有住房等，暂免征收房产税。

③经营公租房的租金收入，免征房产税。公共租赁住房经营管理单位应单独核算公共租赁住房租金收入，未单独核算的，不得享受免征房产税优惠政策。

（6）自2019年1月1日至2023年12月31日，对商品储备管理公司及其直属库自用的承担商品储备业务的房产、土地，免征房产税、城镇土地使用税。

（7）自2019年1月1日至2023年12月31日，对农产品批发市场、农贸市场（包括自有和承租，下同）专门用于经营农产品的房产、土地，暂免征收房产税。对同时经营其他产品的农产品批发市场和农贸市场使用的房产、土地，按其他产品与农产品交易场地面积的比例确定征免房产税。

【例9-9·多选题】下列各项中，符合房产税法有关规定的有（　　）。

A.对按政府规定价格出租的公有住房和廉租住房，暂免征收房产税

B.居民个人出租的住房免征房产税

C.名胜古迹管理部门所用的房产免征房产税

D.公园小卖部房产免征房产税

【答案】AC

【解析】选项B、D征收房产税。

## 四、征收管理

### （一）纳税义务发生时间

（1）纳税人将原有房产用于生产经营，从生产经营之月起缴纳房产税。

（2）纳税人自行新建房屋用于生产经营，从建成之次月起缴纳房产税。

（3）纳税人委托施工企业建设的房屋，从办理验收手续之次月起缴纳房产税。

（4）纳税人购置新建商品房，自房屋交付使用之次月起缴纳房产税。

（5）纳税人购置存量房，自办理房屋权属转移、变更登记手续，房地产权属登记机关签发房屋权属证书之次月起，缴纳房产税。

（6）纳税人出租、出借房产，自交付出租、出借房产之次月起，缴纳房产税。

（7）房地产开发企业自用、出租、出借本企业建造的商品房，自房屋使用或交付之次月起，缴纳房产税。

（8）纳税人因房产的实物或权利状态发生变化而依法终止房产税纳税义务的，其应纳税款的计算应截止到房产的实物或权利状态发生变化的当月末。

【例9-10·单选题】下列关于房产税纳税义务发生时间的表述中，正确的有（　　）。

A.纳税人自行新建房屋用于生产经营，从建成之月起缴纳房产税

B.纳税人将原有房产用于生产经营，从生产经营之月起缴纳房产税

C.纳税人出租房产，自交付出租房产之次月起缴纳房产税

D.房地产开发企业自用本企业建造的商品房，自房屋使用之次月起缴纳房产税

【答案】BCD

【解析】纳税人自行新建房屋用于生产经营从建成之次月起缴纳房产税。

### （二）纳税期限

房产税实行按年计算、分期缴纳的征收方法，具体纳税期限由省、自治区、直辖市人民政府确定。各地一般规定按季或按半年预征，按季度或半年缴纳一次。

### （三）纳税地点

房产税在房产所在地缴纳。房产不在同一地方的纳税人，应按房产的坐落地点分别向房产所在地的税务机关纳税。

### （四）纳税申报

房产税的纳税申报，是房屋产权所有人或纳税人缴纳房产税必须履行的法定手续。纳税义务人应根据税法要求，将现有房屋的坐落地点、结构面积、原值、出租收入等情况，据实向当地税务机关办理纳税申报，并按规定纳税。如果纳税人住址发生变更、产权发生转移，以及出现新建、改建、扩建、拆除房屋等情况，而引起房产原值发生变化或者是租金收入变化的，都要按规定及时向税务机关办理变更登记，以便税务机关及时掌握纳税人的房产变动情况。

# 第三节　城镇土地使用税

微课 9-8

城镇土地使用税概述

我国宪法明确规定，城镇土地的所有权归国家，单位和个人对占用的土地只有使用权而无所有权。征收城镇土地使用税不仅有利于促进土地的合理、节约使用，还可以调节土地级差收入，鼓励公平竞争。开征城镇土地使用税，将土地的级差收入纳入国家财政，有利于理顺国家和土地使用者的分配关系，为企业公平竞争创造条件。此外，城镇土地使用税是地方税，它的税收收入归地方政府支配，是地方政府收入的一项稳定来源，并且城镇土地使用税在所有大、中、小城市和县城、建制镇、工矿区开征，涉及面广，收入较多，这为建立和完善地方税体系，实行以分税制为基础的财政体制创造了条件。

微课 9-9

城镇土地使用税纳税义务人

## 一、纳税义务人与征税范围

### （一）纳税义务人

城镇土地使用税是以国有土地或集体土地为征税对象，对拥有土地使用

权的单位和个人征收的一种税。

在城市、县城、建制镇、工矿区范围内使用土地的单位和个人，为城镇土地使用税的纳税人。所称单位，包括国有企业、集体企业、私营企业、股份制企业、外商投资企业、外国企业以及其他企业和事业单位、社会团体、国家机关、军队以及其他单位；所称个人，包括个体工商户以及其他个人。

微课 9-10

城镇土地使用税征税范围、税率及计税依据

城镇土地使用税的纳税人通常包括以下几类：

（1）拥有土地使用权的单位和个人。

（2）拥有土地使用权的单位和个人不在土地所在地的，其土地的实际使用人和代管人为纳税人。

（3）土地使用权未确定或权属纠纷未解决的，其实际使用人为纳税人。

（4）土地使用权共有的，共有各方都是纳税人，由共有各方分别纳税。

（5）在城镇土地使用税征税范围内，承租集体所有建设用地的，由直接从集体经济组织承租土地的单位和个人，缴纳城镇土地使用税。

几个人或几个单位共同拥有一块土地的使用权，这块土地的城镇土地使用税的纳税人应是对这块土地拥有使用权的每一个人或每一个单位。他们应以其实际使用的土地面积占总面积的比例，分别计算缴纳土地使用税。

### （二）征税范围

城镇土地使用税的征税范围，包括在城市、县城、建制镇和工矿区内的国家所有和集体所有的土地。城市的土地包括市区和郊区的土地，县城的土地是指县人民政府所在地的城镇的土地，建制镇的土地是指镇人民政府所在地的土地。建立在城市、县城、建制镇和工矿区以外的工矿企业不需要缴纳城镇土地使用税。

上述城市、县城、建制镇和工矿区分别按以下标准确认：

（1）城市是指经国务院批准设立的市。

（2）县城是指县人民政府所在地。

（3）建制镇是指经省、自治区、直辖市人民政府批准设立的建制镇。

（4）工矿区是指工商业比较发达，人口比较集中，符合国务院规定的建制镇标准，但尚未设立建制镇的大中型工矿企业所在地，工矿区须经省、自治区、直辖市人民政府批准。

## 二、税率、计税依据和应纳税额的计算

### （一）税率

城镇土地使用税采用定额税率，即采用有幅度的差别税额，按大、中、小城市和县城、建制镇、工矿区分别规定每平方米城镇土地使用税年应纳税额。具体标准如下：

（1）大城市1.5元～30元；

（2）中等城市1.2元～24元；

（3）小城市0.9元～18元；

（4）县城、建制镇、工矿区0.6元～12元。

大、中、小城市以公安部门登记在册的非农业正式户口人数为依据，按照国务院颁布的《城市规划条例》中规定的标准划分。人口在50万人以上者为大城市；人口在20万～50万人者为中等城市；人口在20万人以下者为小城市。

各省、自治区、直辖市人民政府可根据市政建设情况和经济繁荣程度在规定税额幅度内，确定所辖地区的适用税额幅度。市、县人民政府应当根据实际情况，将本地区土地划分为若干等级，在省、自治区、直辖市人民政府确定的税额幅度内，制定相应的适用税额标准，报省、自治区、直辖市人民政府批准执行。

经省、自治区、直辖市人民政府批准，经济落后地区，城镇土地使用税的适用税额标准可适当降低，但降低额不得超过上述规定最低税额的30%。经济发达地区的适用税额标准可以适当提高，但须报财政部批准。

### （二）计税依据

城镇土地使用税以纳税人实际占用的土地面积为计税依据，土地面积计量标准为每平方米。即税务机关根据纳税人实际占用的土地面积，按照规定的税额计算应纳税额，向纳税人征收城镇土地使用税。

纳税人实际占用的土地面积按下列办法确定：

（1）由省、自治区、直辖市人民政府确定的单位组织测定土地面积的，以测定的面积为准。

（2）尚未组织测量，但纳税人持有政府部门核发的土地使用证书的，以证书确认的土地面积为准。

（3）尚未核发土地使用证书的，应由纳税人申报土地面积，据以纳税，待核发土地使用证以后再作调整。

（4）对在城镇土地使用税征税范围内单独建造的地下建筑用地，按规定征收城镇土地使用税。其中，已取得地下土地使用权证的，按土地使用权证确认的土地面积计算应征税款；未取得地下土地使用权证或地下土地使用权证上未标明土地面积的，按地下建筑垂直投影面积计算应征税款。

对上述地下建筑用地暂按应征税款的50%征收城镇土地使用税，但地上地下相连的建筑用地不执行此规定。

### （三）应纳税额的计算方法

城镇土地使用税的应纳税额可以通过纳税人实际占用的土地面积乘以该土地所在地段的适用税额求得。其计算公式为：

全年应纳税额=实际占用应税土地面积（平方米）×适用税额

【例9-11·单选题】某企业2023年度拥有位于市郊的一宗地块，其地上面积为1万平方米，单独建造的地下建筑面积为4千平方米（已取得地下土地使用权证）。该市规定的城镇土地使用税税率为2元/平方米。则该企业2023年度就此地块应缴纳的城镇土地使用税为（　　）。

A.0.8万元　　B.2万元　　C.2.8万元　　D.2.4万元

【答案】D

【解析】应纳城镇土地使用税=1×2+0.4×2×50%=2.4（万元）

## 三、税收优惠

### （一）法定免缴城镇土地使用税的优惠

（1）国家机关、人民团体、军队自用的土地。

（2）由国家财政部门拨付事业经费的单位自用的土地。

（3）宗教寺庙、公园、名胜古迹自用的土地。

以上单位的生产、经营用地和其他用地，不属于免税范围，应按规定缴纳城镇土地使用税，如公园、名胜古迹中附设的营业单位如影剧院、饮食部、茶社、照相馆等使用的土地。

（4）市政街道、广场、绿化地带等公共用地。

（5）直接用于农、林、牧、渔业的生产用地。

（6）经批准开山填海整治的土地和改造的废弃土地，从使用的月份起免缴城镇土地使用税5—10年。

（7）对非营利性医疗机构、疾病控制机构和妇幼保健机构等卫生机构自用的土地，免征城镇土地使用税。

（8）企业办的学校、医院、托儿所、幼儿园，其用地能与企业其他用地明确区分的，免征城镇土地使用税。

（9）免税单位无偿使用纳税单位的土地（如公安、海关等单位使用铁路、民航等单位的土地），免征城镇土地使用税。

纳税单位无偿使用免税单位的土地，纳税单位应照章缴纳城镇土地使用税。纳税单位与免税单位共同使用、共有使用权土地上的多层建筑，对纳税单位可按其占用的建筑面积占建筑总面积的比例计征城镇土地使用税。

（10）对行使国家行政管理职能的中国人民银行总行（含国家外汇管理局）所属分支机构自用的土地，免征城镇土地使用税。

（11）为了体现国家的产业政策，支持重点产业的发展，对石油、电力、煤炭等能源用地，民用港口、铁路等交通用地和水利设施用地，三线调整企业、盐业、采石场、邮电等一些特殊用地划分了征免税界限和给予政策性减免税照顾。具体规定如下：

①对石油天然气生产建设中用于地质勘探、钻井、井下作业、油气田地面工程等施工临时用地暂免征收城镇土地使用税。

②对企业的铁路专用线、公路等用地，在厂区以外、与社会公用地段未加隔离的，暂免征收城镇土地使用税。

③对企业厂区以外的公共绿化用地和向社会开放的公园用地，暂免征收城镇土地使用税。

④对盐场的盐滩、盐矿的矿井用地，暂免征收城镇土地使用税。

（12）自2020年1月1日至2023年12月31日，对专门经营农产品的农产品批发市场、农贸市场使用（包括自有和承租，下同）的房产、土地，暂免征收房产税和城镇土地使用税。对同时经营其他产品的农产品批发市场和农贸市场使用的房产、土地，按其他产品与农产品交易场地面积的比例确定征免房产税和城镇土地使用税。

### （二）省、自治区、直辖市税务局确定的城镇土地使用税减免优惠

（1）个人所有的居住房屋及院落用地。

（2）房产管理部门在房租调整改革前经租的居民住房用地。

（3）免税单位职工家属的宿舍用地。

（4）集体和个人办的各类学校、医院、托儿所、幼儿园用地。

【例9-12·单选题】下列土地中，免征城镇土地使用税的是（　　）。

A.营利性医疗机构自用的土地

B.公园内附设照相馆使用的土地

C.生产企业使用海关部门的免税土地

D.公安部门无偿使用铁路企业的应税土地

【答案】D

【解析】选项A、B、C不免征城镇土地使用税。

## 四、征收管理

### （一）纳税期限

城镇土地使用税实行按年计算、分期缴纳的征收方法，具体纳税期限由省、自治区、直辖市人民政府确定。各省、自治区、直辖市税务机关结合当地情况，一般分别确定按月、季或半年等不同的纳税期限缴纳。

### （二）纳税义务发生时间

（1）纳税人购置新建商品房，自房屋交付使用之次月起，缴纳城镇土地使用税。

（2）纳税人购置存量房，自办理房屋权属转移、变更登记手续，房地产权属登记机关签发房屋权属证书之次月起，缴纳城镇土地使用税。

（3）纳税人出租、出借房产，自交付出租、出借房产之次月起，缴纳城镇土地使用税。

（4）以出让或转让方式有偿取得土地使用权的，应由受让方从合同约定交付土地时间的次月起缴纳城镇土地使用税；合同未约定交付时间的，由受让方从合同签订的次月起缴纳城镇土地使用税。

（5）纳税人新征用的耕地，自批准征用之日起满1年时开始缴纳城镇土地使用税。

（6）纳税人新征用的非耕地，自批准征用次月起缴纳城镇土地使用税。

（7）自2009年1月1日起，纳税人因土地的权利发生变化而依法终止城镇土地使用税纳税义务的，其应纳税款的计算应截止到土地权利发生变化的当月末。

【例9-13·多选题】下列关于城镇土地使用税纳税义务发生时间的表述中，正确的有（　　）。

A.纳税人新征用的非耕地，自批准征用次月起缴纳城镇土地使用税

B.纳税人出租房产，自合同约定应付租金日期的次月起缴纳城镇土地使用税

C.纳税人购置新建商品房，自房屋交付使用之次月起缴纳城镇土地使用税

D.纳税人新征用的耕地，自批准征用之日起满6个月时开始缴纳城镇土地使用税

【答案】AC

【解析】纳税人出租、出借房产自交付出租、出借房产之次月起缴纳城镇土地使用税；纳税人新征用的耕地自批准征用之日起满1年时开始缴纳城镇土地使用税。

### （三）纳税地点

城镇土地使用税在土地所在地缴纳。

纳税人使用的土地不属于同一省、自治区、直辖市管辖的，由纳税人分别向土地所在地的税务机关缴纳城镇土地使用税；在同一省、自治区、直辖市管辖范围内，纳税人跨地区使用的土地，其纳税地点由各省、自治区、直辖市税务局确定。

### （四）纳税申报

纳税人应依照当地税务机关规定的期限，填写《城镇土地使用税 房产税纳税申报表》，将其占用土地的权属、位置、用途、面积和税务机关规定的其他内容，据实向当地税务机关办理纳税申报登记，并提供有关的证明文件资料。纳税人新征用的土地，必须于批准新征用之日起30日内申报登记。纳税人如有住址变更、土地使用权属转换等情况，从转移之日起，按规定期限办理申报变更登记。

## 第四节　印花税

微课9-11

印花税概述

印花税是以经济活动和经济交往中，书立、领受应税凭证的行为为征税对象征收的一种税。印花税因其采用在应税凭证上粘贴印花税票的方法缴纳税款而得名。征收印花税有利于增加财政收入、有利于配合和加强经济合同的监督管理、有利于培养公民纳税意识、有利于维护国家经济权益，也有利于配合对其他应纳税种的监督管理。

**税收史话9-1　　印花税的诞生**

1624年，荷兰政府发生经济危机，财政困难。当时执掌政权的统治者摩里斯为了解决财政上的短缺问题，拟提出要用增加税收的办法来解决支出的困难，但又怕人民反对，便要求政府的大臣们出谋献策。众大臣议来议去，就是想不出两全其美的妙法。

于是，荷兰的统治阶级就采用公开招标的办法，以重赏来寻求新税设计方案，印花税就是从千万个应征者设计的方案中精选出来的“杰作”，在凭证上用“滚筒”推出印花戳记以示完税。此税一出，欧美国家竞相效法，其很快成为世界上普遍征收的一个税种，被资产阶级经济学家誉为税负轻微、税源畅旺、手续简便、成本低廉的“良税”。可见，印花税的产生具有传奇色彩。

## 一、纳税义务人与扣缴义务人

微课 9-12

印花税纳税义务人

### （一）纳税人

#### 1.一般规定

在中华人民共和国境内书立应税凭证、进行证券交易的单位和个人，为印花税的纳税人，应当依照本法规定缴纳印花税。应税凭证是指《中华人民共和国印花税法》所附《印花税税目税率表》列明的合同、产权转移书据和营业账簿。证券交易，是指转让在依法设立的证券交易所、国务院批准的其他全国性证券交易场所交易的股票和以股票为基础的存托凭证。

具体包括：

（1）书立应税凭证的纳税人，为对应税凭证有直接权利义务关系的单位和个人。

（2）采用委托贷款方式书立的借款合同纳税人，为受托人和借款人，不包括委托人。

（3）按买卖合同或者产权转移书据税目缴纳印花税的拍卖成交确认书纳税人，为拍卖标的的产权人和买受人，不包括拍卖人。

（4）证券交易印花税对证券交易的出让方征收，不对受让方征收。

#### 2.特殊规定

在中华人民共和国境外书立在境内使用的应税凭证，应当按规定缴纳印花税。包括以下4种情形：

（1）应税凭证的标的为不动产的，该不动产在境内；

（2）应税凭证的标的为股权的，该股权为中国居民企业的股权；

（3）应税凭证的标的为动产或者商标专用权、著作权、专利权、专有技术使用权的，其销售方或者购买方在境内，但不包括境外单位或者个人向境内单位或者个人销售完全在境外使用的动产或者商标专用权、著作权、专利权、专有技术使用权；

（4）应税凭证的标的为服务的，其提供方或者接受方在境内，但不包括境外单位或者个人向境内单位或者个人提供完全在境外发生的服务。

### （二）扣缴义务人

纳税人为境外单位或者个人，在境内有代理人的，以其境内代理人为扣缴义务人；在境内没有代理人的，由纳税人自行申报缴纳印花税。

证券登记结算机构为证券交易印花税的扣缴义务人，应当向其机构所在地的主管税务机关申报解缴税款以及银行结算的利息。

微课 9-13

印花税征税范围（税目）

## 二、税目与税率

### （一）税目

印花税的税目，指印花税法明确规定的应当纳税的项目，它具体划定了印花税的征税范围。一般地说，列入税目的就要征税，未列入税目的就不征税。

1.买卖合同

买卖合同是指企业之间书立的确定买卖关系、明确买卖双方权利义务的订单、要货单等单据，且未另外书立买卖合同的，应当按规定缴纳印花税。发电厂与电网之间、电网与电网之间签订的购售电合同应按照买卖合同征税。但是，电网与用户之间签订的供用电合同不属于印花税列举征税的凭证，不征收印花税。

2.承揽合同

承揽合同包括加工、定做、修缮、修理、印刷广告、测绘、测试等合同。

3.建设工程合同

建设工程合同包括勘察、设计合同，以及建筑、安装工程承包合同。承包合同，包括总承包合同、分包合同和转包合同。

4.租赁合同

租赁合同包括租赁房屋、船舶、飞机、机动车辆、机械、器具、设备等合同，还包括企业、个人出租门店、柜台等签订的合同。

5.运输合同

运输合同包括民用航空、铁路运输、海上运输、公路运输和联运合同，以及作为合同使用的单据。

6.仓储合同

仓储合同是保管人储存存货人交付的仓储物，存货人支付仓储费的合同。

7.保管合同

保管合同是指双方当事人约定一方将物交付他方保管的合同。

8.借款合同

借款合同是指银行及其他金融组织与借款人（不包括银行同业拆借）所签订的合同，以及只填开借据并作为合同使用、取得银行借款的借据。

9.融资租赁合同

融资租赁合同是指银行及其他金融组织签订的融资租赁合同（含融资性售后回租

合同）。

10.财产保险合同

财产保险合同包括财产、责任、保证、信用保险合同，以及作为合同使用的单据。财产保险合同分为企业财产保险、机动车辆保险、货物运输保险、家庭财产保险和农牧业保险五大类。

11.技术合同

技术合同包括技术开发、转让、咨询、服务等合同，以及作为合同使用的单据。

技术转让合同，包括专利申请权转让和非专利技术转让。

技术咨询合同，是当事人就有关项目的分析、论证、预测和调查订立的技术合同。但一般的法律、会计、审计等方面的咨询不属于技术咨询，其所立合同不贴印花。

技术服务合同，是当事人一方委托另一方就解决有关特定技术问题，如为改进产品结构、改良工艺流程、提高产品质量、降低产品成本、保护资源环境、实现安全操作、提高经济效益等提出实施方案，进行实施所订立的技术合同，包括技术服务合同、技术培训合同和技术中介合同。但不包括以常规手段或者为生产经营目的进行一般加工、修理、修缮、广告、印刷、测绘、标准化测试，以及勘察、设计等所书立的合同。

12.产权转移书据

产权转移书据，是指单位和个人产权的买卖、继承、赠与、交换、分割等所立的书据，具体又细分为土地使用权出让书据，土地使用权、房屋建筑物和构筑物所有权转让书据（不包括土地承包经营权和土地经营权转移），股权转让书据（不包括应缴纳证券交易印花税的），商标专用权、著作权、专利权、专有技术使用权转让书据。

【例9-14·多选题】下列合同中，按照印花税产权转移书据税目计征印花税的有（　　）。

A.土地使用权出让书据　　B.商标专用权转让书据

C.非专利技术转让合同　　D.专有技术使用权转让书据

【答案】ABD

【解析】选项C，非专利技术转让合同属于技术合同。

13.营业账簿

营业账簿是指反映生产经营单位资本金数额增减变化的记载资金的账簿。

14.证券交易

证券交易是指转让在证券交易所、其他全国性证券交易场所交易的股票和以股票为基础的存托凭证。

**知识链接9-4　不属于印花税征收范围的凭证**

1.人民法院的生效法律文书，仲裁机构的仲裁文书，监察机关的监察文书。

2.县级以上人民政府及其所属部门按照行政管理权限征收、收回或者补偿安置房地产书立的合同、协议或者行政类文书。

3.总公司与分公司、分公司与分公司之间书立的作为执行计划使用的凭证。

【例9-15·多选题】下列凭证中，属于印花税征税范围的有（ ）。

A.仲裁机构的仲裁文书

B.个人出租门店签订的租赁合同

C.电网与用户之间签订的供用电合同

D.出版单位与发行单位之间订立的图书订购单

【答案】BD

【解析】银行根据业务管理需要设置的各种登记簿以及电网与用户之间签订的供用电合同均不属于印花税列举征税的凭证，不征收印花税。

微课9-14

印花税税率及计税依据

## （二）税率

印花税的税率设计，遵循税负从轻、共同负担的原则，所以税率比较低。凭证的当事人即对凭证有直接权利与义务关系的单位和个人均应就其所持凭证依法纳税。

印花税的税率采取比例税率形式。

目前，印花税的各类合同以及具有合同性质的凭证（含以电子形式签订的各类应税凭证）、产权转移书据、营业账簿，适用比例税率。

印花税的比例税率分为5个档次，分别是0.05‰、0.25‰、0.3‰、0.5‰、1‰。

（1）适用0.05‰税率的为“借款合同”和“融资租赁合同”。

（2）使用0.25‰税率的为“营业账簿”。

（3）适用0.3‰税率的为“买卖合同”、“承揽合同”、“建设工程合同”、“运输合同”、“技术合同”和“商标专用权、著作权、专利权、专有技术使用权转让书据”。

（4）适用0.5‰税率的为“土地使用权出让书据”、“土地使用权”、“房屋等建筑物和构筑物所有权转让书据”和“股权转让书据”。

（5）适用1‰税率的为“租赁合同”、“保管合同”、“仓储合同”、“财产保险合同”和“证券交易”。

印花税税目、税率见表9-1。

表9-1 印花税税目税率表

| 税目 | | 税率 | 备注 |
| --- | --- | --- | --- |
| 合同（指书面合同） | 借款合同 | 借款金额的0.5‱ | 指银行业金融机构、经国务院银行业监督管理机构批准设立的其他金融机构与借款人（不包括同业拆借）的借款合同 |
| | 融资租赁合同 | 租金的0.5‱ | |

续表

| 税目 | | 税率 | 备注 |
|---|---|---|---|
| 合同（指书面合同） | 买卖合同 | 价款的3‰ | 指动产买卖合同（不包括个人书立的动产买卖合同） |
| | 承揽合同 | 报酬的3‰ | |
| | 建设工程合同 | 价款的3‰ | |
| | 运输合同 | 运输费用的3‰ | 指货运合同和多式联运合同（不包括管道运输合同） |
| | 技术合同 | 价款、报酬或者使用费的3‰ | 不包括专利权、专有技术使用权转让书据 |
| | 租赁合同 | 租金的1‰ | |
| | 保管合同 | 保管费的1‰ | |
| | 仓储合同 | 仓储费的1‰ | |
| | 财产保险合同 | 保险费的1‰ | 不包括再保险合同 |
| 产权转移书据 | 土地使用权出让书据 | 价款的5‰ | 转让包括买卖（出售）、继承、赠与、互换、分割 |
| | 土地使用权、房屋等建筑物和构筑物所有权转让书据（不包括土地承包经营权和土地经营权转移） | 价款的5‰ | |
| | 股权转让书据（不包括应缴纳证券交易印花税的） | 价款的5‰ | |
| | 商标专用权、著作权、专利权、专有技术使用权转让书据 | 价款的3‰ | |
| 营业账簿 | | 实收资本（股本）、资本公积合计金额的2.5‰ | |
| 证券交易 | | 成交金额的1‰ | 2023年8月28日起，证券交易印花税实施减半征收 |

## 三、应纳税额的计算

### （一）计税依据的一般规定

印花税的计税依据为各种应税凭证上所记载的计税金额。应税合同的计税依据，为合同所列的金额，不包括列明的增值税税款；应税产权转移书据的计税依据，为产权转移书据所列的金额，不包括列明的增值税税款；应税营业账簿的计税依据，为账簿记载的实收资本（股本）、资本公积合计金额；证券交易的计税依据，为成交金额。

第一，买卖合同的计税依据为合同记载的价款。

采用以货换货方式进行商品交易签订的合同，应按合同所载的购、销合计金额计税贴花，适用税率0.3‰。

【例9-16·单选题】A公司与B公司签订了以货易货合同，由A公司向B公司提供价值100 000元的钢材，B公司向A公司提供价值150 000元的机器设备，货物差价由A公司付款补足。A、B两公司共应缴纳印花税（　　）元。

A.250　　B.125　　C.75　　D.150

【答案】D

【解析】应纳税额=（100 000+150 000）×0.3‰×2=150（元）

第二，承揽合同的计税依据是承揽收入的金额。

（1）对于由受托方提供原材料的加工、定做合同，凡在合同中分别记载加工费金额和原材料金额的，应分别按"承揽合同"和"买卖合同"计税，两项税额相加数，即为合同应贴印花；若合同中未分别记载，则应就全部金额依照承揽合同计税贴花。

（2）对于由委托方提供主要材料或原料，受托方只提供辅助材料的加工合同，无论加工费和辅助材料金额是否分别记载，均以辅助材料与加工费的合计数，依照承揽合同计税贴花。对委托方提供的主要材料或原料金额不计税贴花。

【例9-17·单选题】某工厂委托一服装厂加工工作服，合同约定布料由工厂提供，价值60万元，工厂另支付加工费20万元，下列各项关于计算印花税的表述中，正确的是（　　）。

A.工厂应以60万元的计税依据，按买卖合同的税率计算印花税

B.服装厂应以60万元的计税依据，按买卖合同的税率计算印花税

C.服装厂应以20万元加工费为计税依据，按承揽合同的税率计算印花税

D.服装厂和工厂均以80万元为计税依据，按照承揽合同的税率计算印花税

【答案】C

【解析】委托方提供原材料，对委托方提供的主要材料或原料金额，不计税贴花；服装厂和加工厂都应该以加工费20万元为计税依据，按承揽合同的税率计算印花税。

第三，建设工程合同的计税依据为收取的费用。

施工单位将自己承包的建设项目，分包或转包给其他施工单位所签订的分包合同、转包合同，应以新的分包合同或转包合同所载金额为依据计算应纳税额。

第四，租赁合同的计税依据为租赁金额。

第五，运输合同的计税依据为取得的运输费金额（即运费收入），不包括所运货物的金额、装卸费和保险费等。

第六，仓储合同的计税依据为收取的仓储费用。

第七，保管合同的计税依据为收取的保管费用。

第八，借款合同的计税依据为借款金额。

第九，融资租赁合同的计税依据是租金。

第十，财产保险合同的计税依据为支付（收取）的保险费，不包括所保财产的金额。

第十一，技术合同的计税依据为合同所载的价款、报酬或使用费。为了鼓励技术研究开发，对技术开发合同，只就合同所载的报酬金额计税，研究开发经费不作为计税依据。单对合同约定按研究开发经费一定比例作为报酬的，应按一定比例的报酬金额贴花。

第十二，产权转移书据的计税依据为所载金额。

第十三，营业账簿税目中记载资金的账簿的计税依据为“实收资本”与“资本公积”两项的合计金额。

第十四，证券交易的计税依据为成交金额。

### （二）计税依据的特殊规定

第一，应税合同、产权转移书据未列明金额的，印花税的计税依据按照实际结算的金额确定。

计税依据按照前款规定仍不能确定的，按照书立合同、产权转移书据时的市场价格确定；依法应当执行政府定价或者政府指导价的，按照国家有关规定确定。

第二，证券交易无转让价格的，按照办理过户登记手续时该证券前一个交易日收盘价计算确定计税依据；无收盘价的，按照证券面值计算确定计税依据。

第三，同一应税合同、应税产权转移书据中涉及两方以上纳税人，且未列明纳税人各自涉及金额的，以纳税人平均分摊的应税凭证所列金额（不包括列明的增值税税款）确定计税依据。

第四，应税合同、应税产权转移书据所列的金额与实际结算金额不一致，不变更应税凭证所列金额的，以所列金额为计税依据；变更应税凭证所列金额的，以变更后的所列金额为计税依据。已缴纳印花税的应税凭证，变更后所列金额增加的，纳税人应当就增加部分的金额补缴印花税；变更后所列金额减少的，纳税人可以就减少部分的金额向税务机关申请退还或者抵缴印花税。

第五，纳税人因应税凭证列明的增值税税款计算错误导致应税凭证的计税依据减少或者增加的，纳税人应当按规定调整应税凭证列明的增值税税款，重新确定应税凭证计税依据。已缴纳印花税的应税凭证，调整后计税依据增加的，纳税人应当就增加部分的金额补缴印花税；调整后计税依据减少的，纳税人可以就减少部分的金额向税务机关申请退还或者抵缴印花税。

第六，纳税人转让股权的印花税计税依据，按照产权转移书据所列的金额（不包括列明的认缴后尚未实际出资权益部分）确定。

第七，应税凭证金额为人民币以外的货币的，应当按照凭证书立当日的人民币汇率中间价折合人民币确定计税依据。

第八，境内的货物多式联运，采用在起运地统一结算全程运费的，以全程运费作为运输合同的计税依据，由起运地运费结算双方缴纳印花税；采用分程结算运费的，以分程的运费作为计税依据，分别由办理运费结算的各方缴纳印花税。

第九，未履行的应税合同、产权转移书据，已缴纳的印花税不予退还及抵缴税款。

第十，纳税人多贴的印花税票，不予退税及抵缴税款。

### （三）应纳税额的计算方法

纳税人的应纳税额，根据应纳税凭证的性质，按比例税率计算，其计算公式为：

应纳税额=应税凭证计税金额×比例税率

【例9-18·单选题】某企业（一般纳税人）2023年期初营业账簿记载的实收资本和资本公积余额为500万元，2023年6月该企业增加实收资本120万元，新建其他账簿11本，领受专利局发给的专利证1件。该企业上述凭证2023年应纳印花税为（　　）。

A.300元　　B.305元

C.360元　　D.600元

【答案】B

【解析】记载资金的账簿，按增加实收资本金额0.25‰征税；其他营业账簿与专利证均不征税印花税。

应纳印花税=1 200 000×0.25‰=300（元）

## 四、税收优惠

对印花税的减免税优惠主要有：

第一，对已缴纳印花税凭证的副本或者抄本免税。

凭证的正式签署本已按规定缴纳了印花税，其副本或者抄本对外不发生权利义务关系，只是留存备查。但以副本或者抄本视同正本使用的，则应另贴印花。

第二，对无息、贴息贷款合同免税。

第三，对房地产管理部门与个人签订的用于生活居住的租赁合同免税。

第四，农民、家庭农场、农民专业合作社、农村集体经济组织、村民委员会购买农业生产资料或者销售农产品书立的买卖合同和农业保险合同。

第五，自2019年1月1日至2023年12月31日，对与高校学生签订的高校学生公寓租赁合同，免征印花税。

第六，对公租房经营管理单位建造管理公租房涉及的印花税予以免征。

第七，为贯彻落实《国务院关于加快棚户区改造工作意见》，对改造安置住房经营管理单位、开发商与改造安置住房相关的印花税以及购买安置住房的个人涉及的印花税自2013年7月4日起予以免征。

第八，非营利性医疗卫生机构采购药品或者卫生材料书立的买卖合同。

第九，对全国社会保障基金理事会、全国社会保障基金投资管理人管理的全国社会保障基金转让非上市公司股权，免征全国社会保障基金理事会、全国社会保障基金投资管理人应缴纳的印花税。

第十，个人与电子商务经营者订立的电子订单，享受印花税免税优惠的电子商务经营者，具体范围按《中华人民共和国电子商务法》有关规定执行。

第十一，对个人出租、承租住房签订的租赁合同，免征印花税。对个人销售或购买住房暂免征收印花税。

第十二，自2023年8月28日起，证券交易印花税实施减半征收。

第十三，自2023年1月1日至2027年12月31日，对增值税小规模纳税人、小型微利企业和个体工商户减半征收资源税（不含水资源税）、城市维护建设税、房产税、城镇土地使用税、印花税（不含证券交易印花税）、耕地占用税和教育费附加、地方教育附加。

【例9-19·多选题】下列合同或凭证中，免征印花税的有（　　）。

A.保管合同

B.贴息贷款合同

C.已缴纳印花税凭证的副本

D.个人出租、承租住房签订的租赁合同

【答案】BCD

【解析】选项A没有免税的规定。

## 五、征收管理

### （一）纳税申报地点

纳税人为单位的，应当向其机构所在地的主管税务机关申报缴纳印花税；纳税人为个人的，应当向应税凭证书立地或者纳税人居住地的主管税务机关申报缴纳印花税。

不动产产权发生转移的，纳税人应当向不动产所在地的主管税务机关申报缴纳印花税。

纳税人为境外单位或者个人，在境内有代理人的，以其境内代理人为扣缴义务人，向境内代理人机构所在地（居住地）主管税务机关申报解缴税款。在境内没有代理人的，由纳税人自行申报缴纳印花税，境外单位或者个人可以向资产交付地、境内服务提供方或者接受方所在地（居住地）、书立应税凭证境内书立人所在地（居住地）主管税务机关申报缴纳；涉及不动产产权转移的，应当向不动产所在地主管税务机关申报缴纳。

证券登记结算机构为证券交易印花税的扣缴义务人，应当向其机构所在地的主管税务机关申报解缴税款以及银行结算的利息。

### （二）纳税义务发生时间

印花税的纳税义务发生时间为纳税人书立应税凭证或者完成证券交易的当日。

证券交易印花税扣缴义务发生时间为证券交易完成的当日。

应税合同、产权转移书据未列明金额，在后续实际结算时确定金额的，纳税人应当于书立应税合同、产权转移书据的首个纳税申报期申报应税合同、产权转移书据书立情况，在实际结算后下一个纳税申报期，以实际结算金额计算申报缴纳印花税。

印花税按季、按年或者按次计征。实行按季、按年计征的，纳税人应当自季度、年度终了之日起十五日内申报缴纳税款；实行按次计征的，纳税人应当自纳税义务发生之日起十五日内申报缴纳税款。应税合同、产权转移书据印花税可以按季或者按次申报缴纳，应税营业账簿印花税可以按年或者按次申报缴纳，具体纳税期限由各省、自治区、直辖市、计划单列市税务局结合征管实际确定。

境外单位或者个人的应税凭证印花税可以按季、按年或者按次申报缴纳，具体纳税期限由各省、自治区、直辖市、计划单列市税务局结合征管实际确定。

证券交易印花税按周解缴。证券交易印花税扣缴义务人应当自每周终了之日起五日内申报解缴税款以及银行结算的利息。

### （三）纳税申报

纳税人应当根据书立印花税应税合同、产权转移书据和营业账簿情况，如实填写《财产和行为税纳税申报表》及相应的税源明细表进行申报。

印花税可以采用粘贴印花税票或者由税务机关依法开具其他完税凭证的方式缴纳。

印花税票粘贴在应税凭证上的，由纳税人在每枚税票的骑缝处盖戳注销或者画销。印花税票由国务院税务主管部门监制。

【例9-20·多选题】居民甲将其拥有的一处房产给居民乙，双方签订房屋权属转移合同并按规定办理了房屋产权过户手续。下列关于契税和印花税的表述中，正确的有（　）。

A.作为交易的双方，居民甲和居民乙均同时负有印花税和契税的纳税义务

B.契税的计税依据为房屋权属转移合同中确定的房产成交价格

C.契税纳税人应在该房产的所在地交纳契税，印花税的纳税人应在签订合同时就地纳税

D.契税纳税人的纳税义务在房屋权属转移合同的当天发生，印花税纳税人的纳税义务在房屋权属转移合同签订时发生

【答案】BCD

【解析】选项A，作为交易双方，居民甲和居民乙同时负担印花税的纳税义务；居民乙缴纳契税，居民甲不缴纳。

## 第五节 契税

契税是以在中华人民共和国境内转移土地、房屋权属为征税对象，向产权承受人征收的一种财产税。征收契税不仅可以增加地方财政收入，还能保护合法产权、避免产权纠纷。契税对承受人征税，一方面是对承受人财富的调节，另一方面有利于通过法律形式确定产权关系，维护公民的合法利益。

微课 9-15

契税概述

**思政引航 9-1　　落实税收法定原则稳步推进**

2020年8月11日，十三届全国人大常委会第二十一次会议经表决，通过《中华人民共和国城市维护建设税法》和《中华人民共和国契税法》，自2021年9月1日起施行。自党的十八届三中全会决定明确提出“落实税收法定原则”以来，税收立法在循序渐进的基础上不断前进，税制平移、保持现行税制框架和税负水平总体不变成为实现税收法定的重要路径。尽管在现行税制体系中，城市维护建设税和契税都属于小税种，但在加强税制建设和全面落实税收法定原则方面，两税种的立法仍然具有不可忽视的重要意义，有利于完善地方税体系，强化税收治理效能。

### 一、纳税义务人与征税范围

微课 9-16

契税纳税义务人与征税范围

#### （一）纳税义务人

契税的纳税义务人是境内转移土地、房屋权属，承受的单位和个人。境内是指中华人民共和国实际税收行政管辖范围内。土地、房屋权属是指土地使用权和房屋所有权。单位是指企业单位、事业单位、国家机关、军事单位和社会团体以及其他组织。个人是指个体经营者及其他个人，包括中国公民和外籍人员。

#### （二）征税范围

契税是以在中华人民共和国境内转移土地、房屋权属为征税对象，向产权承受人征收的一种财产税。具体征税范围包括以下五项内容：

（1）土地使用权出让。土地使用权出让是指土地使用者向国家交付国有土地使用权及集体土地建设用地使用权出让费用，国家将土地使用权在一定年限内让与土地使用者的行为。

（2）土地使用权的转让。土地使用权的转让是指土地使用者以出售、赠与、互换或者其他方式将土地使用权转移给其他单位和个人的行为。土地使用权的转让不包括农村集体土地承包经营权的转移。

（3）房屋买卖。即以货币为媒介，出卖者向购买者过渡房产所有权的交易行为。

以下3种特殊情况，视同买卖房屋：

①以房产抵债或实物交换房屋。经当地政府和有关部门批准，以房产抵债和实物交换房屋，均视同房屋买卖，应由产权承受人，按房屋现值缴纳契税。

②以房产作投资、入股。这种交易业务属房屋产权转移，应根据国家房地产管理的有关规定，办理房屋产权交易和产权变更登记手续，视同房屋买卖，由产权承受方按契税税率计算缴纳契税。但以自有房产作股投入本人独资经营的企业，免纳契税。

③买房拆料或翻建新房，应照章征收契税。

【例9-21·单选题】居民乙因拖欠居民甲180万元款项无力偿还，2020年5月经当地有关部门调解，以房产抵偿该笔债务，居民甲因此取得该房产的产权并支付给居民乙差价款20万元。假定当地省政府规定的契税税率为5%。下列表述中正确的是（　　）。

A.居民甲应缴纳契税1万元　　B.居民乙应缴纳契税1万元

C.居民甲应缴纳契税10万元　　D.居民乙应缴纳契税10万元

【答案】C

【解析】以房产抵债，按房产折价款由产权承受人缴纳契税。

（4）房屋赠与。房屋的赠与是指房屋产权所有人将房屋无偿转让给他人所有。其中，将自己的房屋转交给他人的法人和自然人，称作房屋赠与人；接受他人房屋的法人和自然人，称为受赠人。房屋赠与的前提必须是产权无纠纷，赠与人和受赠人双方自愿。

**知识链接9-5　获奖方式取得房屋产权的契税**

以获奖方式取得房屋产权的，其实质是接受赠与房产，应照章缴纳契税。

（5）房屋互换。房屋互换是指房屋所有者之间互相交换房屋的使用权或所有权的行为。若房屋产权相互交换，双方交换价值相等，免纳契税；其交换价值不相等的，按超出部分由支付差价方缴纳契税。

## 二、税率、计税依据和应纳税额的计算

### （一）税率

契税实行3%~5%的幅度税率。实行幅度税率是考虑到我国经济发展的不平衡，各地经济差别较大的实际情况。因此，各省、自治区、直辖市人民政府可以在3%~5%的幅度税率规定范围内，按照本地区的实际情况决定。

**税收趣闻9-1　宋朝的契税**

宋朝规定凡民间土地房屋交易都必须使用官府印制的契纸，不买官府印制的契纸、不纳契税要交倍罚契税。由于征收契税的同时还要征收官牙钱，所以又称“牙契钱”。

宋朝的契税税率并不稳定，北宋初年契税税率为2%，宋朝中叶提高到4%，与金开战后增为6%，南宋时契税税率高达16%。除了征收契税以外，房产交易还涉及其他杂费，比如签合同需要交“契纸钱”，过户盖章需要交“朱墨头子钱”，还有“勘合钱”“用印钱”等。

### （二）计税依据

微课9-17

契税计税依据

契税的计税依据为不动产的价格。由于土地、房屋权属转移方式不同，定价方法不同，因而具体计税依据视不同情况而决定。

（1）国有土地使用权出让、土地使用权出售、房屋买卖，以成交价格为计税依据。成交价格是指土地、房屋权属转移合同确定的价格，包括承受者应交付的货币、实物、无形资产或者其他经济利益。

（2）土地使用权赠与、房屋赠与以及其他没有价格的转移土地、房屋权属行为，由征收机关参照土地使用权出售、房屋买卖的市场价格核定。

（3）土地使用权互换、房屋互换，为所互换的土地使用权、房屋的价格差额。也就是说，互换价格相等时，免征契税；互换价格不等时，由多交付货币、实物、无形资产或者其他经济利益的一方缴纳契税。

纳税人申报的成交价格、互换价格差额明显偏低且无正当理由的，由税务机关依照《税收征收管理法》的规定核定。

（4）以划拨方式取得土地使用权，经批准转让房地产时，由房地产转让者补交契税。计税依据为补交的土地使用权出让费用或者土地收益。

为了避免偷、逃税款，税法规定，成交价格明显低于市场价格并且无正当理由的，或者所交换土地使用权、房屋价格的差额明显不合理并且无正当理由的，征收机关可以参照市场价格核定计税依据。

对承受国有土地使用权应支付的土地出让金，要计征契税。

（5）房屋附属设施征收契税的依据。

①不涉及土地使用权和房屋所有权转移变动的，不征收契税。

②采取分期付款方式购买房屋附属设施土地使用权、房屋所有权的，应按合同规定的总价款计征契税。

③承受的房屋附属设施权属如为单独计价的，按照当地确定的适用税率征收契税；如与房屋统一计价的，适用与房屋相同的契税税率。

（6）个人无偿赠与不动产行为（法定继承人除外），应对受赠人全额征收契税。

【例9-22·单选题】下列行为中，应缴纳契税的是（　）。

A.个人过世时，其法定继承人继承房产

B.企业以自有房产等价交换另一企业的房产

C.个人以自有房产投入本人独资经营的企业

D.企业以自有房产投资于另一企业并取得相应的股权

【答案】D

【解析】选项A、B、C免征契税。

### （三）应纳税额的计算

契税采用比例税率。当计税依据确定以后，应纳税额的计算比较简单。应纳税额的计算公式为：

应纳税额=计税依据×税率

【例9-23·单选题】居民甲某有四套住房，将一套价值120万元的别墅折价给乙某抵偿了100万元的债务；用市场价值70万元的第二、三两套两室住房与丙某交换一套四室住房，另取得丙某赠送价值12万元的小轿车一辆；将第四套市场价值50万元的公寓房折成股份投入本人独资经营的企业。当地确定的契税税率为3%，甲、乙、丙缴纳契税的情况是（　　）。

A.甲不缴纳，乙30 000元，丙3 600元

B.甲3 600元，乙30 000元，丙不缴纳

C.甲不缴纳，乙36 000元，丙21 000元

D.甲15 000元，乙36 000元，丙不缴纳

【答案】A

【解析】契税的纳税人是承受人，所以乙缴纳契税，甲不缴纳；以房抵债，以折价款作为计税依据，乙应纳契税3万元（100×3%）；房屋交换由支付差价的一方缴纳契税，丙应纳契税0.36万元（12×3%）。

## 三、税收优惠

### （一）契税优惠的一般规定

（1）国家机关、事业单位、社会团体、军事单位承受土地、房屋权属用于办公、教学、医疗、科研、军事设施，免征契税。

（2）非营利性的学校、医疗机构、社会福利机构承受土地、房屋权属用于办公、教学、医疗、科研、养老、救助，免征契税。

（3）承受荒山、荒地、荒滩土地使用权用于农、林、牧、渔业生产，免征契税。

（4）婚姻关系存续期间夫妻之间变更土地、房屋权属，免征契税。

（5）法定继承人通过继承承受土地、房屋权属，免征契税。

（6）依照法律规定应当予以免税的外国驻华使馆、领事馆和国际组织驻华代表机构承受土地、房屋权属，免征契税。

根据国民经济和社会发展的需要，国务院对居民住房需求保障、企业改制重组、灾后重建等情形可以规定免征或者减征契税，报全国人民代表大会常务委员会备案。

（7）省、自治区、直辖市可以决定对下列情形免征或者减征契税：

①因土地、房屋被县级以上人民政府征收、征用，重新承受土地、房屋权属；

②因不可抗力灭失住房，重新承受住房权属。

需要注意的是，免征或者减征契税的具体办法，由省、自治区、直辖市人民政府提出，报同级人民代表大会常务委员会决定，并报全国人民代表大会常务委员会和国务院备案。

另外，纳税人改变有关土地、房屋的用途，或者有其他不再属于上述规定的免征、减征契税情形的，应当缴纳已经免征、减征的税款。

### （二）契税优惠的特殊规定

#### 1.鼓励购买住房的税收优惠

（1）城镇职工按规定第一次购买公有住房，免征契税。

（2）对个人购买家庭唯一住房（家庭成员范围包括购房人、配偶以及未成年子女，下同），面积为90平方米及以下的，减按1%的税率征收契税；面积为90平方米以上的，减按1.5%的税率征收契税。

（3）对个人购买家庭第二套改善性住房，面积为90平方米及以下的，减按1%的税率征收契税；面积为90平方米以上的，减按2%的税率征收契税。

家庭第二套改善性住房是指已拥有一套住房的家庭购买的家庭第二套住房。

#### 2.为支持企业、事业单位改制重组的税收优惠

（1）企业改制。企业按照《中华人民共和国公司法》有关规定整体改制，包括非公司制企业改制为有限责任公司或股份有限公司，有限责任公司变更为股份有限公司，股份有限公司变更为有限责任公司，原企业投资主体存续并在改制（变更）后的公司中所持股权（股份）比例超过75%，且改制（变更）后公司承继原企业权利、义务的，对改制（变更）后公司承受原企业土地、房屋权属，免征契税。

（2）事业单位改制。事业单位按照国家有关规定改制为企业，原投资主体存续并在改制后企业中出资（股权、股份）比例超过50%的，对改制后企业承受原事业单位土地、房屋权属，免征契税。

（3）公司合并。两个或两个以上的公司，依照法律规定、合同约定，合并为一个公司且原投资主体存续的，对合并后公司承受原合并各方土地、房屋权属，免征契税。

（4）公司分立。公司依照法律规定、合同约定分立为两个或两个以上与原公司投资主体相同的公司，对分立后公司承受原公司土地、房屋权属，免征契税。

（5）企业破产。企业依照有关法律法规规定实施破产，债权人（包括破产企业职工）承受破产企业抵偿债务的土地、房屋权属，免征契税；对非债权人承受破产企业土地、房屋权属，凡按照《中华人民共和国劳动法》等国家有关法律法规政策妥善安置原企业全部职工规定，与原企业全部职工签订服务年限不少于3年的劳动用工合同的，对其承受所购企业土地、房屋权属，免征契税；与原企业超过30%的职工签订服务年限不少于3年的劳动用工合同的，减半征收契税。

（6）资产划转。对承受县级以上人民政府或国有资产管理部门按规定进行行政性调

整划转国有土地、房屋权属的单位，免征契税。同一投资主体内部所属企业之间土地、房屋权属的划转，包括母公司与其全资子公司之间，同一公司所属全资子公司之间，同一自然人与其设立的个人独资企业、一人有限公司之间土地、房屋权属的划转，免征契税。母公司以土地、房屋权属向其全资子公司增资，视同划转，免征契税。

（7）债权转股权。经国务院批准实施债权转股权的企业，对债权转股权后新设立的公司承受原企业的土地、房屋权属，免征契税。

（8）划拨用地出让或作价出资。以出让方式或国家作价出资（入股）方式承受原改制重组企业、事业单位划拨用地的，不属上述规定的免税范围，对承受方应按规定征收契税。

（9）公司股权（股份）转让。在股权（股份）转让中，单位、个人承受公司股权（股份），公司土地、房屋权属不发生转移，不征收契税。

【例9-24·单选题】下列行为中，应当缴纳契税的是（　　）。

A.承受荒山土地使用权用于农业生产

B.法定继承人通过继承承受房屋权属

C.婚姻关系存续期间夫妻之间变更房屋权属

D.企业以自有房产投资于另一企业并取得相应的股权

【答案】D

【解析】选项A，承受荒山土地使用权用于农业生产的，免征契税；选项B，法定继承人通过继承承受房屋权属的，免征契税；选项C，婚姻关系存续期间夫妻之间变更房屋权属的，免征契税。

## 四、征收管理

### （一）纳税义务发生时间

契税的纳税义务发生时间是纳税人签订土地、房屋权属转移合同的当天，或者纳税人取得其他具有土地、房屋权属转移合同性质凭证的当天。

### （二）纳税期限

纳税人应当在依法办理土地、房屋权属登记手续前申报缴纳契税。

### （三）纳税地点

契税在土地、房屋所在地的征收机关缴纳。

### （四）征收管理

契税由土地、房屋所在地的税务机关依照《中华人民共和国契税法》和《税收征收管理法》的规定征收管理。

### （五）征收管理

纳税人办理纳税事宜后，税务机关应当开具契税完税凭证。纳税人办理土地、房屋权属登记，不动产登记机构应当查验契税完税、减免税凭证或者有关信息。未按照规定缴纳契税的，不动产登记机构不予办理土地、房屋权属登记。

在依法办理土地、房屋权属登记前，权属转移合同、权属转移合同性质凭证不生效、无效、被撤销或者被解除的，纳税人可以向税务机关申请退还已缴纳的税款，税务机关应当依法办理。

税务机关应当与相关部门建立契税涉税信息共享和工作配合机制。自然资源、住房城乡建设、民政、公安等相关部门应当及时向税务机关提供与转移土地、房屋权属有关的信息，协助税务机关加强契税征收管理。税务机关及其工作人员对税收征收管理过程中知悉的纳税人的个人信息，应当依法予以保密，不得泄露或者非法向他人提供。纳税人、税务机关及其工作人员违反相关规定的，依照《税收征收管理法》和有关法律法规的规定追究法律责任。

# 第六节　车辆购置税

车辆购置税是对中华人民共和国境内购置应税车辆的单位和个人征收的一种税。征收车辆购置税有利于合理筹集财政资金、积累国家财政收入，促进交通基础设施建设事业健康发展；有利于规范政府行为、理顺税费关系、深化和完善财税制度改革；有利于调节收入差距，缓解社会分配不公的矛盾；也有利于配合打击车辆走私，保护民族工业，维护国家权益。

## 一、纳税义务人与征税范围

微课 9-18

车辆购置税纳税义务人与征税范围

### （一）纳税义务人

车辆购置税的纳税人是指在中华人民共和国境内购置汽车、有轨电车、汽车挂车、排气量超过150毫升的摩托车（以下统称应税车辆）的单位和个人。其中购置是指以购买、进口、自产、受赠、获奖或者其他方式取得并自用应税车辆的行为。

【例9-25·多选题】下列各项中，属于车辆购置税应税行为的有（　　）。

A.购买并自用行为　　B.进口并自用行为

C.受赠并自用行为　　D.获奖并自用行为

【答案】ABCD

【解析】上述选项均属于车辆购置税的应税行为。

### （二）征税范围

车辆购置税以列举的车辆作为征税对象，未列举的车辆不纳税。其征税范围包括汽车、有轨电车、汽车挂车、排气量超过150毫升的摩托车。

（1）汽车。包括各类汽车。

（2）摩托车。指排气量超过150毫升的摩托车。

（3）有轨电车。指以电能为动力，在轨道上行驶的公共车辆。

（4）汽车挂车。

①全挂车：无动力设备，独立承载，由牵引车辆牵引行驶的车辆。

②半挂车：无动力设备，与牵引车共同承载，由牵引车辆牵引行驶的车辆。

【例9-26·多选题】车辆购置税的征税范围包括（　　）。

A.汽车　　B.有轨电车

C.汽车挂车　　D.排气量超过100毫升的摩托车

【答案】ABC

【解析】车辆购置税的征税范围包括汽车、有轨电车、汽车挂车、排气量超过150毫升的摩托车。

微课9-19

车辆购置税税率及计税依据

## 二、税率与计税依据

### （一）税率

车辆购置税实行统一比例税率，税率为10%。

### （二）计税依据

计税依据为应税车辆的计税价格，按照下列规定确定：

（1）纳税人购买自用应税车辆的计税价格，为纳税人实际支付给销售者的全部价款，不包括增值税税款；

（2）纳税人进口自用应税车辆的计税价格，为关税完税价格加上关税和消费税；

（3）纳税人自产自用应税车辆的计税价格，按照纳税人生产的同类应税车辆的销售价格确定，不包括增值税税款；

（4）纳税人以受赠、获奖或者其他方式取得自用应税车辆的计税价格，按照购置应税车辆时相关凭证载明的价格确定，不包括增值税税款。

纳税人申报的应税车辆计税价格明显偏低，又无正当理由的，由税务机关依照《税收征收管理法》的规定核定其应纳税额。

纳税人以外汇结算应税车辆价款的，按照申报纳税之日的人民币汇率中间价折合成人民币计算缴纳税款。

## 三、应纳税额的计算

车辆购置税实行从价定率的方法计算应纳税额，计算公式为：

应纳税额=计税依据×税率

由于应税车辆的来源、应税行为的发生以及计税依据组成的不同，因而，车辆购置税应纳税额的计算方法也有区别。

### （一）购买自用应税车辆应纳税额的计算

在应纳税额的计算当中，应注意以下费用的计税规定：

（1）购买者随购买车辆支付的工具件和零部件价款应作为购车价款的一部分，并入计税依据中征收车辆购置税。

（2）支付的车辆装饰费应作为价外费用并入计税依据中计税。

（3）代收款项应区别征税。凡使用代收单位（受托方）票据收取的款项，应视作代收单位价外收费，购买者支付的价费款，应并入计税依据中一并征税；凡使用委托方票据收取，受托方只履行代收义务和收取代收手续费的款项，应按其他税收政策规定征税。

（4）销售单位开给购买者的各种发票金额中包含增值税税款，因此，计算车辆购置税时，应换算为不含增值税的计税价格。

（5）销售单位开展优质销售活动所开票收取的有关费用，应属于经营性收入，企业在代理过程中按规定支付给有关部门的费用，企业已作经营性支出列支核算，其收取的各项费用并在一张发票上难以划分的，应作为价外收入计算征税。

【例9-27·单选题】某机关2023年4月购车一辆，随购车支付的下列款项中，应并入计税依据征收车辆购置税的有（　　）。

A.以保险公司的票据为保险公司代收的保险费

B.增值税税款

C.零部件价款

D.车辆装饰费

【答案】CD

【解析】选项A、B，用委托方票据收取的代收款项、增值税税款均不并入车辆购置款缴纳车辆购置税。

### （二）进口自用应税车辆应纳税额的计算

纳税人进口自用的应税车辆应纳税额的计算公式为：

应纳税额=（关税完税价格+关税+消费税）×税率

### （三）自产自用应税车辆应纳税额的计算

纳税人自产自用应税车辆的计税价格，按照纳税人生产的同类应税车辆的销售价格确定，不包括增值税税款。

应纳税额=同类应税车辆的销售价格×税率

### （四）其他自用应税车辆应纳税额的计算

纳税人以受赠、获奖或者其他方式取得自用应税车辆的计税价格，按照购置应税车辆时相关凭证载明的价格确定，不包括增值税税款。

应纳税额=相关凭证载明的价格×税率

（1）纳税人申报的应税车辆计税价格明显偏低，又无正当理由的，由税务机关依照《税收征收管理法》的规定核定其应纳税额。

（2）纳税人以外汇结算应税车辆价款的，按照申报纳税之日的人民币汇率中间价折合成人民币计算缴纳税款。

【例9-28·单选题】某企业2023年7月进口载货汽车1辆；8月在国内市场购置载货汽车2辆，支付的全部价款和价外费用为75万元（不含增值税），另支付车辆购置税7.5万元，车辆牌照费0.1万元，代办保险费2万元；8月受赠小汽车1辆。上述车辆全部为企业自用。下列关于该企业计缴车辆购置税依据的表述中，正确的是（　）。

A.国内购置载货汽车的计税依据为84.5万元

B.进口载货汽车的计税依据为关税完税价格加关税

C.受赠小汽车的计税依据为同类小汽车的市场价格加增值税

D.国内购置载货汽车的计税依据为77万元

【答案】B

【解析】车辆购置税的计税依据不包括代收的保险费、车辆牌照费和车辆购置税，所以计税依据是75万元，因此选项A、D错误；选项C，受赠小汽车的计税依据按照受赠应税车辆时相关凭证载明的价格确定。

## 四、税收优惠

### （一）车辆购置税减免税规定

下列车辆免征车辆购置税：

（1）依照法律规定应当予以免税的外国驻华使馆、领事馆和国际组织驻华机构及其有关人员自用的车辆；

（2）中国人民解放军和中国人民武装警察部队列入装备订货计划的车辆；

（3）悬挂应急救援专用号牌的国家综合性消防救援车辆；

（4）设有固定装置的非运输专用作业车辆；

（5）城市公交企业购置的公共汽电车辆。

根据国民经济和社会发展的需要，国务院可以规定减征或者其他免征车辆购置税的情形，报全国人民代表大会常务委员会备案。

### （二）车辆购置税的退税

纳税人将已征车辆购置税的车辆退回车辆生产企业或者销售企业的，可以向主管税务机关申请退还车辆购置税。退税额以已缴税款为基准，自缴纳税款之日至申请退税之日，每满一年扣减10%。

【例9-29·单选题】已经缴纳车辆购置税的车辆，准予纳税人申请退税的是（　）。

A.被盗的车辆　　B.因自然灾害被毁的车辆

C.车辆退回销售企业　　D.车辆退回生产企业

【答案】CD

【解析】已经缴纳车辆购置税的车辆，车辆退回生产企业或经销商时，准予纳税人申请退税。

## 五、征收管理

车辆购置税由税务机关负责征收。车辆购置税的征收规定如下：

### （一）纳税申报

纳税人购置应税车辆，应当向车辆登记地的主管税务机关申报缴纳车辆购置税；购置不需要办理车辆登记的应税车辆的，应当向纳税人所在地的主管税务机关申报缴纳车辆购置税。

车辆购置税的纳税义务发生时间为纳税人购置应税车辆的当日。纳税人应当自纳税义务发生之日起60日内申报缴纳车辆购置税。

纳税人应当在向公安机关交通管理部门办理车辆注册登记前，缴纳车辆购置税。

公安机关交通管理部门办理车辆注册登记，应当根据税务机关提供的应税车辆完税或者免税电子信息对纳税人申请登记的车辆信息进行核对，核对无误后依法办理车辆注册登记。

### （二）纳税环节

车辆购置税的征税环节为使用环节，即最终消费环节。

（1）车辆购置税实行一次性征收。购置已征车辆购置税的车辆，不再征收车辆购置税。

（2）免税、减税车辆因转让、改变用途等原因不再属于免税、减税范围的，纳税人应当在办理车辆转移登记或者变更登记前缴纳车辆购置税。计税价格以免税、减税车辆初次办理纳税申报时确定的计税价格为基准，每满一年扣减10%。

【例9-30·单选题】某公司购置一辆国产车自用，购置时因符合免税条件而未缴纳车辆购置税。购置使用4年后免税条件消失，若该车辆初次办理纳税申报时计税价格是25万元，则该公司应缴纳的车辆购置税为（　）万元。

A.1.5　　B.2.28　　C.2.5　　D.3.8

【答案】A

【解析】应纳税额=25×（1-4×10%）×10%=1.5（万元）

### （三）纳税地点

纳税人购置应税车辆，应当向车辆登记注册地的主管税务机关申报纳税；购置不需办理车辆登记注册手续的应税车辆，应当向纳税人所在地主管税务机关申报纳税。车辆登记注册地是指车辆的上牌落籍地或落户地。

### （四）纳税期限

车辆购置税的纳税义务发生时间为纳税人购置应税车辆的当日。纳税人购买自用的应税车辆，自购买之日起60日内申报纳税；进口自用的应税车辆，应当自进口之日起60日内申报纳税；自产、受赠、获奖和以其他方式取得并自用的应税车辆，应当自取得之日起60日内申报纳税。

上述"购买之日"是指纳税人购车发票上注明的销售日期；"进口之日"是指纳税人报关进口的当天。

### （五）车辆购置税的缴税管理

#### 1.车辆购置税的缴税方法

车辆购置税税款缴纳方法主要有以下几种：

（1）自报核缴。即由纳税人自行计算应纳税额、自行填报纳税申报表等有关资料，向主管税务机关申报，经税务机关审核后，开具完税证明，由纳税人持完税凭证向当地金库或金库经收处缴纳税款。

（2）集中征收缴纳。包括两种情况：一是由纳税人集中向税务机关统一申报纳税。它适用于实行集中购置应税车辆的单位缴纳和经批准实行代理制经销商的缴纳。二是由税务机关集中报缴税款。即在纳税人向实行集中征收的主管税务机关申报缴纳税款，税务机关开具完税凭证后，由税务机关填写汇总缴款书，将税款集中缴入当地金库或金库经收处。它适用于税源分散、税额较少、税务部门实行集中征收管理的地区。

（3）代征、代扣、代收。即扣缴义务人按税法规定代扣代缴、代收代缴税款，税务机关委托征收单位代征税款的征收方式。它适用于税务机关委托征收或纳税人依法受托征收税款。

#### 2.车辆购置税的缴税管理

（1）税款缴纳方式。纳税人在申报纳税时，税款的缴纳方式主要有：现金、支票、信用卡和电子结算及委托银行代收、银行划转等方式。

（2）完税凭证及使用要求。税务机关在征收车辆购置税时，应根据纳税人税款缴纳方式的不同，分别使用税收通用完税凭证、税收转账专用完税凭证和税收通用缴款书三种税票，即纳税人以现金方式向税务机关缴纳车辆购置税的，由主管税务机关开具《税收通用完税凭证》；纳税人以支票、信用卡和电子结算方式缴纳及税务机关委托银行代收税款的，由主管税务机关开具《税收转账专用完税证》；纳税人从其银行存款户直接划转税款的，由主管税务机关开具《税收通用缴款书》。

## 第七节 车船税

车船税，是以车船为征税对象，向拥有车船的单位和个人征收的一种税。征收车船税有利于为地方政府筹集财政资金，有利于加强对车船的管理，促进车船的合理配置，也有利于调节财富差异，体现社会公平。

**税收史话 9-2　车船税的起源**

我国最早对私人拥有的车辆和舟船征税是在汉代初年。武帝元光六年（公元前129年），汉朝颁布了征收车船税的规定，叫“算商车”，“算”为征税基本单位，一算为120钱，征收对象限于载货的商船和商车。元狩四年（公元前119年），开始把非商业性的车船也列入征税范围。法令规定，非商业用车每辆征税一算，商业用车征税加倍；舟船五丈以上征税一算；“三老”（掌管教化的乡官）和“骑士”（由各郡训练的骑兵）免征车船税，对隐瞒不报或呈报不实的人给予处罚，对告发的人则进行奖励。

### 一、纳税义务人与征税范围

微课 9-20

车船税纳税义务人与征税范围

#### （一）纳税义务人

车船税，是指在中华人民共和国境内的车辆、船舶的所有人或者管理人按照《中华人民共和国车船税法》应缴纳的一种税。

车船税的纳税义务人，是指在中华人民共和国境内，车辆、船舶（以下简称车船）的所有人或者管理人，应当依照《车船税法》的规定缴纳车船税。

#### （二）征税范围

车船税的征税范围是指在中华人民共和国境内属于车船税法所附《车船税税目税额表》规定的车辆、船舶。车辆、船舶是指：

（1）依法应当在车船管理部门登记的机动车辆和船舶；

（2）依法不需要在车船管理部门登记、在单位内部场所行驶或者作业的机动车辆和船舶。

### 二、税目与税率

车船税实行定额税率。定额税率，也称固定税额，是税率的一种特殊形式。定额税率计算简便，是适宜从量计征的税种。车船税的适用税额，依照车船税法所附的《车船税税目税额表》执行。

微课 9-21

车船税税率

车辆的具体适用税额由省、自治区、直辖市人民政府依照车船税法所附《车船税税目税额表》规定的税额幅度和国务院的规定确定。

船舶的具体适用税额由国务院在车船税法所附《车船税税目税额表》规定的税额幅度内确定。

车船税采用定额税率，即对征税的车船规定单位固定税额。车船税确定税额总的原则是：非机动车船的税负轻于机动车船；人力车的税负轻于畜力车；小吨位船舶的税负轻于大船舶。由于车辆与船舶的行驶情况不同，车船税的税额也有所不同，具体见表9-2。

表9-2 车船税税目税额表

| 项目 | 税目 | 计税单位 | 年基准税额（元） | 备注 |
|---|---|---|---|---|
| 乘用车按发动机气缸容量（排气量）分档 | 1.0升（含）以下的 | 每辆 | 60 ~ 360 | 核定载客人数9人（含）以下 |
| | 1.0升以上至1.6升（含）的 | | 300 ~ 540 | |
| | 1.6升以上至2.0升（含）的 | | 360 ~ 660 | |
| | 2.0升以上至25升（含）的 | | 660 ~ 1 200 | |
| | 2.5升以上至3.0升（含）的 | | 1 200 ~ 2 400 | |
| | 3.0升以上至4.0升（含）的 | | 2 400 ~ 3 600 | |
| | 4.0升以上的 | | 3 600 ~ 5 400 | |
| 商用车 | 客车 | 每辆 | 480 ~ 1 440 | 核定载客人数9人以上（包括电车） |
| | 货车 | 整备质量每吨 | 16 ~ 120 | 1. 包括半挂牵引车、挂车、客货两用汽车、三轮汽车和低速载货汽车等。<br>2. 挂车按照货车税额的50%计算 |
| 其他车辆 | 专用作业车 | 整备质量每吨 | 16 ~ 120 | 不包括拖拉机 |
| | 轮式专用机械车 | 整备质量每吨 | 16 ~ 120 | |
| 摩托车 | | 每辆 | 36 ~ 180 | |
| 船舶 | 机动船舶 | 净吨位每吨 | 3 ~ 6 | 拖船、非机动驳船分别按照机动船舶税额的50%计算；游艇的税额另行规定 |
| | 游艇 | 艇身长度每米 | 600 ~ 2 000 | |

（1）机动船舶，具体适用税额为：

①净吨位小于或者等于200吨的，每吨3元；

②净吨位201～2 000吨的，每吨4元；

③净吨位2 001～10 000吨的，每吨5元；

④净吨位10 001吨及以上的，每吨6元。

拖船按照发动机功率每1千瓦折合净吨位0.67吨计算征收车船税。

（2）游艇，具体适用税额为：

①艇身长度不超过10米的游艇，每米600元；

②艇身长度超过10米但不超过18米的游艇，每米900元；

③艇身长度超过18米但不超过30米的游艇，每米1 300元；

④艇身长度超过30米的游艇，每米2 000元；

⑤辅助动力帆艇，每米600元。

游艇艇身长度是指游艇的总长。

（3）车船税法及其实施条例涉及的整备质量、净吨位、艇身长度等计税单位，有尾数的一律按照含尾数的计税单位据实计算车船税应纳税额。计算得出的应纳税额小数点后超过两位的可四舍五入保留两位小数。

（4）乘用车以车辆登记管理部门核发的机动车登记证书或者行驶证书所载的排气量毫升数确定税额区间。

（5）车船税法和实施条例所涉及的排气量、整备质量、核定载客人数、净吨位、功率（千瓦或马力）、艇身长度，以车船登记管理部门核发的车船登记证书或者行驶证相应项目所载数据为准。

依法不需要办理登记、依法应当登记而未办理登记或者不能提供车船登记证书、行驶证的，以车船出厂合格证明或者进口凭证相应项目标注的技术参数、所载数据为准；不能提供车船出厂合格证明或者进口凭证的，由主管税务机关参照国家相关标准核定，没有国家相关标准的参照同类车船核定。

【例9-31·单选题】下列关于车船税计税单位确认的表述中，正确的是（　　）。

A.摩托车按“排气量”作为计税单位

B.游艇按“净吨位每吨”作为计税单位

C.专用作业车按“整备质量每吨”作为计税单位

D.商用货车按“每辆”作为计税单位

【答案】C

【解析】选项A，摩托车按“每辆”作为计税单位；选项B，游艇按“艇身长度每米”作为计税单位；选项D，商用货车按“整备质量每吨”作为计税单位。

## 三、应纳税额的计算与代缴纳

纳税人按照纳税地点所在的省、自治区、直辖市人民政府确定的具体适用税额缴纳车船税。

（1）购置的新车船，购置当年的应纳税额自纳税义务发生的当月起按月计算。计算的车船，自车船税法实施之日起5年内免征车船税。

## 五、征收管理

### （一）纳税期限

车船税纳税义务发生时间为取得车船所有权或者管理权的当月。车船税按年申报，分月计算，一次性缴纳。纳税年度为公历1月1日至12月31日。具体申报纳税期限由省、自治区、直辖市人民政府规定。

### （二）纳税地点

车船税的纳税地点为车船的登记地或者车船税扣缴义务人所在地。依法不需要办理登记的车船，车船税的纳税地点为车船的所有人或者管理人所在地。

扣缴义务人代收代缴车船税的，纳税地点为扣缴义务人所在地。

纳税人自行申报缴纳车船税的，纳税地点为车船登记地的主管税务机关所在地。

依法不需要办理登记的车船，纳税地点为车船所有人或者管理人主管税务机关所在地。

## 本章小结

❶ 城市维护建设税，是以纳税人实际缴纳的增值税、消费税的税额为计税依据，依法计征的一种附加税，本身并没有类似于其他税种的特定、独立的征税对象。

❷ 房产税，是以房屋为征税对象，以房屋的计税余值或租金收入为计税依据，向产权所有人征收的一种财产税。对房产征税的目的是运用税收杠杆，加强对房产的管理，提高房产使用效率，控制固定资产投资规模和配合国家房产政策的调整，合理调节房产所有人和经营人的收入。

❸ 城镇土地使用税，是指国家在城市、县城、建制镇、工矿区范围内，对使用土地的单位和个人，以其实际占用的土地面积为计税依据，按照规定的税额计算征收的税种。开征城镇土地使用税，有利于通过经济手段，加强对土地的管理，促进合理、节约使用土地。

❹ 印花税是对经济活动和经济交往中书立、领受具有法律效力的凭证的行为所征收的税种。纳税人通过在文件上加贴印花税票，或者盖章来履行纳税义务。

❺ 契税是不动产（土地、房屋）产权发生转移变动时，就当事人所订契约按产价的一定比例向新业主（产权承受人）征收的一次性税收。征收契税的宗旨是为了保障不动产所有人的合法权益。通过征税，契税征收机关便以政府名义发给契证，作为合法的产权凭证，政府即承担保证产权的责任。

❻ 车辆购置税是指对在中华人民共和国境内购置汽车、有轨电车、汽车挂车、排气量超过150毫升的摩托车（以下统称应税车辆）的购置者征收的税种。

❼ 车船税以车船为特征对象，向车辆、船舶（以下简称车船）的所有人或者管理

人征收的税种。

## 本章练习

### （一）名词解释

城市维护建设税　房产税　城镇土地使用税　印花税　车船税

### （二）简答题

1. 简述城市维护建设税的特征。

2. 简述城镇土地使用税与耕地占用税的主要区别。

3. 简述征收车辆购置税的作用。

4. 简述房产税的改革方向。

### （三）计算题

参考提示

1. 某公司本年度签订有关合同如下：

（1）向银行订立借款合同，合同所载借款金额为400万元；

（2）与购货方签订买卖合同，合同所载金额为100万元；

（3）将本公司一仓库租给一家企业堆放货物，订立房屋租赁合同，合同金额为15万元。

【要求】请计算该公司本年应纳的印花税。

2. 某外贸进出口公司2023年9月份，从国外进口10辆宝马公司生产的某型号小轿车。该公司报关进口这批小轿车时，经报关地海关对有关报关资料的审查，确定关税完税价格为每辆185 000元人民币，海关按关税政策规定每辆征收了关税37 000元，并按消费税、增值税有关规定分别代征了每辆小轿车的进口消费税74 000元和增值税38 480元。由于业务需要，该公司将一辆小轿车留在本单位使用。

【要求】请计算该公司进口小轿车应当缴纳的车辆购置税。

3. 某企业2023年在其所在城市市区有房屋三幢，其中两幢用于本企业生产经营，两幢房产账面原值共为400万元；另外一幢房屋租给某私营企业，年租金收入为20万元。当地政府规定允许按房产原值一次扣除30%。

【要求】请计算该企业2023年应当缴纳的房产税。

4. 居民甲有两套住房，将一套出售给居民乙，成交价格为1 200 000元；将另一套两室住房与居民丙交换成两套一室住房，并支付给丙换房差价款300 000元。

【要求】请计算甲、乙、丙相关行为应缴纳的契税。（假定税率为4%）

# 主要参考文献


[1] 郭庆旺. 税收对国民收入分配调控作用研究［M］. 北京：经济科学出版社，2014.

[2] 尹文敬. 财政学［M］. 北京：商务印书馆，1935.

[3] 李九龙. 西方税收思想［M］. 大连：东北财经大学出版社，1992.

[4] 萨伊. 政治经济学概论［M］. 陈福生，陈振华，译. 北京：商务印书馆，1982.

[5] 小川乡太郎. 租税总论［M］. 陆孟武，译. 北京：商务印书馆，1935.

[6] 坂入长太郎. 欧美财政思想史［M］. 张淳，译. 北京：中国财政经济出版社，1987.

[7] 马克思，恩格斯. 马克思恩格斯选集：第1卷［M］. 中共中央马克思恩格斯列宁斯大林著作编译局，译. 北京：人民出版社，1972.

[8] 埃克斯坦. 公共财政学［M］. 张愚山，译. 北京：中国财政经济出版社，1983.

[9] 马斯格雷夫 R A，马斯格雷夫 P B. 财政理论与实践［M］. 5版. 邓子基，邓力平，译. 北京：中国财政经济出版社，2003.

[10] 贾康，梁季，程瑜. 大国减负：中国税制改革的攻坚克难［M］. 杭州：浙江大学出版社，2019.

[11] 张斌. 税制变迁研究［M］. 北京：中国社会科学出版社，2014.

[12] 杨志勇. 大国轻税［M］. 广州：广东经济出版社，2018.

[13] 弗里斯比.权力的钥匙：世界税收史［M］. 刘生孝，译.杭州：浙江人民出版社，2022.

[14] 庞凤喜，薛钢，高亚军. 税收原理与中国税制［M］. 7版. 北京：中国财政经济出版社，2023.

[15] 马海涛. 中国税制［M］. 12版. 北京：中国人民大学出版社，2022.

[16] 全国税务师职业资格考试教材编写组. 税法（Ⅰ）［M］. 北京：中国税务出版社，2023.

[17] 全国税务师职业资格考试教材编写组. 税法（Ⅱ）［M］. 北京：中国税务出版社，2023.

[18] 中国注册会计师协会. 税法［M］. 北京：中国财政经济出版社，2023.